新装版

齊民要術

現存する最古の料理書

編訳
田中静一
小島麗逸
太田泰弘

本書新装版『斉民要術』は、
平成九（一九九七）年刊行『斉民要術―現存する最古の料理書―』を底本としたものとなります。

『斉民要術』の新装版刊行にあたって

小島　麗逸

『斉民要術』は六世紀山東省の一地域の農務官が書いた乾地農法の書である。

本版は、その後半部分の料理篇を訳出した。原著にはそれ以前の関連文献が多数引用されているが、すべて喪失している。本書の中国語版も中国には残っていなかった。日本の二、三の寺院、そして神奈川県にある金沢文庫に残っていた。それを発見し、農業総合研究所で西山・熊代両先生に翻訳させたのが東畑精一先生である。先生は、東京大学の農業経済の教授であるとともに、同研究所の所長だった。一九六〇年に筆者がアジア経済研究所へ入所した際の所長でもあられた。

筆者は、現代中国経済の研究を農業から始めたが、ある日、この本の存在を東畑所長に教えられた。先生から出版までの経緯を知らされるうちに、次世代へ古典を受け継がせることの大変さを思い知らされた。

農業総合研究所で原本の複製を作った際に、その一冊を当時の中国大使館に届けた。西山、熊代のお二人がオンボロの復員兵姿で行くと、守衛がいかがわしく思い、大使館の中へ入れてくれなかったことや、また後に大使館からようやく中国へ送られ、郭沫若氏から「戦後まもなくに中国の古典に興味を持ち、そして残された」ことへの丁寧な謝辞が綴られた礼状が届いたという話は、今でも憶えている。

郭沫若氏は、新中国で長く中国科学院の院長を勤めた、詩人でもあり、歴史学者でもある。

東畑先生も農業総合研究所在籍中の最大の仕事は、『斉民要術』という古典を残せたことだ、と言っておられた。

本版は熊代先生が訳された料理篇を、さらに一般の方が読み易いように再翻訳したものである。漢字の原文は、少しぐらい漢文を習得しても解釈できる代物ではない。料理篇を訳された熊代先生は、植物、野菜、魚などが日本のどれに該当するか比定するのに、相当な時間を要したと言っておられたことを思い出す。

熊代訳を使って、何人かで読書会をしているうちに、訳文が難解で一般の方に読めるように再翻訳をしたら、といった声があがった。

当時、文教大学教授の太田泰弘さん、本書に書かれている調理法で実際に調理しては、人を喜ばせていた田中静一さんの発意で、こうして再翻訳版が完成した。

筆者は、この本に接し、世界の農法と料理は東西二つのタイプがあることを実感し、その思いは変わらず今日にも至っている。農法は、東アジアの精耕細作とヨーロッパの粗放。料理は、東の「クサリ文化圏」と西の加熱だけの単純料理圏、といった具合に大方二分出来るものと思う。

香辛料は「クサリ文化」の食品保存から発展してきたように思う。中世の地中海海運からはじまる大航海時代は、香料をアジア中東から持ち運ぶために発達してきた。味噌、醤酒、酒は言うまでもなく、スシも元々は腐らして酸っぱくした発酵料理だ。琵琶湖の鮒ズシや薩摩ズシは、今でもクサらせる調理法を残す。白飯に酢をぶっかけてスシとする歴史は浅い。

騎馬民族、遊牧民族を出自とするヨーロッパは居住地を移動するので、熟成させるという調理法は発達しなかった。大量生産、大量消費の時代に入ると、年月をかけてゆっくり熟成される加工食品は、著しく減り、今日に至っている。これで失ったのが、クサリ文化本来の味である。

例えば、半年未満で出荷する味噌と、二年もの熟成した味噌との違いは、言葉で表現できないほどのものがある。料理教室の先生方には、わずかな時間で良いから、古代からのクサリ調理法でできた食物を生徒達に味あわせて欲しいと願う。

「味」の字は、「口には未だし」と書く。

「もうちょっと欲しい」というところで食べとめるのが、最も美味なのである。クサリ調理法の料理を、この程度に食べるのが最高の味なのだ。

味わいを深めるのも、こうした発酵食であるクサリ文化の特徴だと思う。

『斉民要術』の前半は農法書であるが、後半は詳細な調理法、味わい方を綴られたことを思えば、食文化の当時の体系を感じ入られずに居られない。

味を求める方が多い今日。食文化が花開き、様々な味わいを楽しめる時代になった。

本書が、現代の食文化に通じる古典として、実感をもって読んでいただければ幸いである。

平成二九年二月吉日

序文

『斉民要術』（以下『要術』と略称）は字の如く、「斉民」すなわち庶民が知っておくべき要諦という意味で、この本は農家備要の書である。大正年間から昭和にかけて日本の農村で最も広く読まれた『家の光』は、農業技術から生活技術万端を満載した雑誌であったが、これを学術的にしたような本である。書かれた時期は西暦五三〇～五五〇年の間と推定されている。現存する最古の農書である。舞台は中国の山東省、現在の淄博市という解釈が通説となっている。

内容は全十巻、今ふうに言えば、十章構成である。第一巻から第六巻までの前篇が農法論で、生産篇にあたる。第一巻は総説で耕作方法、第二巻は穀作論。ただし、アサの種子、瓜類、芋《クワイ》が入っている。第三巻は蔬菜類、第四巻は果樹、第五巻はクワ、タケなどの樹木類、第六巻は畜産篇である。ここに魚が入る。第七巻から第一〇巻までの後篇は加工調理篇にあたる。ただし、第一〇巻は文献に引用された食材の解説で、主として長江以南の物産を扱っている。

全巻を通じて博引傍証し、それ以前の主な農法書を集大成している。全文の半分以上が引用によって出来あがっている。本書以前の農書は、若干の食文化関係の書を除きほとんどが散逸し、今日それらを見ることができず、本書によりその一部を窺い知るのみである。『要術』に描かれている内容は、農業技術も加工調理技術も、置かれた環境、風土、社会的条件の下で、きわめて合理的科学的な体系をもつ。日本で最初に出版された訳書の序文で、農業総合研究所の神谷慶治所長は、次のように述べている。

「……また出版後の本書によってわが農業界は、その厚さを益々加えることになるであろう。また本書は記紀、万葉の研究に比して、実用科学的価値が驚くべきほど高いことを、本書の読者は知るであろう。農業科学の発達は誰しもみとめている事実であるが、現在の科学をもってしても、『要術』が雄弁に物語る本筋の科学技術の前には、頭を下げざるを得ない問題にぶつかるであろう」

この本の最初の邦訳本は一九五七～五九年に、当時の農林省農業総合研究所から『校訂訳註斉民要術』として出版され、のちに、一九六九年、同書はアジア経済出版会から復刻本として出版された。原本が極めて難解な漢文で書かれており、かつ今から一五〇〇年も前のものであること、風土、産物が異なること、訳者の西山武一・熊代幸雄両先生の学術的慎重さなどから、訳書自体が著しく難しく、現代のわれわれには難解な点が多い。それでも、食文化を論ずる上での重要な史料としての価値は高まる一方である。そこで、とりわけ利用度の高い加工調理部門のみを翻訳しなおし、一般の人々が苦労せずに参照できるようにしたいという提案が編者からもちあがった。

田中静一の音頭で、一九八九年四月に中国古代食文化研究会が発足し、二～三カ月に一度の会合を駒沢大学の中村研究室で重ねて来た。小島が代表委員、太田が幹事となって運営に当った。研究会のメンバーを次に示す（所属は一九九七年五月現在のもの）。小島麗逸（大東文化大学）、太田泰弘（文教大学）、小崎道雄（昭和女子大学）、佐藤達全（育英短期大学）、田中静一、鴇田文三郎（元東京農業大学）、中村璋八（駒沢大学）、西澤治彦（武蔵大学）。それぞれ、中国経済、食品用語、発酵醸造学、仏教文化、中国食物史、畜産加工、漢文、文化人類学の専門家である。のちに執筆面で石毛直道（国立民族学博物館）が加わった。

研究会の途中経過は（財）味の素食の文化センターの機関誌『ＶＥＳＴＡ』に順次発表した。掲載順に論文名を記す。

①小島麗逸　『斉民要術』の今日的意義、二号、一六―二一（一九九〇）
②鴇田文三郎　『斉民要術』記載の乳製品を拝す、三号、二二―二八（一九九〇）
③中村璋八　『斉民要術』に引用された漢籍、四号、一三―二〇（一九九〇）
④西澤治彦　『斉民要術』にみる調理法と料理、五号、一〇―一八（一九九〇）
⑤佐藤達全　『斉民要術』巻十の植物と「本草」、六号、二六―三三（一九九一）
⑥太田泰弘　『斉民要術』にみる穀類、七号、三八―四五、（一九九一）
⑦小崎道雄　『斉民要術』にみる醗酵食品／その源流・麴、九号、四―一〇（一九九一）
⑧田中静一　『斉民要術』雑考／引用書物と用語について、一〇号、一六―一九（一九九一）

口語訳ができあがる過程で、『食の科学』（光琳）の一七四号（一九九二年八月号）から「『斉民要術』を読む」というシリーズ名で一三回にわたり口語抄訳を連載していただいた。掲載タイトルと訳者名を次に示す。

①小島麗逸、田中静一　その時代の研究、一七四号、五二―六〇（一九九二）
　太田泰弘　『斉民要術』の故郷、一七四号、五八―五九（一九九二）
②田中静一　麹と酒、一七五号、五八―六六（一九九二）
③田中静一　麹と酒（承前）、一七六号、七四―八一（一九九二）
　小崎道雄　一麹・二酛・三造り、一七六号、八一（一九九二）
④田中静一　醤と酢、一七七号、七二―七八（一九九二）
⑤鴇田文三郎　乳の加工、一七八号、六八―七三（一九九二）
⑥石毛直道　酢と干し肉、一七九号、六四―六九（一九九三）
⑦田中静一　豆豉とあえもの、一八〇号、六四―六九（一九九三）
⑧太田泰弘　調理法Ⅰ、一八一号、八二―九二（一九九三）
⑨太田泰弘　調理法Ⅱ、一八二号、六八―七七（一九九三）
⑩西澤治彦　穀物の調理法Ⅰ、一八三号、六五―六九（一九九三）
⑪西澤治彦　穀物の調理法Ⅱ、一八四号、五四―六一（一九九三）
⑫佐藤達全　国外の物産Ⅰ、一八五号、六四―六九（一九九三）
⑬佐藤達全　国外の物産Ⅱ、一八六号、八七―九二（一九九三）
⑭小島麗逸　『斉民要術』の連載を終るにあたって、一八六号、九三（一九九三）

この口語訳抄訳本は『ＶＥＳＴＡ』と『食の科学』に掲載されたものを基礎に再構成したものである。味の素株式会社は中国古代食文化研究会に多額の運営費を拠出していただいた。また、株式会社光琳はこのような形で単行本とすることを快く承諾して下さった。ここに、会を代表して感謝の意を表したい。

中国古代食文化研究会の成果をこのような形で上梓できたのは雄山閣出版株式会社の芳賀章内出版本部長のご配慮による。ここに伏して謝意を表したい。

一九九七年五月　田中静一
小島麗逸
太田泰弘

目次

【凡例】

①本書は、『校訂訳註「斉民要術」』（西山武一、熊代幸雄（共訳）、二巻、アジア経済出版会、一九六九年）を基礎に、現代中国語訳である『斉民要術選読本』（石声漢選釈、農業出版社、一九六一年）および底本を参考にして加工調理篇のみを翻訳したものである。但し、第一〇巻は初訳である。

②西山・熊代訳本の底本は商務印書館刊行の萬有文庫本＝國學院基本叢書本『斉民要術』であるが、本書のカットに採録した版は台湾中華書局刊行の四部備要本『斉民要術』である。記述の一部が翻訳の底本と異なっているのだが、印刷が鮮明であるためにあえて収載した。

③第三部を三段組にしたのは本文と訳注との対照をやり易くするためである。

④度量衡は原文のまま用いた。西山・熊代訳本の中で、西山教授が詳しい考証を行っている。今日の度量衡では次の通りである。

尺	二四・二cm
畝	五・〇八 a
升	〇・一九八ℓ
斤	二二一・三g
両	一三・八g
一斤	一六両
一〇合	一斤
一〇升	一斗
一〇斗	一石

⑤月日は農暦とした。

⑥日本では今日においても、「中華料理」が「中国料理」より広く使われているので、訳注では「中華料理」を採用した。

⑦読者の理解を助けるために、図版を適宜収載することとした。植物図版の出典は『本草綱目』（李時珍、一五七八年、人民衛生出版社、一九七五年刊）、漢字図版の出典は『中文大辞典』（中国文化研究所、台北、一九六二―六八年）である。

索引

本書第三部に登場する食材、調理方法などの用語を訳文と訳注から抽出して、五十音順に配列した。
「あつもの」や「あぶりもの」など、下位用語をもつものについては、下位用語を上位用語のもとに集めて収載した。

（太田泰弘）

【ア行】

【マ行】

第一部　『斉民要術』概論

小島　麗逸

第一章『斉民要術』の位置づけ

第一節　現存する中国食文化関係書

食文化に関する文献としては『斉民要術』（以下『要術』と略称）より前のものが残っている。たとえば二二〇〇年前の戦国末期、秦代の宰相である呂氏が選述した『呂氏春秋』の本味篇である。ほかには『周礼《しゅらい》』、『論語《ろんご》』、『礼記《らいき》』、『大学《だいがく》』、『孟子《もうし》』、『楚辞《そじ》』、『四民月令』、『尚書』などに食物関係の記事が散見されるが、体系的なものではない。『要術』に引用されている書物の数は実に一八〇種、これらを集大成しているのである。

『要術』が残された六朝時代（二二〇年ごろから隋王朝が成立するまでの約三〇〇年間）は一〇国余が興亡を繰り返した政治混乱期であった。この時代までの図書目録である『漢書芸文志』、『隋書経籍志』に三一種の料理書が採録されているが、多くは散逸し、『要術』しか残っていない。『要術』にはいくつかの食経類（調理書）のごく一部が引用され、その片鱗がうかがえるだけである。当時のものの引用はむしろ日本の奈良、平安時代の古書『医心方《いしんぼう》』や『倭名類聚抄《わみょうるいじゅしょう》』などのほうに多い。

下って中華料理を古代と近代とに分ける曲り角の宋代（九六〇～一二七九）の有用な書物に、一一四七年出版の『東京夢華録《とうけいむかろく》』がある。著者は孟元老《もうげんろう》で、北宋の首都汴京《ベンケイ》（現在の開封）の繁栄ぶりを南宋の首都臨安《りんあん》に移ってから書いた本である。入矢義高《いりやよしたか》、梅原郁《かおる》両氏の翻訳で岩波書店から一九八三年に日本語訳が出版された。

さらに、元代（一二〇六～一三六八）に入ると、飲膳大医忽思慧の『飲膳正要《いんぜんせいよう》』（一三三〇年出版）がある。著者が蒙古人であるためか西域の食物や料理についての記述が多く、当時としてはめずらしく挿し絵がたくさん入っている。佐藤達《とおる》全訳で昭和五三年明徳出版社から『食経《しょくきょう》』という書名で出版された。

明代（一三六八～一六六二）の一五九六年ごろに出版された李時珍の『本草綱目《ほんぞうこうもく》』は世界的に有名な書である。本来は薬物書であるが、同時に料理・食物書でもある。日本では享和三年（一八〇三）に、小野蘭山が『本草綱目啓蒙《ほんおうこうもくけいもう》』（四八巻）という大著を出した。明治以後では、昭和初期に数名の学者による『頭註国訳本草綱目』が出版された。さらに、一九七三年から、この本を底本として十余名の学者の手になる『新註校定国訳本草綱目』一五冊が出ている。この註訳書は原著以上の名訳書であると中国の学者が絶賛したほどのものである。

こうみてくると、『要術』は東アジア乾地畑作地域における食文化の原型を素描した古典であることがわかるであろう。

第二節　日本での既存研究

原著はきわめて難解な漢文で書かれており、手がつけられなかったためか、第二次大戦前までは部分的な研究にとどまっていた。これを訳出し、本格的な研究をふまえて世界の農法史、食物調理史の中に位置づけたのが、宇都宮大学熊代幸雄、鹿児島大学西山武一の両先生である。両先生は戦時中、北京でこの書の本格的な研究を開始され、引揚げ後も食糧難の中で研究を継続された。この大事業の舞台をつくられたのが、農林省農業総合研究所初代所長東畑精一先生である。一九五七～五九年に『校訂訳註斉民要術』として上梓された。本書は一九五九年に日本経済新聞社の出版特別賞を受賞した。私は三人の先生から、この名訳書の完成までのご苦労をしばしばお伺いする機会に恵まれた。

東畑先生は『図書』一四一号に一文を寄せられ、訳出のむずかしさをつぎのように述べられた（前記校訂訳註本の第三版に全文を収載）。

「二人は孜々として蟻のごとく働いたが、仕事は遅々として蝸牛のごとくしか進まなかった。……万葉集に先だつ数百年の昔の文章、異版を整理して本文と引用と夾註とを区別する仕事、日本とは風物を異にしている中国の農産物を現代日本のそれとアイデンティファイする作業、社会慣行や食物慣習を異にするところのものを現代日本に移植する解釈など、一文一句がことごとくKopfzerbrechend であり、smell of the candle のしみ込んだものである。節制と忍耐なくしてはかなわぬ学業である」

同訳書は少部数の限定出版であり、まもなく絶版となった。一九六〇年代の一時期、神田の古本屋街では当時の金で二万円を越えた。その復刻版が戴国煇先生（一九九五年まで立教大学教授）や小島らの努力で一九六九年に第二版が、また一九七六年に第三版がアジア経済出版会から出版され、今でも購入できるようになった。六世紀の古典が今日われわれの眼に日本語訳で触れることができるのは、以上のような経緯と多くの人々の努力の結晶の賜である。

第二章『要術』の舞台

第一節『要術』の故郷

『要術』の著者である賈思勰《カシキョウ》の居城であった高陽の位置についてはいろいろな異論があるが、現在の中国では山東省淄博《しはく》市であることにほぼ落ち着いている【図1】。『中国古代科技名人伝』（張潤生、陳士俊、程薫芳、中国青年出版社刊、一九八一）によれば「賈思勰は中国北魏末期に輩出した農業専門家で、山東省益都の人、高陽《こうよう》郡（現在は山東省淄博市の一部）の大守として、山西、河北、河南を巡り、家郷に帰着した」とあり、居所を転々としたようだ。行政区域の変更により、益都は青州市寿光県《せいしゅうしじゅこうけん》益都鎮、臨淄は現在の淄博市臨淄区《しはくしりんしく》になった。桓台県《かんたいけん》と隣りあわせに臨淄区高陽郷があり、この中に高陽故城の遺跡がある【図2】。

この遺跡について、『臨淄文物志』（中国友誼出版公司、一九九〇）は次のように述べている。

「斉故城の西北一六km、烏河のほとり、高陽郷南高陽村の西二〇〇mのところにあり、南北約七五〇m、東西約六五〇m、総面積約〇・四八平方km、南は烏河に面し、東西北三方はすべて平原である。『山東通志《さんとうつうし》』（一六七二）に「北魏、高陽城を建て、郡を置き、のち溡水県と改め、唐代これを廃す」とある。『臨淄《りんし》県志』（一九二〇）に、「春秋戦国時に臨淄。四邑を統括、中に渠丘邑あり」とある。『郡国志《ぐんこくし》』（後漢）に、「渠丘、いま斉国西安県なり」とある。高陽城も西安城も、ともに斉故城の西北一六kmにあり、かつ高陽故城からはこれまでに数回にわたって春秋戦国および漢代の瓦類が出土し、ゆえに高陽故城は西安城旧址とするが、再考の余地あり。現在の城址は周囲から約二m高く、周囲の石垣の痕跡は明瞭に識別でき、城内の耕土や家屋の下には

建築遺跡がきわめて多く、一九八四年には淄博市重点保護地区に指定された」【写真1】

淄博市はいまや面積六、〇〇〇km、総人口三八〇万人（うち区部二四〇万人）、中国で一一番目に大きい工業都市となり、経済特区に指定された。『斉民要術』のおもかげを残すものはなく、「高陽酒」を飲みながら当時をしのぶほかはない。【写真2】

【図1】淄博市の位置

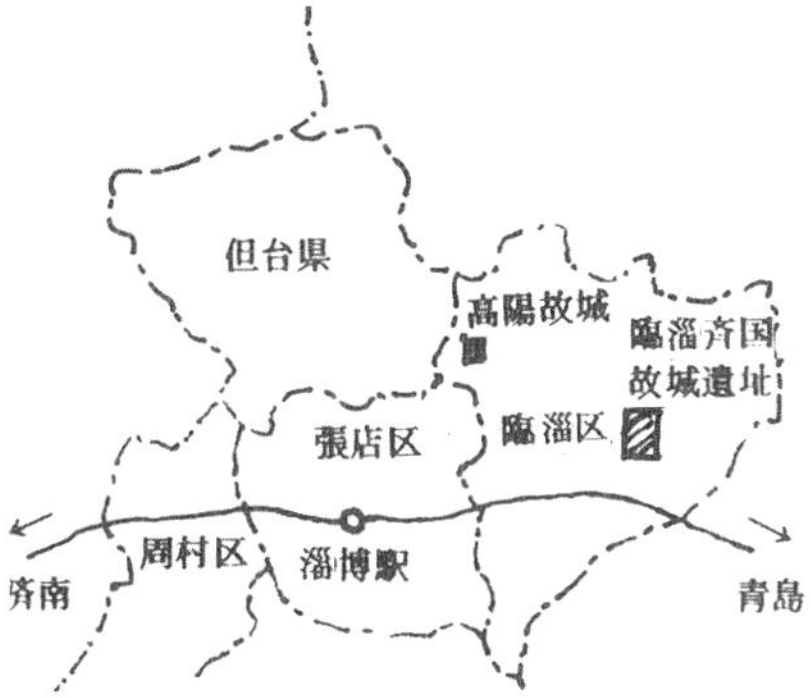

【図2】高陽故城の位置

【写真1】高陽故城址

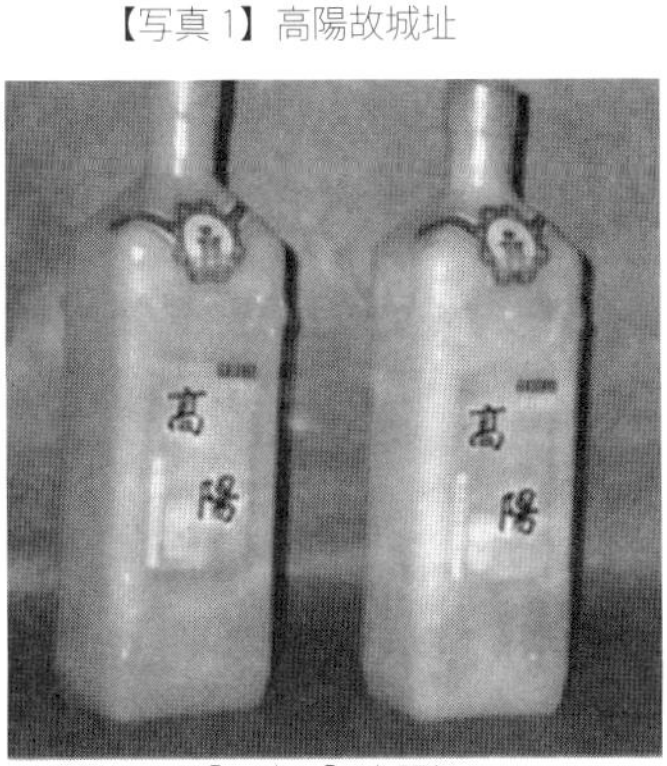

【写真2】高陽酒

第二節　山東省の風土と農業

山東省は乾燥地帯に入る。【図3】に中国のおおよその降水量を示した。J・ヘンリー著、岡川栄蔵訳『支那降雨量の研究』に収載されたものを天野元之助先生が引用した資料から転載した。西安《せいあん》から河南《かなん》北部を通って安徽省《あんきしょう》北部を連らねる秦嶺《しんれい》山脈の北と南とでは風土ががらっと変わる。【図3】の八〇〇～九〇〇㎜の線の以北と以南である。河南省の南部三分の一、湖北、四川、江蘇《こうそ》省の南部三分の一以南はモンスーン地帯で、梅雨期をもつ。北海道を除いた日本の風土に似ている。

この図でみると、山東省は四〇〇～五〇〇㎜の線と五〇〇～六〇〇㎜の降水量地帯に入っている。しかし、最近公表された観測結果では若干多く、五〇〇～八〇〇㎜の間に入っている。ヘンリーの書の時代の統計と今日の統計では、今日の方がはるかに正確である。『要術』の舞台は済南《さいなん》→青島《せいとう》間で、済南寄り三分の一くらいに位置している。大体六〇〇～八〇〇㎜の降水量と思われる。東京が一七〇〇～一九〇〇㎜であるから、いかに降水量が少ないかわかろう。

降水量の絶対的不足以上に深刻なのが月間降雨量の変動である。年内降水量の七〇～八〇％が六、七、八月の三カ月に降ってしまう。他の月はカランカランになる。これを知るためにクリモグラフ【図4】を作ってみた。比較のため、太原《たいげん》と広州《こうしゅう》のデータを入れた。ただし、いずれも単年の降水量・気温統計であるから、問題はある。資料がえられれば、一〇年平均がよい。

太原を入れたのは、山東省の風土が山西《さんせい》省や陝西《せんせい》省と類似していて一般性をもつことを知るためである。類似な風土であれば、似た農業が行なわれていたとみてよい。広州市を入れたのは、クリモグラフの特徴を明確にするためである。

淄博と太原は縦軸（気温）に張りつき、広州は横線（降水量）に張りついている。淄博も太原も、六、七、八月の三カ月だけが横に突出している。ここが雨期である。農作業から言って深刻なのは、四～五月の播種期に雨量が極めて少ないことである。乾燥がすぎると、発芽率が極めて悪い。歴年、農民はこれと闘って来た。また、七〇〇～八〇〇㎜以下の地域は常に土壌のアルカリ化が発生する。雨が平均的に降ればその被害は少ないが、乾燥期が九カ月も続くと、碱化《かんか》問題は深刻である。このような風土の中から出てくる農法では、土壌中の水分をいかに保持するかということの一点に絞った農業技術がとぎすまされる。

山東農業の全体像を示す資料でできるだけ古いものを探したが、一九三四年の記録しかえられなかった。これと今日（一九九〇

【図3】中国大陸の年平均雨量図
一九三〇年代の資料である。最近の資料でここに収載できる適当なものが見当たらなかったので、当時の地名を変更せず、そのまま収載した。

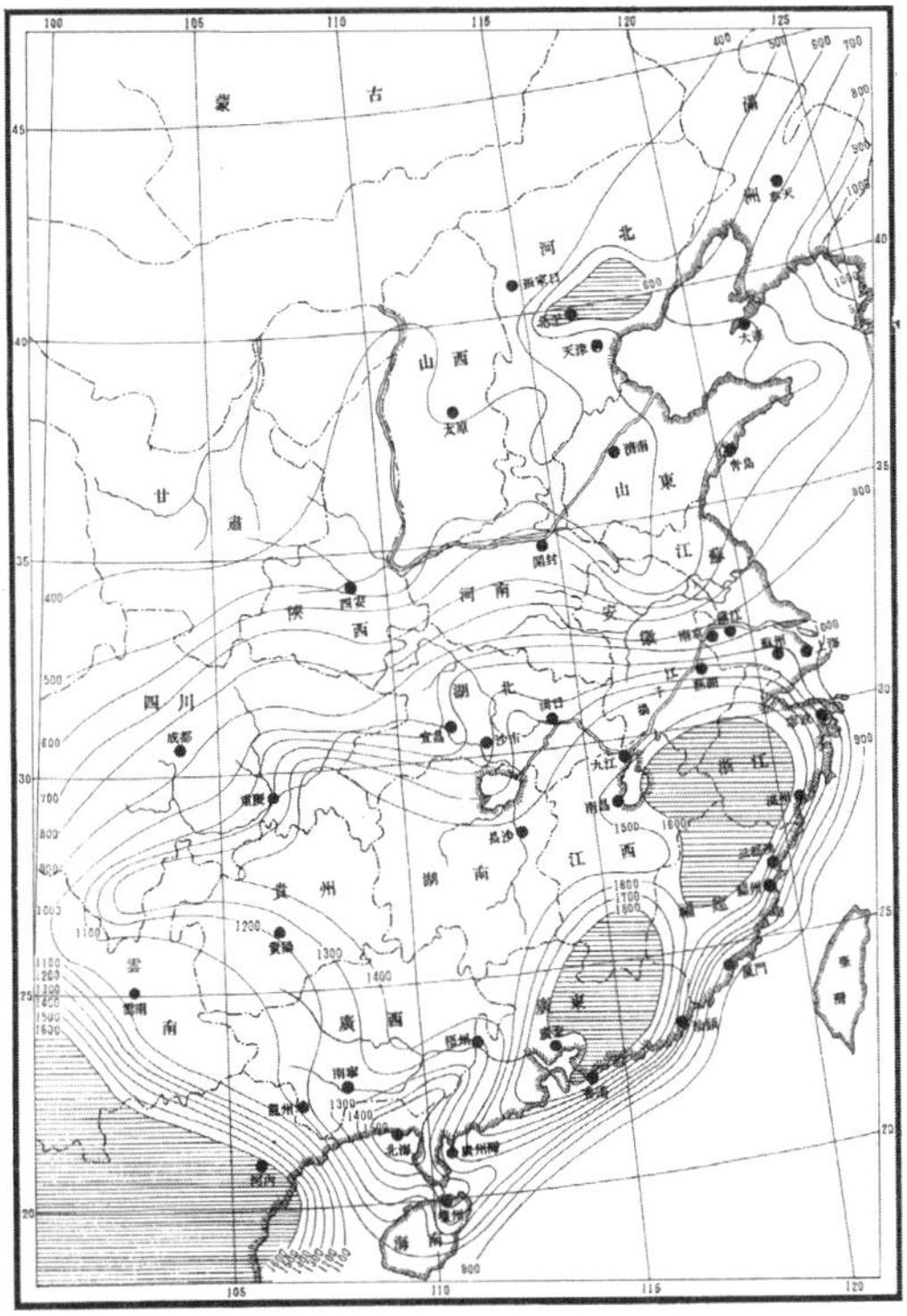

7

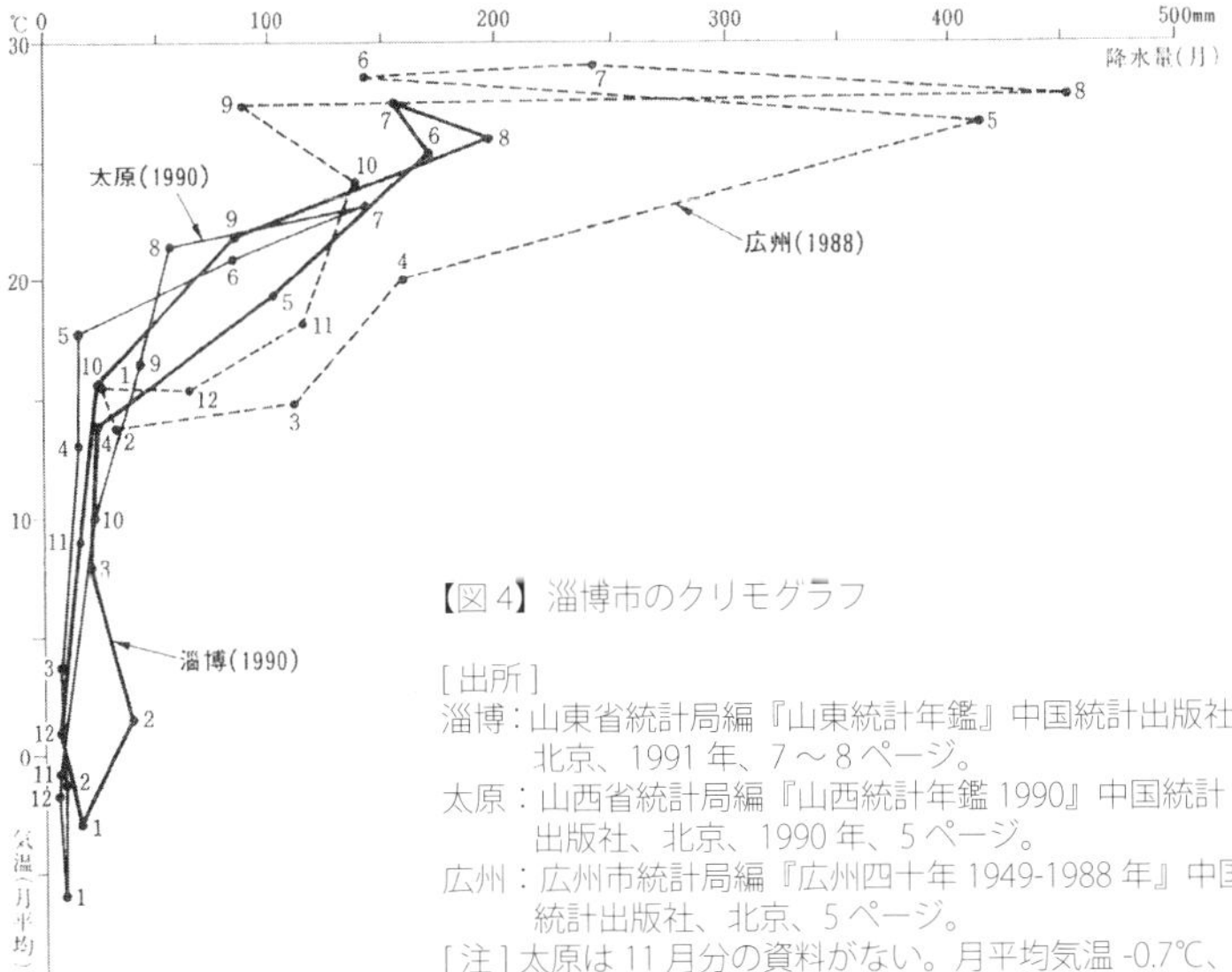

【図4】淄博市のクリモグラフ

[出所]
淄博：山東省統計局編『山東統計年鑑』中国統計出版社、北京、1991年、7～8ページ。
太原：山西省統計局編『山西統計年鑑 1990』中国統計出版社、北京、1990年、5ページ。
広州：広州市統計局編『広州四十年 1949-1988年』中国統計出版社、北京、5ページ。
[注] 太原は11月分の資料がない。月平均気温 -0.7℃、降水量 7mm とおいた。

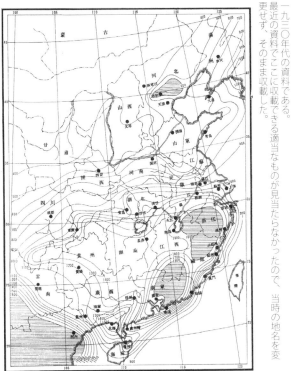

	1934*	1990**
コムギ	33.8%	38.1%
ダイズ	20.4	4.1
コウリャン	15.1	0.6
アワ	14.4	1.3
トウモロコシ	4.1	22.1
綿花	3.1	13
ラッカセイ	2.8	6.5
オオムギ	2.5	—
サツマイモ	1.4	6.8
コメ	0.13	1.1
人口	3,720万人	8,493万人

【表1】山東省の作物別構成比

（出所）
*『山東省経済調査資料第3輯山東農業経済論』、南満州鉄道株式会社経済調査会、大連、1936年、66-67ページ。
人口は華北事業案内所（編）『山東省事情』北京、1939年、2ページ。
** 山東省統計局（編）『山東統計年鑑』中国統計出版社、北京、1991年、212ページ。

年）の山東農業を作物別播種面積構成比で比較してみた。【表1】でみるように、コムギとダイズおよび雑穀（コウリャン、アワなど）が圧倒的に多い。綿花は三％にすぎない。これに対し、一九九〇年にはコムギがさらに構成比を伸ばしているが、ダイズ、コウリャン、アワは三四年の五〇％から九〇年の六％へと激減した。かわって著増したのがトウモロコシと綿花である。半世紀の間に著しい構造変化をしたものである。しかし、コメは一九三四年が〇・一三％、一九九〇年が一・一％で微々たるものである。この構造変化は水利の改善と化学肥料の増投によってもたらされたものである。

『要術』時代の作物構成とマクロの統計で比較できればよいが、それはもとより望むべくもない。あとで、『要術』の作物編成表を載せるが、ここでは一九三四年に登場する作物で『要術』にないものの指摘にとどめる。綿花は明代に中国に入ったと言われる。サツマイモは一五世紀、アモイから入った。トウモロコシ、ラッカセイは六世紀にはなかった。重要なのはコムギで、『要術』時代にはコムギはむしろ少量で、オオムギかハダカムギが主体であった。

一九三四年の一般的な輪作方式は、コムギとダイズを中心とする二年三作。一例を挙げると、コムギ（九月〜翌五月）→ダイズ（五月〜八月）→冬休田→コウリャンまたはアワ（翌年三月〜八月）である。コムギと豆科の連作がいかに重要であるかはのちに述べる。この基本形は『要術』時代と変っていない。

第三章『要術』の内容

第一節　撰述者賈思勰の思想

中国北方の自然風土は苛酷で、災害が日常的である。もっとも大きな災害は旱魃、二～三カ月雨がまったく降らないというようなことは、しばしば発生する。夏に雨が降れば洪水と澇害《ろうがい》。澇害は低湿地で作物が冠水して受ける災害をいう。乾季に入ればアルカリ化、旱魃と澇害の被害が毎年もっとも多い。このような状況下で、家を守り、国を維持するのにはどうすればよいか。『要術』の序で、賈思勰はそれまでの経世思想家のエッセンスを引用しながら、三つのことを述べた。第一は、衣食の生産に勤勉であること、第二は、節約を旨とすること、第三は一国（ここでは大守管轄の郡）の長官の百財生産の指導力である。そしてこの三つの思想の基底にあるのは自給自足的農本思想である。農業による経世済民の書とでもいえようか。撰述者が聞き及んだよき地方長官によるつぎのような例が、望むべき姿として記録されている。

「襲遂は渤海郡の大守となるや、郡民に農桑《のうそう》をすすめ、一人につきニレ一本、ラッキョウ百本、ネギ五十本、ニラ一畦を植えさせ、又家ごとに牝豚二頭、牝鶏五羽を飼わせた。郡民で刀剣を帯びている者があれば、剣を売って牛を飼わせ、吏民ともに富貴となった。召信臣が南陽郡の太守となるや、好んで民のために利益となる事業を興し、民を富ますことに努めた。即ち身をもって勧農のことに当り、農田を巡察して郷亭に泊るなど、殆んど休養の暇がなかった。また郡中の水泉を視察して水路を開通し、水門、堤堰を起工すること数十カ所、以て灌漑を拡めたので、郡民はその利益を受けて蓄積余りあるに至ったが、それと同時に、吉凶の儀礼的奢侈を禁じて倹約を旨とせしめた……」

渤海郡の例は自給自足農業の典型、南陽郡の例は長官の資質、節約の励行を賞讃している。人の性はつねに怠惰に流れるもの、これを指導するものこそ政令を発する長官にあると、長の責務の大切さが随所で指摘されている。

農本思想の枠は、『要術』撰述の理由を述べている序文の最後につぎのように出る。

「いまここに経や伝の文を採り集め、歌謡をも取り入れ、或は老成の人にたずね、或は農事の実際を試して見、農耕のことから始めて醯醢《しおづけ》のことに至るまで凡そ生業のことは書き漏らしたところがない。名づけて『斉民要術』という。……本を捨てて末に走るは先賢の非とするところ、一朝の富に目がくれて歳計を失するは飢寒に苦しむのもとであるから、商売のことは一切採録せず。また花草の類は目を楽しませるに足るが、ただ春の花あるのみで秋の実りがなく、軽薄にして取るに足りない」

本とは農業、末とは商業、本末を顛倒するなかれと主張している。そして春の花はただ目を楽しますのみ、秋の実りを重視するという。キリギリスではなくアリで行くべきだと主張しているのだ。

第二節　乾地畑作農法―亜輪栽式

農業には二つの不可欠な要素がある。一つは風土、これは日照、水、気温。気温は無霜期間が重要である。他の一つは地力。前者は自然条件で制約を受けるが、後者は人間の営為できまる。年降雨量が六〇〇～八〇〇㎜程度で、しかも、降雨が夏の三カ月に集中するという風土の下でもっとも重要なことは、土壌中の水分をいかに逃さないようにするかという一点に絞って農法が組みたてることであった。これを「保沢」と呼ぶ。九月の中旬から乾期に入る。作物が刈り取られると露地となり、いっきに蒸発が加速される。これを防ぐために、秋耕といって、地表を耕起する。土くれを砕土し、すぐ上にローラーをかけ、鎮圧する。鎮圧は耕地の上に覆いをかぶせることを狙いとする。地中の水分を引き上げる毛細管を切って、保沢し、来春まで水分をできるだけ土中に保とうとする技術である。このようにしても、年が明けると、華北の地表は粉雪が舞ったようにうっすらと白くなる。

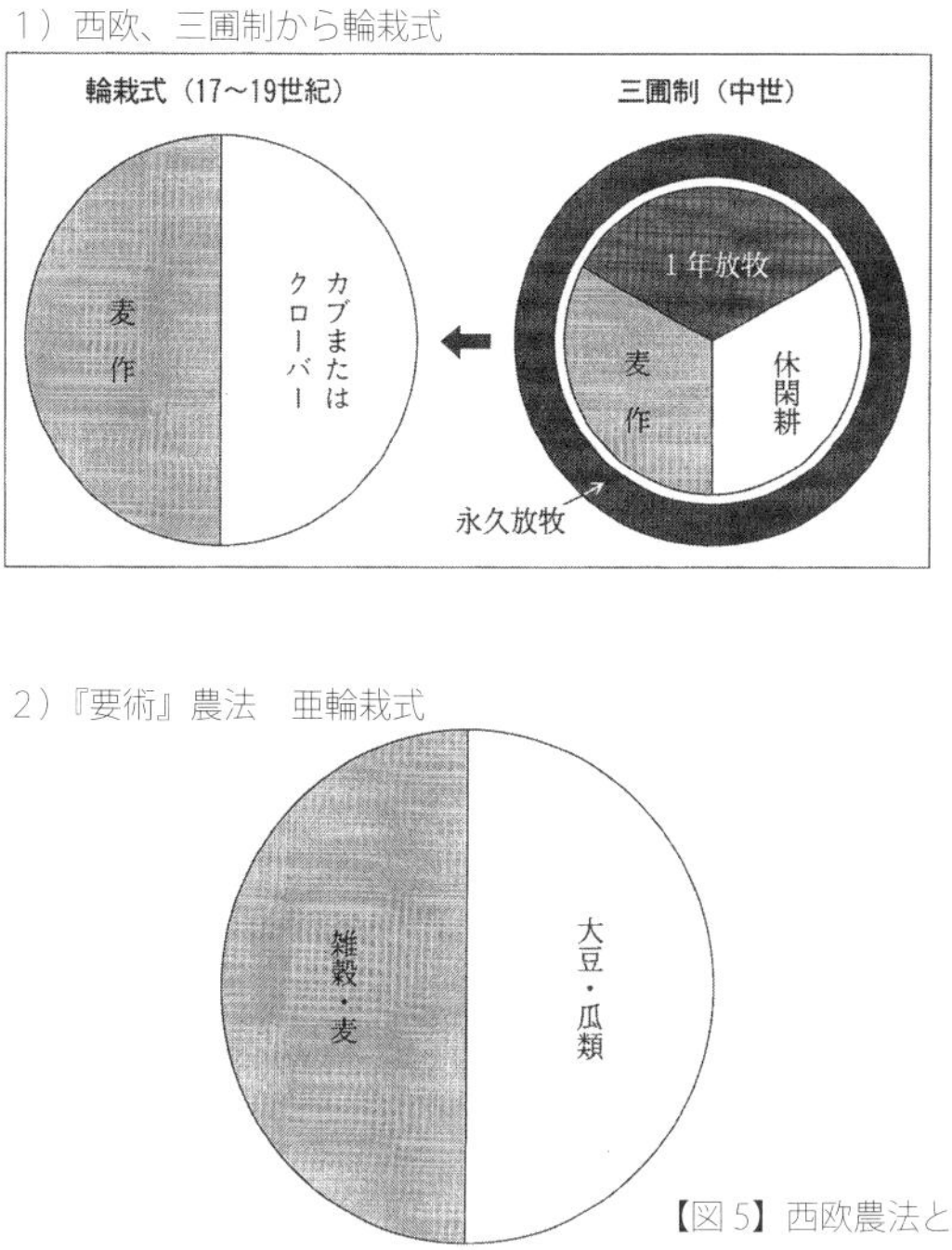

【図5】西欧農法と『要術』農法の比較

- 耕地
  - 高　田
    - 禾穀《かこく》類→アワ，モチキビ，ウルチキビ，オオアワ，モチアワ
    - 豆麻類→ダイズ，アズキ，リョクトウ，タイマ，西域アサ，ミーズ
    - 瓜　類→シロウリ，キュウリ，トウガン
  - 下　田
    - 麦　類→オオムギ，コムギ，ハダカムギ
    - 稲　類→水稲（水田）・陸稲
  - 園芸地（灌漑菜園）
    - 葉菜類→カブ・ウキナ・タカナ・アブラナ
    - 根菜類→カブ・ダイコン
    - 葷菜《くんさい》類→葵・コエンドロ・メボウキ・エゴマ・タデ・ショウガ・ミョウガ・セリ・チシャ・ムラサキウマゴヤシ

【表2】「要術」にみる輪作の作物編成

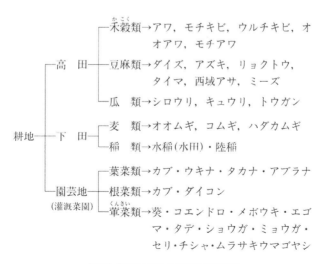

塩類の堆積である。種播き時期の春先きはさらに乾燥する。畦作りしたらすぐに播き、直ちに上にローラーをかけねばならない。このため、役畜と奴婢の作男を多数必要とした。豪族の大経営は多くの奴婢を抱え込んだ。発芽後の作物管理は手による畝間の草かきと畝の中の草とりである。草は艹（クサカンムリ）と早との合成語。草は作物より早く育って、作物をダメにする（草荒という）から、このように作字したのではないか。手による草かきを手耕というが、これも毛細管の切断にある。

地力の再生産には除草、輪作、施肥などの方法があるが、『要術』段階ではマメ科およびウリ類と穀類との輪作を編み出している。マメ科は根瘤バクテリアが空気中の窒素を固定する。ウリ科は根を深く張るので、一種の耕起効果をもつ。この輪作による連作方式は、西欧の農耕方式と比較すると、著しく高度なものであることがわかる。

中世ヨーロッパの農耕方式は三圃制で有名である。一年間はヒツジやヤギを休耕地に入れ、作物がらや草を喰ませ、糞尿を落させる。つぎの一年は休耕して二回耕起する。雑草退治のためである。これで草の種子が大幅に減り、草荒を減らすことができる。三年目にやっとムギをまく。つまり、ムギ類一作のためには、二年間を休耕しないと地力が回復しないという農法であった。名づけて休閑耕方式で行っていた。

西欧のこの方式は一八世紀始めから変化し始め、休閑耕をつぶし、ムギ類とカブ類との輪作へと転換した。これを輪栽式と呼ぶ。【図5】でみるとおりである。これで舎飼《しゃがい》方式が生まれ、厩肥《うまやごえ》をとって畑に入れるようになった。一八世紀末から始まった産業革命は、この農業革命による穀類生産の飛躍的増大で急増する人口を支えることができた。西欧では一八～一九世紀に休閑耕方式から輪栽方式に転換したのに、『要術』農法では六世紀に主穀連作方式を編み出していた。熊代幸雄先生は、この農法を亜輪栽式農法と名付けた。

その作物編成を【表2】にまとめた。作物編成こそ、豪族の知恵のしぼりどころである。

園芸地は灌水ができる菜園。ビタミン源、無機物含有作物をここで栽培する。英語のガーデンである。下田は高田より湿気が多い窪地のこと。当時では貴重なムギとイネの生産地である。高田は丘陵区。黄土層の下流域部分であるからゆるい丘陵となる。ここの作物は表でみるように、アワ・キビなどの小粒穀類（雑穀）である。英語のフィールドに相当する。

第三節　農法と栄養素の取得源

『要術』段階では基本的に豪族世帯の地域内自給であったから、取得する栄養素はそこの農法によって決まる。主食がもっとも重要であるが、蛋白質は炭水化物および脂肪とは異なって窒素を含むので、食体系の特質を生む。

〈主食源について〉

中国の主食生活は、長い歴史の中で、三回の転換があった。第一回は雑穀中心からムギ類の比重が増加する転換、第二回目は雑穀・ムギ類の中へ米食が入り、この比重が増加していく時期、第三回目はコムギ粉食の比重が増加していく時期である。

第二回目の転換期は宋代。江南の開発が進み、水利の発達で、水稲が著しく伸びることで、コメが主食の中心に位置するようになった。現在は第三回目の転換期にある。現代中国の主食構造は重量比でみると、一九五二年にコメが四二%、コムギ一一%、トウモロコシとイモがおのおの一〇%（イモは重量比で五対一で穀物に換算）、雑穀が二一%であった。一九九〇年では、コメ四二%、コムギがじつに二二%、トウモロコシも二二%、雑穀がわずか五%である。雑穀が激減し、コムギとトウモロコシが激増した。トウモロコシは今日では主食でなく、飼料となった。五二年は雑穀・トウモロコシ・イモ類で四一%を占めていた。今日はコムギ粉食主流型食生活に移行しつつある。

『要術』でみる主食の主要形態は雑穀であった。穀類の穀はアワとよむ。禾もアワである。日本語では粟と書くが、穀は穀類の総称として使われ、まさに五穀の穀をさす。ところが、【表2】でみるごとく、下田にムギ類が入っている。その後の農業技術の進歩で、ムギ類が高田でも栽培されるようになった。雑穀は極度の乾燥地でもみのる。ムギはそういうわけにはいかない。より深い深耕と施肥技術の進歩がこれを可能にした。しかし、二〇世紀中葉にいたってもコムギの消費構成は一一%であった。ただし、『要術』のムギはオオムギ、ハダカムギが主流で、コムギではない。この両者は粒食で、粉食はコムギと石臼技術の発展をまたねばならなかった。『要術』段階は人の手で廻す小型臼。中国の粉食は、麺類、饅頭《マントー》、餃子などで、中近東や西欧のようなパンではない。『要術』でもっとも多く出るのが「穬麦《コウバク》」。これはオオムギの一種で「皮付オオムギ」。アワ・キビ類と同様、大部分が粒食体系の中に入るものである。

コムギが高田に栽培されたという記述はなく、下田に限られた。高田にコムギが上るためには、それまでのアワ類―ウリ類の一年一作を、アワ類―ムギ類―マメ類という二年三作の輪作技術の確立が必要であった。またコムギが重要になるためには、大型石臼を据えつけるだけの豪族が出ないと不可能である。これは唐代（六一八～九〇七）。『要術』時代は、粒の小さい粒食からオオムギ粒食への転換であり、つぎの粉食体系への準備期であったといえる。

〈脂肪源について〉

脂肪は植物油と動物油。植物油はアサの実とダイズおよびナタネ。二巻第一三章に「胡麻」があるが、西山・熊代訳ではゴマと訳されている。しかし、これはアサの実のことではないかと考える。「胡」は「えびす」と読み、西域を言う。ペルシャからの伝来物には胡という字をつけた。例えば、キュウリを「胡瓜」と書く。「胡」の字を調べると大体西域から来ている。原本の二巻第一三章の冒頭に、「漢書に、張騫《ちょうけん》、外国にて胡麻を得たり。」と出る。張騫が西からもって来たというのだ。ゴマは中国語で「芝麻《チーマー》」と書く。当時はこの地でゴマは栽培されていなかったのではないか。ラッカセイも同様である。麻の実は現在でも内蒙古、甘粛《かんしゅく》、陝西で栽培されている。

動物油は「膏」と書いて、豚のラードを示した。牛の油の方は「脂」（牛脂ヘット）、他に羊が飼われていたので、この油は「酥《そ》」と表示されていた。モンゴルバターである。

〈蛋白源について〉

西欧中世の農法と『要術』農法とを決定的に分ける点は蛋白源取得方法にあった。前者が牛や羊などの草食動物であったのに対し、後者は豚・羊・ヤギ・家禽類の小動物と大豆である。

西欧三圃制時代の放牧地には主に、ヤギ、羊が飼育されてきた。ヤギ、羊は草が芽吹く頃生まれ、半年で成体となる。牡は交尾させればあとは用がない。冬季に草が枯れて以後、それを飼育することは甚だコスト高となる。若干の牡を残し、屠殺する。一定期間に集中して屠殺するため、その肉をどのように貯蔵するかが大問題となる。そこで発達したのが、ハム、ソーセージの類である。その肉をいかに長く貯蔵し、ちびちび食べるか、この目的に沿って発達したものこそハム、ソーセージである。日本で言えば、一種の救荒食物ではなかったか。逆に言うと、他に救荒食物として保存するものが乏しかった。しかし、漬物や干飯の救荒食物より蛋白質であるが故に、このほうが優れていたであろう。日本の古代からあったコメやヒエの干飯は主体が炭水化物である。ハム、ソーセージを長く保蔵するために塩蔵と香辛料が発達した。中世末にアジアに西欧が進出する一つの契機が香辛料にあったことは、ここで説明を要しない。

ヤギ、羊から出る食体系の他の一つは乳である。乳も保蔵がもっとも重要な課題であった。ここから発達したものがチーズである。今日では生産量の関係でヤギ乳からとるチーズは西欧でも少なくなったが、スイスなど山岳地域に部分的に残るのは、中世三圃制の残滓とみたい。

これに対し、『要術』は穀作との輪作作物であるダイズなど豆科作物から蛋白質を摂取する体系ができあがっている。ダイズは畑の牛乳と言われるほど栄養価が高い。このダイズの加工食物がどのように発達してきたかを『要術』の中でみることが重要である。味噌、醤《ひしお》の類への加工から豆腐、納豆などの加工形態がいつどのような契機で生まれたのか。さらに、ダイズ食品の貯蔵方法で、中国には腐乳豆腐や臭豆腐がある。これらは調味料として今日使われているが、そればかりでなく、蛋白源の保存食物ではないかと思われる。

豆腐のように栄養が豊かで消化のよい食品が作られたのは漢代と言われているが、あの加工の着想は現代からみてもすごいの一語に尽きる。最近、豆腐がアメリカやパリで流行しているが、これは動物性蛋白質による肥満の反省があるようだ。要術農法から出た蛋白質材料の欧米進出とは、おもしろい文化移転と言えよう。

もう一つ蛋白源で重要なのは羊・ヤギ類である。中華文明の原点は黄河中原であった。陝西省と河南北部である。そこは山東省より降雨量が少ない乾燥地域で、草原地帯である。穀類は「禾《アワ》」で、家畜は羊が多かった。漢字が作られた舞台である。「禾《ノギ》へん」と羊で作った言葉が多い。美味《おい》しいという言葉の「美」は、羊が大きくなって脂がのった状態をさし、それを口に未だし（味）だけ食べること（腹八分目）と読みたくなるような言葉である。もう少し食べたいところでよすのが味がもっともよい。飽食倦み易しだ。ここから当然羊乳と羊肉の食加工が生まれる。

〈その他の特徴〉

『要術』には葉菜類や根菜類の種類がわずかしかないのに、葷《クン》菜類の品種がはなはだ多い。樹木篇にはさらにサンショウやハジカミが載る。これは肉食と漬物用として発達したものと思われる。

Ⅰ　穀実加工
1.穀食　①みずづけ・いい（アワ），②あめゆ・あまがゆ（オオムギ），③ちまき（キビ），④すすりだんご（イネ），⑤麺類（コムギ）
2.こうじ類　①もちこうじ（コムギ），②ざらこうじ・こなこうじ（コムギ），③麦芽（コムギ）
3.酒醸造　①かみこうじ酒，②かすこめ酒，③あらこうじ酒，④のり酒（以上4種はキビ・モチアワ・イネ），⑤ひめこうじ酒
4.酢醸造（アワ）
5.酢醤（アワ）
6.豆鼓（ダイズ）
7.ひしお（クロダイズ）
8.みずあめ（キビ）
9.子実油
10.穀滓
Ⅱ　生菜・果実類加工
①果物酢，蜜酢（ウメ），②野菜の漬物と果物保存（瓜類・生菜・果物），③ひしお漬け（チシャ），④野菜の漬物と精進物（瓜類・野菜），⑤野菜・果物の副材料，⑥野菜・果物の副産物
Ⅲ　畜産物・水産物加工
1.酪農　①乳酪，②乾酪，③乳あぶら（以上3つは羊乳および牛乳），④生乳利用
2.卵加工　①塩漬卵，②卵調理
3.肉類加工　①ほし肉法（獣肉・魚肉），②なれずし法，③ししびしお・うおびしお，④かすもみ
4.肉類調理　①あえもの（鯉），②みずたき（禽肉），③あつもの（畜肉・魚肉），④しるだき・しるいため（禽肉・魚肉），⑤むしもの・むしやき（獣肉・魚肉），⑥あぶりもの（畜肉・魚肉・貝・かき）
5.膏・脂の利用
注：このほかに，工芸部門があるが略す。

【表3】食品の高次加工形態

第四節　加工調理法

熊代は『要術』の訳出後に、「東アジア犁耕文化の形成」という論文を書き、ここで『要術』の利用加工調理について系統的な分析を行った。それに基づいて加工調理の発展段階における位置づけを素描してみよう。加工には低次加工と高次加工とがあり、高次加工にはさらに二次加工、三次加工などいくつかの過程がある。低次加工は、穀類を例にとると、脱穀、精白、製粉をさす。高次加工の過程は、たとえば穀米を熱処理して、薄粥《うすがゆ》や飯《いい》にする。それを酒や醤にしたり、さらに、蒸粔籹《むしおこし》、麺、饅頭などに調理するなどの再加工である。

高次加工形態を一覧表にすると、【表3】のようになる（カッコ内は原料）。これらがこと細かに記載されている。この中の二、三の要点を指摘しておく。

①穀実加工

パンの成立以前の諸形態がほぼ出揃っていること。中間穀食の系譜は、妙り米→薄粥→堅粥→飯→堅飯→茄で麺→饅頭であるが、中心は堅粥、飯の飯類と堅焼（煎餅）、茄で麺、饅頭の餅類。後者が増大していく段階であった。すなわち、粒食から粉食への移行期。コメは酒やすしなどの加工用中間材や特別食ないしは節日の祝食に限定されていた。もっとも、モンスーン地帯の江南ではコメは常食化していたかもしれない。

②腐り文化圏の加工調理体系

最大の特徴は発酵による食加工体系が記載されているところにある。一九四五年に山崎百治先生は『東亜醗酵化学論攷』という書を出版された。一説によれば、戦争中に欧米より東アジア文化の優越性を論証するために書かれた書だという。理由付けはどうでもよい。そこに描かれている発酵による加工技術のすごさには圧倒される。

〈酒〉

太古の神農時代にすでに儀狄《ぎてき》による酒作り伝説、夏王朝時代の杜康《とこう》の酒の発明伝説のある国である。秦時代の古書には、酒により国を滅ぼした王の話がじつに多く出る。しかし、具体的な作り方になると『要術』を待たねばならなかった。『要術』には四一種の酒が出る。その作りかたは、①祝詞をとなえて酒作りを始める。防腐効果のある塩を加えていないので、失敗が多かったとみえ、麴王という人形をつくり、まずお祈りしてから作業を始めている。②酒に火入れをしない。現在の普通の酒は、防腐のために火入れをする。『要術』後六〇〇年たってやっとつぎの具体的酒造法が『北山酒経』に出るが、そこでは麴王も祝詞もなくなり、代って火入れをしている。

〈酢〉

『要術』よりずっと以前は果酸（梅）であった。『要術』では穀酢が主流になっている。食物保存に酢はきわめて重要であるが、酢が重要な調味料となっている。出てくる種類は製法を含めて二三種。醤油の一四種よりずっと多い。今日の中国でも、酢の銘柄ははなはだ多く、鎮江《ちんこう》の「香酢」、山西の「陳酢」などは有名である。酢の豊富さは原料の多様性にある。前篇で出る穀実がほぼ用いられている。それほど発酵加工技術が進んでいた。余談だが、現代中国では、「す」は「醋」を用いるが、『要術』では「酢」と併用。それ以前では「酢」の字が多い。

〈醤〉

ひしおの類も一四種。ししびしお、うおびしおなど、穀物を原料とした日本の味噌にあたる穀醤がある。ほかに、「豉《し》」がよく出る。今日でも中国では普通に用いている味噌類である。ダイズと塩だけを原料にし、菌、製法、味とも、日本の浜納豆によく似ている。日本でこれを納豆と理解している筋は間違いである。コムギからつくるのも一例出ている。

〈漬物〉

製法は乳酸発酵と蔵生菜法他三七例、前者が二七例、後者が四例。残りはその他である。主原料が野菜と塩であることは現代と同じであるが、とくに目立って変っているのは、漬け込む前に火を通している点である。さらに、調味料、香辛料など、幅広く用いている。日本では、ほとんどの漬物に塩まわりをよくするため重石をのせるが、『要術』ではまったく石を用いていない。おそらく、原料に火を通すから、しなやかになっているためであろう。現代中国でも、石の重しを用いるのはきわめて少ない。また、現代中国ではほとんどみられない糠を加えたものが一例出る。ほかに、コメや飯、粥を加えたのも出ている。原料の中で、重要なのがウリ類である。前篇に高田の雑穀と輪作することはすでに述べた。ガーデンに少しばかりつくるのではない。その大量のウリ類を何に用いるか。漬物にし、副食とするほかに、調味料にまでする。高次加工の高度利用である。これらの漬物も基本的には「腐り文化」の一つである。

〈肉調理〉

初発段階から順番に①塩蔵、②ほし肉法、③なれずし法、④ひしお法、⑤かすもみ法の五つが出ているが、③④⑤はいずれも発酵処理である。熱処理を視点にみると、①あえもの、②す肉・みずたき、③あつもの、④すしだし・しるだき、⑤蒸しもの、⑥あぶりものが出る。後者ほど温度が高い。①は酸と塩のドレッシング、②は熱処理後、酢や塩につける。③は豉が調味料。いずれも酢醸造が肉調理に重要なメディアを提供している。やはり「腐り文化」である。

ここで、③のあつものは「羹」と「臛」の二字が出る。前者は植物性食物、後者は動物性食物に用いると辞典で記す。

全部で三七例出る。現代中国料理が使用する材料や調味料の幅広い使用がみられる。

〈乳加工〉

乳加工は新鮮乳→加熱→酸発酵→酪（ヨーグルト）→酥（にゅうあぶら）→酪漿（バターオイル）という系譜がある。乳を加熱して浮皮（固形クリーム）と脱脂乳とに分ける。脱脂乳をさらに乳酸発酵させ、酪や乾酪（乳豆腐）をとる。さらに精脱脂して酥を精製する。この過程の乳酸発酵も腐り文化の一形態である。ついでに、酪は豆の粉の湯餅の沃汁に、乾酪はおかゆに混ぜる。つまり、粒食から粉食への移行過程と一致した働きをみる。

「腐り食文化」の中心は麹である。『要術』には多種類の麹が記載され、いずれもコメとムギを原料としてつくられた。醸造におけるばら麴系から餅麴系への分離がみられ、これは穀食における飯類から餅類への分化と相応するものだと熊代先生は解釈された。

以上『要術』の加工調理篇の重要な点は二点であるが、あと若干紙幅が許す範囲でつけ加えておく。

〈素食〉

精進料理が素食名で一一例出る。現代の精進料理の花形の豆腐は、伝説的に前漢と言われているが、実際にはもっと遅く唐代らしく、『要術』では出てこない。精進料理は、野菜やキノコを主材料としており、現代より、ずっと見劣りがする。また、仏教や健康食との関連も出ていない。

〈炙〉

現代中国では直火焼、「烤《あぶる》」と同義であるが、『要術』では「烤」の使用のほうが多い。表が二二例出る。ウシ、ブタ、ヒツジ、ニワトリ、シカ、ろ肉に対して出、珍しいのは魚に二例ある。現代中国では魚の直火焼はない。このほか、多くの調理法が出るが、各項目の口語訳に任す。

第二部　『斉民要術』成立当時の思想と風俗

中村　璋八

第一章　はしがき

私に与えられた題名は、「『斉民要術』（以下『要術』と記載）成立当時の思想と風俗」というものである。しかし、中国の歴史は長く、その国土は広大であり、特に『要術』が成立した時代は、異民族支配の北朝と漢民族が南下して建康《けんこう》（南京）に本拠を置いた南朝とに二分された南北朝であった。そして、『要術』は、異民族支配の末期、北魏（三八六〜五五〇・五五六）で作成されている。北魏は、北アジアの遊牧民、鮮卑族《せんぴぞく》中の部族の一、拓跋《たくばつ》氏が樹立した国家である。この拓跋氏は三世紀なかば拓跋力微《たくばつりょくび》の時に始めて史書に姿を現わし、盛楽（今の内モンゴル自治区）に根拠を置き、晋の時代になって山西省北部の地を与えられて代公（三一五）に封せられた。三七六年に前秦に敗れて一度は滅んだが、三八六年に拓跋珪《たくばつけい》（大祖道武帝）によって北魏として復興した国である。その原住地は大興安嶺《だいこうあんれい》（内蒙古自治区）であるとされている。北魏は遊牧民であった鮮卑族拓跋氏の王朝でありながら漢化政策を強力に押し進め、漢民族を積極的に採用した。そこで、当時の思想や風俗は、拓跋氏のそれを残しながらも、古い伝統を持つ漢民族のそれを色濃く反映している。このことは『要術』を読むと如実に感ぜられる。遊牧民の知恵を各処に残してはいるが、その思想や風俗は漢民族のものが主流をなしているように思われる。しかし、長江流域の建康（南京）に都を移して仏教を始めとする新しい文化を摂取した南朝の各王朝の思想や風俗とは異なり、前の時代の漢王朝の伝統を比較的に忠実に引き継ぐという保守的な色彩が強かった。儒教の経典の解釈である経学は中国の伝統的な学問であり、北朝は漢代の鄭玄《ていげん》を始めとするこの学問を継承した。これに対し、南朝では仏教や老荘《ろうそう》思想によって経書を解釈しようという新しい学問が隆盛した。そこで、前者を北学、後者を南学として区別している。この両者を統一しようとしたのが、唐代の初めの顔師古《がんしこ》（五八一〜六四五）の『顔師定本《がんしていほん》』や孔頴達《くえいだつ》（五七四〜六四八）の『五経正義《ごきょうせいぎ》』である。北魏の思想や風俗を理解するためには、南朝にも増して漢民族の伝統を辿って見ることが重要な課題となる。そこで、本稿では、北魏の支配下にあった中国文化発生の地、華北の文化から記して行くこととする。

第二章　黄河流域の文化と風俗

黄河中流域で農耕生活を営んでいた古代の漢民族は、当然のことながら農作物の生育に対し極めて深い関心を持っていた。現在の河南省安陽県小屯から出土した「殷墟卜辞《いんきょぼくじ》」には、「甲辰、帝、其れ雨をふら令《し》むるか」、「乙巳、帝は允《まこと》に雨をふら令め庚に至る」（いずれも『殷墟《いんきょ》文字乙篇』所収）など、雨に関する記述が多い。乾燥した河北地方に生活の本拠を置いた殷の人々にとっては、農作物の発芽や生育に最も必要な水の問題は切実であったので、それをもたらす雨を天帝に祈願し、それを切望したのであろう。「殷墟卜辞」には、このほか農業に関する卜辞が数多く見られる。また、『史記』「五帝本紀」の前に補せられた唐の司馬貞《しばてい》の「三皇本紀《さんこうほんぎ》」には、伏義《ふっき／ふくぎ》・女媧《じょか》と並んで神農《しんのう》を三皇の一人とし、その伝が詳細に記されている。この神農については、それに先立つ隋の蕭吉《しょうきつ》が撰した『五行大義《ごぎょうたいぎ》』巻五、第二一、「論五帝」に「耒耜《らいし》を作り、始めて民に耕農を教え、嘗《な》めて草木を別ち、人をして穀を食わしめ、以て犠牲に代う。故に神農と号す」と記しているように、本草学の祖であると共に農業の始祖でもあった。後漢の初期に整理された「緯書《いしょ》」の一つである『礼含文嘉《れいがんぶんか》』には、「神農は田道を作り、耒粗を就《な》す。天は応ずるに嘉禾《かか》を以てし、地は出すに醴泉《れいせん》を以てす」とあるように、「緯書」の中には農業の始祖である神農の記述は極めて多い。このことについては、「緯書に現われた神農像」と題する論文（『斯文』一〇二号、平成六年三月刊）の中で詳述した。神農の名はすでに戦国時代の『孟子』「滕文公上《とうぶんこう》」に「神農の言を為す者に許行有り。楚より滕《とう》に之《ゆ》き、門に踵《いた》りて文王に告げて曰く、遠方の人、君の仁政を行うを聞く。願わくは一廛《てん》を受けて氓《たみ》と為らん、と。文王、これに処を与う。其の徒数十人、皆褐を衣、履を捆ち、席を織りて以て食を為せり。陳良の徒、陳相、その弟の辛と耒耜を負いて宋より滕に之く。曰く、君、聖人の政を行うと聞く。是れも亦た聖人なり。願わくは聖人の氓と為らん、と。陳相は許行を見て大いに悦び、尽くその学を棄てて学べり」と記されている。孟子（軻、前三七二〜三八九？）は、現在の山東省、孔子の故郷である曲阜《きょくふ》に近い鄒《すう》の人であり、彼の処に南方の楚から農家者流の神農を奉ずる許行がおもむき、その教えを説いたと言うのである。この記事から推察すると、神農の名は、すでに南方の楚にも伝わり、その説が河南の宋や山東の斉にも拡がっていたことが知られる。神農の名が中国大陸の何処から称え始められたかは明らかでないが、『史記』「三皇本紀」には「初め陳（現在の河南省開封県から安徽省亳《はく》県の地に都す。後に曲阜〈魯、山東省〉に居る。立ちて一百二十年にして崩ず。長沙《ちょうさ》（湖南省の省都）に葬る」とあり、彼の足跡は、今の山東・河南・安徽・湖南の各省にわたっている。神農は実在の皇帝ではなく、伝説上の農業神であったので、このことは、戦国時代には中国大陸の広い範囲で信仰されていたことを示すものであろう。『要術』と同時代に編集された後魏の酈道元《れきどうげん》（?～五二七）の『水経注《すいけいちゅう》』によれば、神農の事跡はさらに広く今の陝西・河北・湖北などの各省にも及んでいる。（前掲、「緯書に現われた神農像」参照）この神農についての記事は、秦の相国、呂不韋《りょふい》（?～前二三五）が撰した『呂氏春秋《りょししゅんじゅう》』、漢初の『周易《しゅうえき》』「繋辞伝《けいじでん》」、『荘子《そうし》』外篇、『管子《かんし》』封禅《ほうぜん》・形勢解の各篇、特に漢の高祖の孫、劉安《りゅうあん》（前一七九～一二二）が撰した『淮南子《えなんじ》』に多く見られる。いずれにおいても、農業や本草学の祖、無為自然にして百姓を治めた聖天子とされている。

周の始祖、すなわち武王十五世の祖は后稷《こうしょく》であり、この后稷については『尚書《しょうしょ》』（書経）「堯典《ぎょうてん》」に「棄（稷の名）、黎民阻《れいみんしきり》に飢う、汝后稷、百穀を播時せよ」とある。その註である『集伝《しゅうでん》』には「后は君なり、爵土有るの称」とある。稷は五穀の長である。そこで后稷は、農業を掌る長官のこととなる。その農業を掌る長官の子孫が周の王であることは、周それ自体も農業を主体とする国家であることになる。この后稷については『史記《しき》』「周本紀」に「周の后稷、名は弃、其の母は有邰氏の女なり。姜源と曰う。（中略）弃、児たる時、屹として巨人の志の如し。其の游戯するや、好みて麻菽を種樹す。麻菽美なり。成人と為るに及びて、遂に耕農を好み、地の宜しきを相《み》、穀の宜しき者は稼穡す。民は皆これを法則とす。帝堯、これを聞きて、弃を挙げて農師と為す。天下は其の利を得て功有り。帝舜曰く、弃、黎民始めて飢う。爾《なんじ》、稷《きび》を后として、百穀を播時せよ、と。弃を邰（今の陝西省武功《ぶこう》県）に封ず。号して后稷と曰う」とあり、農業の事に秀でていたことを記している。后稷については「緯書」を始めとする漢代の種々の典籍に多く記されているが、ここでは省略する。

これだけの事例から見ても、古代中国において農業が如何に重要な位置を占めていたかが理解できよう。中国の最も古い書籍目録である『漢書』「芸文志《げいもんし》」には、漢代に国教としての地位を築いた儒教の経典を記した「六芸《りくげい》略」に続いて第二番目に「諸子《しょし》略」があり、儒家・道家・陰陽家・法家などと並んで「農家」の部が設けられ、そこには「神農二十篇・野老十七篇・宰氏十七篇・董安国十六篇・伊都尉十四篇・趙氏五篇・氾勝之十八篇・王氏六篇・蔡癸一篇。右農家九家百一十四篇」と、前漢に通行していた農家の書が収録されている。このうち『氾勝之《はんしょうし》』は、『要術』にも十七条が引用され、『隋書』「経籍志《けいせきし》」にも「氾勝之書二巻、漢議郎氾勝之撰」と、また『旧唐書』「経籍志」には「氾勝之書二巻、氾勝之撰」と、『新唐書』「芸文志」には「氾勝之書二巻」と記載されているが、その後は他の農家の書と同じく散佚し、現在はどこにも伝存していない。『漢書』「芸文志」には書目に続いて「篇叙」が附され、そこには「農家者流は、蓋し農稷の官より出ず。百穀を播し、耕桑を勧め、以て衣食を足す。故に八政に、一に曰く食、二に曰く貨と。孔子曰く、重んずる所は民の食、と。此れその長ずる所なり。鄙者これを為すに及んでは、以為《おもえ》らく、聖人を事とする所なし、と。君臣をして並びに耕さしめんと欲して、上下の序を誖《みだ》る」と、農家という学派は、「思うに古代の農業を掌った神農や后稷の官に源を発する者で、百穀の種を蒔いたり、耕作や養蚕を指導して、衣食に事欠かぬように勧める者だ」と定義し、『尚書』（書経）「洪範篇《こうはん》」や『論語』「堯曰篇《ぎょうえつ》」の語を挙げ、人民の衣食を掌る農業が中国においては古代より最も重要なことであったことを述べている。このように、黄河中流域で農耕生活を営んでいた漢民族にとって最も重要なことは、人間が生きる上で不可欠な食を確保する農業であり、これを中心に文化や風俗が形成されていった。

第三章『要術』について

現存する農業書のうちで最も古い『要術』の名が中国の目録類に見えるのは『隋書』「経籍志」農家の部に「氾勝之書二巻、漢議郎氾勝之撰・四人月令、後漢大尚書崔寔撰・春秋済世六常擬議五巻、楊瑾撰・禁苑実録一巻、斉民要術十巻、賈思勰撰」と記されているのが最初である。『漢書』「経籍志」が、九家一百一十四篇であるのに、この書は「五部、一十九巻」とあって却って減少している。ただ、続いて「梁有陶朱公養魚法・卜式養羊法・養豬法・月政畜牧栽種法各一巻、亡」と、南朝、梁の阮孝緒の『七録《しちろく》』を挙げているが、これらは多く牧畜に関するもので、同時代の『七録』に『要術』が著録されていたか否かは解らない。唐の釈道宣《しゃくどうせん》（五九六～六六七）の撰による『広弘明集《こうぐみょうしゅう》』巻三には「農部一種一帙三巻」とあるのみで、その中に『要術』が含まれていたかどうかは明らかでない。寛平年間（八八九～八九八）に藤原佐世《ふじわらのすけよ》が撰した『日本国見在書目録』三十一の農家の部には「斉民要術十巻、舟陽賈勰思撰・兆民本業三巻」の二書が収められている。日本にも『要術』は早くから伝来していた。その撰者が「賈勰思」と誤っていることは別として、その上に「舟陽」とあるものは中国の文献にはない。「舟陽」は、中国の地名辞典などに見当らないが、「舟」は「周」に通ずるので、（『説文通訓定声』に「舟、仮借為周」とある）「周陽《しゅうよう》」とも考えられる。周陽は、今の山西省聞喜県の東にもあるが、『讀史方輿紀要《どくしほうよきよう》』山東、平陽府、解州、聞喜県に「周陽城は、県の東二十九里。（中略）又景帝三年、田蚡の弟勝を封じて、周陽侯と為し、此に邑す」とあるので山東の地名であると思われる。『日本国見在書目録』に彼の出身地を「舟陽」としている根拠は明らかではないが、注目すべきであろう。『旧唐書』「経籍志」子部、農家類には「農家二十部、凡一百九十二巻」の中に「斉人要術十巻賈勰（思勰）撰」（「斉人」とあるのは、唐の太宗、李世民の名を諱み「民」を「人」と改めたもので、唐代の文献には、その例が多い）とあり、『新唐書』「芸文志」子部、農家類には「農家類十九家、二十六部、二百三十五巻」の中に、「賈思協斉民要術十巻」が「勰」を「協」としながらも記されている。この『旧唐書』「経籍志」『新唐書』「芸文志」には、『隋書』「経籍志」で今は亡佚したとされている「陶朱《とうしゅ》公養魚法」には「養魚経一巻、范蠡《はんれい》撰」、また『宋史』「芸文志」にも「陶朱公養魚経一巻」が収載されている。越の勾践《こうせん》に仕えた范蠡は、その後に勾践のもとを去って、みずから陶朱公と称したことは周知のことであろう。『要術』には、この南方の書を三条引用している。また、『新唐書』「芸文志」には「李淳風演斉民要術巻七」として、唐の歩天・暦算に通じた李淳風が『要術』に注釈を附したものが記されている。その書は伝存していないが、これに拠って唐代でも『要術』をいかに重視していたかが解かる。『宋史』「芸文志」子部、農家の部には「農家類、一百七部、四百二十三巻篇」が収められ、その中に「賈思勰斉民要術十巻」が収載されている。『宋史』になると、農家の書も「蔡邕月令章句」など、時令の書を始めとして収録範囲が広くなっている。『宋史』「芸文志」子部、農家類の「二十三部、一百九十一巻」の中には、いかなる理由か『要術』の名はない。ただ「補編」には「斉民要術、一部、五冊」が記されている。『国史経籍志《こくしけいせき》』子部、農家の部には「斉民要術十巻漢賈思勰」のほか「演斉民要術十巻李淳風」の名がある。すると、明の焦竑の頃には、まだ李淳風の注釈も伝存していたのであろう。そのほか、宋の晁公武撰『昭徳先生郡斎読書志』の農家類には「斉民要術十巻、右元魏賈思撰、記民俗歳時治生種蒔之事、凡九十二篇」と、宋の王暁臣等の奉勅撰『崇文総目』にも「斉民要術十巻賈思勰撰」と宋の王応麟（一二二三〜一二九六）の奉勅撰『玉海』巻一七八、農家の項に「賈思勰斉民要術隋志、農家、斉民要術十巻、賈思勰撰元魏唐志、農家、賈思協十巻、李淳風演斉人要術巻亡崇文目、農家、八部二十四巻、始於斉民要術十巻斉民要術、記民俗歳時治生種蒔之事、凡九十二篇、賈元道大農孝経一巻開宝中人、中興書目、三巻、凡種執資生之事畢書後周竇儼、請於斉民要術及四時纂要、韋氏目録中采其関田蚕園圃之事、集為一巻、頒下諸州、宋朝天禧四年八月二十六日、利州転運李昉、請頒行四時纂要斉民要術二書、皆古書陳耕植之法詔館閣校勘鏤本募賜、又相繪龍封鵝祈穣秘法令長吏遵行劭農之道備矣、国史志、天禧中、頒斉民要術于天下、欲教種植蓄養之方、両朝志、農家、十二部四十七巻篇」と、すでに挙げた歴代の『要術』についての記述と、その流伝をまとめている。その記述を見ると『要術』は、そのほとんどが「十巻」「九十二篇」から成っており、若干の文字の誤りはあるにしても、その撰者が「賈思勰」であることは現行本と同じである。ただ、撰者の賈思勰については、その時代を「漢」「元魏」としている以外は全く触れていない。

『要術』に対する最も完備した解説は乾隆三十七年（一七七二）紀昀等の奉勅撰『四庫全書総目提要』である。その子部、農家類に次のような記述がある。「斉民要術十巻、浙江巡撫採進本、後魏、賈思勰の撰。思勰の始末は未だ詳らかならず。惟《た》だ其の官の高平太守為るを知るのみ。自序に、農耕より起りて醯醢《けいかい》に終る、資生の楽、畢《ことごと》く書せざる靡《な》く、凡そ九十二篇。今本は乃ち五穀果蓏、中国に非らざる者に終る。自序に又、商賈の事を称し、闕きて録せず。今本の貨殖の一篇は、乃ち第六十二に列するは、其の義を知る莫し。中の第三十篇は雑説為り、而して巻端にまた雑説数条を列す。篇数に入れず、一に再見と名づく、例に於いて殊に乖き、其の詞も亦た鄙俗《ひぞく》にして類ならず、疑うらくは後人の竄入《ざんにゅう》する所。然して陳振孫《ちんしんそん》（南宋の学者、生卒年不詳）の『書録解題《しょろくがいだい》』（直斎書録解題《ちょくさいしょろくかいだい》）、其の生を治める道は、仕えざれば農、と名言為りと称す、正に巻端の雑説の中に見ゆ、則ち宋には本と已にこれ有り。思勰の序は註を作ると言わず、亦た音有りと云わず。今本の句の下の註は、自作に似たる有り、然れども多く引きて顔師古《がんしこ》（初唐の人、五八一〜六四五）に及ぶ者あり。『文献通考』（巻二百十八、元の馬端臨の撰）を考うるに李燾孫氏斉民要術音義解釈序を載せて曰く、賈思勰の著、此の書は専ら民事を主とし、また労ら異聞を摭《ひろ》う、多く観る可し、農家に在りて最も嶢然として其の類を出づ。奇字錯見、往往《おうおう》にして読み艱し、今、運使秘丞孫公、これが音義を為し、解釈は略ぼ備わる。其の正しく小物に名づくるは、蓋し楊雄《ようゆう》（前五三〜後一八）・郭璞《かくはく》（二七六〜三二四）と相い上下す。但だに借りて思勰を助けるのみならず、と。則ち今本の註は、蓋し孫氏の書、特《た》だ『宋芸文志』は、著録せず、其の名は考うる可からざるのみ。董穀碧里（明の人）雑存し、註中の一石を以て、今の二斗七升に当つるの文は、疑うらくは其れ魏の時の長安の童謡の百升の上天を飛ぶの句と合せず。（案ずるに斛律光は斉人にして魏の人に非らず、此の語は、殊に誤まる）蓋し未だ註の思勰の作に非らざるを知らず。銭曾（清、常熟の人、字は遵王）の『読書敏求記《どくしょびんきゅうき》』に云う、嘉靖《かせい》甲申（明、武帝、三年、一五二四）、『斉民要術』を湖湘（湖南省）に刻す。首巻の簡端（巻第一、耕田第一）に『周書』曰く、云々、と。原《もと》細書夾註に係《かか》る。今刊は大字に作る。毛晋《もうしん》（明、常熟の人）

の『津逮秘書《しんたいひしょ》』も亦た然り。今、第二篇より六十篇の例を以てこれを推すに、其の説は良《まこと》に是《ぜ》なり。蓋し唐以前の書は、文詞は古奥にして、校勘《こうかん》する者は尽くは能く通ぜず。輾転《てんてん》して譌脱し、因りを譌異す。もとより亦た事の恆に有る所なり」（註、（）内は筆者の註）。ここでは、『要術』の本文やそれに附された双行の註に対する見解を多くの文献を引用しながら明示している。『要術』の研究者は『提要《ていよう》』の記述を熟読玩味すべきであろう。

さて、ここで問題となるのは、この書の撰者、賈思勰についてである。各正史の目録類には、その撰者の名が見えるのみで、撰者の時代は記していない。宋の晁公武《ちょうこうぶ》の『郡斎読書志《ぐんさいどくしょし》』や王応麟《おうおうりん》の『玉海《ぎょくかい》』になって、はじめて「元魏」の時代の人であることを示している。しかし、『四部叢刊《しぶそうかん》』本などでは、『要術』の各巻の初めに「後魏、高陽太守、賈思勰撰」と、その時代と彼の官名が明記されている。『四庫全書総目提要』には、その藍本である『浙江巡撫採進本』によってか「後魏の賈思勰の撰、思勰の始末は未だ詳らかならず。惟だ其の官の高平太守為るを知るのみ」と、後魏の人で、その官は高平太守であったことだけを記し、その経歴は不明であるとしている、『要術』の各刊本の巻首に「高陽太守」としているのに対し『提要』では「高平太守」としている。後魏（三八六～五五〇、又は五五六）は、南北朝時代の北朝、鮮卑族の拓跋《たくばつ》氏に拠って建立された王朝で、北魏・元魏・拓跋魏とも呼ばれていた。拓跋氏は始め内蒙古で遊牧生活をしていたが、西晋末より次第に南下し、農耕生活を営むようになり、華北の混乱に乗じて、太祖道武帝珪《どうぶていけい》（三八六～四〇九）が北方の諸国を滅し、国号を魏と定め、都を平定（今の山西省大同）に移した。ここに西晋滅亡以後、五胡十六国に分立していた華北《かほく》は統一された。大祖道武帝は、旧来の部族連合的性格を解放し、部族民を皇帝権に直結すると言う画期的な改革を行い、漢人官僚を重用して統一国家の整備に努めた。第三代の世祖太武帝《たいぶてい》（四二三～四五二）は、新天師道を唱える道士である寇謙之《こうけんし》（生年未詳～四四八）を信任し、当時、隆盛を極めていた仏教を弾圧して道教を信仰し、漢人貴族を政界に招致するなどして、漢民族の伝統的な文化を尊重した。第七代、高祖孝文帝《こうぶんてい》（四七一～四九九）は、均田制・租庸調制・三長制・俸禄制などを断行し、農村の再建や財政の安定などを図り、また、一方で朝廷内における胡族の言語・風俗などを禁じ、胡姓を漢姓に改める等の漢化政策を行った。拓跋氏も、この時に元氏と改めている。また、都を後漢の旧都、洛陽に移し、南朝の斉（四七九～五〇一）と対決する態度を固めた。しかし、その後に六鎮《りくちん》の乱（五二四）が起り、内乱が全国に広がり、その中から鎮民出身の軍閥、高歓《こうかん》と宇文泰《うぶんたい》が華北を東西に二分し、北魏は東魏と西魏とに分裂した（五三四）。

華北を支配した北魏は、漢人の知識階級を重用して官僚に採用したため、漢代に隆盛した儒教も栄え、冦謙之に拠って確立した新天師道を重んじたことによって道教も信仰されていた。また、北魏の旧都である大同の雲崗石窟や新都である洛陽の竜門石窟に示されているように、仏教に対する信仰も盛んであり、儒仏道三教は共に大いに発展し、梁の武帝（五〇二～五四九）の時に華を開いた南朝の文化的雰囲気にも劣らない状況にあったと言える。賈思勰は、このような環境の中に身を置いていた。

しかし、賈思勰の伝は『魏書』や『北史』を始めとする当時の文献に見い出すことはできない。ただ、『魏書』巻第七十二及び『北史』巻四十七の列伝の中に彼の同族と思われる賈思伯、賈思同のことが記述されている。賈思伯については、『魏書』の彼の伝に「賈思伯、字は士休、斉郡の益都の人なり。世父の元寿、高祖《こうそ》（孝文帝、四七一～四九九）の時、中書侍郎、学行有りて、時に称せらる。思伯、褐を釈き朝に奉じ、太子歩兵校尉中書舎人を請う。中書侍郎に転じ、頗る高祖（孝文帝）の知る所と為る。常に征伐に従う。世宗（宣武帝、四九九～五一五）、即位するに及び、侍を以てこれに従い、勤めて輔国将軍に転じ、任城《にんじょう》（今の山東省済寧県）王の澄の鍾離《しょうり》（故城は安徽省鳳陽県の東北）を囲むや、思伯を以て節を持し、其の軍司となす。澄の利を失うに及んで、伯思を後殿《しんがり》と為す。澄は思伯を以て、儒者はこれを必ず死すと謂う。至るに及んで大いに喜びて曰く、仁者は必ず勇ありとは、常に虚談と謂う。今、軍司に於いてこれを見ゆ。思伯は、託せられしに道を失うを以て、其の功を伐《ほこ》らず、時論は其の長者なるを称す。後に河内太守と為るも拝せず。尋いで鴻臚《こうろ》少卿に叙せらるるも、母の憂を以て服するを免ぜられて闋《や》む。徴せられて滎陽《けいよう》太守と為り、政績有り。征虜将軍南青州刺史と為る。云々」とある。同様の記事は、『北史』巻四十七にも有するが、若干、省略されている。しかし、「斉郡益都の人なり」の次に「其の先は武威より徙《うつ》る」とある。これは如何なる史料に拠って補われたかは明らかでないが、武威は、現在の甘粛省鎮番県の地であって、昔は匈奴の勢力範囲であった。これから推測すると、賈思伯の祖先は少数民族と何らかの関係があったとも考えられる。しかし、伯父の元寿は、既に宮廷の文書や詔勅を掌る中書省の次官に相当する尚書侍郎の役に即いていたので、儒教を学んだ知識階級の人物であったことは確かである。賈思伯の出身地である斉郡は、山東の青州に属し、益都は、今の山東省寿光県の南であって、山東省の省都、済南市より東、百二十㎞の地にあり、また、孔子の故郷、曲阜の北に聳える中国の五岳の一つ、東岳の泰山からも東北に百二十㎞程の処にある。彼の伝には、前述の記事に続いて、彼は後には天子または東宮の前で講義する侍読となり、粛宗孝明帝《しゅくそうこうめいてい》に『杜氏春秋』（古文学の『春秋左氏伝』杜預注）を授け、また、陰陽五行説にも通暁し、さらには『孝経援神契』という漢代に流行し、当時も隆盛していた「緯書」をも引用して上奏していることが記されている。これらの記述から推測すると、賈思伯は、経学・史学など当時の学問に精通し、真の儒者として尊敬されていたのみでなく、当時、流行していた陰陽五行説や讖緯《しんい》説など広い範囲の思想にも興味を持っていた。これは『要術』の中に多くの経書、特に鄭玄注を始めとする北学や史学、それに『雑陰陽書』、『雑五行書』、『五行書』などの陰陽五行書や『尚書考霊曜』、『礼斗威儀』、『春秋考異郵』、『孝経援神契』、『孝経河図』、『竜魚河図』などの多数の「緯書」が引用されていることに通じている。（『要術』中の引用書については、拙稿「斉民要術に引用された漢籍」、『VESTA 第四号』、平成二年七月刊、を参照）

弟の賈思同についても、同書に「思同、字は士明。少くして志行に励み、雅にして経史を好み、兄の思伯と年少の時、倶に郷里の重んずる所と為る。襄州刺史《じょうしゅうしし》に累遷す。明察《めいさつ》の誉なしと雖も、百姓これに安んず。元顥《げんこう》の乱に及ぶや、思同は広州刺史鄭光護と並びに降らず。荘帝《そうてい》（敬宗孝荘帝子攸、五二八～五三〇）、宮に還り、営陵県開国男に封ず。後に国子祭酒韓子熙と並びに侍読と為り、静帝《せいてい》（孝静帝善見、五三四～五五〇）に杜氏春秋を授く。散騎常侍兼七兵尚書を加えられ、尋いで侍中に拝し、卒す」（『北史』をも参考とする）とある。ここに見える元顥の乱は、北魏が滅亡しようとする永安年間（五二八～五二九）であり、彼が『杜氏春秋』を授けた静帝は、東魏の第一代の皇帝である。これから考えると、経史に通暁し、皇帝に『杜子春秋』（『春秋左氏伝』杜預注）を講義した賈思伯と、その弟の賈思同が活躍した時代は、五世紀後半から六世紀前半であったことになる。

中国大陸においては同世代の一族は同じ文字を用いる習慣があるので、『要術』の撰者である賈思勰は、同族の同世代の人物と考えてよいと思う。すると、賈思勰も後魏の末年から東魏の初期にかけて活躍した人物となり、『要術』の成立も、この時代になる。

余嘉錫《よかしゃく》は、その著『四庫提要弁証』（一九八〇、中華書局出版刊）で呉検斎（承仕）の『経籍旧音序録』（一九二一）を引用し、「承仕按ずるに、思勰は東魏・北斉の間の人、其の著書は宜しく武定《ぶてい》（東魏、五四三～五四九）天保《てんぽう》（北斉、五五〇～五五八）の際に在り」とし、繆啓愉は、その著『斉民要術導読』（一九八八、巴蜀書社刊）の中で、その成立を五三〇年から五四〇年代としている。必ずしも同一ではないが、北魏の末年から北斉の初期としていることには大差はない。この時代、何れも南朝においては文化がもっとも隆盛を極め、仏教に帰依して国の財力をことごとく仏寺・仏塔の建立に費した梁の武帝の時に当たる。

また、現行本『要術』の各巻首には「後魏高陽太守賈思勰撰」とある。この太守の職にあった高陽は、今の河南省葉県の北・河北省高陽県・河南省旧南陽《なんよう》府の境・山東省臨淄《りんし》県の西北など処々に存するが、『魏書』「地形志」には「兗州、高陽郡、故楽安の地、劉義隆の地、魏はこれに因る」とある。楽安は今の山東省広饒県の地で、賈思伯・思同の出身地の益都の北、四〇キロの地である。また『読書方輿紀要』にも「山東、萊州府、膠州高密県」とある。この高密は、益都より東に百キロほどの地にある。何れにしろ賈思伯・思同兄弟の出身地である益都に近く、同様な風俗を有し、風土も近似した地であった。文教大学の太田泰弘教授は、この益都に近い現在の淄博市を訪れ、高陽故城の附近を調査されている。（本書第一部第二章第一節、参照）現在では、賈思勰の封ぜられた高陽は、この山東省の賈氏の故郷に近い淄博市内の地であることが定説となっているようである。

ただ、『四庫全書総目提要』では「高平太守」となっている。この記述は如何なる典拠によったかは明らかでない。高平は、河南省商城県の東や山東省の孟子の故郷、鄒県の西南、山東省清寧県などの地である。『読書方輿紀要』山東、兗州府、済寧州、任城廃県の条には「後魏は復た任城郡を置く、高斉、改めて高平郡を置き、此を治む」とある。これは魯の都、曲阜の西南、鄒県の西、済寧の地である。何れにしろ泰山の南に位置し、気候や風土は高陽と類似していたと思われる。しかし、余嘉錫は『四庫全書弁証』（前掲）で「提要の高平に作るは誤りなり」と断じている。そこで、この高平の問題は、これ以上は論じないこととする。

第四章 『要術』成立当時の思想と風俗

『要術』が作成された斉の地方、即ち今の山東の中部は、孔子や孟子と言う儒家の代表的人物の出身地であり、戦国時代から多くの学者を輩出した文化の高い地域であり、その後も儒家の経典研究が盛んであった。そこで当然、この地方の人々は多くの経典に若い時から親しみ、それは儒家の経典のみでなく諸子百家の説にも及んでいた。時代が降って南北朝の時代になっても、この地を統治した北朝は、いずれの王朝も漢代の経書の学問を継承していたので、『要術』に引用された経典は鄭玄注を始めとする伝統的な北学系統であったことは、既に拙稿「斉民要術に引用された漢籍」（前掲）で指摘した通りである。

また、斉の地は、戦国末から秦・漢にかけて流行した方士の唱えた神仙《しんせん》思想の発祥の地でもあった。神仙思想を信仰したのが秦の始皇帝や前漢の武帝であることは、周知の事である。この不老長生を希求する神仙思想は、漢民族の固有の宗教である道教の主要な思想の一部であった。特に北魏の第三代に当る世祖太武帝は、寇謙之《こうけんし》が樹立した道教の一派、新天師道を信仰していたため、道教も隆盛し、それは華北全体に広がり、斉（山東）の地も及んだ。『蘭亭《らんてい》集序』を書いた中国最高の書家である王羲之《おうぎし》（三二一～三七九）は東晋の山東省琅邪臨沂《ろうやりんぎ》の出身であり、熱心な道教信考であったことは、よく知られている。これから推測すると、新天師道成立以前からも、この山東で神仙思想や道教が栄えていたことは当然に考えられる。そこで、『要術』の中にも『神仙伝』『漢武内伝《かんぶないでん》』『神農本草《しんのうほんぞう》』『陶隠居《とういんきょ》本草』『神仙服食経』『葛洪《かつこう》方』『養生《ようじょう》経』など、神仙思想や道教に関連する多くの文献が引用されている。また、仏教経典の集大成である「大蔵《だいぞう》経」を始めとする仏典の目録類には、『竺法真登羅浮山疏』などは、名は見当らないが、書名から推すと、仏教関係の書であったと思われる文献からの引用も存する。

　これから推測すると、『要術』には、儒教・道教・仏教の書が引用されており、撰者である賈思勰が、山東で流行していたこれらの思想をすべて会得していた博学の士であったことがわかると同時に、彼が住んでいた山東の地には、これらの多くの文献が通行していたことも理解できる。

　『漢書』「芸文志」農家の部には収められている『氾勝之』が十七条も引用されており、また、「漢志」には見えないが、後漢の大尚書崔寔の撰『四民月令』も四十条引用されていて、農家の書や時令の書も広い範囲で通行していたと思われる。

　漢代には、戦国時代に別個に発生した陰陽説（剛柔説）と五行説（五材説）が共に循環思想であったため、これが殷代に起源を持つ生物の生長を示し、日や月を数える数詞であった十干（甲・乙・丙・丁・戊・己・庚・辛・壬・癸）や十二支（子・丑・寅・卯・辰・巳・午・未・申・酉・戌・亥）と結合して陰陽五行説となった。この十干・十二支は、全体としては幹である干が陽に、枝である支が陰に配当されるが、個別には十干は、甲（陽・木）乙（陰・木）丙（陽・火）丁（陰・火）戊（陽・土）己（陰・土）庚（陽・金）辛（陰・金）壬（陽・水）癸（陰・水）に配当し、十二支も子（仲冬・冬至・水）丑（季冬・上）寅（孟春・木）卯（仲春・春分・木）辰（季春・土）巳（孟夏・火）午（仲夏・夏至・火）未（季夏・土用・土）申（孟秋・金）酉（仲秋・秋分・金）戌（季秋・土）亥（孟冬・水）などに配当している。これらの陰陽説・五行説・十干・十二支が結合し、その順序も木・金・火・水・土を循環する五行相尅説、木・火・土・金・水と循環する五行相生説が互いに唱えられる陰陽五行説によってあらゆる自然現象・文化事象などを解釈しようと言う風潮は、この漢代が最も盛んな時であった。

漢代に成立した『氾勝之書』は『要術』第一巻第二章収種に引用された。「小豆は卯を忌み、稲、麻は辰を忌み、黍は丑を忌み、秫は寅・未を忌み、小麦は戌を忌み、大麦は子を忌み、大豆は申・卯を忌む。凡そ九穀に忌日有り、種の其の忌を避けざれば、則ち傷敗すること多し」と述べたのち、「此れは虚語に非らず」と、陰陽五行説に拠る考え方を肯定した。また、第二巻第十一章、大小麦にも「小麦は戌を忌み、大麦は子を忌む。除日は種に中《あた》らず」など、この種の思想を多く記述している。

漢代に成立した陰陽五行説を主要な要素とし、それに災異・瑞祥説、天人相関説、予言、天文占など多くの民間思想を取り入れ、後世において怪奇詭僻の書と批判されたいわゆる「緯書」類をも多く採用した。それらは『尚書考霊曜』、『礼斗威儀』、『春秋考異郵』、『孝経援神契』、『孝経河図』、『竜魚河図』などである。その中の例を挙げると、第五巻第四十五章、種桑柘に『春秋考異郵』の文を引用し、「陽物（木・火）は大いに水を忌む。故に蚕は食して飲まず。陽は三春（孟春・仲春・季春）に立つ。故に蚕は三変して後に消え、三七《サンシチ》二十一日に死す。故に二十一日にして繭す」と五行相尅説に拠って記した。また、『竜魚河図』を引き、「蚕沙を宅に埋め、亥地は大いに富み、蚕糸を得れば吉にして利、一斛三斗を以て、甲子の日に宅に鎮めれば大いに吉、財千万を致す」とも記した。これらの「緯書」の文が、当時流行していた陰陽五行説に依拠する記述であることは明らかである。このように「緯書」の引用は、多く漢代に通行していた陰陽五行説を反映したものであり、賈思勰の生きていた北魏においても受け継がれていた。

また、魏晋南北朝の間に作成され、現在は散佚《さんいつ》し、その佚文を若干残すだけとなった『雑陰陽書』、『雑五行書』、『師曠《しこう》占』などの陰陽五行書からの引用も頗る多い。まず、第一巻第一章、耕田に「雑陰陽書に曰く、亥は天倉たり。耕の始めなり」や第三章、収種に「雑陰陽書に曰く、禾は棗、或いは楊に生じ、九十日にして秀で、秀でて後、六十日にして成る。禾は寅（木、孟春）に生じ、丁・午（何れも火、仲夏）に壮んに、丙（火）に王し、戊（土）に老い、申（金・孟秋）に死す。壬（水）癸（水）を悪み、乙・（木）丑（土）を忌む」などの記載も十干十二支を五行・四季に配当して述べた。これと同じような記述は、第二巻第四章、黍穄に「雑陰陽書に曰く、黍は楡に生じ、六十日にして秀で、秀でて後、四十日にして成る。黍は巳に生じ、酉に壮んに、戌に長じ、亥に老し、丑に死す。丙・午を悪み、寅・卯を忌む。穄は未・寅を忌む」と、また、第六章、大豆に「雑陰陽書に曰く、大豆は槐に生じ、九十日にして秀で、秀でて後、七十日にして熟す。豆は申に生じ、子に壮んに、壬に長じ、丑に老し、寅に死す。甲・乙を悪み、卯・午・丙・丁を忌む」と、第七章、小豆には、「雑五行書に曰く、小豆は李に生ず。六十日にして秀で、秀でて後、六十日にして成る。成るの後の忌は大豆に同じ」と、また、「雑五行書に曰く、正月七日、七月七日、男は赤き小豆七顆を呑み、女は十四枚を呑めば、竟年病無く、廃病をして相い染せざらしむ」とあり、第九章、種麻子には「雑陰陽書に曰く、麻は楊に生ず、或いは前の七十日に花ひらき、後の六十日に熟す。種は四季（季春・季夏・季秋・季冬）の辰・戌・丑・未、戊・己（上の十二支、下の十干は何れも土）を忌む」と、また、第十章、大小麦にも「雑陰陽書に曰く、大麦は杏に生ず。二百日にして秀で、秀でて後、五十日にして成る。麦は亥に生じ、卯は壮んに、辰に長じ、巳に老し、午に死す。戌を悪み、子・丑を忌む。小麦は桃に生じ、百一十日にして秀で、秀でて後、六十日にして成る。忌は大麦に同じ。虫の杏を食うは李貴《たか》し」と、第十一章、水稲には「雑陰陽書に曰く、稲は柳、或いは楊に生じ、八十日にして秀で、秀でて後、七十日にして成る。戊・己（何れも土）四季（春夏秋冬の末）日を良と為す。寅・卯・辰を忌み、甲・乙を悪む」など、いずれも穀物の生長、変化とその悪日・忌日を陰陽五行説によって説明した。これらの例のみによっても、『要術』成立の時代に漢代に流行した陰陽五行説がいかに重要な位置を占め、更には魏晋南北朝になっても陰陽五行書が次々と作成され、当時の庶民の主要な生活の手段である農業の分野にも浸透していたかが理解できるであろう。

第七巻第六十章、神麴並びに酒においては、「七月（孟秋）、甲寅（何れも木・春・青に配当される）の日、童子をして青衣を著けしめ、日の未だ出でざる時、面を殺地（五行説では金、秋、西方）に向け、水を汲むこと二十斛、人をして潑せしむる勿《なか》れ。人は長水（余った水）もまた瀉《もら》し却《す》つべし。人をして用いしむること莫《な》かれ。其の麴に和するの時は、面は殺地に向って、これに和し、使いて絶強ならしむ。団麴の人は、皆これ童子小児、また面は殺地に向う。汚穢ある者は使わず。人の室をして近づけしむるを得ず」と、神麴や酒を造る時の作法上の注意を詳細に述べている。その後に記述された「祝麴文」を次に示す。

東方は青帝土公、青帝の威神。

南方は赤帝土公、赤帝の威神。

西方は白帝土公、白帝の威神。
中央は黄帝土公、黄帝の威神。
某年某月某日辰朔（一本は辰朝に作る）の日
敬みて五方五土の神に啓《まう》す。
主人某甲、謹みて七月上辰を以て、
麦麴を造作すること数千百餅、
肝陌は縦横し、以て彊界を辨《わ》け、
須からく五王を建立し、
各〻封境を布くべし。
酒脯の薦、以て相い祈請す。
願わくは神力を垂れ、
勤めて願う所を鑒《み》たまえ。
類を出で縦を絶ち、
穴虫をして影を潜ましめ、
衣の色は錦布、或いは蔚、或いは炳、
殺熱した火墳し、以て烈、以て猛、
芳は椒熏を越え、味は和鼎を超ゆ、
飲は君子を利し、既に酔い、既に逞《たく》まし、
彼の小人に恵み、また恭しく、また敬す。
敬しみて告ぐること再三、
格言斯《ここ》に整う。

神のこれを聴き、冥より応ず。
人の願い違うことなし。
希《ねが》わくは従りて畢く永からんことを。
急急如律令《きゅうきゅうにょりつりょう》（急急なること律令の如し）
祝すること三偏、各々再拝す。

このような「祝文《しゅくもん》」は『要術』中に一箇所あるのみであるが、これは「呪文《じゅもん》」、または「咒文《じゅもん》」とも言って漢代の馬王堆出土の『五十二病方』や『要術』と同時代の南朝、梁の道士、陶弘景《とうこうけい》（四五二～五三六）の『登真隠訣』下巻などにも多く見られる。「祝文」、「呪文」、「咒文」は神に祈る文であり、ここでは麴が良く醸成することを五方の神に心を込めて祈った。当時、醸造は特に人の力では及ばない何らかの神秘的な働きによって成就することができると考えられていた。それを漢代に隆盛した五行説に依拠する五方の神に祈ったのであろう。最後の「急急如律令」の語はもともとは漢代の公文書の末尾に書かれ、法律の命令のように迅速に執行すべし、と言う意味であったが、後に道教に採用され、呪文の末尾に「急急（又は喼喼）如律令」の五字が附され、諸神は迅速に執行すべし、という符呪《ふじゅ》の常套語となっていた。この語は『秘蔵通玄変化六陰洞微遁甲真経』（『道蔵』八五一）を始めとして道教経典の多くにしばしば見られる。このことについては、「陰陽道における道教の受容」（『沼尻正隆博士退休記念中国学論集』平成二年十一月、所収）の中でくわしく述べた。この語は日本にも受容され、陰陽道、修験道、仏教、神道でも用いられた。しかし、神麴や酒の醸造は『道蔵』の中には見出せないが、道教が盛行していた山東の地の祝文であるので、道教と何らかのかかわりを持っていたことは確かであろう。

第五章　結び

『要術』が作成されたのは、華北の斉（山東）のほぼ中央、益都の近くである。その撰者、賈思勰の伝は必ずしも明らかではないが、南北朝の末、北朝の北魏から西魏にかけてであった。

当時、南朝は梁の武帝（五〇二〜五四九）の時代であった。この頃は劉勰《りゅうきょう》（?〜五二〇）が中国最初の文学評論書『文心彫竜《ぶんしんちょうりゅう》』を著し、武帝の子、蕭統《しょうとう》（昭明太子、五〇一〜五三一）が『文選』を編纂するなど、文学が隆盛し、晩唐の杜牧《とぼく》が「江南春」で「南朝四百八十寺」と歌ったように、寺院や仏塔が多く建立されるなど仏教も全盛を極め、山中の宰相と呼ばれた道教の代表的人物、陶弘景（四五二〜五三六）が武帝の寵遇を得ていた。また、経学の世界においても、易経、老子、荘子の三玄の学、すなわち玄学が尊ばれ、皇侃《おうがん》（四八八〜五四五）によって玄学の立場による経典の解釈、『論語義疏《ろんごぎそ》』などが作成され、唐代に成立した『五経正義』の母胎となった。このように南朝も広い範囲の学問が成熟した時代であった。

これに対し、北朝の北魏も前述したように漢人の知識階級を積極的に官吏に登用し、漢代に通行した鄭玄などの経学を尊重したのみでなく、道士、寇謙之の樹立した新天師道を信仰した。旧都の大同には雲岡石窟を、新都の洛陽には竜門石窟を作るなど、仏教にも関心を寄せた。南朝の文化と対峙して、南朝に劣らず儒教、道教、仏教の三教も共に盛んであった。特に『要術』が作成された斉（山東）の地は、戦国時代から最も文化の栄えた処であり、経済的にも繁栄を誇った地域でもあった。このことについては、すでに「漢碑に見える緯書説について」（『漢魏文化』第一号、昭和三十五年六月、その中国語訳、陳鴻森訳「漢碑裏的緯書説」孔孟月刊、第二十三巻、六期）に詳述したので、ここでは触れない。このような時代や地域が『要術』を生み出す土台となったのであろう。

第三部　訳文および訳注

第五七章　酪《らく》、乾酪《かんらく》、漉酪《ろくらく》、馬酪酵《ばらくこう》、酥《そ》の作り方

乳を加工して乳製品を作る方法の記録は『要術』の後編（加工調理）には収載されず、前編（農法）の第五七章に収載されている。それも、羊毛から絨毯《じゅうたん》の製法、絨毯に虫をつかせない方法の次からである。なぜそうなのかは不明であるが、乳の加工法は絨毯の製法と同様に農作業の一環と考えられていたためかもしれない。英語でも乳加工学をDairy sciences（酪農科学）と称している。このことからも、乳文化の東西間交流は古くからあったらしい。

『要術』記載以前にも、中国大陸付近には畜乳の利用が存在していた。司馬遷の『史記』（紀元前九一年頃）の匈奴伝にある「……人食其肉、飲其汁、衣其皮……」の記述がそれを物語っている。記述にある「汁」は疑いもなく乳のことで、これから畜乳を飲む生活習慣がうかがえる。また、前漢の武帝（紀元前一一〇～一〇五年）が姪を烏孫王昆弥に嫁入りさせたが、その嫁ぎ先での烏孫公主の悲愁歌に「……以肉為食兮酪為奨……」とあり、ここにも畜乳利用の生活がうかがえる。

しかし、それよりももっと古い時代から、世界には畜乳利用の文化が存在した。すなわち、紀元前四世紀中葉のものといわれているか中央アジアのトルスタヤ・モギーラ古墳から出土した「黄金の胸飾り」【図1】にある家畜の皮の利用や羊の搾乳の絵がその証拠である。ところがさらに古い紀元前三〇～二八世紀頃のものと推定されている西アジアのテル・アル・ウバイドの古代シュメール神殿跡から出土した「酪農のフリーズ」【図2】は、現在の乳加工の基本技術を語っている。すなわち、このフリーズには牛の搾乳とともに乳を攪拌している絵が描かれている。乳を攪拌する絵はミレーも描いており、西アジア周辺の一部では現在もなお同じ姿【図3】で乳を攪拌している。この方法はまた『要術』にも記載されている。すなわち、乳文化の基礎となった乳加工技術は有史以前に確立され、それが洋の東西へ伝播したのであろう。

さて、『要術』には「酪《らく》」、「乾酪《かんらく》」、「漉酪《ろくらく》」、「馬酪酵《ばらくこう》」および「酥《そ》」という五種類の乳製品の加工法が記載されている。訳文ではこれらを原語で記載しておいた。これらの加工法の記述には「火を通す」、「酵《もと》」、「断《き》れる」、「酸《す》っぱい」、「ねかせる」などの語が頻繁に出てくる。これらの語はすべて発酵と関係があり、基礎となる製品は「酪」である。「酪」は現在のヨーグルトに似た製品で、告は「酸乳」とも称し、乾燥した中央アジアの風土の中では搾った乳を放置するだけで自然にできる。このことは

ヒマラヤ山麓地方での訳者らの調査でも明らかである。

この酪を酵にして酪作りを繰り返す。酪を布袋に入れて水分を除く。酪を攪拌して脂肪を分離する。脂肪分離後の沈澱物を布袋に入れて水分を除く。このような操作を繰り返しているあいだに、ヨーグルト、バター、チーズを基礎にした世界共通の乳文化の花が咲いた。その咲き始めは前述の「酪農のフリーズ」の頃よりさらに古く、紀元前五〇世紀頃、いや、家畜の絵などからみてもっと古いと推定されている。その素朴な乳文化の始源の姿を『要術』記載の漉酪や酥からもうかがうことができ、興味深い。しかし、乳文化の底辺の製品ともいえる乾酪や酥を分離した残りものの加工法とその製品の記述がない。その製品については訳注でも少し触れたが、脱脂漉酪に相当するもので、漉酪より保存性がよく、貴重な蛋白質資源として今なお中央アジアや中近東の多くの部族によりクルート、クルット、ジャミート、チェルピーなどの呼び名で作られている【図4、5】。そして、現地人は「これは我らの宝だ」といっている。繰り返すが、これらは酥の部分を分離した残り物を漉酪とまったく同じ方法で作る乳文化の史的「宝」に相当する製品であるが、その記載が『要術』にない。少し寂しい。(鴇田、田中)

【図1】ドニエプル河下流ニコポリ付近で発見されたトルスタヤ・モギーラの豪華な胸飾り（紀元前4世紀、左）とその拡大部分の搾乳図（右）はスキタイの日常生活を生き生きと表現している［草原のシルクロード展、1981、東京新聞による］。

「酪」の作りかた（作酪法）

酪《らく》(1)は牛乳、羊乳のいずれからでも作れる。個別の乳から作るのも、混和した乳から作るのも、意のままである。

牛の出産の日には、穀類を屑米のように砕いて粉にし(2)、水をたっぷり入れ、煮て薄い粥にし、冷えるのを待って、母牛に飲ませる。母牛が飲まなければ、水をやらないでおく。翌日は喉が渇いて、自然に飲むようになる。

牛の場合は、出産してから三日目に、首筋を縄で縛り、全身の血管を緊張させ、地上に倒し、ふたたび縄で縛り、手で乳頭を強くもんで、乳頭(3)を破る。さらに、足で乳房を十数回けり、それから縄をほどく。羊のばあいは、出産してから三日目に、手で乳頭をもんで破るだけでよく、足でける必要はない。乳頭をよくもんで破っておかないと、乳脈(4)が細いままとなり、産後に体が引き締まる(5)とともに乳脈が閉じて乳が流れなくなる。乳頭が破れて乳脈が開くと、搾乳が容易となる。以前に乳頭を破ったことがある牛や羊がふたたび出産したばあいには、繰り返して破る必要はない。

牛は出産してから五日、羊は一〇日すれば、子牛

(1) 酪――『倭名類聚抄』に「酪は乳を暖めたもの」とあり、「にうのかゆ」という訓読みが付されていた。熊代は『要術』の第八五章にある酪を「あまがゆ」と訳している。しかし、この章の酪は以前に「酸乳」ともいわれたもので、現在のヨーグルトに似た製品である。

(2) 屑米のように砕いて粉にし――「糕屑一様的粉」。ここでは熊代訳を採用した。

(3) 乳頭――「乳核」。石声漢は「乳頭」と訳しているので、それを採用した。しかし、前後の文から単なる乳頭から想像される乳首（ちちくび）のことではなく、乳を生合成する乳腺上皮細胞や乳腺胞、乳腺小葉などを含む乳房の中枢のことを述べているように思われる【図6】。

(4) 乳脈――「乳脉」。石声漢は「奶注」と訳している。乳を生合成する乳腺上皮細胞から乳槽および乳頭まで、乳を送る乳管【図6】のことらしい。

(5) 引き締まる――「摂」。熊代は「摂」に収斂の義があり、「摂身」とは産後に牛や羊の身体が緊縮した常態になることと説明している。石声漢も「緊縮」と訳しているので、日本語では「引き締まる」とした。なお、「縄でしばり、乳頭をもみ、乳房をける」という一連の操作は、次に示す生物現象を初産

【図2】南メソポタミヤのウル王朝初期の遺跡から発見された酪農のフリーズ（前30〜28世紀、下）とその搾乳および牛乳を攪拌してバターを作っている部分図（上）から、現在に通ずる乳加工技術がうかがえる［大英博物館所蔵による］。

や子羊は飲んだ乳で強健になり、ひとりで水を飲み、草を食べるようになるので、それから搾乳を始める。ただし、搾乳は適度に調節して、子のために乳の三分の一を乳房に残しておくようにする。搾乳を早く始めたり、三分の一の乳を残しておかないと、子は痩せて死んでしまう。

三月末から四月初めになると、母牛や母羊が食べきれないほどの青草が育つので、大規模に搾乳して酪を作り、利潤をうることができる。八月末には大規模な搾乳をやめる。九月一日以後の搾乳は小規模にし、食膳に供する程度にとどめ、酪を多く作らない。寒くなって草が枯れ、牛や羊がしだいに痩せてくるからである。

大規模に酪を作るときは、日暮れに牛や羊が帰ってきたら、子を母から離し、別々の場所に入れる。早朝放牧するときも、母と子とを別々にする。日が東南にかかり、露草を食べ飽きたころ、追い帰して搾乳する。搾乳したのち、ふたたび放牧する。このときには子が母に寄り添うのを許すが、日暮れには母と子を別々にする。このようにすると、乳は多量に搾れるし、牛も羊も痩せない。もし、早朝放牧しないで搾乳すると、搾乳の終わるころに日が高くな

のときに応用して、産後の「引き締まり」を解くための人工的な操作であろう。しかし現在は、ぬるま湯で乳房を温めながらもむなど、もっと優しく行われる。さて、その生物現象とは「出産した子畜による乳房への体当たりや吸乳などの強い接触刺激により、母畜の脳下垂体前後葉およびその他のホルモン群が血液中に分泌されて乳が盛んに生合成され、乳房の括約筋が弛緩し、乳脈が開き、乳の流れがよくなる」ことである。

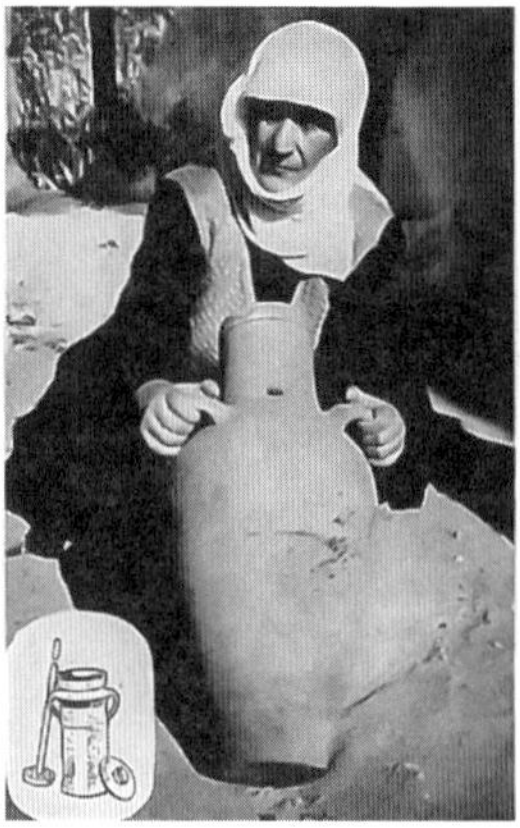

【図 3】トルコの家庭では今なおヨーグルトを攪拌してバターを作っているが、その攪拌機（チャーン）は色々で、写真は古代の図２に似た容器を動かして攪拌するサラマ・ヤユックである。挿入小図は攪拌子をもつ新式のもの［県立盛岡短大高橋富士雄教授による］。

り、露は乾き、母親はいつも乾いた草を食べることになって、潤いがなくなる。これでは母親はしだいに痩せ、搾乳量は少なくなる。

搾乳が終わったら、乳を鍋に入れ、弱火で加熱する。火が強いと、「ちい」と音を立て、底のところが焦げる。例年、正月から二月にかけて、あらかじめ牛や羊の乾いた糞を集めておき、それを燃やして乳を加熱するのがもっともよい。草を燃料にすると灰が乳に入り、柴を燃料にすると火力が弱く(6)、それらの欠点がない。

加熱の途中では、継続的に乳を杓子でかきあげ、溢れでないようにする。ときどき底まで縦横十文字に攪拌する。まちがっても円く攪拌しない。円く攪拌すると、酪は断《き》れやすい(7)。口で吹くことも禁物で、吹くと酪は解《と》ける(8)。四、五回ふつふつと沸騰したならば加熱をやめ、浅い盆にあける。かきあげてはいけない。少し冷えたら、表面の乳皮(9)をすくいとり、別の容器にいれる。乳皮は酥を作るのに用いる。

木を曲げて輪を作り、これに生絹の袋を張り、加熱した乳をこれで濾過し、素焼きの瓶に入れてねかせる(10)。新しい瓶はそのまま使用してよく、焼く必要はない。しかし、これまでに酪作りに使用したことが

(6) 火力が弱く――「輒」。熊代は「字義不詳なるが、緩火で長持ちする火の義」とし、石声漢は「火力軟弱」としている。ここでは後者を採用した。

(7) 断れやすい――「喜断」。乳酸発酵した酪はきれいに固まる。ところが、雑菌の汚染がひどいとガス発酵し、酸凝固したかたまり（カード）が割れる。これを「酪が断れる、断れやすい」と表現している。しかし、まるく攪拌すると断れやすいとする理由は不明である。

(8) 解ける――低温では乳酸発酵が進まず、乳が凝固しないことをいう。

(9) 乳皮――豆乳の加熱でできる日本の「ゆば」に似ているが、乳は加熱時間が長くなるにしたがって乳皮の脂肪分が多くなる。しかし、四～五回ふつふつ沸騰したときの乳皮、または酪を天日にさらしながら作る乳皮（訳注14）の成分組成は不明である。

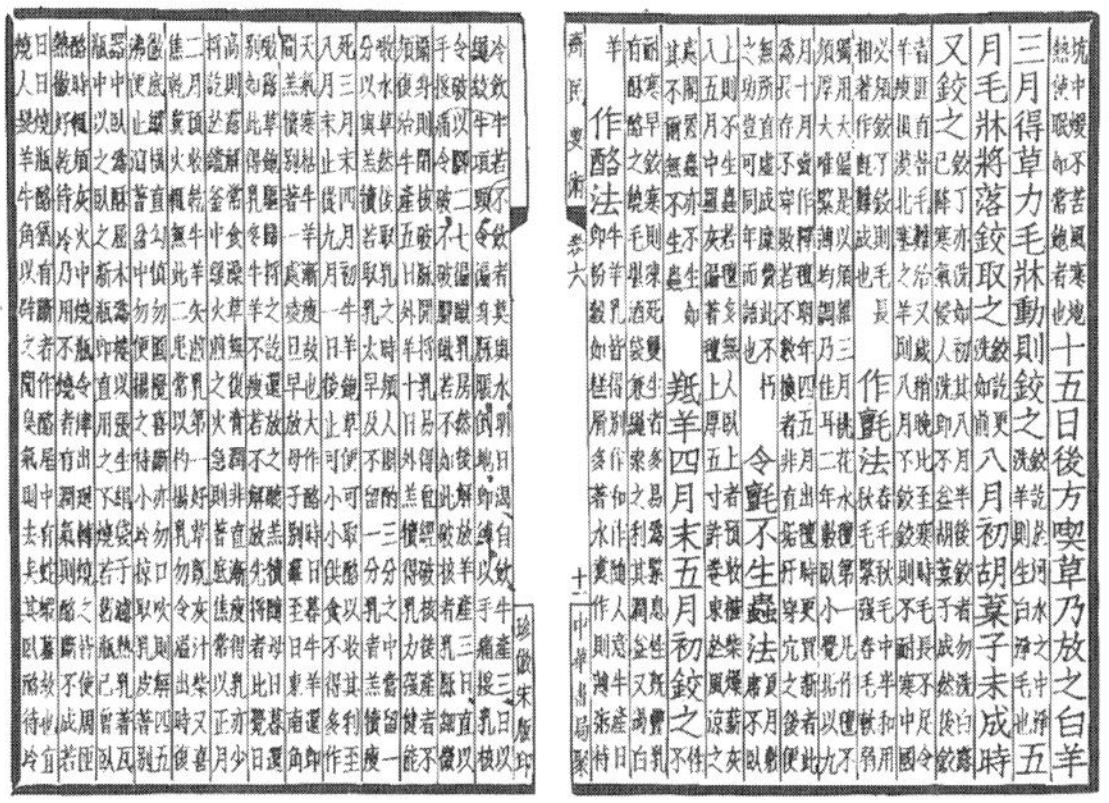
十五日後方喫草乃放之白羊
三月得草力毛牀動則鉸之
月毛牀將落鉸取之
八月初胡葉子未成時
又鉸之
作氈法
令氈不生蟲法
羖羊四月末五月初鉸之
作酪法
齊民要術　巻六　十二　中華書局聚珍倣宋版印

ある古い瓶を使用するときには、かならず灰火のなかで瓶を焼き、滲みこんでいる水気を追い出す。瓶をぐるぐる回しながら焼いて、全体に熱を通し、よく乾かし、冷えてから使用する。焼かないと、水気が残り、酪が断れてしまう。もし、毎日、瓶を焼いても酪が断れるのは、製酪小屋にヘビやガマガエルがいるからである[11]。そこで、人の髪や牛羊の角などを焼いて、これらを小屋から追い出す。焼ける臭いをかげば、ヘビやガマガエルはすぐに出て行くものである。

酪をねかせるには、温度の調節が必要で、ぽかぽかして体温よりやや暖かいところが適温である。それより温度が高いと、酪はすっぱくなり、低いと酪はできない。

加熱した乳を濾過したのち、瓶に入れ、酵[12]として前に作っておいた良質の酪を加える。その量は、適温にした乳約一升に対し小匙半杯である。酵を大きい杓子に入れ、匙でよくかきまぜてから、瓶に入れる。さらに杓子でむらのないようによくかきまぜる。絨毯や綿布などで瓶を包み、一重の布で蓋をしておくと、翌朝には酪ができあがる。

もし、都心から離れたところで酢にするのに適した良い酪が手にはいらないときには、冷えて酸っぱ

(10) ねかせる——発酵を進めるために、適温で保存することをいう。

(11) ヘビやガマガエルがいるから——異常にガス発酵して、酪が断れる。髪や角を焼いてヘビなどを追い出せば、その断れるは正常に戻る。この前後の記載内容から、溶菌性バクテリオファージュの汚染のようにも思われるが、髪や角を焼くと正常に戻る理由はわからない。

(12) 良質の酪を酵に使う——「甜酪作酵」。「甜」には「あまい、うまい」の意味がある。「酵」は現在のスターターに相当する。したがって、「雑菌に汚染されていない良質の酪を酵に使う」とし、「甜」を良質と解釈した。

くなった「みずづけ」(13)をよくすりつぶし、その漿水を酵として用いる。およそ乳一斗に漿水を小匙一杯加え、むらのないようによく攪拌する。すっぱい酪を酵として使用すれば、できた酪もまたすっぱくなる。甘い酪でも酵として多量に使用すれば、できた酪はすっぱくなる。

六～七月に酪を作るときには、体温ほどに保温し、土のうえに瓶をじかに置いてよく、包んで保温する必要はない。冬に作るときには体温よりやや高く、その他の季節では体温ほどにして、包んで保温する。

「乾酪《かんらく》」(14)の作りかた（作乾酪法）

乾酪は七～八月中に作る。酪を天日にさらすと、酪の表面に乳皮ができるから、それをすくいとる。さらにさらし、さらに乳皮をすくいとる。力が尽きて乳皮ができなくなるまで、この操作を続ける。

乳皮が一斗ほどになったら、鍋に入れてしばらく加熱し、浅い盤にあけて、天日にさらす。それがどろどろの半乾状になったら、ナシの実の大きさほどの団子にまるめ、また天日にさらして乾かす、乾酪は何年たっても腐らないから、遠出の旅に用いられる。

粥やスープを作るとき、乾酪をこまかく削って水

(13) みずづけ――「飧」。第八六章に「みずづけ」の作りかたが記載され、石声漢はこれを「酸飯」と訳している。このすっぱくなった「みずづけ」の発酵は、乳酸菌以外に酵母などの微生物の助けも借りなければならない。したがって、当時の酪は漬物や「なれずし」、あるいは中央アジアにある乳酒の発酵に似ており、風味も乳酸菌だけで作る現在のヨーグルトとは少し違ったであろう。

(14) 乾酪――この記録は古今東西の書のなかでたいへん珍しい。すなわち、乳を天日にさらすことでできる乳皮を集めて作る逸品で、クリームチーズのようなものであろう。加熱乳皮（訳注9を参照）から作るインドのラブリー、モンゴルのウルムに似ていると思うが、詳細は不明である。

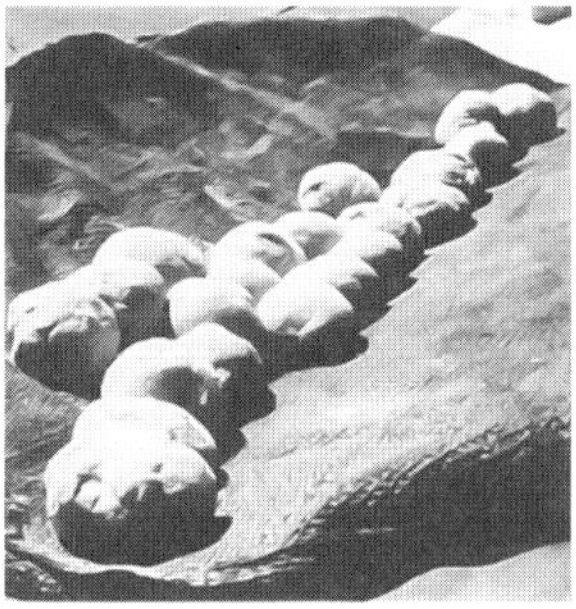

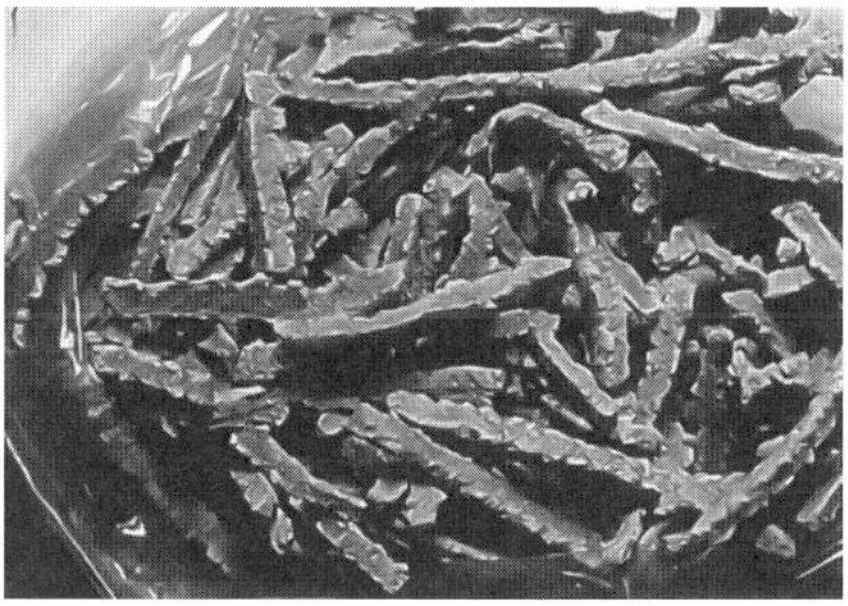

【図4】（右）脱脂湩酪に相当するベドウィンのジャミートで、脂肪を分離した残りの沈澱物を団子にし、塩を加えて天日で乾燥する（NHK 取材班による）。
【図5】（左）脱脂湩酪に相当するシェルパのチェルピー、脂肪を分離した残りの沈澱物を手で握り、指からはみ出したものを天日で乾燥する（訳者らによる）。

から煮ると、酪の味がでてくる。または、団子のままの乾酪を熱い湯に入れて加熱し、なめて酪の味がするようになったら、団子をすくいだし、天日にさらして乾かす。こうすれば、一つの団子を五回以上も煮て、砕かずに利用できる。酪の味がしだいに薄くなってきてから、はじめて削ったり擦ったりして利用する。こうすれば、倍も倹約になる。

「湩酪《ろくらく》」(15) の作りかた（作湩酪法）

湩酪は八月中に作る。上等の甘くて濃い酪を作り、生布の袋に入れて吊るして置くと、水がぽたぽたと垂れる。水滴が出なくなったら、鍋に入れてしばらく加熱し、盤にあけて天日にさらす。どろどろの半乾状になったら、ナシの実の大きさほどの団子にする。これもまた、何年たっても腐らない。削って粥やスープに用いると、乾酪より味がよい。

しかし、加熱するので味が落ち、生の酪にはおよばない。加熱しないと、虫がわいて、夏を越せない。

乾酪や湩酪は長く保存すると、いずれも味が落ちる。毎年、新しく作り、その年に使いきるとよい。

（15）湩酪――これはチーズの原型であり、脱脂湩酪とともにこの当時から世界で作られていた。西アジアの遊牧民は湩酪や脱脂湩酪に相当する乳製品を今も作っており、その呼び名もクルート　チェルピー、ジャミートと様々で、昔から遊牧民を支えた貴重な蛋白質源であった。【図4、5】

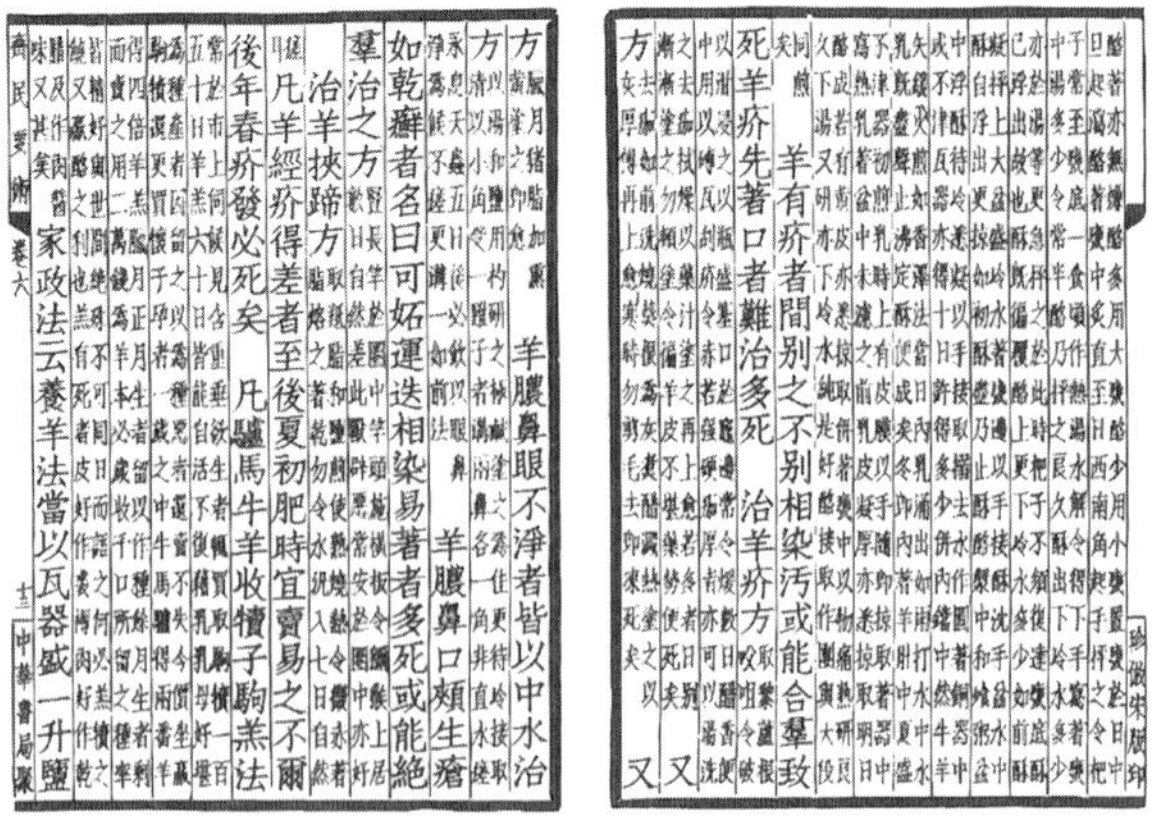

「馬酪酵《ばらくこう》」[16]の作りかた（作馬酪酵法）

馬酪酵を作るには、ロバの乳二、三升を馬乳と混合して用いる。馬乳の量は任意でよい。できた酪の下に沈んだおりを取り、それを団子にまるめ、天日にさらして乾かす。翌年に酪を作るとき、これを酵として使うとよい。

「酥《そ》」[17]の作り方（抨酥法）

ろくろで作った木椀で攪拌子[18]を作る。作りかたは、椀の上半分を切り捨て、四辺に孔を一個ずつ開ける。孔の大きさは直径一寸位である。その底の中央に長柄をつけたもので、酒把子のような形に整える。

酥をつくるのに用いる原料の酥や酪は、甘いもの、すっぱいもの、いずれでもよい[19]。たとえば、数日を経た古い酪で、非常にすっぱくなったものでもよい。

酪が多いときには大甕を、少ないときには小甕を用いる。甕を天日のもとに置き、朝早く起きてその甕に酪を入れて、天日にさらす。そのままにしておいて、太陽が西南の角にまわる頃まで待つ。それから手動で攪拌を始めるが、攪拌子は常に甕の底に着くように上下に動かす。

一食の時間[20]ほど攪拌したら、熱湯を沸かし、それ

(16) 馬酪酵――食べる製品ではなく、現在の乾燥スターターのような、当時の技術の先端を歩んだ製品のようである。しかし、ロバの乳を使用する理由は不明である。

(17) 酥を作る――「抨酥」。「抨（ほう、ひょう）」には「はじく」の意味があり、石声漢は「打酥油」と訳している。「抨」は酪を攪拌（チャーニング）して脂肪球膜を破り、脂肪をはじきだすこと、「酥」ははじきだされたバター様製品のことである。

(18) 攪拌子――「把子」。上下に動かす邪魔板付き攪拌機のようである。これから脂肪をはじきだす攪拌子（チャーナー）【図3】とした。

(19) いずれでもよい――酥は古い酥や酪からでも、皮膜、乳皮、黄皮からでも作れる。分離した酥は脂肪であるため、湯洗や水洗を繰り返し、副生した酸や変敗物質を除くことができる、この頃から現在のバター作りの基礎技術がよく知られていたことになる。

(20) 一食の時間――「一頓飯」。熊代は「一食の時間」と訳している。それが朝食から昼食までの時間か、昼食から夕食までの時間か、その時間の長さは不明である。しかし、これで当時のバター作りの攪拌操作が比較的長時間にわたったことがうかがえる。

に冷水を加えて手で触れられる程度の温度にし、それを甕に入れる。湯の量は常に酪の半量とする。これを再び攪拌する。しばらくすると酢ができるから、冷水を加える。その量は先の湯の量と同じくらいで、それから急いでまた攪拌する。酥が浮いているので、甕の底まで攪拌する必要はない。酥が酪の表面を覆うようになったら、また冷水を加える。その量は前と同じである。

　酥が凝集したら、攪拌は終わりである。冷水を入れた小さい盆を甕のかたわらに置き、麻を手に受けて、その盆の水に沈めると、酥はひとりでに浮き上がる。ふたたびこれを繰り返し、甕の酢がなくなったら終わりである。酥を取った残りの酪漿《らくしょう》は、(21)冷たい飯や粥に混ぜて利用できる。

　水盆中に浮いた酥は冷えると固まる。これを手で受け、水気を搾りとり、団子にして銅器に貯える。水の滲みない瓦器に貯えてもよい。

　一〇日ほどして、酥の量が多くなったら、全部をあわせて鍋に入れ、牛や羊の糞を燃やして、そのとろ火で加熱すること(22)、酪の加熱の方法と同じである。

　この加熱によって酥に残っている乳の水分は湧きあがり、雨滴が水面を打つような音をたてて蒸発す

(21) 酪漿――脱脂した乳の残りもののことである。この頃すでにアジア各地の遊牧民はこの酪漿から保存性のよい脱脂漉酪様製品を作り、「我らの宝」にしていた。【図4、5】。

(22) とろ火で加熱する――「緩火煎」。一般に近代バターの製法には分離した脂肪の加熱操作はない。したがって、ここに記載された酥は、現在のバターよりも、酸乳を攪拌して乳脂肪を分離し、それを鍋で加熱して水分を除いて作るインドのギー（バターオイルに近いもの）に似ている。

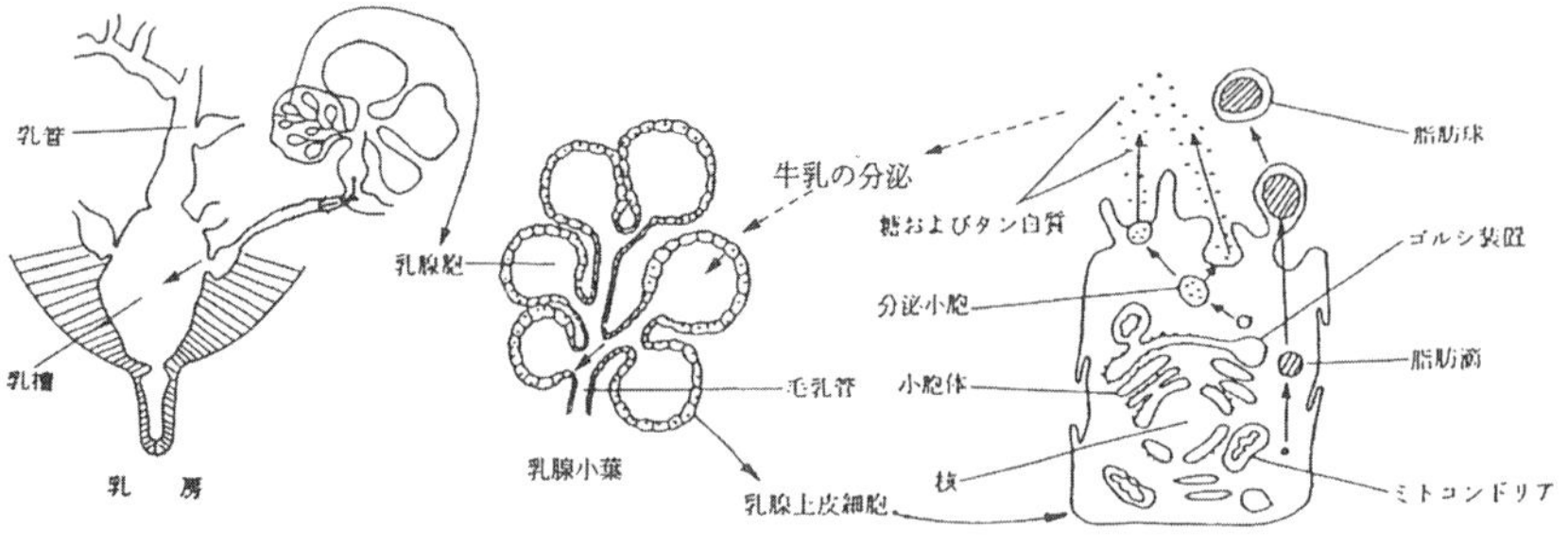

【図 6】ミルクが作られる乳房から乳腺小葉、乳腺胞および乳腺上皮細胞の模式図

る。水分が無くなると、音はおさまり、これで酥の加熱は完了する。その酥を冬は羊腸に、夏は水の滲みない容器に貯える。

酪の製法のところで述べたが、乳を加熱すると表面に皮膜ができるから、それを手ですくいとり、別の器に入れておく。また、加熱した乳を盆に入れておくと、濾過しないうちに厚い乳皮ができるから、これも残らずすくいとる。これらは翌日までには酪になっている。もし上面に黄皮ができたら、これも残らずすくいとる。これらの乳皮をすべて甕に入れ、攪拌子で力いっぱい入念に研《と》ぎ(23)、湯を加えてまた研ぎ、次に冷水を加える。これは純粋な高品質の酥であるから、手で受けて団子にまるめ、前述の方法と同様に加熱して乾かせばよい。

(23) 研ぐ――「研」は皮膜、乳皮、黄皮など、クリームのような原料から酢を作る操作を表現している。すなわち、入念に行なう意味が含まれている。その理由は、一般に乳皮や黄皮からの酥は脂肪分以外の成分の混入が少なく、品質が良いとされるからであろう。

第六四章　神麹《かみこうじ》および酒の作りかた

『要術』の第七巻は、一次産品の記載を主体としたこれまでの巻から一転して、醸造（造麹、造酒）の解説に進めている。しかし、最初の第六二章および第六三章は貨殖と甕塗りの記述である。すなわち、蓄財と貯蔵への対処であり、醸造加工に際しての心構えを説いたものである。この考えかたを基盤として、第六四章から第六七章までに各種の麹およびそれらを使ってのおよそ四二種におよぶ酒造法が詳述されている。『要術』の麹はグループに大別され、あわせてそれぞれ特徴をもつ九種がある。第六四章に記述された神麹はすべてコムギを原料とする餅麹である。神麹の「神」は「力が強い」ことを意味し、ていねいに作られるため酵素力が強い。これに対し、通常の麹は粗麹《あらこうじ》と称される。（田中、小崎）

「三石(1)ムギ麹」の作りかた（作三斛麦麹法）

原料として、コムギの蒸したもの、妙めたもの、生のもの、それぞれ一石を使用する。コムギを妙めるときは黄ばむ程度とし、焦がしてはならない。原料はそれぞれ別に臼でできるだけ細かく挽き、挽いたものを混合しておく。七月の最初の寅の日に、童子に青い服を着せ、太陽のまだ出ない時刻に殺地(2)に向かって水十石を汲ませる。水を汲むときには、水をはねさせてはいけない。余った水は捨て、他に使ってはいけない。麹を混ぜるときも童子、小児を使い、殺地の方向に向かって行い、堅くこねる。土間を清潔で乾燥の状態にし、人妻を近づけてはならない。その日のうちに麹をこねまるめるのを終わるように

(1) 三石――『三斛』。「斛」は容量の単位である。『説文』に「斛は十斗なり」とある。

(2) 殺地――方位の名称だが、詳細は不明である。

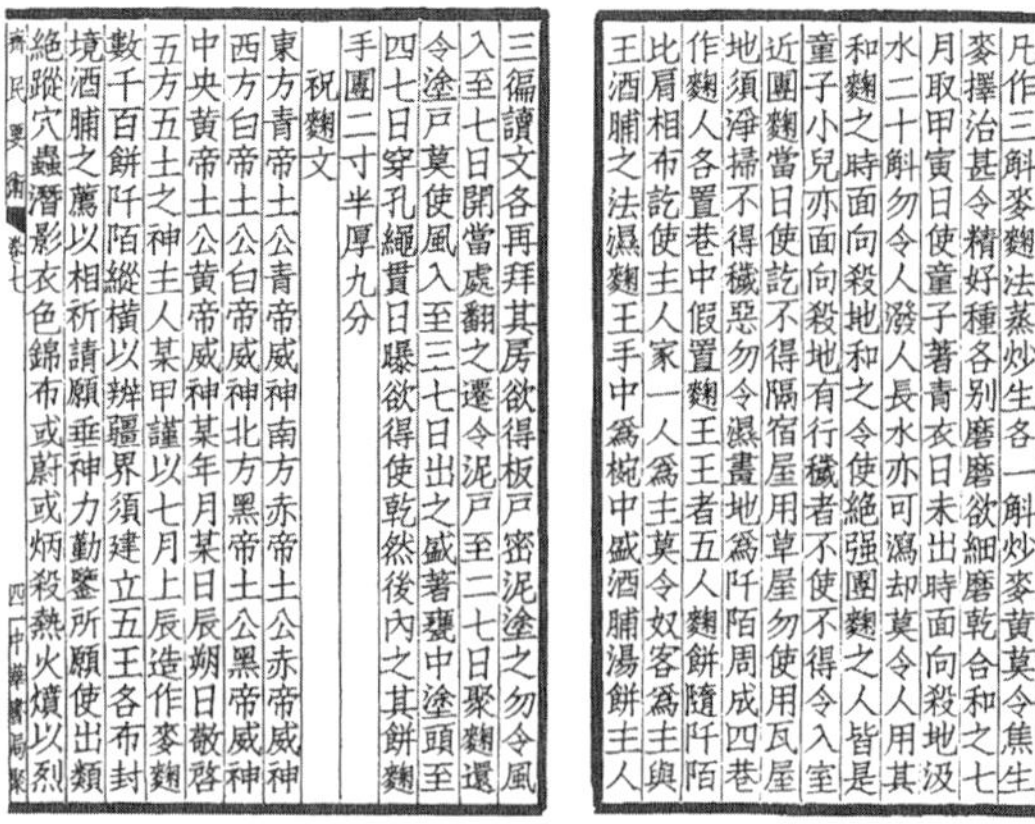
中用（用時更洗淨日曝令乾）
造神麴并酒第六十四（安麴在藏瓜卷中）
凡作三斛麥麴法蒸炒生各一斛炒麥黃莫令焦生
麥擇治甚令精好種各別磨磨欲細磨乾合和之七
月取甲寅日使童子著青衣日未出時面向殺地汲
水二十斛勿令人潑人長水亦可瀉却莫令人用其
和麴之時面向殺地和之令使絕強團麴之人皆是
童子小兒亦面向殺地有行穢者不使不得令入室
近團麴當日使訖不得隔宿屋用草屋勿使用瓦屋
地須淨掃不得穢惡勿令濕畫地爲阡陌周成四巷
作麴人各置巷中假置麴王王者五人麴餅隨阡陌
比肩相布訖使主人家一人爲主莫令奴客爲主與
王酒脯之法濕麴王手中爲椀中盛酒脯湯餅主人
三徧讀文各再拜其房欲得板戸密泥塗之勿令風
入至七日開當處翻之還令泥戸至二七日聚麴還
令塗戸莫使風入至三七日出之盛著甕中塗頭至
四七日穿孔繩貫日曝欲得使乾然後內之其餅麴
手團二寸半厚九分
祝麴文
東方青帝土公青帝威神南方赤帝土公赤帝威神
西方白帝土公白帝威神北方黑帝土公黑帝威神
中央黃帝土公黃帝威神某年月某日辰朔日敬啓
五方五土之神主人某甲謹以七月上辰造作麥麴
數千百餅阡陌縱橫以辨疆界須建立五王各布封
境酒脯之薦以相祈請願垂神力勤鑒所願使出類
絕蹤穴蟲潛影衣色錦布或蔚或炳殺熱火熛以烈
珍倣宋版印　齊民要術　卷七　四　中華書局聚

し、翌日に持ち越してはならない。土間を区切って十字路を作り、交差するところに五体の人形を置き、これらの人形を麹王(3)とする。麹王に酒と干肉を供えるに当たっては、湿った麹を手の中で椀の形にして、その中に酒と干肉とを盛り、主人が呪文を三度読み、そのつど、再拝する。麹室は板で仕切り、泥で密封して風が入らないようにする。七日目(4)に戸を開いて麹を切り返し、また密封する。一四日目に麹を集め、もと通り戸を密封して風が入らないようにする。二一日目に取り出して甕の中に入れ、二八日目に取り出し、麹に孔を開け、縄を通して曝し、よく乾かす。餅麹(5)の大きさは手でまるめて直径二寸半、厚さ九分とする。

次に示す呪文(6)を三回となえ、そのつど再拝する。

東方は青帝土公、青帝の威神。
南方は赤帝土公、赤帝の威神。
西方は白帝土公、白帝の威神。
北方は黒帝土公、黒帝の威神。
中央は黄帝土公、黄帝の威神。
某年某月某日辰朔の日、かしこみて五方五土の神にもうす。

(3) 麹王——古代の麹は経験の集積で作られたので、失敗が多かったと見え、「麹王」という偶像を作り、これに祝詞をささげ、加護を求めたのであろう。

(4) 「二七日」、「三七日」、「四七日」はそれぞれ一四日目、二一日目、二八日目を指す。『周易』の復掛の掛辞に「復は亨（とお）る。出入疾なし。朋来たりて咎なし。その道を反復す。七日にて来復す。往くところあるに利あり」とある。「逐うなかれ七日にして得ん」は、喪失したものでも七日たつと戻ってくるということである。『周易』は黄河流域で農耕生活を営む農民にとって重要な暦であり「七」は大切な数字であった。この思想は日本にももたらされ、『源平盛衰記』にも頻出する。

(5) 餅麹——「麹餅」。『要術』では「麹餅」だが、日本では「餅麹」と書くのが通例なので、訳文ではすべて「餅麹」とした。日本の麹がばらばらの形状であるのに対し、原料粉を練りかため、餅状にしたものである。中国大陸および東南アジアでは現在でも麹の主流は固形の餅麹である。

(6) 中村璋八の訳文（本書の第二部に収載）を転載した。呪文の末尾にある「急急如律令」は道教にもとづくものである。漢代の公文書の末尾には、律令にまだ明らかに定まっていないときは「如詔書」と書くのに対し、すでに律令として定まっているときには「如律令」と書いて文書の終止のしる

酒造りの呪い《まじない》——イフガオ族（ルソン島少数民族）が酒を作るとき、仕込壺の蓋（バナナ葉）に素朴な藁人形をおき、良い酒になることを祈る。

主人某甲、謹みて七月上辰をもって
麦麴を造作すること数千数百餅、
肝陌は縦横し、もって境界を分け、
すべからく五王を建立し、
おのおの封境を布くべし。
酒脯の薦、もって相い祈請す。
願わくは、神力を垂れ、
つとめて願うところを覧たまえ。
類をいで、蹤を絶ち、
穴虫をして影を潜ましめ、
衣の色は錦布、
あるいはあやに、あるはこまやかに、
醸熟の火は燃え立ち、
そのさま、もって烈しく、もって猛く、
かんばせは椒薫を越え、
味わいは和鼎を超ゆ。
飲んでは君子を利し、
すでに酔い、すでにたくまし、
かの小人に恵み、
また恭しく、また静かにして、
いくえにもかしこみ申す。
格言ここに整う。

しとした。それが道教に取り入れられ、死後の世界である冥界にも現世と同じ世界があると考え、冥界の主に対する申告文書を墓の中に入れるようになった。

酒造りの呪い——イフガオ族（ルソン島少数民族）が酒を作るとき、仕込壺の蓋（バナナ葉）に素朴な藁人形をおき、良い酒になることを祈る。

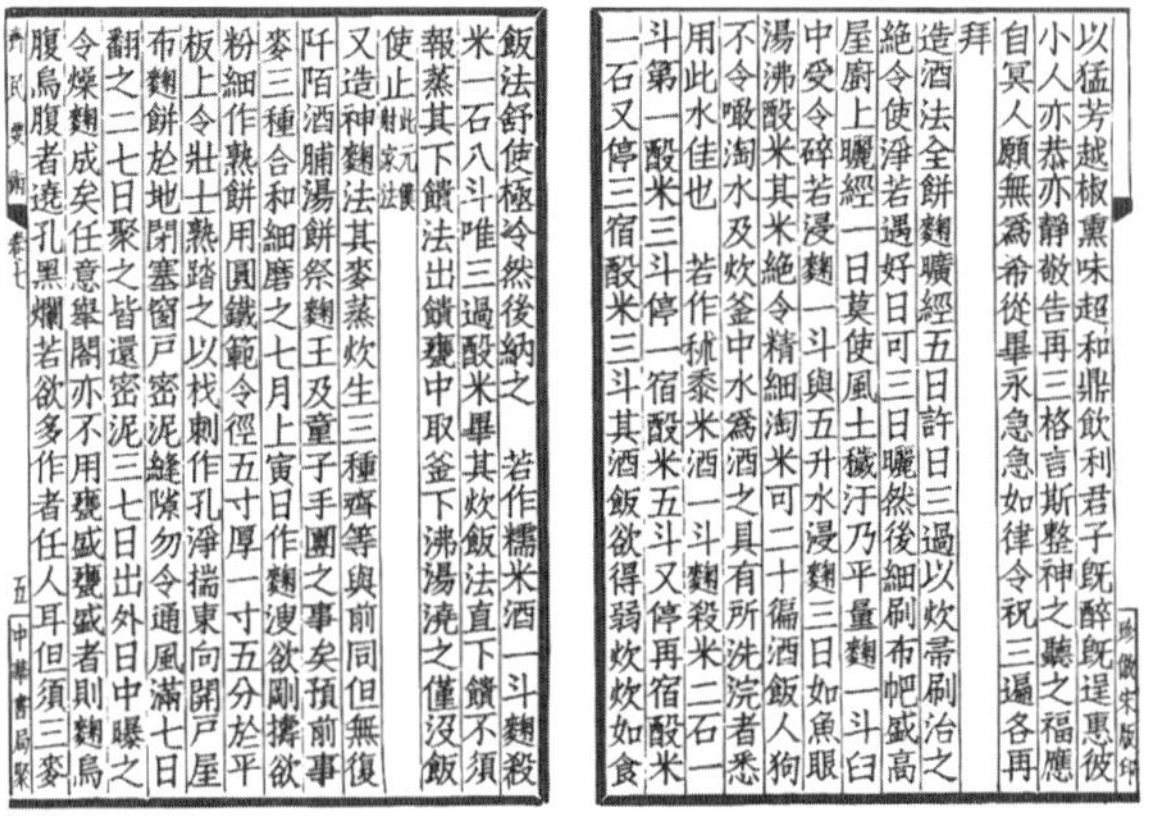

以猛芳越椒熏味超和鼎飲利君子既醉既逞惠彼小人亦恭亦靜敬告再三格言斯整神之聽之福應自冥人願無爲希從畢永急急如律令祝三遍各再拜

造酒法全餅麴曠經五日許日三過以炊帚刷治之絶令使淨若遇好日可三日曬然後細刷布帊盛高屋廚上曬經一日莫使風土穢汙乃平量麴一斗臼中受令碎若浸麴一斗與五升水浸麴三日如魚眼湯沸酘米其米絶令精細淘米可二十徧酒飯人狗不令噉淘水及炊釜中水爲酒之具有所洗浣者悉用此水佳也　若作秫黍米酒一斗麴殺米二石一斗第一酘米三斗停一宿酘米五斗又停再宿酘米一石又停三宿酘米三斗其酒飯欲得弱炊炊如食飯法舒使極冷然後納之　若作糯米酒一斗麴殺米一石八斗唯三過酘米畢其炊飯法直下饋不須報蒸其下饋法出饋甕中取釜下沸湯澆之僅沒飯使止此元僕射家法

又造神麴法其麥蒸炊生三種齊等與前同但無復阡陌酒脯湯餅祭麴王及童子手團之事矣預前事麥三種合和細磨之七月上寅日作麴溲欲剛擣欲粉細作熟餅用圓鐵範令徑五寸厚一寸五分於平板上令壯士熟踏之以杙刺作孔淨揣東向開戸屋布麴餅於地閉塞窗戸密泥縫隙勿令通風滿七日翻之二七日聚之皆還密泥三七日出外日中曝之令燥麴成矣任意舉閣亦不用甕盛甕盛者則麴烏腹烏腹者遶孔黑爛若欲多作者任人耳但須三麥

珍倣宋版印

齊民要術　卷七　五　中華書局聚

神神、これをきかれ、冥界より応ず。

人の願い、たがうことなし。

願わくば恵みのあまねく長からんことを。

急急如律令（急急なること律令のごとし）。

酒の作りかた（造酒法）

餅麹の表面を鍋洗い用の箒で日に三度掃いてきれいにし、乾かす。乾燥は天気の好い日なら三日で足りる。それを細かく砕き、高い屋根のうえで一日乾かす。麹一斗を正確にはかり、臼で搗き、水五升を加えておくと、三日で魚眼(7)のような大きな泡が出る。これに添え米(8)をする。添え米は、よく精白した米を二〇回洗って使用する。酒用の飯を人や犬に食べさせてはいけない。洗米用、炊飯用、酒造器具洗浄用の水は河水が望ましい。モチアワ酒やモチキビ酒を作るばあい、麹一斗で二石一斗の米がこなせる(9)。第一回は、原料三斗を入れ、一晩置いて添え米五斗を加え、また二晩置いて添え米一石を加え、また三晩置いて添え米三斗を加える。酒用の飯は軟らかく炊き、冷やして使用する。

「モチゴメ酒」の作りかた（作糯米酒）

（7）魚眼——湯の沸き具合の表現で、釜の底から魚の眼のような大粒の泡が出る状態をいう。すこし以前の状態を「蟹眼」、さらに前の状態を「麻沸」と称する。現在も使用されている用語である。蘇軾の『試院煎茶詩』に「蟹眼すでに過ぎ、魚眼生ず」とある。

（8）添え米——「酘用米」。「酘（とう）」は酒の製造過程でのみ使用する字で、「投」と同音同義である。原料を追加して味や発酵の調整をおこなうことをいう。原料を一挙に投入すると餅麹の酵素力が弱まるので、このような操作をおこなう。

（9）こなす——「殺」。穀類を糖化発酵させ、酒ができることをいう。

モチゴメで酒を作るばあいは、一斗の麴で一石八斗のモチゴメをこなす。添え米は三回に分ける。炊飯の方法は、蒸し返しをせず、半蒸しのモチゴメを直接に甕のなかに入れ、沸騰した湯を甕にひたひたになる程度に注ぐだけでよい。これは元僕射(10)の家伝である。

「神麴」の作りかた、別法（又造神麴法）

原料のコムギを蒸し、炒め、なまの三種に等分して処理することは、「三解ムギ麴」の製法の場合と同じである。しかし、道を作ったり、供え物をしたり、麴王を作ったりはしない。七月の最初の寅の日に麴作りを開始する。固めにこね、ていねいに搗く。これを直径五寸。厚さ一寸五分の鉄枠のなかに詰め、平板のうえに置き、若者に踏ませて、餅状にする。これに孔を開け。東向きに戸口のある部屋の土間に並べる。窓および戸口を閉め、隙間風が入らないようにていねいに泥を塗る。七日目に取り出して切り返し、さらに七日後にこれを集めて堆積し、そのつど密閉しておく。二一日目に取り出し、天日で乾かして仕上げる。前の方法と異なり、甕に入れない。甕に入れると、「鳥腸」を生ずる。「鳥腸」とは孔の周囲が黒くただれることである。多量に作ることは

【酒】40665

〔廣韻〕〔集韻〕子酉切　有上聲　ㄐㄧㄡˇ　jeou

㊀主含乙醇（酒精）之飲料也。將多含澱粉之物質（如米或穀、大麥、高粱等）蒸熟、和以麴、則澱粉因麴中所含麴菌（內含糖化酵素）之作用、變爲糖質、再由酵母菌之繁殖而發酵、即成爲酒。酒之種類及製法雖甚多、而釀造之原理則均相同。酒中所含乙醇、多者約百分之四十、少者約百分之四。酒有使人精神興奮之效、惟久飲或飲之過量、能使人神經衰弱、肝質變硬、甚或罹酒精中毒。酒之製造、起源甚古。〔說文〕酒、就也、所以就人性之善惡。从水酉、酉亦聲。一曰、造也、吉凶所造起也。古者儀狄作酒醪、禹嘗之而美、遂疏儀狄。杜康作秫酒。〔釋名、釋飲食〕酒、酉也、釀之米麴酉澤、久而味美也、亦言踧也、能否皆強相踧持飲之也。又入口咽之、皆踧其面也。〔周禮、天官、酒正、注〕王致酒〔疏〕酒是陽〔禮記、樂記〕酒食者所以合歡也。〔禮記、射義〕酒者所以養老也、所以養病也。〔漢書、食貨志下〕酒百藥之長、嘉會之好。〔春秋說題辭〕酒之言乳也、所以餔身扶老也。㊁玄酒、水也。〔儀禮、士冠禮〕玄酒在西。〔禮記、禮運〕玄酒在室〔疏〕玄酒、謂水也。㊂飲酒也。〔史記、高祖紀〕酒酣、高祖擊筑　同或作槱、醔〔集韻〕酒、或作槱、醔。㊃姓也〔通志、氏族略、以官爲氏〕酒氏、周官酒正、因官命氏

解字　酒（會意兼形聲）。〔說文〕酒、就也、所以就人性之善惡、从水酉、酉亦聲〔說文通訓定聲〕按、即酉字之小篆、因酉爲十二枝借義所專、又加水旁以別之。

（10）元僕射――「僕射」は秦代に始まった大臣級の高官の官職である。「元僕射」について、繆啓愉は「北斉書の元賦伝に見られるが、本人のことかどうかはわからない」と述べている。

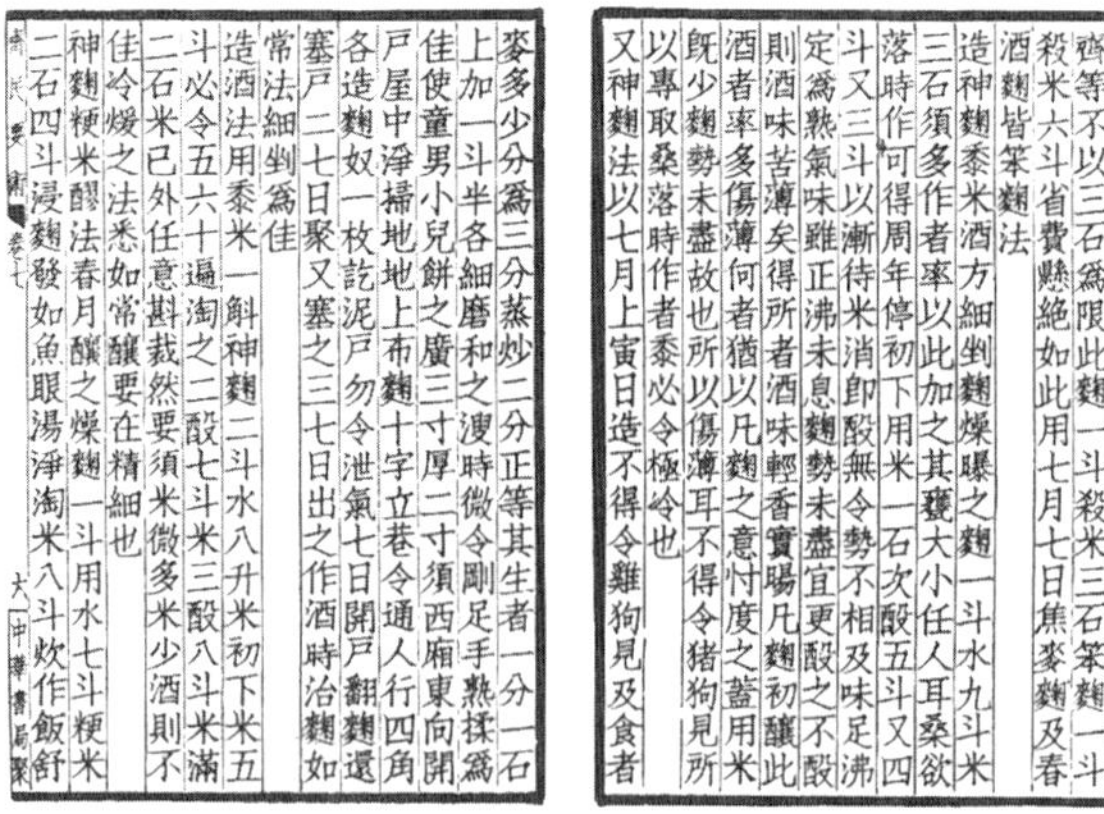

齊等不以三石爲限此麴一斗殺米三石笨麴一斗殺米六斗省費懸絶如此用七月七日焦麥麴及春酒麴皆笨麴法
造神麴黍米酒方細剉麴燥曝之麴一斗水九斗米三石須多作者率以此加之其甕大小任人耳桑欲落時作可得周年停初下用米一石次酘五斗又四斗又三斗以漸待米消即酘無令勢不相及味足沸定爲熟氣味雖正沸未息麴勢未盡宜更酘之不酘則酒味苦薄矣得所者酒味輕香實勝凡麴初釀此酒者率多傷薄何者猶以凡麴之意忖度之蓋用米既少麴勢未盡故也所以傷薄耳不得令猪狗見所以專取桑落時作者黍必令極冷也
又神麴法以七月上寅日造不得令雞狗見及食者麥多少分爲三分蒸炒二分正等其生者一分一石上加一斗半各細磨和之溲時微令剛足手熟揉爲佳使童男小兒餅之廣三寸厚二寸須西廂東向開戸屋中淨掃地地上布麴十字立巷令通人行四角各造麴奴一枚訖泥戸勿令泄氣七日開戸翻麴還塞戸二七日聚又塞之三七日出之作酒時治麴如常法細剉爲佳
造酒法用黍米一斛神麴二斗水八升米初下米五斗必令五六十遍淘之二酘七斗米三酘八斗米滿二石米已外任意斟裁然要須米微多米少酒則不佳冷煖之法悉如常釀要在精細也
神麴粳米醪法春月釀之燥麴一斗用水七斗粳米二石四斗浸麴發如魚眼湯淨淘米八斗炊作飯舒

自由であり、生、蒸し、炒めの割合が同じであれば、量に制限はなく、三石が限度ということもない。この麹は一年物で三石のムギをこなすが、粗麹(11)では一年物で六斗のコムギしかこなせない。このように神麹は粗麹に比べて量を節約する効果がある。七月七日に作る焦麦麹(12)および春酒麹(13)はすべて粗麹の方法で作る。

神麹を使用する「キビ酒」の作りかた（造神麹黍酒法）

麹をよく砕いて天日で干す。使用する原料は麹一斗、水九升、キビ三石である。この割合は多量に作るときも同じである。桑落(14)の季節に作ったものは一年間保存できる。最初の仕込みはキビ一石を使用し、次に添えるのは五斗、次に四斗、次に三斗というように、先に仕込んだものが熟成するのを待ってから、順次減らし、麹の力を損なわないようにする。風味が整い、発酵が終わった時点で、酒は熟成する。まだ発酵が終わっていない場合は、またキビを加える。キビを加えないと、酒の味は苦く薄くなる。麹が泡立っていたら、麹の力はまだ尽きていないので、またキビを加える。適量で仕上げた酒は軽く、香りは豊かで、他の麹で作った酒に勝る。はじめて作る場

(11) 粗麹――「笨麹」。「笨」は粗いことを意味する。原料とするコムギの全粒を炒って作った麹で、粗雑なものである。第六六章に粗麹から酒を作る方法が収載されている。

(12) 焦麦麹――焦麦は少し褐変する程度に炒ったコムギのことと考えられる。イフガオ族は現在でもコメを炒ったあと、餅麹を撒布して米酒を作っている。山崎百治はこれを麦麹を作って炒ったものと解釈している。

(13) 春酒麹――多くの版本には「春酒麹」とあり、熊代も石声漢も「春酒麹」と書き、とくに解説をつけなかった。第六六章にその作りかたを説明しており、麹を細かく粉砕する「舂（つ）く」過程がある。したがって、原文は「舂酒麹」であったと解釈したい。

(14) 桑落――クワの葉が落ちる晩秋の季節をいう。酒の名称に多く使用する。

中国で現在使用されている長方形の餅麹

合には、薄すぎて失敗することが多い。普通の麹のつもりでキビを使用したので、麹の力が余っていたためと考えられる。作る過程をニワトリやイヌに見せてはならない。(15) クワの葉が落ちる時期を選ぶのは、キビ飯がよく冷える必要があるからである。

(15) 餅麹を干す場所でニワトリやイヌが走り回るのをよく見かける。それらを遠ざけるのは、ていねいに作り、酒本来の風味を保つことを意味するのであろう。

「神麹」の作りかた、別法（又神麹法）

七月の最初の寅の日に作る。麹の原料をイヌやニワトリに見せたり食べさせたりしてはならない。コムギの多少をよく見て三分し、炒めたものと蒸したものを正確に二等分し、生のものは一石につき一斗半を増やし、それぞれを細かく砕いて混合する。こねるのは固めにし、手足でよくこね、径三寸、厚さ二寸の餅麹を童子に作らせる。西に庇があり東に入り口がある家の土間の中程に十字路を作って人が通りやすいようにして並べておく。四隅に麹人形(16)を置く。作業が終了したら、戸口を泥で塗りかため、風を通さないようにしておく。七日目に戸を開けて麹を切りかえし(17)、元のように並べて、また密閉する。一四日目にまた手入れをし、密閉する。二一日目に取り出し、従来の方法で酒を作る。麹は細かく砕いたほうがよい。

(16) 麹人形——第六四章に作りかたが記述されている。

(17) 麹を堆積したままで放置しておくと、発生した熱のために麹が焼ける（酵素力が減少し、また生育がおとろえる）。空気に触れさせることで、好気性の微生物に酸素を供給し、かつ温度をさげる。

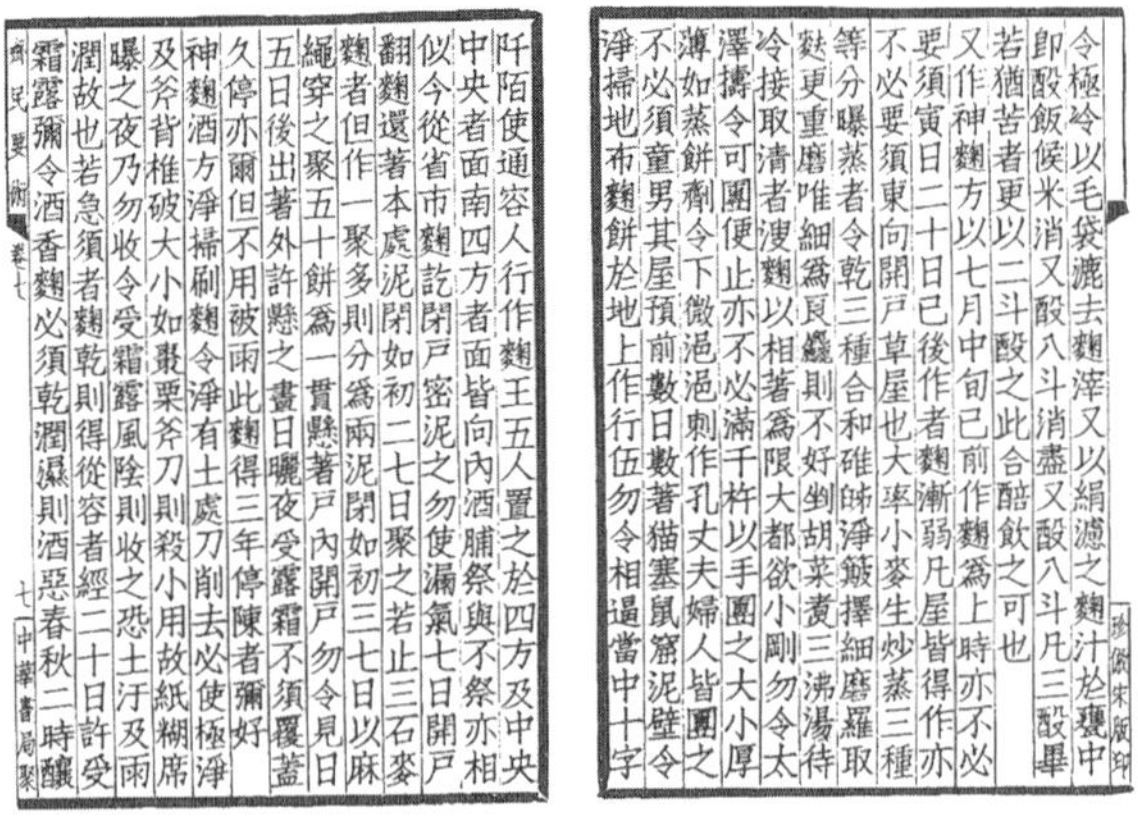
令極冷以毛袋漉去麴滓又以絹濾之麴汁於甕中
即酘飯候米消又酘八斗消盡又酘八斗凡三酘畢
若猶苦者更以二斗酘之此合醅飲之可也
又作神麴方以七月中旬已前作麴爲上時亦不必
要須寅日二十日已後作者麴漸弱凡屋皆得作亦
不必要須東向開戸草屋也大率小麥生炒蒸三種
等分曝蒸者令乾三種合和碓䃴淨簸擇細磨羅取
麩更重磨唯細爲良麤則不好剉胡菜煮三沸湯待
冷接取清者溲麴以相著爲限大都欲小剛勿令太
澤擣令可團便止亦不必滿千杵以手團之大小厚
薄如蒸餅劑令下微浥浥刺作孔丈夫婦人皆團之
不必須童男其屋預前數日數著猫塞鼠窟泥壁令
淨掃地布麴餅於地上作行伍勿令相逼當中十字
珍倣宋版印

阡陌使通容人行作麴王五人置之於四方及中央
中央者面南四方者面皆向內酒脯祭與不祭亦相
似今從省市麴訖閉戸密泥之勿使漏氣七日開戸
翻麴還著本處泥閉如初二七日聚之若止三石麥
麴者但作一聚多則分爲兩泥閉如初三七日以麻
繩穿之聚五十餅爲一貫懸著戸內開戸勿令見日
五日後出著外許懸之晝日曬夜受露霜不須覆蓋
久停亦爾但不用被雨此麴得三年停陳者彌好
神麴酒方淨掃刷麴令淨有土處刀削去必使極淨
及斧背椎破大小如棗栗斧刀則殺小用故紙糊席
曝之夜乃勿收令受霜露風陰則收之恐土汚及雨
潤故也若急須者麴乾則得從容者經二十日許受
霜露彌令酒香麴必須乾潤濕則酒惡春秋二時釀
齊民要術　卷七　七　中華書局聚

「キビ酒」の作りかた（造酒法）

キビ一石、神麴二斗、水八斗を使用する。最初は、キビ五斗を五〇～六〇回洗って使用する。第二回の添え米は七斗、第三回の添え米は八斗とする。キビ一石を加え終ったのちは、適宜、任意にキビを加えてもよい。キビは多めのほうがよい。少ないと、良い酒にならない。温度の管理は、普通でよい。キビは精白すればするほど、良い酒になる。

神麴とウルチゴメから「濁酒」の作りかた（神麴粳米醪法）

この酒は春に作る。乾燥した麴一斗、水七斗、ウルチゴメ二石四斗を原料とする。麴を浸して発酵させ、魚の目のような大きな泡が出る頃を見はからって、毛製の袋で滓を漉しさり、さらに絹製の袋で漉し、甕に入れる。米八斗をきれいに洗って炊き、よく冷やして添え飯とする。米の形が消えるのを待って、また八斗を添え、これが消えるのを待って、さらに八斗を添える。およそ三回添えればよいが、もしもまだ苦い(18)ようであれば、さらに二斗を加える。この酒は「もろみ」のままで飲める。

(18)　苦い――糖の甘みがなくなり、アルコールだけの味になることをいう。「辛い」という意味である。

耳 枲

神麹の作りかた、別法（又造神麹法）

七月中旬が製造の適期である。寅の日に作るとは限らないが、七月二〇日以後に作った麹は力がしだいに弱くなる。普通の家屋でもよく、東向きの草葺きの家でなくてもよい。コムギはなま、炒り、蒸しに三等分して用いる。蒸したものは、天日で乾かして使う。これらのコムギを合わせて、臼で搗き、箕で風選して、細かいものと粗いものとに分け、粗いものは再び搗いて細かくする。オナモミ(19)の葉を細かく切り刻み、三回煮立て、冷やして上澄みをとり、麹をこねる。こねかたは、少し固めにしてだぶつかない程度とする。搗いて固められるようになったら、そこで止める。千回も搗く必要はない。大小厚薄は蒸餅と同じくし、下ふくれにし、刺して穴をあける。男女ともにこれを固める。男に限ること(20)はない。麹を作るための部屋に開いているネコやネズミの穴は、あらかじめふさいでおく。餅麹を土間につけないように並べる。中に十字路を作り、通りやすくする。麹王五体を作り、四方および中央に置く。中央の麹王は南向きにし、四方の麹王はすべて内側に向ける。供えものはしなくてもよい。麹を並べおわったならば、戸を泥で密閉し、気が洩れないよう

(19) オナモミ――「胡菜」。「胡菜」、「胡葉」と書く版本があるが、繆啓愉はいずれも誤記だと指摘している。道端や荒地に自生するキク科の一年草である。高さは〇・三～一mになり、茎および葉に粗い毛が生えている。『要術』の第二八章に栽培についての記述があるので、当時は栽培していたのであろう。防虫の効果があり、生葉を発酵中の製品の上にのせ、虫が入るのを防ぐ。『要術』では、麹にオナモミ、タデ、ヨモギ、クワ、カラハジカミなどの葉を混ぜている。これらを加えたものを「草麹」という。日本では実例はない。熊代は訳注でその効果を説明していない。篠田統（「日本酒の系統」、日本民族と南方文化、丘五一～五七四、平凡社、一九六八）は、これらの葉を加える理由を模索し、ミネラルの補給のためかと推察したが、結論を出すにいたっていない。紹興酒の製造のさいには、現在でもタデを加えている。学名は〝Xanthium strumarium〟

(20) 一般に、醸造に婦人が従事することは禁忌とされているが、ここでは従事してもよいとわざわざ断り書きをしている。しかし、その理由は不明である。

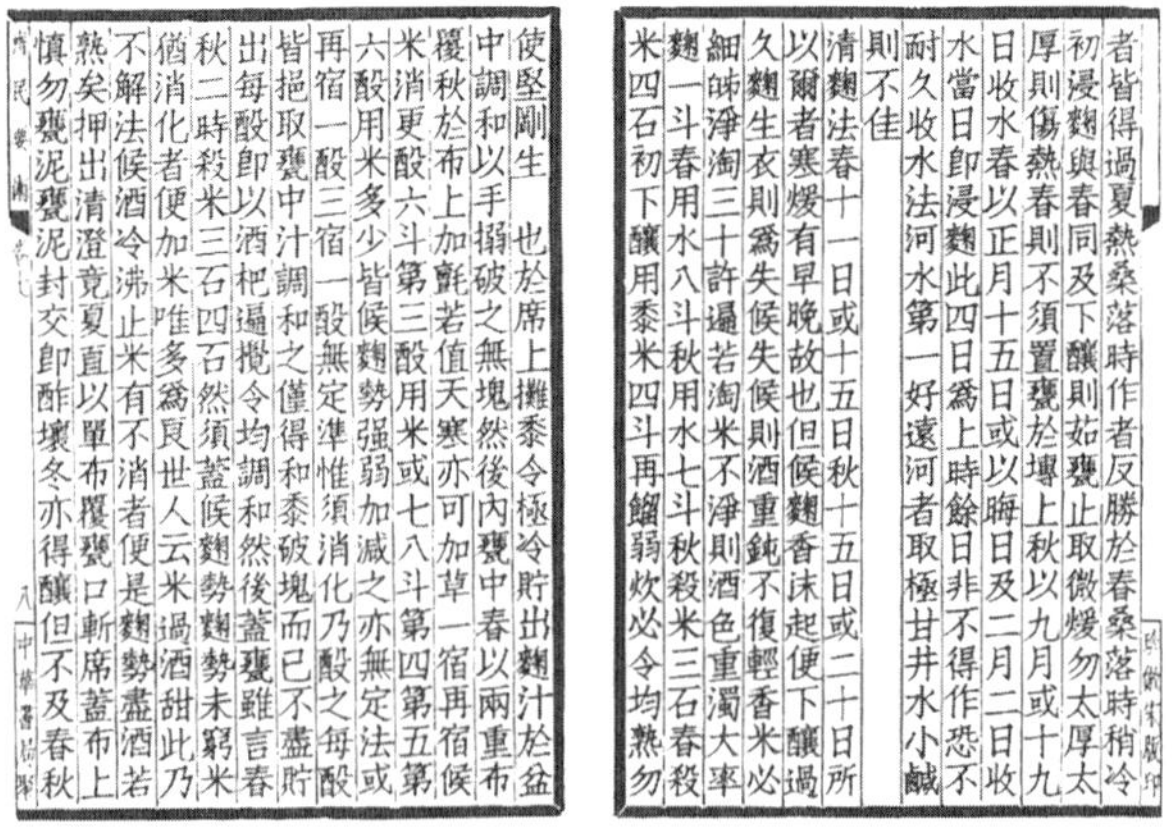
者皆得過夏熱桑落時作者反勝於春桑落時稍冷
初浸麴與春同及下釀則茹甕止取微煖勿太厚太
厚則傷熱春則不須置甕於壚上秋以九月或十九
日收水春以正月十五日或以晦日及二月二日收
水當日即浸麴此四日爲上時餘日非不得作恐不
耐久收水法河水第一好遠河者取極甘井水小鹹
則不佳
清麴法春十一日或十五日秋十五日或二十日所
以爾者寒煖有早晩故也但候麴香沫起便下釀過
久麴生衣則爲失候失候則酒重鈍不復輕香米必
細師淨淘三十許遍若淘米不淨則酒色重濁大率
麴一斗春用水八斗秋用水七斗秋殺米三石春殺
米四石初下釀用黍米四斗再餾弱炊必令均熟勿
使堅剛生　也於席上攤黍令極冷貯出麴汁於盆
中調和以手搦破之無塊然後内甕中春以兩重布
覆秋於布上加氈若値天寒亦可加草一宿再宿候
米消更酘六斗第三酘用米或七八斗第四第五第
六酘用米多少皆候麴勢强弱加減之亦無定法或
再宿一酘三宿一酘無定準惟須消化乃酘之每酘
皆挹取甕中汁調和之僅得和黍破塊而已不盡貯
出每酘即以酒杷遍攪令均調和然後蓋甕雖言春
秋二時殺米三石四石然須蓋候麴勢麴勢未窮米
猶消化者便加米唯多爲良世人云米過酒甜此乃
不解法候酒冷沸止米有不消者便是麴勢盡酒若
熟矣押出清澄竟夏直以單布覆甕口斬席蓋布上
愼勿甕泥甕泥封交即酢壞冬亦得釀但不及春秋

にする。七日目に戸を開けて麹を反転[21]し、元のように泥で密閉しておく。一四日目に麹を集め、三石未満の麹ならばそのまま、それ以上の場合は分けて山盛りにし、はじめのように泥で密閉する。二一日目に麻縄に五〇個ずつを通して屋内にかけ、戸を開けておく。戸を開けても、天日があたらないようにする。五日後に屋外に掛け、昼間は天日にさらし、夜は覆いをしないで、露を受けるようにする。長く留めおく場合も同じようにするが、雨に当てないように注意する。この麹は三年置くことができ、古くな[22]るほどよい。

神麹酒の作りかた（神麹酒方）

餅麹の表面を箒[23]で掃き、きれいにする。土のついている場所は小刀で削り、きれいにしなければならない。餅麹を斧の背で叩き割り、クリかナツメほどの大きさにする。斧の刃のほうを使うと、麹が小さくなりすぎる。古い紙に糊付けしたものの上に並べて、天日にさらし、夜も取りこまず、霜や露を受けるようにする。風や曇天の場合には取り込むが、これは土で汚れたり、湿ったりするのを防ぐためである。急ぐ場合には、乾いた麹をすぐ使うが、二〇日

(21) 反転――「翻」。切りかえすことをいう。熱くなった麹を冷却し、また空気を補充する効果がある。

(22) 麹は古くなると、麹の使命である酵素力が減少する。古い麹は良品ではないとされるので、この表現は理解しにくい。東南アジアの餅麹でも、三カ月で更新するという。

(23) 箒で掃く――「掃刷」。餅麹の表面はクモノスカビなどの胞子が着生して、黒くきたない。また、むしろなどに拡げて天日乾燥するから、上埃がついている。これを刷毛ではいて、きれいにする。この作業は現在でも行われている。

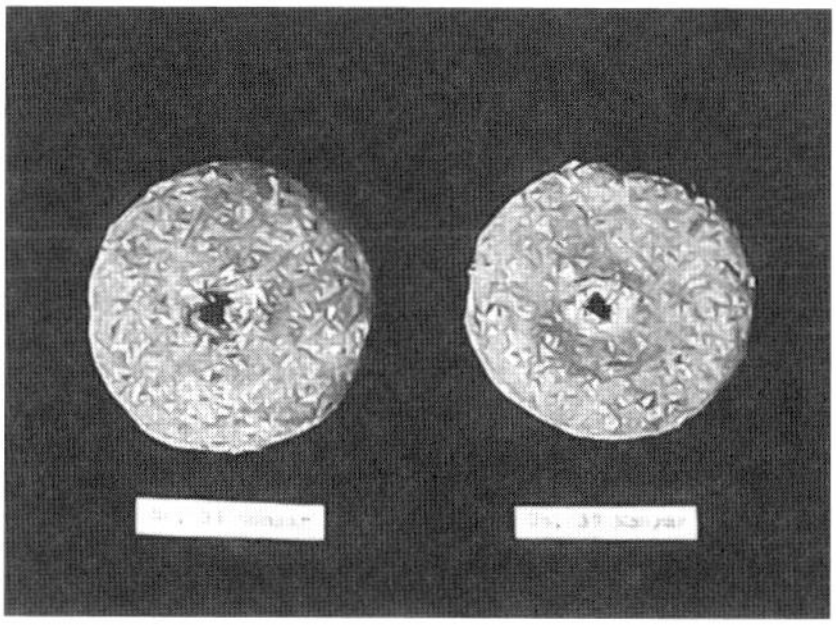

ブータンの餅麹。原料はソバ粉とコムギ粉。乾燥のため、糸通しの穴がある

間を経て霜や露を受けたもののほうが味がよくなる。湿[24]った麹では酒がまずくなるので、麹はよく乾いていなければならない。春秋二期に作った酒は、ともに夏が越せる。桑落の頃に作った酒は、春に作った酒よりも品質がすぐれている。冷気に向かうので、麹を浸すのは春と同じでよいが、飯を加えて醸造するときには、甕に薄い蓋をして、暖気が逃げないようにする。蓋が厚いと、暖かくなりすぎて、熱さ傷みをする。春は蓋をしないで、甕を煉瓦の上に置くだけでよい。もし春であれば、正月一五日、また月末から二月二日までに水を汲み、その日のうちに麹を浸す。この四日間が水汲みの適期である。これ以外の日でも作れないことはないが、日持ちの悪い酒となる。使用する水は河水が最適であるが、河が遠い場合は、井戸の軟水を用いる。塩分を含んだ水は不適当である。

「漬麹」[25]の作りかた（清麹法）

麹を浸すのは、春は一〇日から一五日間、秋は一五日から二〇日間とする。このように長短があるのは、天候の寒暖が定まらないからである。麹に香りがつき、泡が立ったら、仕込みをする。長く置き

(24) 湿った餅麹には酒作りに役立つかび、酵母、乳酸菌以外の微生物が生育し、腐造の原因にもなりかねない。

(25) 漬麹——「清麹」。繆啓愉は「清」を「漬」の誤りと指摘している。本文の内容は麹を水に漬けて酒を作る方法の記述であるから、訳者も「漬麹」とした。漬麹は水麹であり、これは酵素を溶出させ、蒸米を加えるときの効果を高める。現在の酵素液仕込みはこの麹を取り除いたものである。

耳冬釀者未須厚茹甕覆蓋初下釀則黍小煖下之
一發之後重酘時還攤黍使冷酒發極煖重釀煖黍
亦酢矣其大甕多釀者依法加倍之其糠瀋雜用一
切無已
河東神麴方七月初治麥七日作麴七日未得作者
七月二十日前亦得麥一石者六斗炒三斗蒸一斗
生細磨之桑葉五分蒼耳一分艾一分茱萸一分若
無茱萸野蓼亦得用合煑取汁令如酒色漉出滓待
冷以和麴勿令太澤擣千杵餠如凡麴方範作之
臥麴法先以麥麲布地然後著麴訖又以麥麲覆之
多作者可用箔槌如養蠶法覆訖閉戶七日翻麴還
以麥麲覆之二七日聚麴亦還覆之三七日甕盛後
經七日然後出曝之

造酒法用黍米麴一斗殺米一石秫米令酒薄不任
事治麴必使表裏四畔孔內悉皆淨削然後細剉令
如棗栗曝使極乾一斗麴用水一斗五升十月桑落
初凍則收水釀者爲上時春酒正月晦日收水爲中
時春酒河南地煖二月作河北地寒三月作大率用
清明節前後耳初凍後盡年暮水脈既定收取則用
其春酒及餘月皆須煑水爲五沸湯待冷浸麴不然
則動十月初凍尚煖未須茹甕十一月十二月須黍
穰茹之浸麴冬十日春七日候麴發氣香沫起便釀
隆冬寒厲雖日茹甕麴汁猶凍臨下釀時宜漉出凍
凌於釜中融之取液而已不得令熱凌液盡還瀉著
甕中然後下黍不爾則傷冷假令甕受五石米者初
下釀止用米一石淘米須極淨水清乃上炊爲饙下

すぎて、麴に黴を生ずると、酒は鈍重となり、再び香りのよい酒に戻らない。キビは必ずよく精白し、三〇回以上研ぎ洗いする。洗いが足りないと、酒の色が重く、濁りが出る。およそ麴一斗に、春は八斗、秋は七斗を用いる。秋は原料キビ三石をこなし、春は原料キビ四石をこなす。最初の仕込みには、キビ四斗を用いる。平均に熱が行きわたるように、蒸し返して柔らかくし、むしろの上に広げて冷まし、汲みおいた汁と混和する。塊がなくなってから甕に入れ、春は二重の布で覆い、秋はさらにその上に毛布をかけ、さらに寒くなったら草で覆う。一晩、二晩を経て、キビがこなれるのを待ち、さらに六斗を添える。第三番目の添え米は七〜八斗とする。第四、第五、第六番目の添え米は麴の強弱によって決めるので、とくに決まりはない。添えるたびに、甕の中の発酵汁を汲み出して、キビ飯と混合する。添え米をするたびに酒用のかいでよく混ぜて、蓋をする。三月には一斗の麴で四斗をこなし、秋には三斗をこなす。これは麴の力によるので、麴の具合をよく見て、麴に余力があれば、またキビを加える。世人はキビが多ければ酒が甘いというが、これは製造方法がよくわかっていないためである。酒の湧きが止まり、キビが少し残っていれば、麴の勢いはすでに尽きたのである。

酒が熟したら圧搾し、清澄な酒を汲み出す。夏期には甕の口を一重の布で覆い、むしろを切り取って蓋の上にかぶせる。この酒は冬でも作れるが、春秋のものには及ばない。冬に作る場合には、甕を布で包んで保温しなければならない。最初に仕込むときは、キビが少し暖かい間にする。第二回目には、キビを拡げ、ひやしてから仕込む。酒が発酵して温かくなったところに温かいキビを加えると、酸敗するからである。おおきな甕で多量に作る場合も、原料を増やすだけでよい。その糠や研ぎ汁を雑用に使うことに忌み嫌いはない。

「河東[26]神麹」の作りかた（河東神麹方）

七月の始めにコムギを用意し、七日に麹を作る。七日に間に合わない場合でも、七月二〇日以前ならばいつでもよい。コムギ一石の場合には、六斗を炒り、三斗を蒸し、一斗をなまで細かく挽いて粉状にし、クワの葉五分、オナモミ、ヨモギ、カラハジカミ各一分を混合して酒の色のような煮汁を作り、滓を濾しさり、冷えるのを待って麹に混合する。水は多すぎないようにする。千杵搗いて餅にするのは通常の麹と同じで、木型を用いて方形にする。

（26）河東――秦代に設置された郡名である。現在の山西省西南角の地域にあたる。

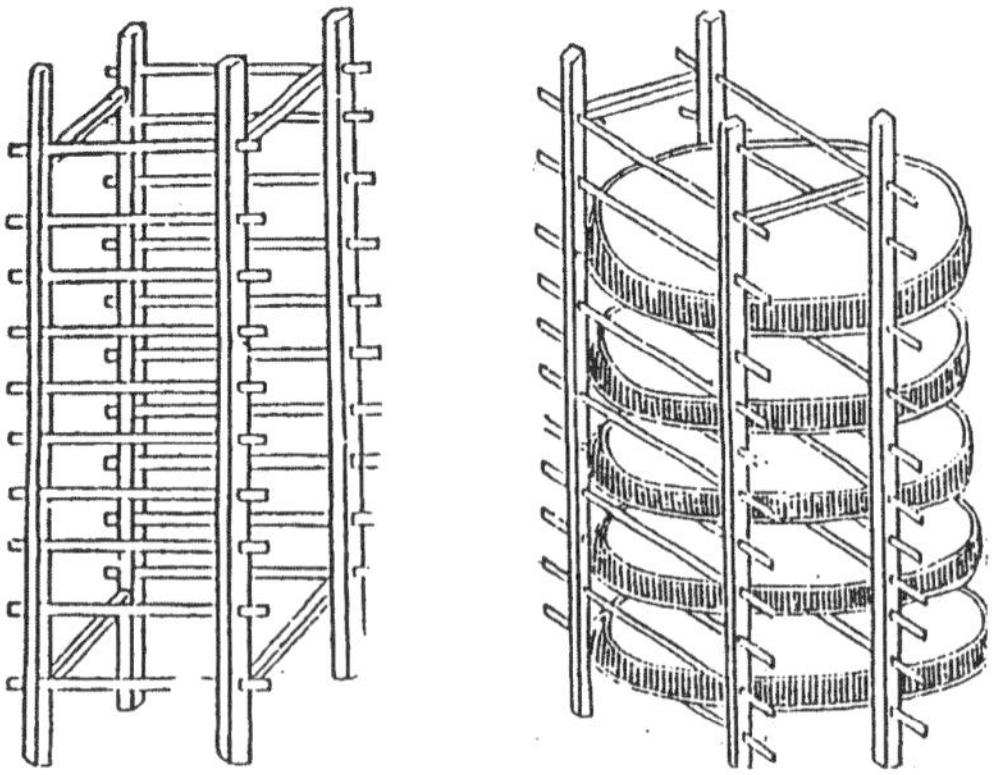

（右）蚕筐
（左）蚕架

出典：王禎、『農書』、巻 20、元代

麹の寝かせかた（臥麹法）

まず藁を土間に敷き、そこに麹を置き、その上を麦藁で覆う。もし多量に作る場合は、養蚕用の蚕座(27)のようにするとよい。覆いがすむと戸を閉め、七日目に一回手入れをして麦藁で覆い、一四日目に麹を集めて、また覆いをしておく。二一日目に籠に入れる。それから七日目に取り出して、屋外にさらす。

（27）蚕座——蚕を飼育する場であるが、河東神麹、白醪麹、秦州春酒麹などでは、原料や草根の乾燥、温度上昇防止などの目的で使用している。

「キビ酒」の作りかた（造酒法）

キビを原料とし、麹一斗でキビ一石をこなすことができる。原料にモチアワを使用すると、酒が薄くなって役に立たない。麹の表裏、四方、孔の中をよく削り、ナツメかクリほどに大きさにして、屋外でよく乾かしてから用いる。麹一斗に対し、水一斗五升を用いる。一〇月桑落初冬期になって作るのを最適とし、春酒として正月末に作るものがこれに次ぐ。春酒の場合、黄河の南の地方は暖かいので二月に作り、黄河の北の地方は寒いので三月に作る。清明節(28)前後を選んで作る。初冬から年末迄は水脈が定まっているので、採取した水はすぐ使える。初冬期以外では、すべて水を五回沸騰させ、冷えるのを待って麹を浸す。こうしないと、酒は酸敗する。一〇月は

（28）清明節——中国の伝統的な年中行事で、祝日にもなっている。この日には仕事を休み、墓参りをし、墓を掃除する。二四節気の一つで、春分から数えて一五日目である。華中、華北では気温が一〇度を越え、春耕が忙しくなる。太陽暦で四月四〜五日ごろである。

現在の蚕棚による餅麹の乾燥
（ベトナム、ホーチミン市）

じめはまだ暖かいので、甕を包まなくてもよいが、一一月～一二月は甕をキビがらで包んで保温する。

麹を浸す期間は、冬季は一〇日、春季は七日で、麹が香気を発して泡が立ちはじめたら、仕込みをする。厳冬期は寒気が厳しいので、毎日甕を包んでいても麹液は凍る。仕込みをするときは、氷をすくいだし、釜の中で溶かして用いるのがよい。そうしないと、冷え傷みがする。容量が五石の甕でも、最初の仕込みは一石にとどめる。コメをとぐのは、水が澄むまでとする。「みずめし[29]」を炊き、甕の中にいれ、釜の中に残った炊き汁を熱いうちに注ぎ、炊き汁が飯の上に一寸ほどになったら止める。甕の口を盆で蓋をしてしばらく置くと、水はなくなり、飯は熟して軟らかくなる。これをむしろの上に拡げて冷やす。貯えておいた汁で蒸し飯をもみくだいて、甕の中に入れ、酒造用のかいで攪拌する。添え飯のつど、このように攪拌する。ただ、一一～一二月は気温が低く、水が凍るので、キビ飯は人肌の温かさにして加えねばならない。桑落酒と春酒では、すべて冷飯を添える。一回目に冷飯を添えた場合は、二回目も冷飯を添えなければならない。一回目に温飯を添えた場合は、二回目も温飯を添えなければならな

（29）みずめし――「饙（ふん）」。もう一度炊くために水を加えた飯のことである。熊代は「飯を水、湯、または汁などに浸し、水分を十分に吸わせたもの」と解釈し、「みずめし」という訳語をあてている。

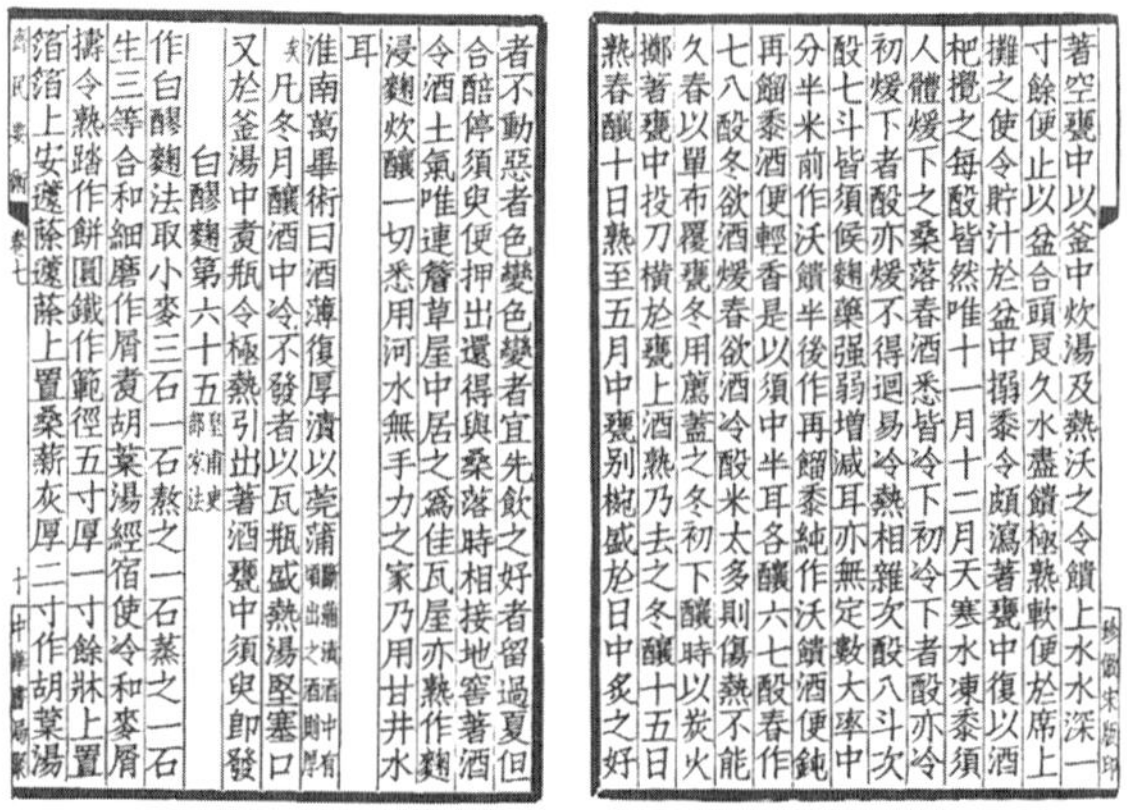

著空甕中以釜中炊湯及熱沃之令饙上水深一
寸餘便止以盆合頭良久水盡饙極熟軟便於席上
攤之使令貯汁於盆中搦黍令破瀉著甕中復以酒
杷攪之每酘皆然唯十一月十二月天寒水凍黍須
人體煖下之桑落春酒悉皆冷下初冷下者酘亦冷
初煖下者酘亦煖不得廻易冷熱相雜次酘八斗次
酘七斗皆須候麴藥强弱增減耳亦無定數大率中
分米半前作沃饙半後作再餾黍純作沃饙酒便鈍
再餾黍酒便輕香是以須中半耳各釀六七酘春作
七八酘冬欲酒煖春欲酒冷酘米太多則傷熱不能
久春以單布覆甕冬用薦蓋之冬初下釀時以炭火
擲著甕中拔刀横於甕上酒熟乃去之冬釀十五日
熟春釀十日熟至五月中甕別椀盛於日中炙之好
者不動惡者色變色變者宜先飲之好者留過夏但
合醅停須臾便押出還得與桑落時相接地窨著酒
令酒土氣唯連簷草屋中居之爲佳瓦屋亦熱作麴
浸麴炊釀一切悉用河水無手力之家乃用甘井水
耳
淮南萬畢術曰酒薄復厚漬以莞蒲斷蒲漬酒中有頃出之酒則厚
凡冬月釀酒中冷不發者以瓦瓶盛熱湯堅塞口
又於釜湯中煮瓶令極熱引出著酒甕中須臾即發
白醪麴第六十五皇甫吏部家法
作白醪麴法取小麥三石一石熬之一石蒸之一石
生三等合和細磨作屑煮胡葉湯經宿使冷和麥屑
擣令熟踏作餅圓鐵作範徑五寸厚一寸餘牀上置
箔箔上安蘧蒢蘧蒢上置桑薪灰厚二寸作胡葉湯
齊民要術　卷七　十　中華書局聚

い。冷温が混合してはならないのである。二回目は八斗を、三回目は七斗を添えるが、いずれも麹の力の強弱によって増減し、数量に一定の決まりはない。原料のキビは二等分し、半分はみずめしとし、残りの半分は蒸し返し[30]とする。みずめしのみだと酒の味は鈍になり、蒸し返しのみだと酒の味は軽くなるので、半々とするのである。冬の酒作りは添え飯を六、七回、春の酒作りは添え飯を八、九回おこなう。冬は温暖が、春夏は冷涼が望ましい。添えるキビ飯の一回分の量をあまり多くすると、熱さいたみをして、酒が長持ちしない。春は布一枚で甕を覆い、冬はむしろで覆う。冬にはじめて仕込みをするときは、炭火を甕の中に投入する。刀を抜き、甕の上に横たえておく。酒が熟成したら、刀を取り除く。冬の酒は一五日で、春の酒は一〇日で熟成する。五月になって甕ごとに酒を汲み取り、太陽にすかして見ると、良い酒の色は変わらないが、悪い酒の色は変わる。変色したものから早く飲み、良い酒はそのまま置いて、夏を過ごさせる。粕もあわせて保存しておき、飲むたびに濾す。こうしておくと、桑落時期まで保存できる。穴を掘って貯蔵すると、酒に泥土の臭気がつくので、酒の保存には軒のついた草屋が適して

（30）蒸し返し——「再餾」。「餾」は米を蒸すことである。半分を「みずめし」、半分を「蒸し返し」とすると、それだけ水分が少なくなり、酒が濃くなる。

（右）草屋内部の酒かめ。現在はバシ（サトウキビ酒）の熟成中
（左）軒のついた酒の熟成草屋（ルソン島北部）

いる。瓦葺きの家は暑く、不適当である。麹作り、麹浸し、麹用炊飯、醸造用水などには河水が適しているが、人手の足りない家では塩分のない井戸水を使用する。『淮南万畢術』[31]にいう、「薄くなった酒を濃く戻すには、ガマ[32]を切り、酒に浸し、しばらく置くと、酒は濃くなる」。およそ、冬に酒を作る場合、冷えて発酵しないときには、瓦瓶[33]に熱湯を入れて密封するか、熱湯のなかで瓶を煮るようにしてごく熱くなったものを酒のなかにいれるかすると、すぐ発酵する。

（31）『淮南万畢術』——淮南王の著作とされ、『隋書経籍志』に収載されているが、早く散逸した。『要術』では「術にいわく」とよく引き合いに出されている。『大漢和辞典』によれば、清代に同名の書があるという。
（32）ガマ——「莞蒲」。池や沼に生える多年生の草である。葉は厚くて細く、高さ一～二ｍとなる。漢方薬として使用する。学名は〝Typha latifolia〟
（33）熱湯を瓶に入れ、酒のなかに浸す。現在の暖気入れに類似する方法である。

〈コラム〉餅麹雑感

小崎　道雄

『要術』の酒作りには、神麴、あら麴など、およそ九種類の麴が紹介されている。その多くは現在でいう餅麴である。酒、味噌、醬油、豉などの酸造物製造に今でも広く使用されている微生物の種《たね》である。米粉を蒸して固めた餅麴は、厚さ一センチほどの一〇円硬貨型の小さなものから、直径三〇〜四〇㎝の円盤型、煎餅型。ボール型、楕円型、それをよじった型、さらには燻らして灰茶色になった小判型など、千差万別である。いずれにしろ、穀類や豆類から醸造物を作るのが目的だから、餅麴はアミラーゼ、アルコールデヒドロゲナーゼ、プロテアーゼなどを多量に含む微生物群の供給源である。

私がこの餅麴をはじめて知ったのは、昭和一九年当時、研究室の試料棚に大切に保管してあった、山崎百治先生寄贈のさいころ型餅麴であった。昭和四年と記載してあったから、おそらく山崎先生が東亜同文書院時代に中国各地で採取されたものの一つであろう。それから三〇年後、ルソン島北部のイフガオ族のもつ米酒用餅麴を調査したのが二度目となった。以後、各地から数百の餅麴を集め、微生物調査をしている。酵母の数は餅麴一ｇあたり百万から千万である。しかし、山崎先生の餅麴に存在する微生物は、四連の乳酸球菌のみであった。古くなったからであろう。

ところで、日本酒の製麴では、麴菌の分生子（胞子）を蒸米一粒あたり二〇〇〇ほど撒く。分生子を野球のボールとすれば、蒸米表面積は一〇〇㎡の野球場と等しくなり、この球場いっぱいに二〇〇〇個のボールをぱらっと撒いたことになるという。餅麴の微生物は量的にはるかに少ないから、餅麴の粉末をよほど多量に撒かなければ、酒にはならない。

事実、東南アジアでは驚くほど多量の餅麴粉を米飯に撒布していた。これを温かいところに一日ほど置くと、柔らかく潤んだ、芳香の強い飯になっていた。

第六五章　白醪麴《しろざけこうじ》の作りかた

オナモミの煮出し液に漬けて作る白醪麴は、オナモミの防腐力を強くもっていると考えられる。その麴を使用しての酒造法は皇南吏部家法とある。熊代の訳注によれば、皇南は三国から南北朝（西暦二五〇～五〇〇年）にかけて設置された官庁の長官の姓であるという。その家に伝えられた酒造法である。（田中、小崎）

者不動惡者色變色變者宜先飲之好者留過夏但
合醅停須臾使押出還得與桑落時相接地窨著酒
令酒土氣唯連簷草屋中居之爲佳瓦屋亦熱作麴
浸麴炊釀一切悉用河水無手力之家乃用甘井水
耳
淮南萬畢術曰酒薄復厚漬以莞蒲斷蒲漬酒中有頃出之酒則厚
義凡冬月釀酒中冷不發者以瓦瓶盛熱湯堅塞口
又於釜湯中煮瓶令極熱引出著酒甕中須臾即發
白醪麴第六十五皇甫吏部家法
作白醪麴法取小麥三石一石熬之一石蒸之一石
生三等合和細磨作屑煮胡葉湯經宿使冷和麥屑
擣令熟踏作餅圓鐵作範徑五寸厚一寸餘牀上置
箔箔上安蘧蒢蘧蒢上置桑薪灰厚二寸作胡葉湯
齊民要術　卷七　十　中華書局聚

「白醪麴」の作りかた（作白醪麴法）

コムギ三石のなかの一石を炒り、一石を蒸し、一石をなまのまま用いる。三種を等分に混合し、臼で細かくする。オナモミの葉の煮汁を、一晩置いて、冷たくして加える。コムギを粉にしたものを搗きつぶし、直径五寸、厚さ一寸あまりの円形の鉄枠のなかに入れ、足で踏んで餅状にする。床の上に養蚕用の蚕座を置き、その上に竹で作った簀の子を敷き、クワ炭の灰を二寸の厚さに敷く。オナモミの煮汁を沸騰させたなかに餅麴三～六個を入れ、しばらくして取り出し、灰のなかに寝かせて、なまのオナモミの葉で覆って一夜置く。覆いかたは、夜露にあたらせないようにすれば、薄くてよい。七日目に反転し、一四日目に集め、二一日目に取り込み、屋外で乾かす。麴を作る部屋は密封して、風が入らないようにする。もし、床が狭くて麴が置ききれないときには、床の

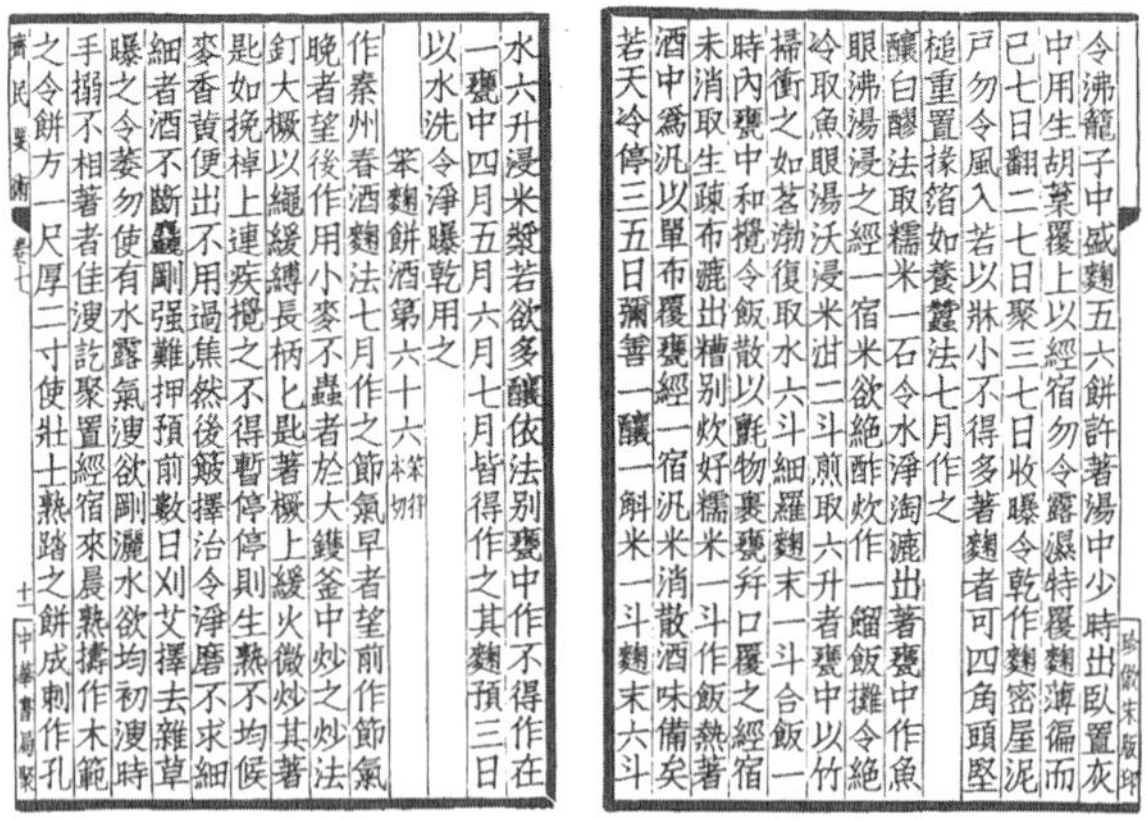
令沸籠子中盛麴五六餅許著湯中少時出臥置灰
中用生胡葉覆上以經宿勿令露濕特覆麴薄遍而
已七日翻二七日聚三七日收曝令乾作麴密屋泥
戸勿令風入若以牀小不得多著麴者可四角頭竪
槌重置椽箔如養蠶法七月作之
釀白醪法取糯米一石令水淨淘漉出著甕中作魚
眼沸湯浸之經一宿米欲絶酢炊作一餾飯攤令絶
冷取魚眼湯沃浸米泔二斗煎取六升著甕中以竹
掃衝之如茗渤復取水六斗細羅麴末一斗合飯一
時內甕中和攪令飯散以氈物裹甕并口覆之經宿
米消取生疎布漉出糟別炊好糯米一斗作飯熱著
酒中爲汎以單布覆甕經一宿汎米消散酒味備矣
若天冷停三五日彌善一釀一斛米一斗麴末六斗
水六升浸米漿若欲多釀依法別甕中作不得作在
一甕中四月五月六月七月皆得作之其麴預三日
以水洗令淨曝乾用之
笨麴餅酒第六十六（笨符本切）
作秦州春酒麴法七月作之節氣早者望前作節氣
晩者望後作用小麥不蟲者於大鑊釜中炒之炒法
釘大橛以繩緩縛長柄匕匙著橛上緩火微炒其著
匙如挽棹上連疾攪之不得暫停停則生熟不均候
麥香黄便出不用過焦然後簸擇治令淨磨不求細
細者酒不斷麤剛强難押預前數日刈艾擇去雜草
曝之令萎勿使有水露氣溲欲剛灑水欲均初溲時
手搦不相著者佳溲訖聚置經宿來晨熟擣作木範
之令餅方一尺厚二寸使壯士熟踏之餅成刺作孔

四隅に柱を立て、養蚕の棚のようにしておく。この麹は七月に作る。

「白醪酒《しろざけ》」の作りかた（醸白醪酒法）

モチゴメ一石を冷水でよく洗い、甕のなかに入れ、魚眼湯(1)を加えて一夜放置すると、強い酸味を生ずる(2)。これを取り出し、拡げて冷やし、さらに魚眼湯に浸す。モチゴメを浸した水を煮つめて二斗の水を六升にし、これを竹箒でたたいて、抹茶の泡のようにする。別に六斗の水に細かく篩《ふる》った麹粉一斗と飯をあわせ、甕のなかに入れてよくほぐしておく。毛織物で甕の口をくくり、一夜を置き、コメが熟していたら、粕を粗布で濾して除く(3)。別に良質のモチゴメ一斗で飯をたき、飯の冷えないうちに酒のなかに入れ、布一枚で甕を覆い、一夜置くと、モチゴメが散って酒の味が備わる。もし気温が低ければ、そのまま数日置くと、酒はもっと良くなる。一回の醸造単位は、モチゴメ一石、麹粉一斗、水六斗、浸米液六升である。もし多く作りたい場合には、別の甕で作る。一つの甕で作るのは良くない。四月から七月までがよい。麹は三日前に洗ってきれいにし、天日でよく乾かして使う。

(1) 魚眼湯――沸騰している湯をいう。第六四章の訳注7を参照。
(2) ていねいに洗ったモチゴメに熱湯をくわえ、一夜放置しただけでは、酸味はそれほど強くならない。おそらく甕のなかに残る乳酸菌によって乳酸発酵が進んだためであろう。
(3) ここまでが酛（もと）作り、すなわち発酵力をもつ酵母を多量に得る手段である。

〈コラム〉東南アジアの米酒は甘酸っぱい

小崎　道雄

ルソン島北部の山岳地帯の米酒《タプイ》も、東北タイの農村の米酒《オウ》も、また中部ジャワの田舎で作られる米酒《ブルム》も、すべて東南アジアで密造される米酒は甘酸っぱくて濃厚な味をもっている。

その作りかたは、莚《むしろ》に拡げたウルチまたはモチの蒸米に十分すぎるほどの餅麹粉末を撒布し、バナナの葉を敷いた竹笊に入れ、バナナの葉で固く包む。一日後には固づくりの甘酒になっているから、新しい壺に入れ、貯えておく。この操作は、空気に甘酒を接触させて酵母の働きをよくする意味をもっている。一ヶ月もたてば酒になっているから、濾すか、竹筒をさして、飲む。

『要術』は四〇種ほどの酒作りを載せている。餅麹を種にして作るなど、基底は東南アジアの米酒と似ており、『要術』の酒作りの流れを汲んでいるといえる。ただ、『要術』では汲み水をするか、餅麹を水に浸して作った水麹を使用する。一方、東南アジアの米酒作りは、まったく水を加えず、蒸米からの固体発酵で進められる。したがって、原料米の糖化もアルコール発酵も十分ではなく、日本酒にくらべてはるかに粘稠《ねんちゅう》で濃厚な酒となっている。

この蒸米（五〇％ほどの吸水として）の糖質のすべてが完全にぶどう糖に分解され、アルコールまで発酵したとすれば、アルコール濃度約三二％の酒がえられるはずである。しかし、糖質のなかに非発酵性糖があったり、黴や酵母の生育のために消費されたりするから、アルコール濃度は二五％くらいになってしまう。ところで、東南アジアの熟成した米酒は、平均して一七％から一九％のアルコールと六％から七％の糖質を持っている。したがって、未分解の糖や他の成分が多く残っているから、重い香味の酒になっていて当然であり、いくらも飲めない。

『要術』に記載された酒には濃厚仕込みのものが多いから、おそらく甘酸っぱい腹持ちのよい酒であったろうと推察している。

第六六章　粗麴《あらこうじ》および酒の作りかた

前章までの餅麴作りは、いずれも原料であるコムギを三分し、なまで、蒸して、また炒って作るものである。一方、この章の粗麴は、コムギのすべてを炒って細かくし、木枠で舟型餅麴をつくり、ヨモギのうえに寝かせる。神麴にくらべて作りかたは簡単であり酵素力は落ちるという。この章では、この麴を使用して二六種の酒造法が述べられている。『東亜発酵化学論攷』によれば、糸状菌の生育にとっては、生のコムギがもっとも良く、蒸麦、炒麦がこれに次ぐという。餅麴の糸状菌はクモノスカビ、菌糸状酵母などであるが、コムギには遊離のアミノ酸が多く、これらが窒素源となって糸状菌はよく生育する。しかし、蒸すか炒るかすれば、コムギに含まれる蛋白質は熱変性し、クモノスカビの生育は悪くなる。コメの場合も、蒸米にするとクモノスカビの生育は悪くなる。（小崎、田中）

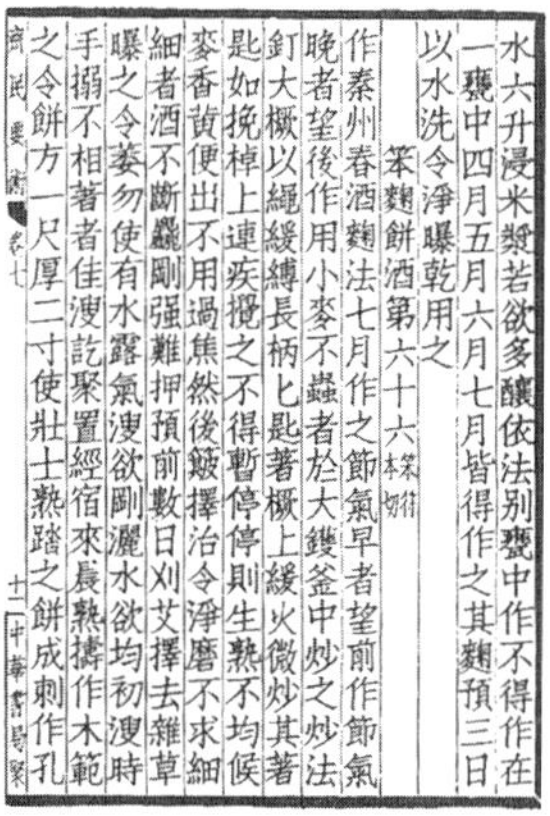
水六升浸米漿若欲多釀依法別甕中作不得作在
一甕中四月五月六月七月皆得作之其麴預三日
以水洗令淨曝乾用之
笨麴餅酒第六十六笨符本切
作秦州春酒麴法七月作之節氣早者望前作節氣
晩者望後作用小麥不蟲者於大鑊釜中炒之炒法
釘大橛以繩緩縛長柄匕匙著橛上緩火微炒其著
匙如挽棹上連疾攪之不得暫停停則生熟不均候
麥香黃便出不用過焦然後簸擇治令淨磨不求細
細者酒不斷麤剛强難押預前數日刈艾擇去雜草
曝之令萎勿使有水露氣溲欲剛灑水欲均初溲時
手搦不相著者佳溲訖聚置經宿來晨熟擣作木範
之令餅方一尺厚二寸使壯士熟踏之餅成刺作孔
齊民要術　卷七　十二　中華書局聚

「秦州[1]春酒麴」の作りかた（作秦州春酒麴）

この麴は七月に作る。節気（立秋）が早い年は満月前に、遅い年は満月後に作る。原料のコムギを大釜のなかで手を休めず手早く炒める。手を休めると熟成が不同になる。香りがついて、黄色になったならば、取り出す。焦がしてはならない。大釜から取り出し、箕で風選して夾雑物《きょうざつぶつ》を除く。麴の粉砕が細かすぎると、えられた酒が濾しにくくなる。水をまんべんなく平均に加えてこね、こねおわった麴を一晩置き、翌朝よく搗いて、方一尺、厚さ一寸の木型に入れ、若者に踏ませて餅麴とし、孔を開ける。数

（1）秦州——現在の甘粛省南部、天水地区をいう。

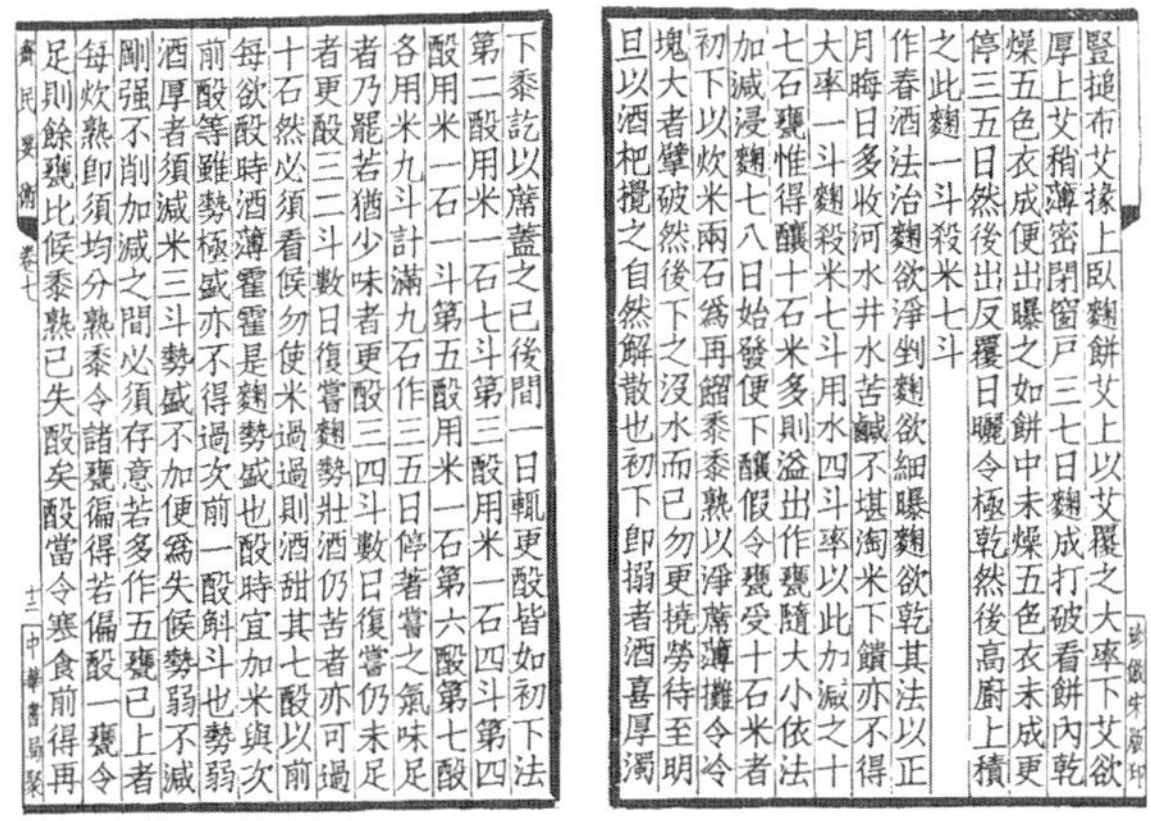
豎搥布艾椽上臥麴餅艾上以艾覆之大率下艾欲
厚上艾稍薄密閉窗戸三七日麴成打破看餅內乾
燥五色衣成便出曝之如餅中未燥五色衣未成更
停三五日然後出反覆日曬令極乾然後高廚上積
之此麴一斗殺米七斗
作春酒法治麴欲淨剉麴欲細曝麴欲乾其法以正
月晦日多收河水井水苦鹹不堪淘米下饋亦不得
大率一斗麴殺米七斗用水四斗率以此加減之十
七石甕惟得釀十石米多則溢出作甕隨大小依法
加減浸麴七八日始發便下釀假令甕受十石米者
初下以炊米兩石為再餾黍黍熟以淨席薄攤令冷
塊大者擘破然後下之沒水而已勿更撓勞待至明
旦以酒杷攪之自然解散也初下即搦者酒喜厚濁
珍倣宋版印

下黍訖以席蓋之已後間一日輒更酘皆如初下法
第二酘用米一石七斗第三酘用米一石四斗第四
酘用米一石一斗第五酘用米一石第六酘第七酘
各用米九斗計滿九石作三五日停著嘗之氣味足
者乃罷若猶少味者更酘三四斗數日復嘗仍未足
者更酘三二斗數日復嘗麴勢壯酒仍苦者亦可過
十石然必須看候勿使米過過則酒甜其七酘以前
每欲酘時酒薄霍霍是麴勢盛也酘時宜加米與次
前酘等雖勢極盛亦不得過次前一酘斛斗也勢弱
酒厚者須減米三斗勢盛不加便為失候勢弱不減
剛強不削加減之間必須存意若多作五甕已上者
每炊熟即須均分熟黍令諸甕遍得若偏酘一甕令
足則餘甕比候黍熟已失酘矣酘當令寒食前得再
齊民要術 卷七 十二 中華書局聚

日前からよく乾かしておいたヨモギを蚕座の上に敷き、その上に麴を寝かせ、ヨモギで覆う。ヨモギは下を厚く、上を少し薄くする。窓や戸口を密閉しておくと、二一日で麴になる。割ってみて、内部が乾き五色になっていれば、取り出して天日で乾かす。五色の黴(2)がまだ生えていなければ、さらに数日置いて取り出す。何回も天日に曝してよく乾かし、これを炊事場の棚の上に積んでおく。この麴一斗でコメ七斗をこなせる。

「春酒《つきざけ》」(3)の作りかた(作春酒法)

麴を細かく粉砕して、よく乾かす。正月末日、河水を多量に汲んで準備する。井戸水の場合、もし塩分があれば、とぎ水や炊飯用には使えない。およそ麴一斗、キビ七斗、水四斗の割合で加減する。一七石入りの甕の場合にはキビ一〇石を用いる。それ以上だと、あふれる。麴を漬けてから七~八日で発酵を始めるから、仕込をする。たとえ一〇石入りの甕であっても、最初の仕込みは蒸し返しのキビ飯二石とし、攪拌してはならない、翌朝、かい棒で軽く攪拌して自然に溶けるようにする。仕込みをしてすぐ攪拌すると、酒が混濁する。以後一日おきに最初と

(2) 五色の黴——必ずしも五色となるとはいえない。こだわるとすれば、白、灰、黒、緑、黄であろうか。菌糸が内部に十分に生育していることを意味する。

(3) 春酒——このように麴などをついて粉にし、仕込む酒はイフガオ族も持っている。第六四章訳注13を参照。

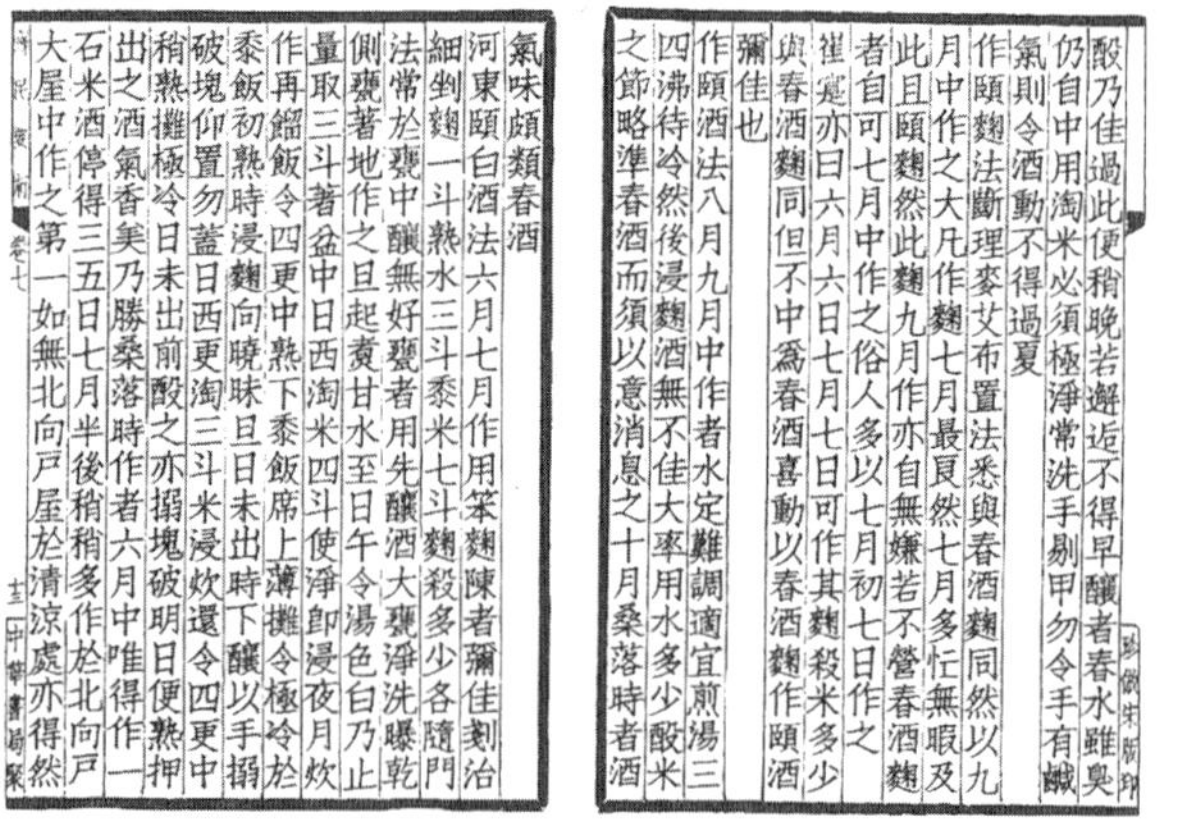
珍倣宋版印

酘乃佳過此便稍晩若邂逅不得早釀者春水雖臭
仍自中用淘米必須極淨常洗手剔甲勿令手有鹹
氣則令酒動不得過夏
作頤麴法斷理麥艾布置法悉與春酒麴同然以九
月中作之大凡作麴七月最良然七月多忙無暇及
此且頤麴然此麴九月作亦自無嫌若不營春酒麴
者自可七月中作之俗人多以七月初七日作之
崔寔亦曰六月六日七月七日可作其麴殺米多少
與春酒麴同但不中爲春酒喜動以春酒麴作頤酒
彌佳也
作頤酒法八月九月中作者水定難調適宜煎湯三
四沸待冷然後浸麴酒無不佳大率用水多少酘米
之節略準春酒而須以意消息之十月桑落時者酒
氣味頗類春酒
河東頤白酒法六月七月作用笨麴陳者彌佳劃治
細剉麴一斗熟水三斗黍米七斗麴殺多少各隨門
法常於甕中釀無好甕者用先釀酒大甕淨洗曝乾
側甕著地作之旦起煮甘水至日午令湯色白乃止
量取三斗著盆中日西淘米四斗使淨即浸夜月炊
作再餾飯令四更中熟下黍飯席上薄攤令極冷於
黍飯初熟時浸麴向曉昧旦日未出時下釀以手搦
破塊仰置勿蓋日西更淘三斗米浸炊還令四更中
稍熟攤極冷日未出前酘之亦搦塊破明日便熟押
出之酒氣香美乃勝桑落時作者六月中唯得作一
石米酒停得三五日七月半後稍稍多作於北向戶
大屋中作之第一如無北向戶屋於清涼處亦得然

齊民要術　卷七　十三　中華書局聚

同じ方法で添え米(4)をおこなう。第二回目の添え米は一石七斗、第三回目は一石四斗、第四回目は一石一斗、第五回目は一石、第六回目は九斗、第七回目は九斗、最初の仕込みとあわせて合計九石となる。三〜五日なめてみて味が整っていれば、酒作りは完了する。もし味が整っていなければ、さらに三〜四斗を添え、数日を経てなお麴の力がつきておらず、酒が苦いようであればキビ一〇石を越してもよい。キビが多すぎると、酒は甘くなる。第七回目の添え米以前に酒が薄くさらさらしているのは、麴の勢力がまだ強いためで、前回の添え米と同じ量まで増やしてよいが、前回以上にしてはならない。もし麴の勢力が弱く、酒が重厚な場合は、キビを三斗減らさなければならない。要は麴の勢力が強ければ増量し、勢力が弱ければ減量する。十分注意して機を失わないようにしなければならない。もし五甕以上のように多量に作る場合には、炊きあがった飯を全部の甕に等分に入れなければならない。もし、入れかたが片寄ると、酒が平均にできあがらない。添え飯の適期は寒食(5)以前である。もし、なにかの都合で遅れた場合、春の水は臭みがあるといっても使用できないことはない。洗米はできるだけ清潔な状態でおこな

(4) 添え米——「酘用米」。第六四章訳注8を参照。

(5) 寒食——清明節の二〜三日前におこなわれる中国大陸伝統の民間行事である。晋の文候とその重臣であった介子推との故事によって、この日には火を使用しない。

い、つねに手を洗い、爪を切り、手に塩気があってはならない。さもないと、酒[6]が動いて、夏を越せなくなる。

「頤《い》麹」[7]の作りかた（作頤麹法）

春酒麹と同じ作りかたとする。七月が最適であるが、七月は多忙なので、九月に作っても不都合はない。もし七月中に春麹を手がけない場合は、もちろん七月七日にこの麹を作ることができる。崔寔[8]も『四民月令』のなかで六月六日、七月七日に麹を作るとよいといっている。その効力は春酒麹と同じであるが、春酒に用いてはいけない。動きやすいからである。春酒麹で頤酒を作れば、なおよい。

「頤酒」の作りかた（作頤酒法）

八～九月中に作るものは、水がまだ定まっていないので、湯を三～四回沸して冷えるのを待って麹を浸す。こうすれば酒が悪くならない。用水の多少、添え米の仕方はだいたい春酒に準ずるが、適宜に加減しなければならない。一〇月桑落期のものは、酒の味が春酒によく似ている。

（6）『要術』では、この状態の酒を「動酒」と称する。腐造酒、酸敗酒になることをいう。第七一章に動酒から動酒酢を作る方法が収載されている。

（7）頤麹――「頤」は養うことを意味する。老酒を作るための麹かと思われる。

（8）崔寔――『四民月令』の著者である。この書は漢代の歳時風俗を記録したもので、『東洋文庫』（平凡社）に日本語訳がある。

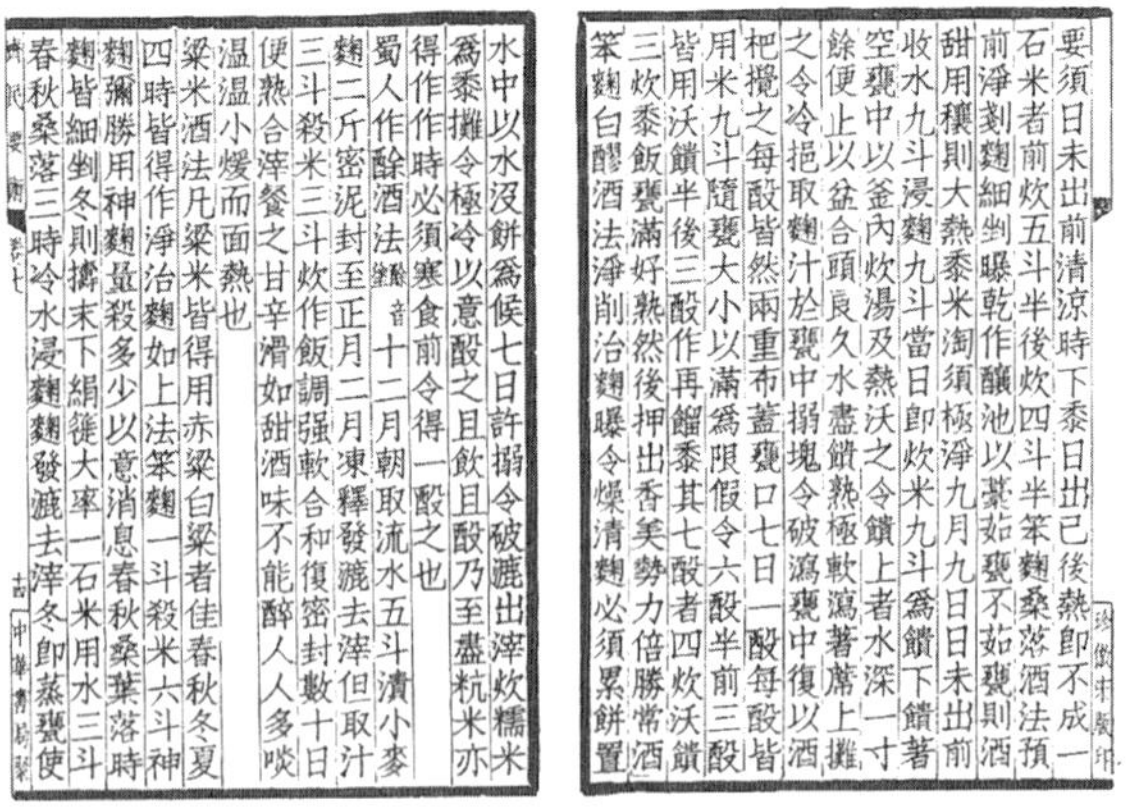
要須日未出前清涼時下黍日出已後熱即不成一
石米者前炊五斗半後炊四斗半笨麴桑落酒法預
前淨剉麴細剉曝乾作釀池以藁茹甕不茹甕則酒
甜用穰則太熱黍米淘須極淨九月九日日未出前
收水九斗浸麴九斗當日即炊米九斗爲饙下饙著
空甕中以釜內炊湯及熱沃之令饙上者水深一寸
餘便止以盆合頭良久水盡饙熟極軟寫著席上攤
之令冷挹取麴汁於甕中搦塊令破寫甕中復以酒
杷攪之每酘皆然兩重布蓋甕口七日一酘每酘皆
用米九斗隨甕大小以滿爲限假令六酘半前三酘
皆用沃饙半後三酘作再餾黍其七酘者四炊沃饙
三炊黍飯甕滿好熟然後押出香美勢力倍勝常酒
笨麴白醪酒法淨削治麴曝令燥清麴必須累餅置
珍倣宋版印

水中以水沒餅爲候七日許搦令破漉出滓炊糯米
爲黍攤令極冷以意酘之且飲且酘乃至盡粇米亦
得作作時必須寒食前令得一酘之也
蜀人作酴酒法(酴音塗)十二月朝取流水五斗漬小麥
麴二斤密泥封至正月二月凍釋發漉去滓但取汁
三斗殺米三斗炊作飯調強軟合和復密封數十日
便熟合滓餐之甘辛滑如甜酒味不能醉人人多啖
温温小煖而面熱也
粱米酒法凡粱米皆得用赤粱白粱者佳春秋冬夏
四時皆得作淨治麴如上法笨麴一斗殺米六斗神
麴彌勝用神麴量殺多少以意消息春秋桑葉落時
麴皆細剉冬則擣末下絹簁大率一石米用水三斗
春秋桑落三時冷水浸麴麴發漉去滓冬即蒸甕使
齊民要術卷七　中華書局聚

「河東頤白酒」の作りかた（河東頤白酒法）

この酒は六～七月に粗麹を用いて作る。麹は古いほどよい。細かくした麹一斗に熟水《じゅくすい》(9)三斗、キビ七斗が標準であるが、キビの使用量は家ごとに多少ことなる。酒は甕で作るが、適当な甕がない場合には、以前に酒を作った甕をよく洗って用いる。朝、甘水(10)を煮て、昼になって湯の色が白くなったら、火をとめる。この三斗をとり、盆のなかに入れておき、太陽が西にまわる頃、キビ四斗を洗って水に浸し、夜中になって蒸し返し飯(11)を作り、むしろに薄く拡げてよく冷やす。日の出前に仕込みをして、手でよくもみ砕いて、蓋をしないでおく。太陽が西にまわる頃、キビ三斗を洗い、四更（午前三時）ごろに蒸し返し、拡げて冷やす。日の出前にこれを添え、もみほぐしておく。翌日にはできあがるので、押し絞る。酒は香美で、桑落期に作ったものより優れている。酒の保存が難しいので、六月中はキビ一石分しか作れないが、七月後半以後には少し多く作れる。北向きの戸のある大きい家のなかで作るのが最適であるが、このような家がない場合には涼しい場所でも作れる。この場合は、日の出前の涼しい時に仕込みをしなければならない。日の出以後では暑くなり、よい

（9）熟水——熱湯を水でうすめたもの。さまし湯である。

（10）甘水——塩分を含まない井戸水のことらしい。華北平原は一般にアルカリ土壌であるから、井戸水に炭酸カルシウムが溶解している。煮るとりん酸カルシウムが硫酸カルシウム（石膏）に変化し、細かい沈澱が水を白くする。

（11）蒸し返し飯——「再餾飯」。蒸し飯をもう一度蒸したものをいう。

酒ができない。キビ一石の場合、前炊き五斗半、後炊き四斗半とする。

「粗麴桑落酒」の作りかた（笨麴桑落酒法）

麴は細かく砕いて天日で乾かしておく。仕込み用の甕は藁で包んでおく。こうしないと、酒が甘くなる。キビがらで包むと、熱くなりすぎる。九月九日の日の出前に水九斗を汲み、麴九斗を浸す。甕のなかに炊いたばかりのキビ飯をいれ、炊湯を熱いうちに注ぎ、一寸ほどかぶったところで蓋をして、しばらく置くと、水が尽きて柔らかいみずめしになる。これをむしろの上に拡げて冷ます。麴汁を汲みだして甕のなかに入れ、みずめしの塊を揉みほぐし、さらにかいでかきまぜる。以後、添え米ごとに同じことを繰り返す。甕の口を二重の布で覆う。七日目ごとに添え米をする。添える分量は毎回九斗とするが、甕に満つるところを限度とする。仮に六添えするとした場合、前半の三添えは湯漬け飯[12]を用い、後半の三添えは蒸し返し飯とする。甕に満ちて、酒がよく熟したら、押し出す。普通の酒よりはるかに良い。

（12）湯漬け飯――「沃饋」。蒸し飯に熱湯を加え、水分を十分に吸収させたものをいう。

熱穊如之以所量水煑少許粱米薄粥攤待温温以
浸麴一宿麴發便炊下釀不去滓看釀多少皆平分
米作三分一分一炊淨淘弱炊爲再餾攤令温温煖
於人體便下以杷攪之盆合泥封夏一宿春秋再宿
冬三宿看米好消更炊酘之還封泥第三酘亦如之
三酘畢後十日便好熟押出酒色漂漂與銀光一體
薑辛桂辣蜜甜膽苦悉在其中芬芳酷烈輕儁遒爽
超然獨異非黍秫之儔也
穄米酎法（酎音宙）淨治麴如上法笨麴一斗殺米六斗
神麴彌勝用神麴者隨麴殺多少以意消息麴擣作
末下絹簁計六斗米用水一斗從釀多少率以此加
之米必須師淨淘水清乃止即經宿浸置明旦碓擣
作粉稍稍箕簸取細者如餻粉法訖以所量水煑少
珍倣宋版印

許穄粉作薄粥自餘粉悉於甑中乾蒸令氣好餾下
之攤令冷以麴末和之極令調均粥温温如人體時
於甕中粉痛抨使均柔令相著亦可椎打如椎麴法
擘破塊內著甕中盆合泥封裂則更泥封勿令漏氣
正月作至五月大雨後夜暫開看有清中飲還泥封
至七月好熟接飲不押三年停之亦不動一石米不
過一斗糟悉著甕底酒盡出時水硬糟肥欲似灰石
酒色似麻油甚釀先能飲好酒一斗者唯禁得升半
飲三升大醉三升不澆大醉必死凡人大醉酩酊無
知身體壯熱如火者作熱湯以冷解名曰生熟湯湯
令均小熱得通人手以澆醉人湯淋處即冷不過數
斛湯迴轉翻覆通頭面痛淋須臾起坐與人此酒先
問飲多少裁量與之若不語其法口美不能自節無
齊民要術　卷七　十五　中華書局聚

「粗麴白酒」の作りかた（笨麴白醪酒法）

麴を削ってきれいにし、天日に曝す。餅麴[13]を重ねて[14]水に漬け、麴に水がかぶる程度にする。七日ほどで、もみほぐして滓を除く。モチゴメを炊き、拡げてよく冷ます。これを適宜加え、飲んでは添えることを繰り返し、麴の力が尽きるまで続ける。この酒はウルチゴメからでも作れる。この酒を作る時期としては、寒食前に最初の仕込みができるようにしなければならない。

蜀人による「濁酒」の作りかた（蜀人作酴酒法）

十二月の朝、河水五斗を汲みとり、コムギ麴二斤を漬け、泥で密封しておく。正月か二月になって氷が溶けるころには発酵するから、粕を濾して除く。汁三斗でコメ三斗を酒にする力がある。飯を炊き、硬さを整え、汁と混ぜて密封しておくと、数十日で酒になる。この酒は粕もあわせて飲む。味は甘辛く、滑らかで、甘酒に似て人を酔わすほどではなく、体が温まる程度である。

「モロコシ酒[15]」の作りかた（粱米酒法）

モロコシならどの種類でも使用できるが、赤粱《アカモロコシ》、

(13) 餅麴であるから、古くなると褐色を帯びて、表面が汚くなる。そこで、表面を削る。

(14) 水に漬けておくと、麴に含まれる酵素が溶出するから、濾して酵素液とする。穀類麴の酵素は蛋白分解酵素、脂肪分解酵素、糖質分解酵素などである。糖質分解酵素には、澱粉を分解するアミラーゼ（α―アミラーゼ、グルコアミラーゼなど）があり、穀類に含まれる澱粉をオリゴ糖やぶどう糖にまで分解する。

(15) モロコシ――「粱米」。『要術』の第五章に粱および粱の栽培法が収載されており、西山は前者にオオアワ、後者に

蒸し米の糖化――
穀類を餅麹で糖化する場合、図のように中央に穴を掘る。米と空気との接触面が広くなりカビがよく生育し糖化が早く進む。ハジャイ（タイ）の米酒工場。紹興酒もこのようにしてつくられると言う。

白粱《シロモロコシ》がとくに良い。春夏秋冬いつでも作れる。麹の準備は前と同じにする。粗麹一斗でモロコシ六斗をこなすことができる。神麹の力はさらに強い。神麹を使用する場合は、麹の力の大小によって加減する。春秋および桑落の三期には、冷水に浸し、麹が発酵したならば、粕を濾して除く。冬は部屋を暖めてキビガラ[16]で甕を包んで保温する。水三斗にモロコシ少量を加えて薄粥を作り、少し冷えて人肌より少し暖かめになったところで仕込み、密封する。夏は一日、春秋は二日、冬は三日で熟成する。熟成が進んでいれば、さらに添え米をし、もとのように密封する。三度目の添え米もこのようにし、その後一〇日を経過すると、よく熟成するので、押し絞る。酒はきらきらと銀色のようであり、ショウガの辛さ、桂皮の辣さ、蜜の甘さ、胆の苦さをすべて含み、芳香は強烈で、軽く爽やかな味をもち、キビやモチアワを原料とした酒の比ではない。

「ウルチキビ[17]酒」の作りかた（穄米酎法）

麹の手入れは前と同じようにする。粗麹一斗でウルチキビ六斗がこなせる。神麹ならばさらに力が強いので、力に応じて適当に加減する。麹を搗いて粉

モチアワをあてている。さらに、訳注のなかで「現在の日本および中国で栽培されているアワのほとんどはオオアワとされている。唐代から現在にいたるまでのどこかで栽培品種に大転換があり、コアワが衰退してオオアワが普及したと想定したが、歴史書のうえではその痕跡を見いだせない。だから、現在のアワは「穀」と同じくオオアワであり、「粱」は唐代まではなお多少の残影を残していたが、今ではまったく姿を消した特殊な品種と解釈したほうが、品種大転換を仮説しないですむ」と述べている。現在の漢語でいう「粱」はコウリャンのことで、モロコシの一亜種とされている。阪本寧男の著書『雑穀のきた道』によると、中国でモロコシが出土する遺跡のもっとも古いものは商代後期（紀元前一一世紀ごろ）以後で、商代の碑文には出てこない。しかし、『要術』の時代にはすでに栽培されていただろうから、「粱」をモロコシ、「秫」をモチモロコシとしても、大きい誤りとはならないかもしれない。

（16）キビガラ――「穰」。脱穀後の茎の総称で、植物名を特定する必要はないが、ここではキビガラと訳した。

（17）ウルチキビ――「穄米」。『要術』の第四章に黍および穄の栽培法が収載されており、西山は後者にウルチキビをあてている。糜子（マシ）ともいう。黄河以北で古くから栽培されている穀類である。

にし、絹篩で篩《ふる》う。ウルチキビ六斗に対し水一斗を用いて、水が澄むまで洗い、水に浸して一夜置き、翌朝、臼で搗いて「しとぎ粉[18]」にする。粉の一部で薄粥を作り、残り全部をこしきで蒸し、冷ましておく。麴の粉にむらができないようによく混ぜ、粥の温度が体温[19]ほどにさがったときに甕のなかに入れ、搗きつぶして柔らかくし、泥で密封する。もし密封が裂けたならば、再度封をして、気がもれないようにする。正月に作り、五月に開けてみて、酒になっていれば飲んでもよいが、さらに密封して七月まで置けば、完全に熟成する。絞らずにすくって飲むだけならば、三年間は変質しない。ウルチキビ一石で一斗の酒粕ができる。酒を取りつくしたときには、粕は甕の底にたまり、石灰のようになる。酒の色はゴマ油に似て濃い。

　普段であれば一斗の酒が飲めるものでも、一升五合でやめる。三升も飲めば、深酔いをし、水をかけてやらないとかならず死ぬ。この酒を多量に飲み、酩酊して不覚になり、からだが火のようになった場合には、熱湯を作り、[20]冷水で少し冷ましたものを酔った人に注ぎかける。湯をかけた場所はすぐに冷えてくる。からだを回転させながら顔や頭に注ぎか

（18）しとぎ粉――「餻粉」。「餻（こう）」は米粉を練って作った餅のことで、日本では「粢」と書いて「しとぎ」と読む。これに使う米粉を「しとぎ粉」という。「しとぎ」を布の上に薄く塗り、蒸すと米粉の薄膜ができる。乾かして保存する。ふたたび水分を与えて軟らかくし、「ぎょうざ」のように具を包んで食べる。ベトナムやタイでは日常の食べ物である。

（19）およそ三七度であろう。酒作りに関与する酵母の生育に適する温度はそれよりやや低く、三〇～三三度である。

（20）さまし湯――「半熟湯」。熱湯を冷水でうすめ、手がつけられる程度（五〇～五五度）の湯。

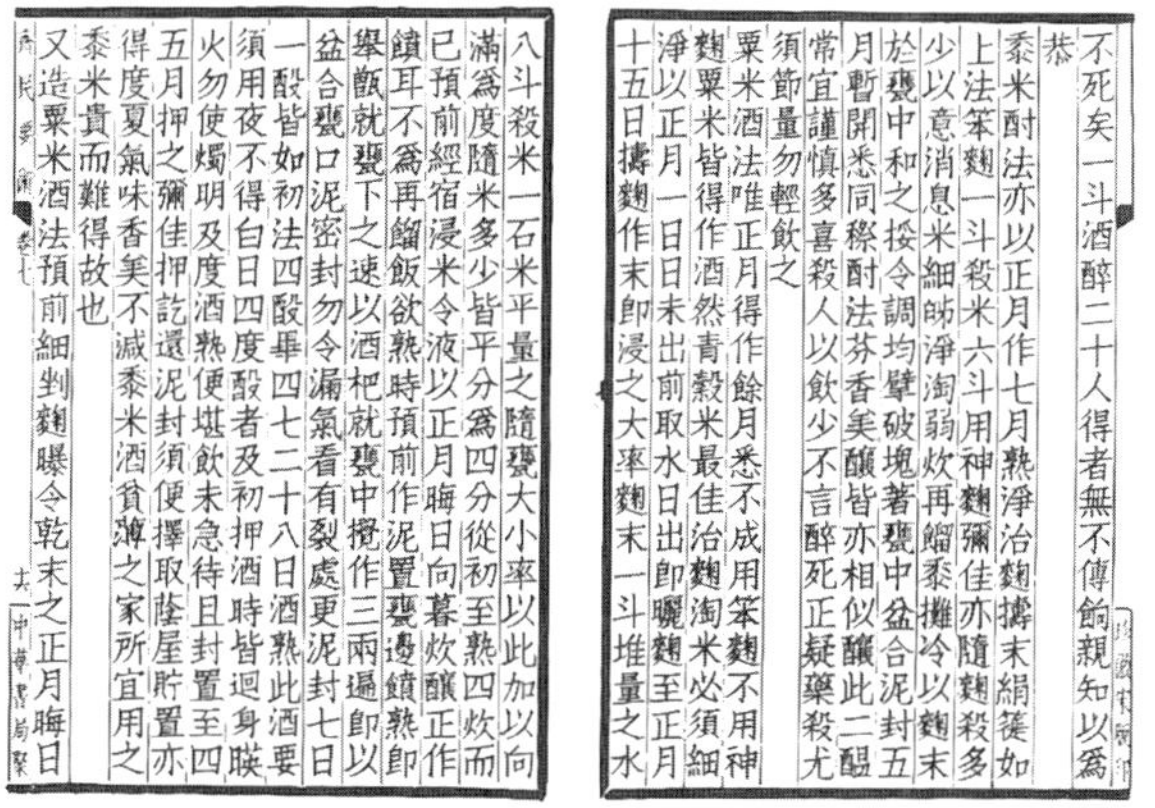
不死矣一斗酒醉二十人得者無不傳餉親知以爲
恭
黍米酎法亦以正月作七月熟淨治麴擣末絹簁如
上法笨麴一斗殺米六斗用神麴彌佳亦隨麴殺多
少以意消息米細師淨淘弱炊再餾黍攤冷以麴末
於甕中和之挼令調均擘破塊著甕中盆合泥封五
月暫開悉同穄酎法芬香美釀皆亦相似釀此二醞
常宜謹慎多喜殺人以飲少不言醉死正疑藥殺尤
須節量勿輕飲之
粟米酒法唯正月得作餘月悉不成用笨麴不用神
麴粟米皆得作酒然青穀米最佳治麴淘米必須細
淨以正月一日日未出前取水日出即曬麴至正月
十五日擣麴作末即浸之大率麴末一斗堆量之水

八斗殺米一石米平量之隨甕大小率以此加以向
滿爲度隨米多少皆平分爲四分從初至熟四炊而
已預前經宿浸米令液以正月晦日向暮炊釀正作
饋耳不爲再餾飯欲熟時預前作泥置甕邊饋熟即
舉甑就甕下之速以酒杷就甕中攪作三兩遍即以
盆合甕口泥密封勿令漏氣看有裂處更泥封七日
一酘皆如初法四酘畢四七二十八日酒熟此酒要
須用夜不得白日四度酘者及初押酒時皆迴身映
火勿使燭明及度酒熟便堪飲未急待且封置至四
五月押之彌佳押訖還泥封須便擇取蔭屋貯置亦
得度夏氣味香美不減黍米酒貧薄之家所宜用之
黍米貴而難得故也
又造粟米酒法預前細剉麴曝令乾末之正月晦日
齊民要術 卷七　中華書局聚

けると、しばらくして起きあがる。人に酒をすすめるときには、その人の酒量を尋ね、裁量してすすめる。もしもその手続きを怠ると、口当たりがよいために自制できず、死ぬかもしれない。この酒は一斗で二〇人を酔わすことができる。この酒を手に入れて親戚や知人におすそわけすることを楽しみとしないものはいない。

「モチキビ酒[21]」の作りかた（黍米酎法）

この酒は正月に仕込み、七月にできあがる。麴の準備は前と同じである。荒麴一斗でモチキビ六斗をこなす。神麴の場合はもっと力が強いので、適当に加減する。モチキビはよく搗いて蒸し返し、拡げてよくさまます。これに麴の粉を混ぜ、塊を手でもみくだいて甕のなかにいれ、泥で密封しておく。五月になって開けるのは、ウルチキビ酒の場合と同じである。これらの酒は、多く飲めば人を殺すことになりかねない。少なければ、酔死とはいわれず、薬殺と疑われる。よほど酒量を節し、軽々しく飲んではならない。

(21) モチキビ――「黍米」。『要術』の第四章に栽培法が収載されている。

「アワ酒」の作りかた（粟米酒法）

この酒は正月にのみ作るもので、他の月では成功しない。粗麴だけを使用し、神麴は使用しない。どの種類のアワでも作れるが、アオアワ(22)が最適である。元旦の日の出前に水を汲み、太陽が出たらただちに麴を天日で乾かす。正月一五日に麴を搗いて粉にし、すぐに水に浸す。麴の粉は山盛りで一斗、水八升、アワは正確に一石とする。甕の大小により、この比率で仕込み、満ちたところでとめる。アワの多少に関係なく四等分し、最初から熟成するまで四炊だけですます。正月末日の日暮れに醸造用の湯漬け飯を炊き、麴汁を入れた甕に移し、酒作り用の櫂《かい》で手早く攪拌し、泥で密封する。七日ごとに添え米をする。添えかたは、はじめの添え米と同様にする。二八日で熟成して酒になる。この酒作りはかならず夜間におこない、昼間は作業をしない。四回目の添え米のときと、一回目の絞りのときには、体をまわして灯をさえぎり、灯が直接甕にあたらないようにする。酒がよく熟成すれば、すぐ飲めるが、また封をして四〜五月になって絞ると、さらによくなる。絞りおわって日陰の部屋に貯蔵しておくと、夏が越せる。この酒は味がよく、キビ酒に劣らない。貧しい家でこの酒を使用するのは、キビが高

(22) アオアワ――「青穀米」。『要術』でいう「穀」は当時の代表的穀類であるアワの総称であった。『要術』には一〇〇種近い品種を挙げているが、そのなかに「青穀米」は見当たらない。現存する品種のいずれに該当するのか、判断できないので、ここではアオアワとした。

日未出時收浸麴一斗　水七斗麴發便下釀
不限日數米足便體爲異耳自餘法用一與前同
作粟米爐酒法五月六月七月中作之倍美受兩石
以下甕子以石子二三升蔽甕底夜炊粟米飯卽攤
之令冷夜得露氣雞鳴乃和之大率米一石殺麴米
一斗春酒糟末一斗粟米飯五斗麴殺若多少計須
減飯和法痛挼令相雜塡滿甕爲限以紙蓋口塼押
上勿泥之恐大傷熱五六日後以手內甕中看令無
熱氣便熟矣酒停亦得二十許日以冷水澆筒飲之
酮出者歇而不美魏武帝上九醞法奏曰臣縣故令
九醞春酒法用麴三十斤流水五石臘月二日清麴
正月凍解用好稻米漉去麴滓便釀法引曰譬諸蟲
雖久多完三日一釀滿九石米止臣得法釀之常善

価で入手しがたいからである。

「アワ酒」の作りかた、別法（又造粟米酒法）

　麹を削ってきれいにし、天日で乾かして粉末にしておく。正月末日の日の出前に麹二斗に対して水七斗の割合で仕込む。日数を限らずに添え米をし、足りる(23)ところで休むのが異なるだけで、あとはすべてアワ酒の作りかたと同じである。

「アワ爐酒《ろしゅ》(24)」の作りかた（作粟米爐酒法）

　この酒は、五〜七月に作ると、おいしさが倍増する。容量二石以下の甕を使用し、その底に石ころ二〜三升を敷きつめておく。夜にアワ飯を炊き、ただちに拡げて冷ます。ニワトリが鳴くころに、麹を混ぜる。通常の比率は、アワ一石に対して麹末一斗であるが、春酒の粕を使用する場合には麹一斗に対して五斗とする。甕が満杯になるまで入れ、甕の口を紙で覆う。泥で密閉すると、熱くなりすぎる。五〜六日後に甕のなかに手を入れ、熱気がなくなっていれば酒は熟成する。この酒は二〇日ほど貯蔵できる。冷水で薄めて、管で飲む。汲みおきのものは気が抜けておいしくない。

(23) 味が整うことをいう。

(24) 爐酒——熊代によれば、「爐」は「芦」と同音であり、芦（アシ）の茎筒を用いて飲むところから来ているらしい。

五加皮

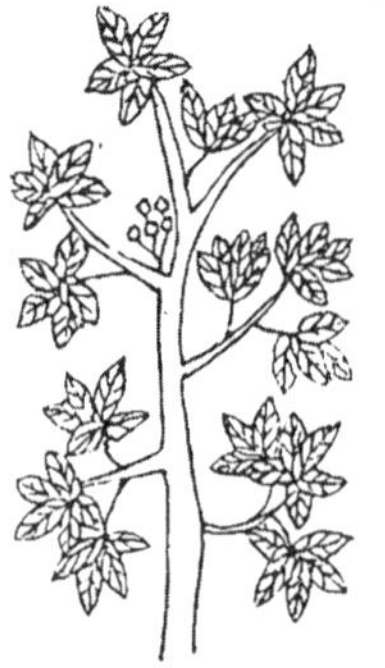

魏の武帝に献上した「九醞酒《くおんしゅ》」(25)の作りかた（魏武帝上九醞酒法）

奏上文にいう。県知事が命じた「九醞春酒」の作りかたによれば、麴三〇斤に流水五石を使用し、一二月二日に麴をつける。正月になって解凍し、麴滓を除き、よいコメを用いて仕込む。法印(26)のたとえは、種々の虫が長期間にわたって閉じこめられていても、その多くは健在であるということである。三日ごとに一回醸造し、九石になれば止める。『要術』の著者もこの方法で醸造する。通常はその上澄みを飲むが、粕ごとでも飲める。もし九石で飲みにくければ、十石にすれば飲みやすくなる。九醞はコメ九石を使用し、十醞はコメ十石を使用する。両方とも、麴の分量は三〇斤である。米の使用量に多少があるだけで、麴の手入れも洗米も、春酒の作りかたと同じである。

「薬酒」の作りかた（浸薬酒法）

この酒に使用するウコギ(27)の皮など、すべての薬材には神効がある。麴として春酒麴と粗麴を使用し、神麴を使用しない。糠およびキビの研ぎ汁は穴に埋め、六畜(28)に食べさせてはならない。麴は、周囲を削

(25) 九醞酒——コメ九石を用いて醸造した酒をいう。

(26) 法印——熊代は人名、西山は仏道の心得書、石声漢は前記の奏上文と解釈している。寒中にあっても酵素力がそれほど低下しないことを、寒中にあっても多くの虫は死滅しないというたとえで表現したのであろう。

(27) ウコギ——「五加木」。雌雄異種の落葉低木。若い葉は食用になる。根の皮を干したものを五加皮（ごかひ）と称し、強壮剤として使用する。酒に浸して五加皮酒を作る。学名は"Acanthopanax spinosum"

(28) 六畜——『周礼』に出てくる「六畜」は、ウマ、ウシ、

博物志胡椒酒法以好春酒五升乾薑一兩胡椒七
十枚皆擣末好美安石榴五枚押取汁皆以薑椒
末及安石榴汁悉內著酒中火煖取溫亦可冷飲亦
可熱飲之中下氣若病酒苦覺體中不調飲之能者
四五升不能者可二三升從意若欲增薑椒亦可若
嫌多欲減亦可欲多作者當以此爲率若飲不盡可
停數日此胡人所謂蓽撥酒也
食經作白醪酒法生秫米一石方麴二斤細剉以泉
水漬麴密蓋再宿麴浮起炊米三斗酘之使和調蓋
滿五日乃好酒甘如乳九月半後可作也
作白醪酒法用方麴五斤細剉以流水三斗五升漬
之再宿炊米四斗冷酘之令得七斗汁凡三酘濟冷
清又炊一斗米酘酒中攪令和解封四五日黍浮縹
色上便可飲矣
冬米明酒法九月漬清稻米一斗擣令細末沸湯一
石澆之麴一斤末攪和三日極酢合二斗釀米炊之
氣刺人鼻便爲大發攪成用方麴十五斤酘之米三
斗水四斗合和釀之也
夏米明酒法秫米一石麴三斤水三斗漬之炊三斗
米酘之凡三濟出炊一斗酘酒中再宿黍浮便可飲
之
朗陵何公夏封清酒法細剉麴如雀頭先布甕底以
黍一斗次第用水五升澆之泥著日　七日熟
愈瘧酒法四月八月作用水一石麴一斤擣作末俱
酘水中酒酢煎一石取七斗以麴四斤須漿冷酘麴
一宿上生白沫起炊秫一石冷酘中三日酒成
齊民要術　卷七　中華書局聚

り落としてきれいにし、細粉にして天日で乾かす。およそ麴末一斗に対して水一斗半を使用する。キビをよく搗いて、水が濁らなくなるまでよく洗う。使用するキビの量にはとくに決まりはなく、麴の力の強弱によって決める。キビは七等分し、一日一回仕込みとし、間を空けず、七添えで終える。熟成したならば、絞って飲む。甕を包む加減は春酒の場合と同じであるが、異なる点はキビ飯を拡げてよく冷ますこと、冬は甕の口を毛布で覆うこと、切り去った麴にはまだ力が残っているので、他に利用できるほどである。

『博物志』(29) にいう「コショウ酒」の作りかた
（博物志胡椒酒法）

上質の春酒五升を使用する。干したショウガ一両、コショウ七〇粒を併せて挽き、粉にする。ザクロ五個を搾って、汁にする。これらをすべて春酒に入れ、火で温める。冷たくして飲んでも、温めて飲んでもよい。もし病気のために酒が苦く感じ、体調が悪いときには、この酒を飲む。よく飲むものは四、五升、あまり飲まないものは二、三升で、飲む量は自由である。ショウガやコショウの増減も自由である。も

ヒツジ、ブタ、イヌ、ニワトリである。ネコは出てこない。酒作りには微妙なところが多いので、迷信も多くなる。麴王に祈願する、醸造甕の上に鞘から抜いた刀を乗せる、奇数日または偶数日だけに作るなどというのも迷信である。

(29)『博物志』――西晋の張華が撰した書で、文字通り古書から博物に関することを書き抜いてまとめたものである。早く紛失して、原本は今に伝わらない。現在通用しているものは、宋の李石が編集したものである。

蓽茇

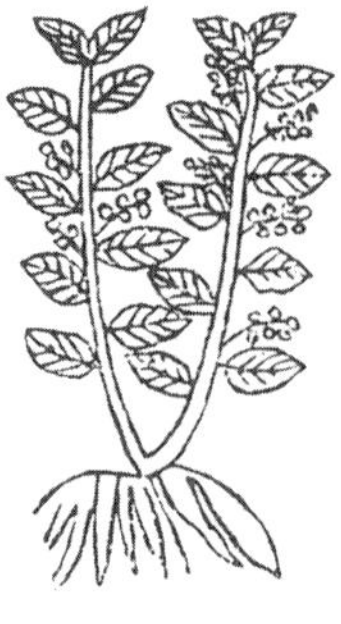

し多量に作りたい場合にはこの標準で作る。もし、一回で飲みきれない場合には、数日間はこのまま置ける。胡人のいう蓽撥《ヒハツ》酒(30)は、この酒のことである。

『食経』にいう「濁酒」(31)の作りかた（食経作醪酒法）

生のモチアワ一石に方麴二斤を使用する。細かく砕いて湧水に漬け、麴を加え、密閉し、二晩放置する。麴が湧きあがったところで、モチアワ三斗を炊いてこれに加え混ぜ合わせる。蓋をしておくと、五日で乳のような甘い酒ができあがる。この酒は九月半ば以後は作らない。

「濁酒」の作りかた（作白醪酒法）

方麴《ほうこうじ》五斤(32)を細かく砕き、流水三斗五升に漬けて二晩放置する。キビ四斗を炊いて冷ましたものをこれに加え、汁七斗を作る。およそ三添えして、絞り出して、澄ます。また、キビ一斗を炊いて酒のなかに加え、よく攪拌して密封する。四〜五日でキビ飯の粒が浮いて薄青色になれば、飲めるようになる。

「冬米明酒」の作りかた（冬米明酒法）

九月に精白したコメ一斗を水三斗に漬け、搗き砕

(30) 蓽撥――胡人は梵語である pippali の発音を「蓽撥」と記載した。『倭名類聚抄』にいう「蔓椒」（イタチハジカミ、ホソキ）と同一物とされ、イヌザンショウという現在名がある。葉や種子は薬用になるとはいえ、香気はサンショウにくらべてはるかに劣るようだ。学名は〝Piper longum〟

(31) 濁酒――「醪酒」。色、味、作りかたともに、現在、上海、四川あたりから南の地域で作られている酒醸とよく似ている。酒薬あるいは甜酒薬と称して食料品店で売っているものを利用すれば、酒醸は比較的簡単に作れる。酒薬は日本の種麴に相当するものだが、内容は餅麴である。「どぶろく」ではあまりに俗すぎ、「白酒」ではまぎらわしいので、「濁酒」とした。

(32) 方麴――直方型の餅麴である。

雀の頭位の餅麹——
モミガラの上で干してあるから
底にモミガラがついている。（ベトナム）

いて熱湯一石を注ぎ、麹一斤の粉を混ぜ合わせる。三日で非常に酸っぱくなる。これにコメ三斗を加えて炊き、臭いが人の鼻を突き刺すようになったならば、攪拌する。方麹一五斤を加え、コメ三斗、水四斗を加えて醸造する。

「夏米明酒」の作りかた（夏米明酒法）

モチアワ一石と麹三斤を水三斗に漬ける。三斗のモチアワを炊き、三回に分けてこれに添え、絞り出す。モチアワ一斗を炊いて、酒のなかに一晩放置し、アワ飯の粒が浮けば、飲めるようになる。

朗陵(33)何公の「夏封清酒」の作りかた（朗陵何公夏封清酒法）

麹をスズメの頭程度の大きさに砕き、先に甕の底に並べておく。キビ一斗に対し、水五升を注ぎ、甕の口を泥でぬって密閉しておけば、七日でできあがる。

「愈瘧酒《ゆぎゃくしゅ》」(34)の作りかた（愈瘧酒法）

四月か八月に作る。水一石と麹一斤を搗き砕き、水に漬ける。酸っぱくなるのを待って、一石を煮つめて七斗にする。漿水が冷えるのを待って、麹を添え、

(33) 朗陵——晉の一県である豫州汝南県。現在の河南省確山県。

(34) 愈瘧酒——文字通りに訳すと、おこり、マラリヤなどの間欠的に発熱する病気をなおす酒ということである。しかし、製造法からみて、特に効果があるようには思えない。それはともかくとして、乳酸酸性の強い漿水を作り、麹を加え、一晩放置して飯を加えるから、アルコール濃度が低く酸の勝った酒であろう。

珍倣宋版印

作當梁酒法當梁下置甕故曰當梁以三月三日日未出時取水三斗三升乾麴末三斗三升炊黍米三斗三升爲再餾黍攤使極冷水麴黍俱時下之三月六日炊米六斗酘之三月九日炊米九斗酘之自此以後米之多少無復斗數任意酘之滿甕便止若欲取者但言偷酒勿云取酒假令出一石還炊一石米酘之甕還復滿亦爲神異其糠瀋悉瀉坑中勿令狗鼠食之

秔米法酒糯米大佳三月三日取井花水三斗三升絹簁麴末三斗三升秔米三斗三升稻米佳無者早稻米亦得充事再餾弱炊攤令小冷先下水麴然後酘之七日更酘用米六斗六升二七日更酘用米一石三斗二升三七日更酘用米二石六斗四升乃止

一晩放置すると、上部に白い泡が生ずる。米一石を炊いて冷やし、これに加えると三日後にできあがる。

「酃酒《れいしゅ》」(35)の作りかた（作酃酒法）

九月中にモチアワ一石六斗を炊いてアワ飯を作る。水一石に麴七斤を一晩漬けてから炊き、冷やしてから麴汁に加える。ハスの葉などで甕の口を覆い、酒に香りをつける。覆いが乾けば、取り替える。

「和酒《わしゅ》」(36)の作りかた（作和酒法）

酒一斗、コショウ六〇粒、干したショウガ一分、チョウジ(37)一分、コショウ六粒を砕いて細粉にし、篩にかけて絹製の袋につめ、酒のなかに入れる。一晩放置し、蜜一升を加えて仕上げる。

「夏鶏鳴酒」の作りかた（作夏鶏鳴酒法）

モチアワ二斗を煮て粥を作る。麴二斤を搗き、粥に混ぜる。これを水五斗に漬けて、甕の日を密封する。今日作ると翌日朝、鶏が鳴くころに仕上がる。

(35) 酃酒——湖南省衡陽県の東部にある酃湖の水を使用して醸造するので、この名がある。

(36) 和酒——原文にある「蜜一升和之」からきたものであろう。

(37) チョウジ——「鶏舌香」。マラッカ群島原産の常緑喬木〝Eugenia aromatioa〟の花蕾を干したものである。「丁字」と称し、広く知られた香辛料である。未熟果を干したものを「母丁香」と称し、熊代は「鶏舌香」を「母丁香」の別名としている。チョウジを加えた酒は現在でも「丁香酒」として売られている。

「ナツメ酒」の作りかた（作橎酒法）

四月にサネブトナツメ(38)の葉を花ごと採取し、これを甕のなかに押しこむ。六～七日経過すると、黒く熟するので、これを取りだし、天日で乾かす。三～四回煮だし、粕を除いて甕のなかに入れ、炊いた米五斗を加え、天日に甕ごと曝す。手で一～二回押さえ、また炊いた米五斗を加えて仕上げる。

「クコ酒(39)」の作りかた（柯柂酒法）

二月二日に水を汲み置きし、三月三日にこれでクコを煮だす。この汁のなかに麴を入れ、攪拌して一晩放置し、炊いたモチキビ飯を加え、天日に曝して仕上げる。

(38) サネブトナツメ――「橎」。熊代によれば、橎はナツメの原種であるサネブトナツメ（酸棗）である。その種実を酸棗仁（サンソウニン）と称して生薬として使用するが、葉は酒に入れる以外に用例がない。第七〇章では棘子と称している。学名は〝Zizyphus vulgaris var. spinosus〟

(39) クコ――「柯柂」。中国の研究者は不詳とし、熊代は枸杞（クコ）の誤伝と推測している。クコはナス科の灌木で、根、葉、実はいずれも強壮剤として使用されている。学名は〝Lycium sinensis〟

第六七章　法酒の作りかた

「法酒」について、熊代は「法酒は麴、仕込水、初醸米の三者が常に等量（または等量表示）で、しかもこれが酒造開始の日付け、仕込み期間と一定の対応関係がある。このような「量規定」があることから、法酒の名があるのであろう」と述べている。法酒は、用水量がもっとも少なく、麴の量が比較的多いので、濃厚な酒である。一方、石声漢は、「一定の配方で調製醸造した酒を「官法酒」と称し、「法酒」はこの異称である」と述べている。現在の中国にはこの方法による酒はまったく存在しないが、韓国には有名な「慶州法酒」がある。（田中、小崎）

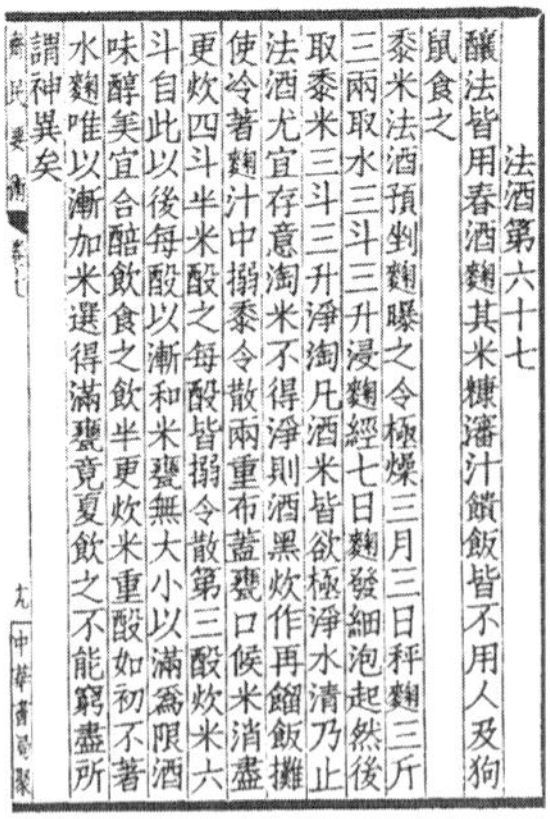
法酒第六十七
釀法皆用春酒麴其米糠瀋汁饋飯皆不用人及狗鼠食之
黍米法酒預剉麴曝之令極燥三月三日秤麴三斤三兩取水三斗三升浸麴經七日麴發細泡起然後取黍米三斗三升淨淘凡酒米皆欲極淨水清乃止法酒尤宜存意淘米不得淨則酒黑炊作再餾飯攤使冷著麴汁中搦黍令散兩重布蓋甕口候米消盡更炊四斗半米酘之每酘皆搦令散第三酘炊米六斗自此以後每酘以漸和米甕無大小以滿爲限酒味醇美宜合醅飲食之飲半更炊米重酘如初不著水麴唯以漸加米選得滿甕竟夏飲之不能窮盡所謂神異矣
齊民要術　卷七　九　中華書局聚

法酒はすべて春酒麴を用いて作る。米糠、米の研ぎ汁、飯などはヒト、イヌ、ネズミに食べさせてはならない。

「キビ法酒」の作りかた（黍米法酒）

あらかじめ麴を砕いて天日に曝し、よく乾かしておく。三月三日に麴三斤三両をはかり、水三斗三升に浸す。七日経過すると、水麴は発酵して細かい泡を生じる。キビ三斗三升を研ぎ洗い、きれいにする。およそ醸造用の穀類は、水が澄むまで洗って、きれいにしなければならない。とくに法酒は研ぎ洗いを十分にしないと、酒が黒ずむ。キビを炊いて蒸し返し飯を作り、拡げて冷やし、麴汁のなかに入れて攪拌し、二枚の布で口を覆っておく。キビ粒が消えつ

韓国の法酒の製造に使用されている麴（ヌル）

くすのを待って、さらにキビ四斗を炊いて加え、攪拌する。第三回の添え米には、キビ六斗を炊いて加え、これ以後、甕の大小に関係なく、甕に満つるまで添え米を続ける。この酒は非常においしく、粕ごと飲める。半分ほど飲んだところで、さらにキビを炊いて加える。この際、水と麴を加える必要はない。もとのように甕に満たしておくと、夏を通じて飲んでも、飲みつくすことはない。神技といえる。

「当梁法酒」の作りかた（作当梁法酒法）

梁《はり》の下に甕を置いて酒を作るので、「当梁」の名がある。三月三日の日の出前に水三斗三升を汲む。乾した麴を細粉にしたもの三斗三升およびキビ飯を蒸し返したものを拡げてよく冷まし、水および麴とあわせて仕込む。三月三日に炊いたキビ飯六斗を添え、さらに三月九日に炊いたキビ飯九斗を添える。以後は甕が満杯になるまで添え米を反復する。汲みだしたい場合には「酒を盗む」といい、「酒を取る」といってはならない。酒一石を汲み出したならば、キビ一石を炊いて加えると甕はまた満杯になる。また神異(1)といえる。糠や研ぎ汁は穴に埋めて、イヌやネズミに食べさせてはならない。

(1) 神異——前段の「神技」と同じ意味である。

作當粱酒法當粱下置甕故曰當粱以三月三日日
未出時取水三斗三升乾麴末三斗三升炊黍米三
斗三升爲再餾黍攤使極冷水麴黍俱時下之三月
六日炊米六斗酘之三月九日炊米九斗酘之自此
以後米之多少無復斗數任意酘之滿甕便止若欲
取者但言偷酒勿云取酒假令出一石還炊一石米
酘之甕還復滿亦爲神異其糠瀋悉瀉坑中勿令狗
鼠食之
杭米法酒糯米大佳三月三日取井花水三斗三升
絹簁麴末三斗三升杭米三斗三升稻米佳無者旱
稻米亦得充事再餾弱炊攤令小冷先下水麴然後
酘之七日更酘用米六斗六升一七日更酘用米一
石三斗二升二七日更酘用米二石六斗四升乃止
量酒備足便止合醅飲者不復封泥令清者以盆密
蓋泥封之經七日便極清澄接取清者然後押之
食經七月七日作酒法方一石麴作燠餅編竹甕下
羅餅竹上密泥甕頭二七日出餅曝令燥還內甕中
一石米合得三石酒也
又法酒方焦麥麴末一石曝令乾煎湯一石黍一石
合糅令甚熟以二月二日收水即預煎湯停之令冷
初酘之時十日一酘不得使狗鼠近之於後無若或
八日六日一酘會以偶日酘之不得隻日二月中節
酘令足常預煎湯停之酘畢以五升洗手蕩其米多
少依焦麴殺之
三九酒法以三月三日收水九斗米九斗焦麴末九
斗先曝乾之一時和之揉和令極熟九日一酘後五

「ウルチゴメ法酒」の作りかた（杭米法酒）

原料がモチゴメならばなおよい。三月三日に初汲みの水[2]三斗三升、絹篩いした麴粉三斗三升、ウルチゴメ三斗三升を使用する。ウルチゴメは水稲からのものが望ましいが、これがない場合には陸稲からのものでもよい。軟らかく炊いた飯を拡げて冷ます。麴を水に漬け、飯を添え、さらに七日目にウルチゴメ六升を添える。一四日目にウルチゴメ一石三斗二升を添え、二一日目にウルチゴメ二石六斗四升に添えて終える。この酒をもろみごと飲む場合には泥で密封しないが、澄んだものを飲む場合は、盆で蓋をして泥で密封する。七日を経るときわめて澄んでいる[3]ので、上澄みの部分を汲み取って、絞る。

『食経』にいう「七月七日法酒」の作りかた（食経七月七日作法酒方）

一石の麴で「むらし餅」[4]を作る。竹で編んだ簀子《すのこ》を甕の底に敷き、餅麴を並べ、泥で密封し、一四日目に取りだし、天日に曝し、また甕に戻す。一石の水、一石の米から三石の酒が得られる。

（2）初汲みの水――「井花水」。井戸から新しく汲みあげた水をいう。この水は病気をいやし、人を利し、酒や酢の仕込みに使えば腐らないという。

（3）発酵が終了した酒はまだ濁っているが、密封しておくと熟成が進み、清澄となる。フィリピンのバシ（サトウキビから作った酒）では飯を加え、発酵終了まで封をせず、ガス発生がなくなった頃に泥で密封する。

（4）むらし餅――「燠餅」。「燠」には暖かい、熱いという意味があるが、作りかたのなかには加熱はない。熊代は「むらす」という訓をつけているので、ここでもこの訓を採用した。

日一酘後三日一酘勿令狗鼠近之會以隻日酘不
得以偶日也使三月中即令酘足常預作湯甕中停
之酘畢輒使五升洗手蕩甕傾於酒甕中也
治酒酢法若十石米酒炒三升小麥令甚黑以絳帛
再重爲袋用盛之周築令硬如石安在甕底經二七
日後飲之迴即□□
大州白墮麴方餅法穀三石蒸兩石生一石別磑之
令細然後合和之也桑胡葈葉艾葉各二尺圍長二
尺許合煮之使爛去滓取汁以冷水和之如酒色和
麴燥濕以意酌量日中擣三千六百杵訖餅之安置
煖屋牀上先布麥稭厚二寸然後置麴上亦與稭二
寸覆之閉戶勿使露見風日一七日冷水濕手拭之
令遍即翻之至二七日一例側之三七日籠之四七

日出置日中曝令乾作酒之法淨削刮去垢打碎末
令乾燥十斤麴殺米一石五斗
作桑落酒法麴末一斗熟米二斗其米令精細淘淨
水清爲度用熟水一斗限三酘便止清麴候向發便
酘不得矣失時勿令小兒人狗食黍作春酒以冷水
漬麴餘同冬酒

齊民要術卷第七

齊民要術 卷七　　王　中華書局聚

「法酒」の作りかた、別法（又、法酒方）

炒ったムギ麴一石を曝して乾かし、これに湯ざまし一石とキビ飯一石をよく混ぜて、粥状にする。二月二日に水を取り、あらかじめ湯ざましを作っておく。仕込みから一〇日で、第一回の添え米をおこなう。イヌやネズミを近づけてはならない。その後は、八日あるいは六日で添え米を繰り返す。添え米は偶数日におこない、奇数日にはおこなわない。二月中に添えを終わるようにする。あらかじめ湯を沸かしておいて、添える。作業が終わったら、五升の湯で手を洗い、甕をすすぐ。原料米の必要量は、麴の力の大小による。

「三九酒」の作りかた（三九酒法）

三月三日に、水九斗、米九斗、先に天日で干しておいた炒ったムギ麴九斗をあわせてもみほぐし、甕に入れる。九日目に第一回、さらに五日目に第二回、さらに三日目に第三回の添え米をおこなう。添え米は奇数日ごとにして、偶数日にはおこなわない。このようにして、三月中に終わるようにする。あらかじめ湯を沸かし、甕のなかに入れておき、仕込みが終わったらば、五斤の湯ざましを取って手を洗い、その湯をすべて甕のなかに入れる。作っているあいだ、イヌやネズミを近づけてはならない。

酒の酸敗のなおしかた（治酒酢法）

一〇石で作った酒であれば、三升のコムギを炒って黒くし、赤い布で作った二重の袋に入れ、これを固めて石のようにし、甕の底に置く。一四日間放置すれば、なおる。

「大州[5]白麹堕方餅」の作りかた（大州白麹堕方餅法）

アワ三石を用意し、そのうちの二石は蒸し、残りの一石は生とし、別々に臼で挽き、細かくして混ぜあわせる。クワの葉、オナモミの葉、ヨモギを周囲、長さともに二尺の束にして煮沸し、滓を捨て、汁をとる。冷水を混ぜ、色を酒のようにする。これに麹を混ぜる。混ぜ加減は適宜でよい。日中に三六〇〇回搗いて餅状にし、事前に準備したムギ藁を厚さ二寸に敷いた床のうえに並べ、その上を厚さ二寸のムギ藁で覆う。戸口を閉めて風や目が直接当たらないようにする。

（5）大州——四川省の地名だが、現在地は不明。

第六八章　「ばら麹」、「こな麹」、「ムギもやし」の作りかた

「ばら麹」および「こな麹」の場合には、水に浸漬して酸味を呈するまで放置するから、暖かい季節であれば三〜四日の後に蒸すことになる。したがって、オギやオナモミからの糸状菌がそのあとに生育し、糖化が進む。甘酒などの食品を作るための麹としたのであろう。この章は、酒造用以外の麹作りの記述である。（田中、小崎）

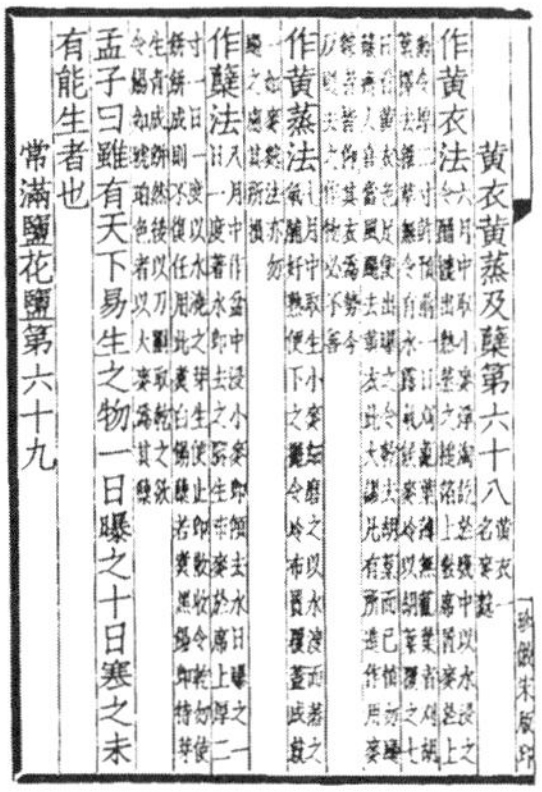
黄衣黄蒸及糵第六十八
作黄衣法
作黄蒸法
作糵法
孟子曰雖有天下易生之物一日曝之十日寒之未有能生者也
常滿鹽花鹽第六十九

「ばら麹」[1]の作りかた（作黄衣法）

六月中にコムギをよく洗って甕に入れ、水に浸し、酸味を呈するようになったものを濾して蒸す。蚕座にむしろを敷いたものの上に蒸したコムギを厚さ二寸ほどに並べ、以前に刈り取って準備しておいたオギの葉を薄く覆っておく。オギ[2]の葉がない場合には、オナモミの葉を刈り取り、雑草を除去し、水気や露を拭い、コムギが冷えるのを待って覆う。七日を経て「ばら麹」の色が十分についたならば、これを乾かす[3]。斉の人は「ばら麹」のなかのオナモミを除去するために風選するが、これは大きな誤りである。この麹を使用して食品を作る場合、菌糸の力に頼るのだが、風選で菌糸を吹き飛ばしてしまっては、良いものが作れるはずがない。

（1）ばら麹——「黄衣」。『要術』には「麦麲」、「女麹」とも記述している。

（2）オギ——「乱」。初生の荻をいう。オナモミ（第六四章訳19）と同様に、糸状菌の供給源である。学名は“Miscanthus sac-chariflorus”

（3）コムギで麹を作ると、七日間で菌糸がコムギ粒のなかに十分に入りこみ、酵素は粒のなかに蓄積される。したがって、風選しても問題はないと思われる。著者の考えすぎであろう。

「こな麴」の作りかた（作黄蒸法）

六〜七月中に、生のコムギを臼で搗いて細かく挽き、水でこねてから蒸す。よく蒸しあがったならばおろし、拡げて冷ます。オギの葉で覆っておくと、できあがる。この作りかたは、「ばら麴」の場合と同じである。これもまた、風選してはいけない。麴の力が弱るからである。

「ムギもやし」の作りかた（作糵法）

八月に作る。盆のなかにコムギを浸し、すぐ水を捨てる。これを曝し、一日に一回、水に浸し、すぐ水を捨てる。[4]これを繰り返し、発根したならば、むしろの上に厚さ二寸ほどに並べ、一日に一回、水を注ぎ、発芽したならば止める。散らして収め、乾かす。団子状の塊にしてはならない。団子状にすると、ふたたび使用できなくなる。これは白い水飴を作るための「ムギもやし」である。もし黒い水飴を作る場合には、芽が青くなるのを待って団子状にし、刀でほぐして使用する。もし琥珀色にしたい場合には、オオムギのもやしを使用する。

（4）コムギを十分に水につけておくと発根し、僅かであるがアミラーゼが生産される。

第六九章　常満塩および花塩の作りかた

中国は海塩、湖塩、岩塩、井塩などを産出する国であり、これらは生理的に必要であることはもちろんのこと、調味料としても広く利用された。近代産業が発達する以前の中国では、財政的にきわめて重要な地位を占めていた塩が、『要術』のなかでわずか三〇〇字足らずで処理されていることは、他の記述に比して著しく均衡を欠くように思える。その理由は、塩は加工しなくてもそのまま利用でき、海水を煮つめるだけでも簡単に製品化できるからであろう。中国で塩を創製した伝説上の人物とされる夙沙侯は、神農の時代の人である。夙沙は現在の山東省膠東県で、『要術』の故郷である山東省高平県からさほど遠くない距離のところである。（田中、小崎）

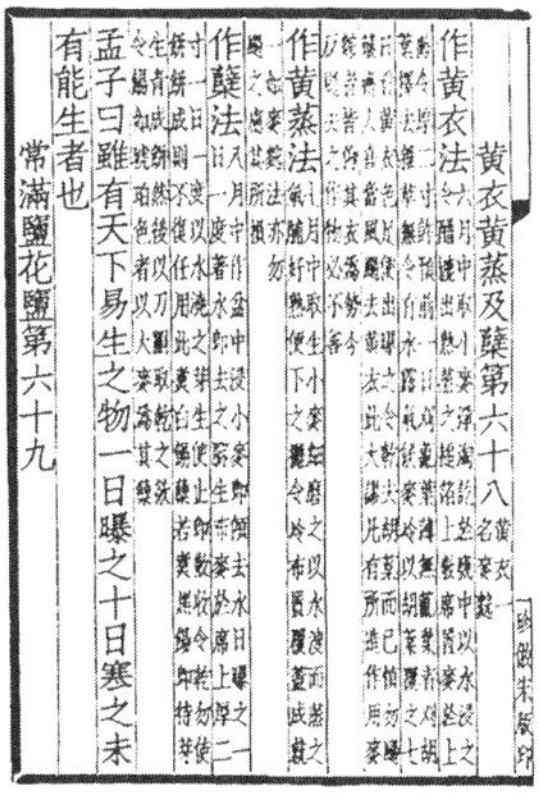
黄衣黄蒸及糵第六十八
作黄衣法
作黄蒸法
作糵法
孟子曰雖有天下易生之物一日曝之十日寒之未
有能生者也
常満鹽花鹽第六十九

「常満塩」[1]の作りかた（造常満塩法）

水が滲みない容量一〇石の甕を庭の石のうえに置き、白塩を満たし、上部がかぶさるぐらいに軟水を注ぐ。使用するときには、水を汲みだして煮つめる。使用後は、使用した分だけ水を加える。一升使用したならば、一升を加えて曝しておく。暑さが厳しいときは、すぐに元通りの塩ができ、永く尽きることはない。風塵、曇、雨の日には、蓋をし、晴天には蓋を除いておく。黄塩や鹹水を使用すると苦みを生ずるので、かならず白塩と軟水を使用する。

（1）常満塩――熊代は「みずはりしお」と訳しているが、原語のままでよいと思われる。『大漢和辞典』には「製塩法の一種」として『要術』からの長い引用がある。

「花塩(2)」および「印塩(3)」の作りかた（造花塩印塩法）

五～六月中の晴天の日に水二斗をとり、塩一斗を入れて溶けるのを待ち、また塩を投入する。塩からさが極まれば、もはや塩は溶解しなくなる。上澄み液を清潔な容器に移し替える。容器の底に沈澱した塩は非常に白く、重宝に使用される。一石の塩から八斗が採取されるので、損耗はそれほど大きくない。晴天で風や埃のない日に曝しておくと、塩が浮く。これをただちにすくいとる。これが花塩である。その形状と光沢は鍾乳粉(4)に似ている。久しく採取しないでおくと、印塩は豆粒ほどの大きさの直方体で、形状はみな似ている。いずれの塩も玉雪のように白く、味もよい。

（2）花塩――飽和食塩水を天日に曝すと、食塩の結晶が表面に生成する。これを「花塩」という。

（3）印塩――食塩の直方体結晶をいう。

（4）鍾乳粉――方解石の粉末をいう。

第七〇章　醤の作りかた

「醤」の訓読みは「ひしお」である。中国大陸の古書でアワ、ムギなどの穀類を原料として作る醤がはじめて出現するのは、崔寔（一二六～一六八）が執筆した『四民月令』の二月の部であり、それ以前の醤は野獣、家畜、魚などを原料とする肉醤であった。

（田中、小崎）

造常滿鹽法
造花鹽印鹽法
作醤法第七十
十二月正月為上時二月為中時三月為下時用不
津甕　置日中高處石上
用春種
烏豆　於大甑中燥蒸之氣餾半日許
復貯出更裝之迴在上居下　氣餾周徧

「醤」の作りかた（作醤法）

醤作りは一二月、正月を最適期とし、二月がこれに次ぎ、さらに三月がこれに次ぐ。水の滲みない甕を使用する。水が滲みると醤をだめにする。酢や漬物に使った甕も使用してはいけない。甕は日当たりのよい高所の石の上に置き、夏になって雨が降っても水が甕の底を浸さないようにする。鍋を甕底の石の下に入れ、錆びた鉄釘で歳殺《さいせつ》（1）を背にして周囲の地に釘付けしておくと、のちになって妊娠した婦人が万一つまみ食いをしても、これによって醤がこわれることはない。

春蒔きのクロダイズを使用する。春豆は揃っているが粒が小さく、秋豆は粒が大きいが雑である。これを大きい甑《こしき》に入れて、半日ほど蒸す。蒸すときに、ダイズの上下を反転し、蒸しむらを生じないようにする。ダイズがよく蒸れたら、竈《かまど》の火を灰で覆い、

（1）歳殺――陰陽道でいう八将神の一。その方角に向かって嫁取り、普請をすることを忌むという。方角を背にすれば、その逆となる。

【醬】40907

〔廣韻〕〔正韻〕子亮切〔集韻〕〔韻會〕即亮切
音將　漾去聲　ㄐㄧㄤˋ　jiang
●醢也。食物之擣爛如泥者、如梅醬、蝦醬之類、本作醬、(𤖅)。
〔說文〕𤖅、醢也、从肉酉、酒以龢𤖅也、爿聲。〔玉篇〕醬、醢也。
〔康熙字典〕醬、說文本作𤖅。〔周禮、天官、膳夫〕醬用百有二十甕。〔注〕醬、謂醯醢也。〔論語、鄉黨〕不得其醬不食。〔皇疏〕古者、醬、齊、菹、三者通名也。●和味之品。〔六書故〕醬、今人以豆麥爲黃、投鹽與水爲醬。〔正字通〕醬、麥麪米豆、皆可罨黃加鹽曝之成醬。●古作𤖅、籒文作𤮺。(𤮺)〔說文〕𤖅、𤮺、古文𤖅如此。𤮺、籒文。
解字　醬(會意兼諧聲)〔說文〕醬、醢也。从肉酉、酒以龢醬也。爿聲。〔段注〕从肉者、醢無不用肉也。

火が終夜途絶えないようにする。乾いた牛糞を円く積みあげ、中央を空けて燃やすと煙らず、火力は良い炭と変わらない。もし、牛糞が多量にえられて炊事に使用することができれば、灰塵がたたず、失火することもないので、乾草よりもすぐれている。ダイズを噛んでみて、内部が黒くなっていれば、よく蒸れている。おろして、曝す。夜間は集めて覆いをし、湿らないようにする。搗いて皮を除く直前に、もう一度、甑で蒸して、一日曝す。

翌朝、箕《み》で風選して、臼で搗く。豆粒が砕けないようにする。砕けたものがあれば、箕で風選して除去しておく。熱湯を用意して大盆に入れ、豆粒を浸してしばらく放置し、指先で揉み洗いして黒皮を除去する。湯が少なければ、湯を加える。湯を替えると、ダイズの味が失われて醤をまずくする。これを濾して、蒸しあげる。ダイズを洗った汁で砕けたダイズを煮て、醤を作り、即席用とする。本来の醤には、この汁を使用しない。炊飯する時間程度でおろし、むしろの上に広げてよく冷ます。あらかじめ、白塩、「こな麴」、レモンエゴマ(2)、ムギ麴をよく乾燥しておく。黄塩は醤に苦味をもたらし、もし白塩が湿っていると、醤の品質を損なう。「こな麴」は醤を赤くし、

(2) レモンエゴマ――「草蒿」。エゴマによく似た野草で、レモン様の芳香がある。熊代は詳しい考証をおこなった結果として、レモンエゴマと解釈している。学名は"Perilla citriodora"。

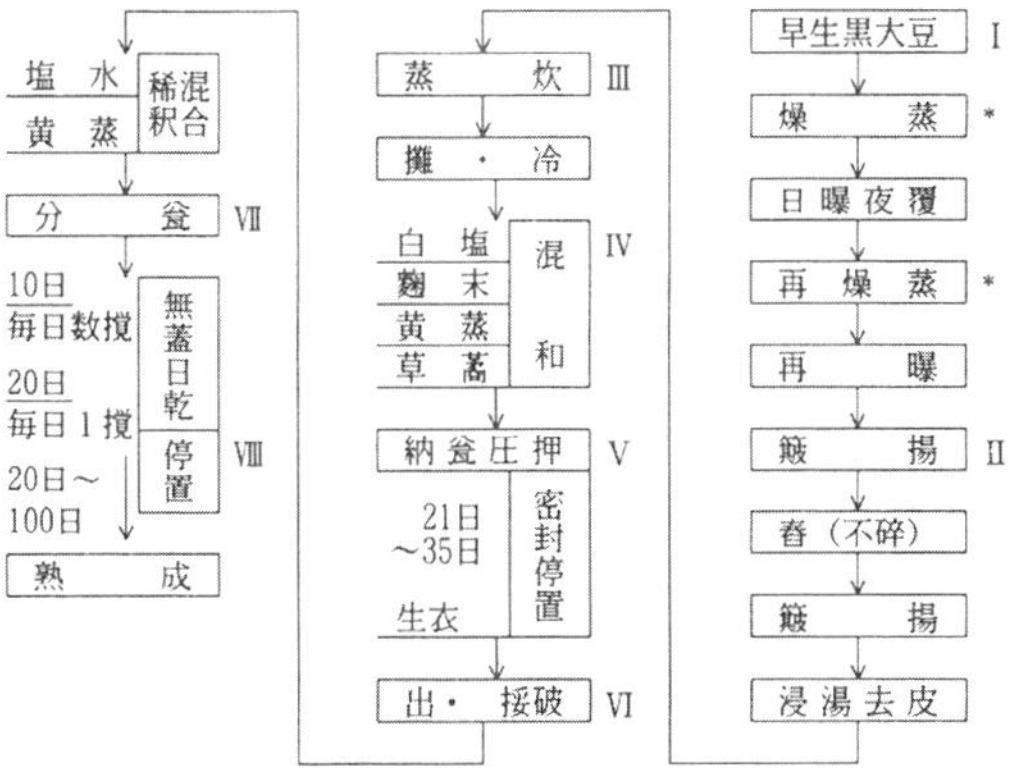

「醤の作りかた」のフローシート（熊代）

おいしくする。

レモンエゴマは醤の香りをよくする。レモンエゴマを指で揉み、箕で草や土を除く。麹およびこな麹は、別々に搗いて粉にし、篩う。毛篩いだとなおよい。およそ豆粒三斗、麹一斗、こな麹末一斗、白塩五升、レモンエゴマ一つまみとする。白塩が少ないと、醤は酸っぱくなる。あとになって白塩を加えても、味は良くならない。神麹を使用する場合には、一升で粗麹四升に相当する。麹の力が強いからである。豆粒は山盛りにはかり、白塩と麹は平らにはかり、太歳に向けて混ぜる。太歳《たいさい》(3)に向ければ、蛆《うじ》が生じない。むらのないようによく混ぜ、甕が満杯になるまでびっしりと詰める。半ばまででは、熟成しにくい。盆で蓋をして泥で密封し、気が洩れないようにする。熟成したら、これを開く。一二月であれば三五日、一月、二月であれば二八日、三月であれば二一日で熟成する。内部に縦横に裂け目ができ、醤の周囲が甕から離れ、完全に菌糸が生じていたら、全部を取り出し、よく揉みほぐして塊をなくす。二甕分を三甕に分ける。

日の出前に初水を汲み、盆のなかで乾いた食塩と混ぜる。水一石に白塩三斗の割合とし、澄ましてか

（3）太歳——陰陽道でいう八将軍の一。その年の干支と同じ方位で、吉とする。

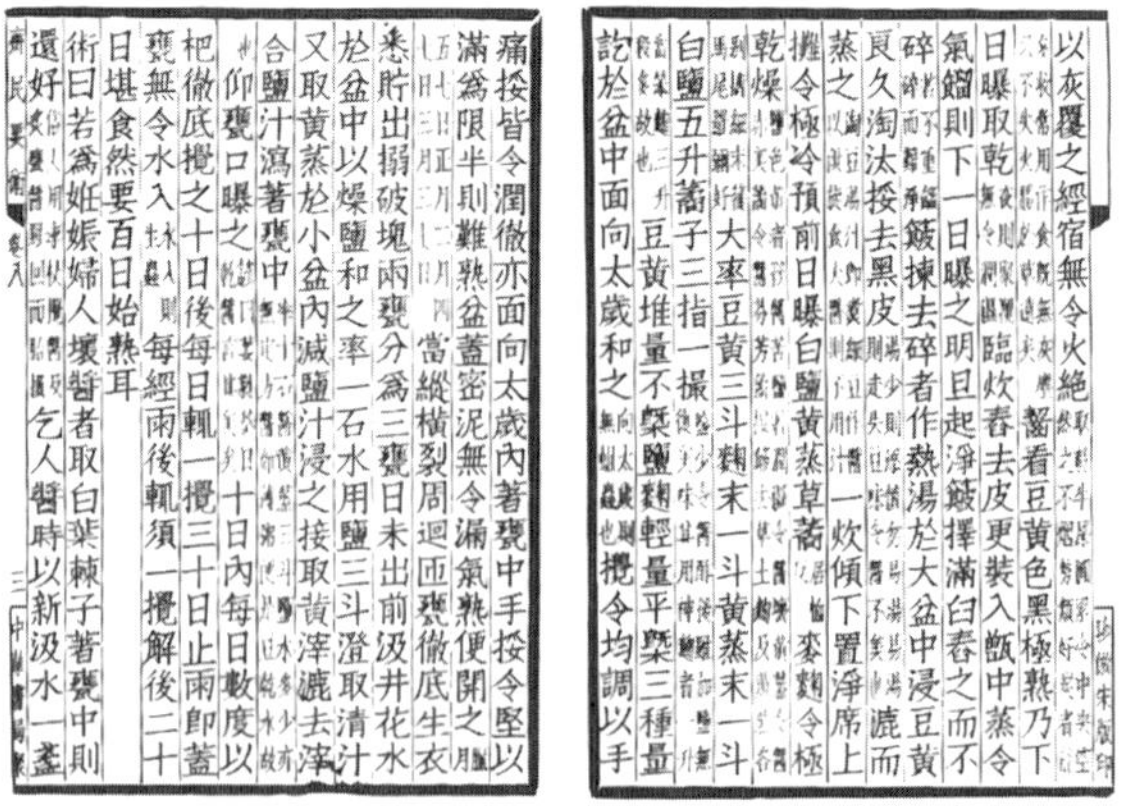
以灰覆之經宿無令火絶
醬看豆黃色黑極熟乃下
日曝取乾臨炊舂去皮更裝入甑中蒸令
氣餾則下一日曝之明旦起淨簸擇滿臼舂之而不
碎簸揀去碎者作熱湯於大盆中浸豆黃
良久淘汰挼去黑皮漉而
蒸之一炊頃下置淨席上
攤令極冷預前日曝白鹽黃蒸草䕩麥麴令極
乾燥大率豆黃三斗麴末一斗黃蒸末一斗
白鹽五升䕩子三指一撮豆黃堆量不槩鹽麴輕量平槩三種量
訖於盆中面向太歲和之攪令均調以手
痛挼皆令潤徹亦面向太歲內著甕中手挼令堅以
滿爲限半則難熟盆蓋密泥無令漏氣熟便開之
當縱橫裂周迴匝甕徹底生衣
悉貯出擣破塊兩甕分爲三甕日未出前汲井花水
於盆中以燥鹽和之率一石水用鹽三斗澄取清汁
又取黃蒸於小盆內減鹽汁浸之挼取黃滓漉去滓
合鹽汁瀉著甕中
仰甕口曝之十日內每日數度以
杷徹底攪之十日後每日輒一攪三十日止雨即蓋
甕無令水入每經雨後輒須一攪解後二十
日堪食然要百日始熟耳
術曰若爲妊娠婦人壞醬者取白葉棘子著甕中則
還好乞人醬時以新汲水一盞
齊民要術　卷八

ら清汁をとる。小盆のなかでこな麹を水に浸し、揉んで濾し、滓を除く。塩汁と併せて甕のなかに入れる。混ぜる割合は、醤一〇石、こな麹三斗、塩水については決まりはないが、醤が薄粥状になったら止める。一〇日以内は、櫂《かい》で毎日数回、底から攪拌する。一〇日以後は、毎日一回攪挫し、三〇日で止める。水が入ると虫が沸くので、雨の日は蓋をしておき、雨上がりにはすぐ攪拌する。攪拌をやめてから二〇日後には食べられるが、熟成するのに一〇〇日を要する。もし妊娠した婦人によって醤がこわれたならば、サネブトナツメ(4)の刺枝をとって甕のなかに入れると、もとどおり良い醤となる。人に醤を乞われたときには、新しく汲んだ水一杯を混ぜて与える。こうすれば、醤の品質を損なうことはない。

「肉醤」の作りかた（肉醤法）

ウシ、ヒツジ、ノロ、シカ、ウサギの肉はすべて使用できる。殺したばかりの新鮮な肉の脂肪を除去し、こまかく切り砕く。古い肉で乾いたものは使用しない。脂肪が混じっていると、脂っこい肉醤ができる。麹は天日でよく干し、こまかく篩って(5)使用する。麹末五升、食塩二升五合、「こな麹」一升を曝

(4) サネブトナツメ――「棘子」。ナツメの原種で、とげがあることから、このように称する。第六六章訳注38を参照。

(5) こまかく篩う――「絹篩」。他の章にも頻出する語であるが、『（諸橋）大漢和辞典』には掲載されていない。用例からみると、動詞的には「こまかく篩う」ことであり、名詞的には「こまかく篩う道具」のことである。

してからよく搗き、こまかく篩って、およそ肉一斗に加え、盤のなかでよく混合してから、甕に入れる。骨のあるものについては、まず骨を搗き砕いてから甕に入れる。骨のなかには髄が多く含まれ、髄は脂っこいので、肉醤も脂っこくなる。甕の口を泥で封じて、曝す。冬に作る場合には、キビ糠のなかに埋めて、保温する。一四日目に口を開け、麴の気味が失われていれば、成熟したことになる。殺したばかりのキジ肉を溶けるまでによく煮て、濾して骨を除去し、汁を取り、冷えるのを待って、これで醤を溶く。ニワトリの煮汁でもよいが、要は古くないものとする。もし古い肉を使用すると、醤が脂っこくなり、また苦くなる。ニワトリやキジがない場合には、良酒で溶き、もとのように曝す。

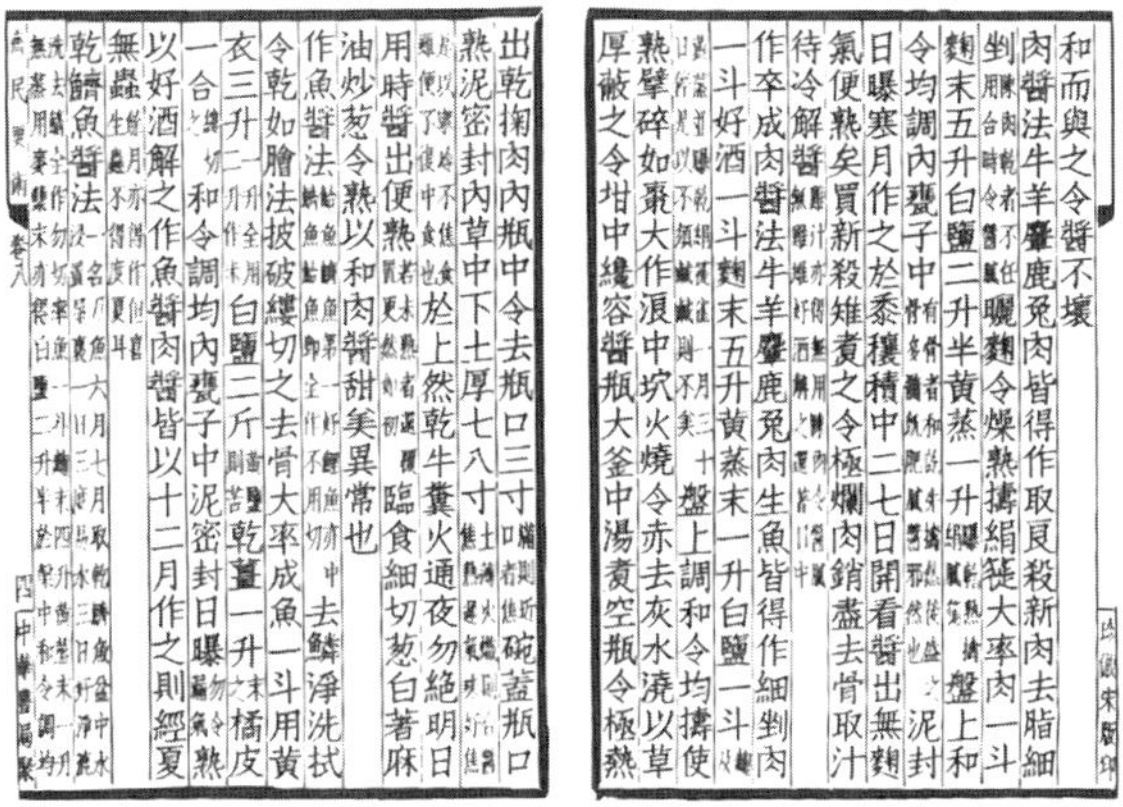
和而與之令醬不壞
肉醬法牛羊麞鹿兔肉皆得作取良殺新肉去脂細
剉……曬麴令燥熟擣絹簁大率肉一斗
麴末五升白鹽二升半黄蒸一升……盤上和
令均調内甕子中……泥封
日曝寒月作之於黍穰積中二七日開看醬出無麴
氣便熟矣買新殺雉煑之令極爛肉銷盡去骨取汁
待冷解醬……
作卒成肉醬法牛羊麞鹿兔肉生魚皆得作細剉肉
一斗好酒一斗麴末五升黄蒸末一升白鹽一斗……
……盤上調和令均擣使
熟擘碎如棗大作浪中坈火燒令赤去灰水澆以草
厚蔽之令坩中纔容醬瓶大釜中湯煑空瓶令極熱
出乾掬肉内瓶中令去瓶口三寸……碗蓋瓶口
熟泥密封内草中下士厚七八寸……
……於上然乾牛糞火通夜勿絶明日
用時醬出便熟……臨食細切葱白著麻
油炒葱令熟以和肉醬甜美異常也
作魚醬法……去鱗淨洗拭
令乾如膾法披破縷切之去骨大率成魚一斗用黄
衣三升……白鹽二斤……乾薑一升……橘皮
一合……和令調均内甕子中泥密封日曝……熟
以好酒解之作魚醬肉醬皆以十二月作之則經夏
無蟲……
乾鱭魚醬法……

「速成肉醤」の作りかた（作卒成肉醤法）

ウシ、ヒツジ、ノロ、シカ、ウサギ、生魚はすべて使用できる。こまかく切り刻んだ肉一斗に対し、良酒一斗、麴末五升、こな麴末一升、白塩一升を使用する。麴とこな麴は曝してよく乾かし、こまかく篩っておく。白塩の使用量が少ないのは、一ヶ月保存できればよいからである。しおからすぎると、お

魚醤用の川魚。フナなどの小魚。ウドンタニ郊外（タイ）

いしくない。材料のすべてを盤に入れ、よく搗き砕き、ナツメほどの大きさの団子にする。地面に穴を掘り、なかで火を燃やしてから灰を除去し、穴に水を注ぎ、内部に瓶が入る程度の場所を残して草を詰める。大鍋で湯を沸かし、空瓶を熱湯で煮て、取り出して乾かす。肉を瓶のなかに入れ、瓶の口元三寸ばかりで止める。瓶いっぱいにすると、口の近くが焦げる。小椀で瓶の口をふさぎ、泥で密封して、穴のなかの草の中心部に入れ、上部に七〜八寸ほど土をかぶせる。土のかぶせかたが薄いと、醤が焦げる。焦げると味がまずくなるので、温度はむしろ低いほうがよい。かぶせた土のうえで乾いた牛糞を燃[6]やし、夜通し火を絶やさないでおく。一昼夜を経ると、醤は熟成する。熟成していなかったならば、もとのようにまた牛糞を燃やして加熱する。食べるときには、ネギの白い部分を細く切ったものをゴマ油で炒め、これを肉醤に混ぜると、非常においしい。

「魚醤」の作りかた（作魚醤法）

魚醤に最適の魚はコイ[7]、およびセイギョであり、ライギョがこれに次ぐ。セイギョやメフグの場合には、切らずにまるごと使用する。鱗を除去し、きれ

（6）土のなかに埋めて、上部を加熱する方法を「偎（わい）」と称し、蒸し焼きの一種である。近代の料理名に「叫花子鶏」がある。日本名は「乞食鶏」である。同じ手法である。

（7）記載された魚名は注釈本によって異なる。

熊代—鯉魚、鯖魚がもっともよく、鱧魚がこれに次ぐ。鯖魚、鮎魚ではまるごと使用する。

石声漢—鯉魚、鯖魚がもっともよく、鱧魚がこれに次ぐ、鱭焦、鮎魚ではまるごと使用する。

繆啓愉—鯉魚、鯖魚がもっともよく、鱧魚がこれに次ぐ、鱭魚、鱭魚ではまるごと使用する。

ここでは熊代の記載を採用したが、確証があるとはいえない。熊代は魚をメフグとし、これは海産魚だが河川を遡上すると注釈した。遡上するとはいえ、メフグが魚醤の原料として潤沢に使われたという証拠はない。

鯉魚—コイ。学名は〝Cyprinus carpio〟

鯖魚—日本ではサバだが、中国大陸では淡水魚であるセイギョ、アオウオ。中華料理で使用する四大河魚の首位にあるが、華北での産出は多くない。学名は〝Mylopharyngodon piceus〟

鱧魚—ライギョ。学名は〝Ophicephals argus〟

鱭魚—シナエツ。現在では刀魚の名で知られ、楊子江下流地方の主要食用魚。学名は〝Coilia ectenes〟

鮐魚—メフグ。学名は〝Tetradon ocellatus〟『中国食物事典』では、マサバ〝Pneumato-hporus japonicus〟と記載されている。

鮎魚—ナマズ。学名〝Parasilurus asotus〟

いに洗い、拭って乾かす。刺身を作るように切り開き、骨を除去して糸切りにする。切った刺身一斗に対し、ばら麹三升（一升は粒のまま、二升は粉末状）、白塩（黄塩を使用すると苦くなる）二升、搗いて粉末状にした乾ショウガ一升、糸切りにした「ちんぴ」(8)一合を併せてよく混合し、甕のなかに入れて、泥で甕の口を密封し、曝す。気を洩らしてはならない。熟成したら、良酒でこれを溶く。一二月に魚醤、肉醤を作れば、夏を越しても虫がつかない。一二月以外の月でも作れるが、虫が付きやすく、夏を越せない。

乾エツを使用した「魚醤」の作りかた（乾鱭鱭魚醤法）

エツは刀魚ともいう。六、七月に乾かしたエツを水に浸して屋内に置き、一日に三回水を換え、三日後にきれいに洗い、鱗を除去し、切り身にしないでまるごと使用する。魚一斗に対し、麹末四升、こな麹末一升（こな麹がない場合はムギもやしでもよい）、白塩二升五合を盤のなかでよく混合し、甕に入れ、泥で密封し、気が洩れないようにする。一四日で熟成し、味は新鮮な魚で作ったものと変わらない。

（8）ちんぴ――「橘皮」。柑橘類の皮を乾燥したもので、現在は陳皮と称し、日本では「ちんぴ」で通用する。陳には「古い」という意味があり、乾燥して古くなった状態をいう。『要術』の中では香辛料として広く使われている。

アンチョビーや小魚の熟成―
リンガエン（フィリピン）

『食経』による「ムギ醤」の作りかた（食経作麦醤法）

コムギ一石を一晩水に浸け、炊いて寝かし、ばら麹を胞子がつくまで生やす。水一石六斗で白塩三升を煮て塩水を作り、上澄み八斗を甕に入れ、炊いたコムギを加えて攪拌し、蓋をして曝すと、一〇日で食べられる。

「ニレ醤」の作りかた（作楡子醤法）

ニレ[9]の実を搗いて粉末にし、篩にかけたもの一升に、清酒一升、醤五升を混合しておくと、一か月で食べられる。

「魚醤」の作りかた、別法（又魚醤法）

刺身状にした魚一斗、麹五升、酒二升、白塩三升、「ちんぴ」二片を混合して瓶に詰める。一ヶ月で食べられるようになり、非常においしい。

「エビ醤」の作りかた（作蝦醤法）

エビ一斗と飯三升で混ぜ飯を作り、白塩二升、水五升を混合して曝す。春、夏を経ても、腐敗しない。

「生肉醤[10]」の火通しの作りかた（作燥脡法）

ヒツジ肉二斤とブタ肉一斤を一緒に煮て、糸状に

（9）ニレ――「楡」。中国の河北省や東北地方では、早春の野菜不足を補うために、今でもニレの実を食べる習慣がある。学名は"Ulmus compestris"

（10）生肉醤――「脡（せん）」。なまの肉醤、すなわち獣肉の「しおから」である。

切る。ショウガ五合、「ちんぴ」二片、鶏卵一五個、生のヒツジ肉一斤、「たまり醤油」(11)五合を用意する。まず、糸状に切った肉を甑に入れて蒸し、これに生肉を混ぜ、さらに残りの材料を混ぜて仕上げる。

「生肉醤」の作りかた（作脡法）

ヒツジ肉一斤とブタ脂肉四両を「たまり醤油」に漬けておき、細切りのショウガと鶏卵を加える。春秋にはシソ(12)とタデ(13)を加える。

崔寔によれば、正月には各種の醤を作る。肉醤、清醤などである。四月の立夏後にはライギョで醤を作る。五月にも醤は作れる。上旬に豆を炒り、中の庚の日にこれを煮て、さらに砕いて細末(14)とし、六月から七月にかけてウリを漬け、貯蔵する。これで魚醤も作れる。

「しおから」(15)の作りかた（作鱁鮧法）

昔、漢の武帝が夷を追って海岸に至ると、どこからともなく香気が漂ってくるので、部下に調べさせたところ、これは漁夫が穴のなかで魚のしおからを作っている香気であった。夷を追ってこれを得たところから、これを「鱁鮧《しおから》」と名付けた。魚の腸の

(11) たまり醤油――「豆醤清」。『（諸橋）大漢和辞典』にも『辞海』にも見当たらない。繆によれば、「豆醤清は豆醤から取りだした清汁」である。原料がダイズだけであれば、日本語では「たまり醤油」となる。中国大陸で「醤油」という語がはじめて出現するのは一三〇〇年頃の料理書『易牙遺意』で、そのなかに「熱時其豆在下、其油在上也」とある。

(12) シソ――「蘇」。シソの生葉を香辛料として使用する。日本では「オオバ」と称して野菜売場に並ぶ。学名は〝Perilla frutescens〟

(13) タデ――「蓼」。第二六章に栽培法が収載され、当時は広く栽培されたらしい。熊代は栽培種としてヤナギタデを挙げた。学名は〝Polygonum hydropiper〟

(14) 細末――「末都」。

(15) しおから――「鱁鮧」。本文にこの漢字が生まれたいきさつが記載されている。

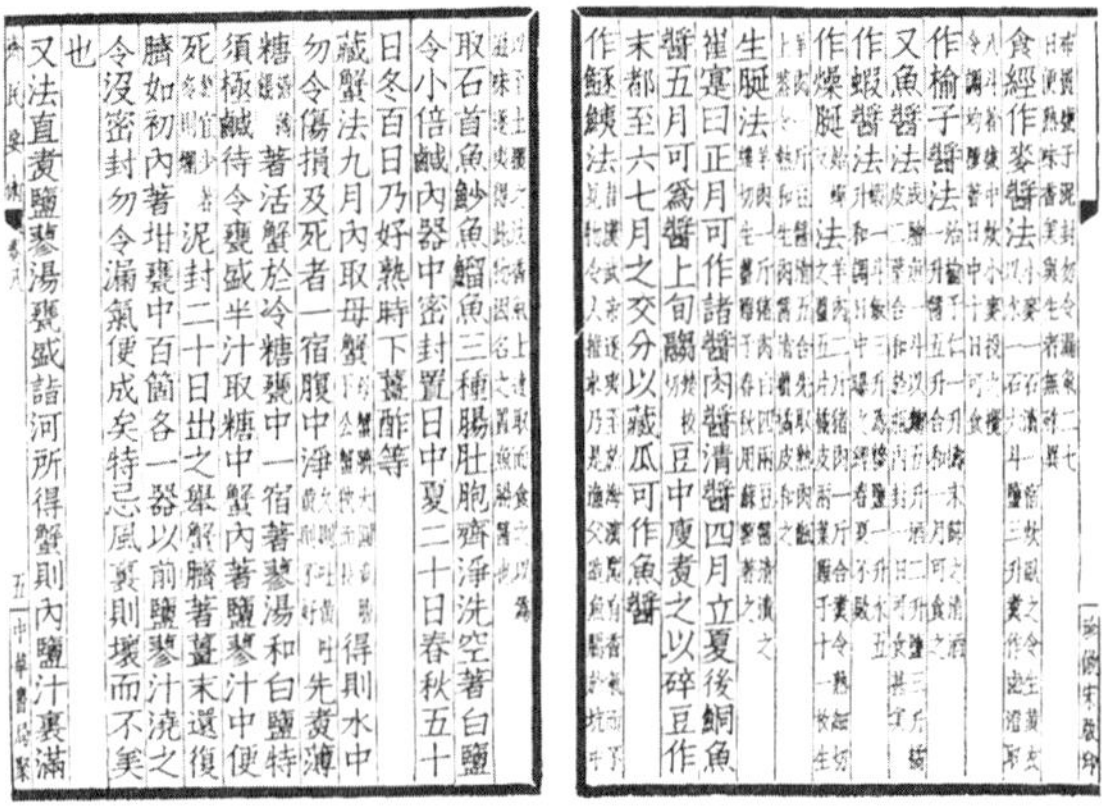
食經作麥醬法
作榆子醬法
又魚醬法
作蝦醬法
作燥脠法
生脠法
崔寔曰正月可作諸醬肉醬清醬四月立夏後鮦魚醬五月可爲醬上旬齺豆中庱煑之以碎豆作末都至六七月之交分以藏瓜可作魚醬
作鱁鮧法

取石首魚魦魚鯔魚三種腸肚胞齊淨洗空著白鹽令小倍鹹內器中密封置日中夏二十日春秋五十日冬百日乃好熟時下薑酢等
藏蟹法九月內取母蟹得則水中勿令傷損及死者一宿腹中淨先煑薄糖著活蟹於冷糖甕中一宿著蓼湯和白鹽特須極鹹待令甕盛半汁取糖中蟹內著鹽蓼汁中便死泥封二十日出之舉蟹臍著薑末還復臍如初內著坩甕中百箇各一器以前鹽蓼汁澆之令沒密封勿令漏氣便成矣特忌風裏則壞而不美也
又法直煑鹽蓼湯甕盛詣河所得蟹則內鹽汁裏滿
五一　中華書局聚

しおからである。

グチ[16]、ボラ[17]、サメ[18]の内臓をよく洗い、白塩をうす塩にして容器に入れ、密封して曝す。夏は二〇日、春秋は五〇日、冬は百日で熟成する。食べるときには、ショウガ、酢などを加える。

カニの貯蔵法（蔵蟹法）

九月中に雌カニを用いて作る。雌カニは「ふんどし[19]」が大きくて円く、腹まで隠しているが、雄カニはこれが狭くて長い。捕獲しだい、水のなかに放し、傷をつけたり死なせてはならない。一晩放置して腹のなかのものを排泄させ、きれいにする。長く放置すると吐黄し、好ましくない。まず、薄い水飴液を作る。一夜放置した生きたカニを水飴液を入れた瓶に入れ、一夜放置する。タデの汁に白塩を多量に混ぜ、冷えるのをまって、この汁の半量を別の瓶に入れる。水飴液に入れたカニを取り出し、タデ汁のなかに入れると、カニはすぐ死ぬ。タデは少しだけ入れる。多く入れると、腐る。瓶の口を泥で密封する。二〇日後に取り出し、カニの「ふんどし」を開いて乾ショウガ末を入れ、もと通りに閉めて瓶に戻す。一瓶にエビ一〇〇匹を入れる。残り半分のタデ汁を

(16) グチ——「石首魚」。現在名は「黄魚」。東シナ海に広く分布する。学名は〝Collichthys lucidus〟。

(17) ボラ——「鯔魚」。日本では「鯔」と書く。大陸沿海に広く分布し、淡水にも産する。学名は〝Mugil cephalus〟。

(18) サメ——「魦魚」。サメの総称。大陸沿岸に一〇〇種ほど生息し、特定することができない。熊代はアオザメ〝Isurus oxyrinchus〟と特定している。繆啓愉によれば、二つの解釈がある。一つは鯊魚（蝦虎）〝Acanthogobius flavimanus〟で、海水と淡水とが入りまじったところに生息する。他は鮫（沙魚）〝Sela-choidei〟で種を特定せず、この方を有意とした。加納喜光の著作（『漢字の博物誌』一九二ページ、大修館、一九九二）によれば、もともとは淡水魚で、カマツカのことだという。

(19) ふんどし——「齊」。齊は裳裾（もすそ）のことだが、カニの場合には、「ふんどし」という通俗名がある。

便泥封雖不及前味亦好値風如前法食時下薑末

調黃盞盛薑酢

作酢第七十一 酢者今醋也

作大酢法

秫米神酢法

又法

カニを覆うまで加えて密封し、気を洩らさないようにしておけば、できあがる。風に当たることを特に嫌う。風に当たると、まずくなる。

カニの貯蔵法、別法（又蔵蟹法）

白塩を加えたタデ汁を煮て、瓶に入れ、川まで持ってゆく。捕獲したカニをすぐタデ汁に入れ、一杯になったら、瓶を泥で密封する。前法の味ほどではないが、味は悪くない。風に当てないようにするのは前法の通りである。食べるときには、ショウガ末を添えて味を整える。皿にショウガ酢を入れ、これをつけて食べる。

第七一章　酢の作りかた

「酢」は「醋」の本字であるが、名詞的に使用する場合には前者を多く用い、形容詞的に用いる場合には後者を多く用いている。現代の中国では主として後者を用いる。しかし、古くから使われたのは前者である。「苦酒」は酢の異名で、現在はほとんど使われていない。『要術』には酢の製法が二〇例記載され、このうちで苦酒を見出しに用いたものは八例である。使い分けの理由はわからない。（田中、小崎）

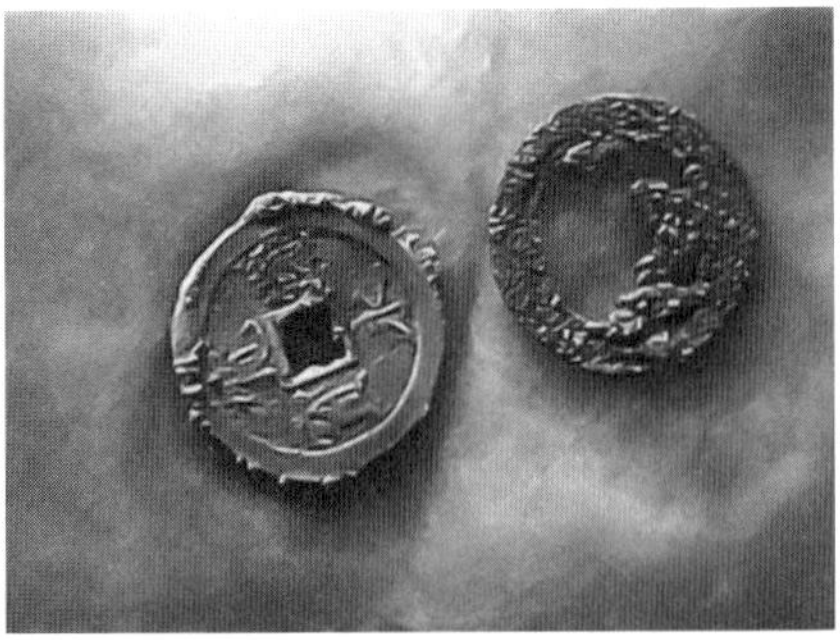

(1) 刀の使用目的は明らかではないが、銅銭を紙蓋の上におき、写真のように銅銭の緑青のでき具合で酢醸造の進行を判定した。（宮崎県、柿酢）

酢を作るための甕は、煉瓦を台にしてその上に置き、湿気を避けねばならない。妊婦が触れたために味を損なったものは、車の轍のなかの乾いた土を一すくいして甕のなかに入れると、すぐに元どおりになる。

「大酢」の作りかた（作大酢法）

七月七日に水を汲む。使用するムギ麹はおよそ一斗とし、麹には風を通してはならない。水三斗とアワ飯三斗を冷やして甕に仕込み、この割合で甕が満つるまで詰める。ムギ麹、水、飯の順に甕にいれる。この際、攪拌してはならない。甕の口を綿で覆い、甕の上に鞘から抜いた刀を横たえておく。七日目の朝、「初汲みの水」一椀を加え、二一日目にもう一度加えると、酢になる。常に汲みだし用の杓子を用意しておき、これで汲み出す。湿気や塩気のある器

(1) 刀——銅製のものであれば、酢酸によって緑青（ろくしょう）が生成するので、酢の出来ぐあいがすぐわかる。昭和一〇年代まで、九州では酢壺の紙蓋のうえに穴を開け、穴開き銅銭を置き、酢の出来具合を見ていた。

具を甕のなかに入れると、酢の味を損なう。

「モチアワ酢」の作りかた（秫米神酢法）

七月七日に仕込む。甕は屋根の下に置く。およそ、ムギ麴一斗、水一石、モチアワ三斗を使用する。モチアワがない場合には、キビを使用する。まず水を計って、ムギ麴を浸し、炊いて蒸し返し飯とし、拡げて冷ましておく。麴はよく揉みほぐして塊がないようにし、仕込む。仕込みが終わったならば、追い添えはしない。手でよく攪拌し、塊をほぐして粥状にする。綿で覆い、七日目にまた攪拌しておくと、一か月後に熟成する。一〇石の甕で五斗のおりができるだけで、数年間は保存が可能である。材料であるモチアワやキビを洗った研ぎ汁はすぐ捨てて、イヌ、ネズミに食べさせてはいけない。水飯にしたキビを食べてはいけない。

「モチアワ酢」の作りかた、別法（秫米神酢法、又法）

七月七日に水を汲む。およそムギ麴一斗、水三斗、アワ飯三斗、甕の大小に応じて満杯になるのを限度とする。

水および麴は当日加える。飯は三分し、三分の一

【酢】40715

甲、〔集韻〕〔正韻〕倉故切 音醋 遇去聲 ㄘㄨˋ tsuh

乙、〔廣韻〕在各切〔集韻〕〔韻會〕〔正韻〕疾各切 音作 藥入聲 ㄗㄨㄛˋ tzuoh

甲、倉故切 ●醋本字。〔說文〕酢、醶也、从酉乍聲〔段注〕酢、本載漿之名、引申之凡味酸者皆謂之酢、今俗皆用醋、以此爲酬酢字〔隋書、酷吏、崔弘度傳〕寧飲三升酢、不見崔弘度 ●酸味也〔急就篇、三〕酸鹹酢淡、辨濁清 ●或作醋〔說文、酢、段注〕今俗皆用醋、以此爲酬酢字。〔集韻〕酢、或作醋

乙、在各切 ●客酌主人也與醋通〔說文通訓定聲〕酢、叚借爲醋。〔爾雅、釋詁〕酢、報也。〔廣韻〕酢、酬酢、蒼頡篇云、主答客曰酬、客報主人曰酢。〔集韻〕醋、說文、客酌主人也、或作酢。〔詩、大雅、行葦〕或獻或酢〔箋〕進酒於客曰獻、客答之曰酢。〔儀禮、特牲饋食禮〕尸以醋主人〔注〕古文醋作酢。●酬酢、應對也。〔易、繫辭上〕是故可與酬酢〔注〕酬酢、猶應對也 ●酬報祭祀也。〔書、顧命〕秉璋以酢〔傳〕報祭曰酢 ●樂也。〔廣雅、釋言〕酢、樂也。

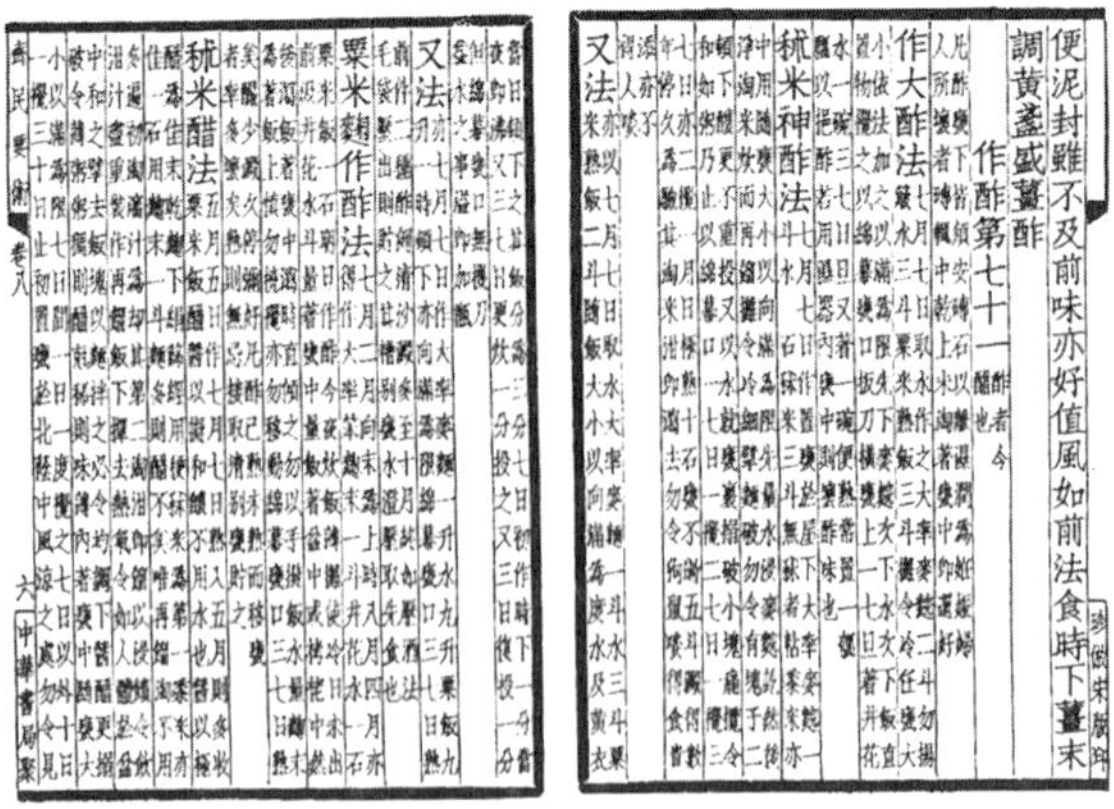
便泥封雖不及前味亦好値風如前法食時下薑末
調黄蓋盛薑酢
作酢第七十一
作大酢法
秫米神酢法
又法
又法
粟米麴作酢法
秫米醋法
齊民要術　卷八
六　中華書局聚

は当日、三分の一は二一日目、残りの三分の一はその一二日後に加える。綿で口を覆っておくだけでよく、刀を置いたり、初汲みの水を加えたりはしない。もし、溢れるようであれば、甕を増やす。

「モチアワ酢」の作りかた、別法（秫米神酢法、又法）

これも七月七日に水を汲む。およそ、ムギ麹一升、水九升、アワ飯九升をあわせて仕込み、甕が満杯になるのを限度とする。綿で口を覆っておくと、二一日でできあがる。以上三種の酢作りでは、上澄みが少なく、沈澱物が多いので、一〇月中に酒を漉すように毛袋に入れて圧搾し、貯える。滓は別の甕に移して水を加え、澄ましてから先に食する。

「アワ酢」の作りかた（粟米麹作酢法）

製造の最適期は三月、七月であるが、八月、四月でもよい。ばら麹粉末一斗、初汲みの水一石、アワ飯一石を使用する。もし、明朝に酢を作るのであれば、今夜炊飯し、薄く拡げて冷やしておく。日の出の前に初水を汲み、枡ではかって甕に仕込む。このときには、容器を傾け、手ではねてはいけない。攪[2]拌したり、移動したりしないようにし、綿で口を覆っ

（2）酢を仕込んだのち、攪拌などをすると、酢酸菌膜が沈み、発酵がうまく進まない。静置することが望ましい。

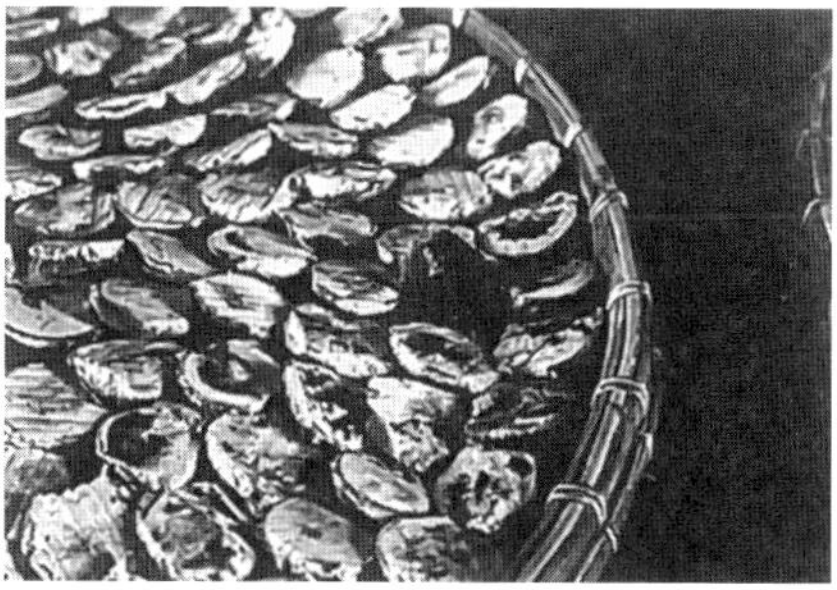

酢醸造用餅麹、糖化用、アルコール発酵用
および酢酸発酵用の３種の餅麹で
酢醸造は進められるが、
この写真は糖化用餅麹。
サラブリ（バンコックの北部、タイ）

ておくと、二一日目に熟成する。濃く、味がよく、おりが少ない酢になる。ながく貯蔵すると、ますますよくなる。未熟の酢を別の甕に移すと、損なう率が高い。熟成したものは上澄みをすくいとって、別の甕に入れてもよい。

「モチアワ酢」の作りかた（秫米酢法）

五月五日に作り、七月七日に熟成する。五月はじめに多量の酢漿[3]を作り、醸米に加える。モチアワが最適で、キビはこれに次ぐ、原料一石に対し、麹一斗を使用する。麹が多いと、酢がまずくなる。最初の研ぎ汁は捨て、三回目の研ぎ汁で飯を浸し、研ぎ汁を吸収させる。これを甑につめて、蒸し直す。おろして熱気を除き、人肌程度とし、盆のなかに入れる。麹とよく混ぜる。これにモチアワを加えてよく混ぜて薄粥状にする。粥が濃いと、酢の味はきつくなり、薄いと酢の味は薄くなる。これを甕に仕込む。甕の大小に応じて満杯になるのを限度とする。最初の七日間は、一日に一度は攪拌し、七日以後は一〇日ごとに攪拌し、三〇日で止める。はじめから甕は日陰の涼しい場所に置く。ときどき、冷水を甕の外側に注ぎ、熱気をとる。ただし、生水を甕のなかに

（3）酢漿――「醋漿」。熊代は「すゆれみず」という訳語を付しているが、なじみが薄いので、ここでは醋を酢に変えて酢漿とした。同氏の訳注によれば、「澱粉質の浸水液を停留して、細菌による糖化および諸種の複発酵状態（とくに乳酸発酵）にしたもので、食品加工に使用する。多くはアワ飯またはアワ粥を用い、停留時間は短いもので一晩、長いもので数週間、数か月におよぶ。調理に酢や酒のように用いる。」

酢醸造――アルコール発酵を終り、酢酸発酵にうつる。
サラブリ（バンコックの北部、タイ）

入れてはいけない。酢をすくいとり、別の甕に貯えておく。数年は保存できる。

「オオムギ酢」の作りかた（作大麦酢法）

七月七日に作る。もし七日に作れなかった場合には、七日の水を汲んでおき、一五日に作る。この両日以外では作ることができない。戸口近くに甕を置く。およそ、コムギ麹一石、水三石、精白したオオムギ一石をきれいにしておく。炊いて蒸し返し飯を作り、品温が体温ほどになったところで仕込み、杓子で攪拌し、綿で甕の口を覆っておくと、三日で発酵する。発酵したら数回攪拌する。攪拌しないと、表面に白黴が生じてよくない。サネブトナツメでこれをかき除く。髪が酢のなかに落ちると酢がこわれるが、髪を除けばもとどうりになる。六～七日後、アワ五升をきれいに研ぎ、炊いて蒸し返し飯を作り、体温程度になったところで加えて攪拌し、綿で覆っておく。三～四日でアワが溶ける。熟成して味が甘くなれば、酢ができあがる。もし苦いようであれば、アワ二～三升を炊いてさらに加える。一四日で食べられるようになり、二一日でよく熟成しておいしくなる。この酢に水一椀を加えると、ちょうどよい味

になる。八月中に、上澄みをとり、密封しておけば、数年間は貯蔵できる。もし、酢が未熟の場合には、冷水を甕の外側に注いで、熱気を除かねばならない。このとき、水が甕のなかに入ってはならない。キビ、モチアワを加えると、味はさらによくなる。

「焼餅酢」[4]の作りかた（焼餅作酢法）

これも七月七日に作る。およそ、ムギ麹一斗に水三斗を準備し、別に数升のコムギ粉で焼餅を作り、冷まして仕込む。日を経て焼餅が消化しつくしていれば、さらに焼餅を加える。これを四～五回繰り返し、味がよくなれば止める。薄い焼餅であれば、すべて使用できる。

「まわし酢」の作りかた（廻酒酢法）

酒作りを誤って酸っぱい味になったもの、あるいは、はじめは良かったがあとで変質してしまったものは、すべて「まわし酢」にするとよい。およそコメ五石の酒もろみに、麹粉一斗、ムギ麹一斗、初汲みの水一石を混ぜる。アワ飯二石を攪拌して体温程度に冷やし、これに加えて攪拌し、綿で覆って、毎日二回攪拌する。春夏ならば、七日で熟成する。秋冬

（4）焼餅――現在の「煎餅」である。熊代によれば、現在の「焼餅」は当時「胡餅」と称した。

ならば、すこし遅れるが、すべておいしい。澄ましたのち、一ヶ月あとで汲み取り、別の容器に貯蔵する。

「動酒酢[5]」の作りかた（動酒酢法）

春酒をしぼりとったのち、酸敗して飲めなくなったものを動酒という。これらはすべて酢にすることができる。およそ、酒一斗、水三斗をあわせて甕に仕込み、天日に曝す。雨の日には盆で蓋をし、水が入るのを防ぐ。七日後に上部に臭い黴[6]が繁殖するが、あやしむにはおよばない。そっとしておき、移動したり攪拌したりしてはいけない。数十日で酢になり、膜は沈み、一段とおいしくなる。日が経つにつれて、ますます味がよくなる。

「動酒酢」の作りかた、別法（動酒酢法、又法）

およそ、酒二石、ムギ麴一斗、アワ飯六升を少し温めて甕に仕込み、杓子で攪拌し、口を綿で覆う。一四日で熟成する。常法によって作られたものよりも濃厚で、味がよい。

「神酢」の作りかた（神酢法）

七月七日に、蒸して乾かした「こな麴[7]」一石と、

（5）動酒――『要術』で使用されている「動」は、「悪いほうに変化する」という意味をもっている。

（6）おそらく酢酸菌膜であろう。薄いちりめん状の皺のある膜、すこし灰黄色の皺の強い膜、分厚い膜がある。このうちで、薄い膜がもっともよいとされているが、攪拌して膜をこわすと、かえって悪くなる。

（7）蒸して乾かした「こな麴」――「蒸乾黄蒸」。繆啓愉は「こ

よく蒸してから体温程度に冷ましたふすま二石とを混ぜ合わせて清潔な甕に仕込む。水が多いと酢が薄くなるので、ひたひたになる程度とする。甕のなかで二晩を過ごし、三日目に酒をしぼるのと同じ要領で絞る。絞り終わったならば、清澄にし、上澄みを甕に仕込む。二～三日経つと、甕が熱くなるので、冷水で冷やす。冷やさないと、酢が悪くなる。上部に白黴(8)が浮いたならば、除去する。一ヶ月で酢になり、食べられるようになる。熟成のはじめには発熱するが、これに冷水を注いではならない。これを犯すと、酢はかならず腐敗する。もしこな麴とふすまがない場合には、ムギ麴一石、アワ飯三石を使用する。混ぜかたは、こな麴の場合と同様にする。甕に仕込み、綿で覆い、蓋をしてはいけない。

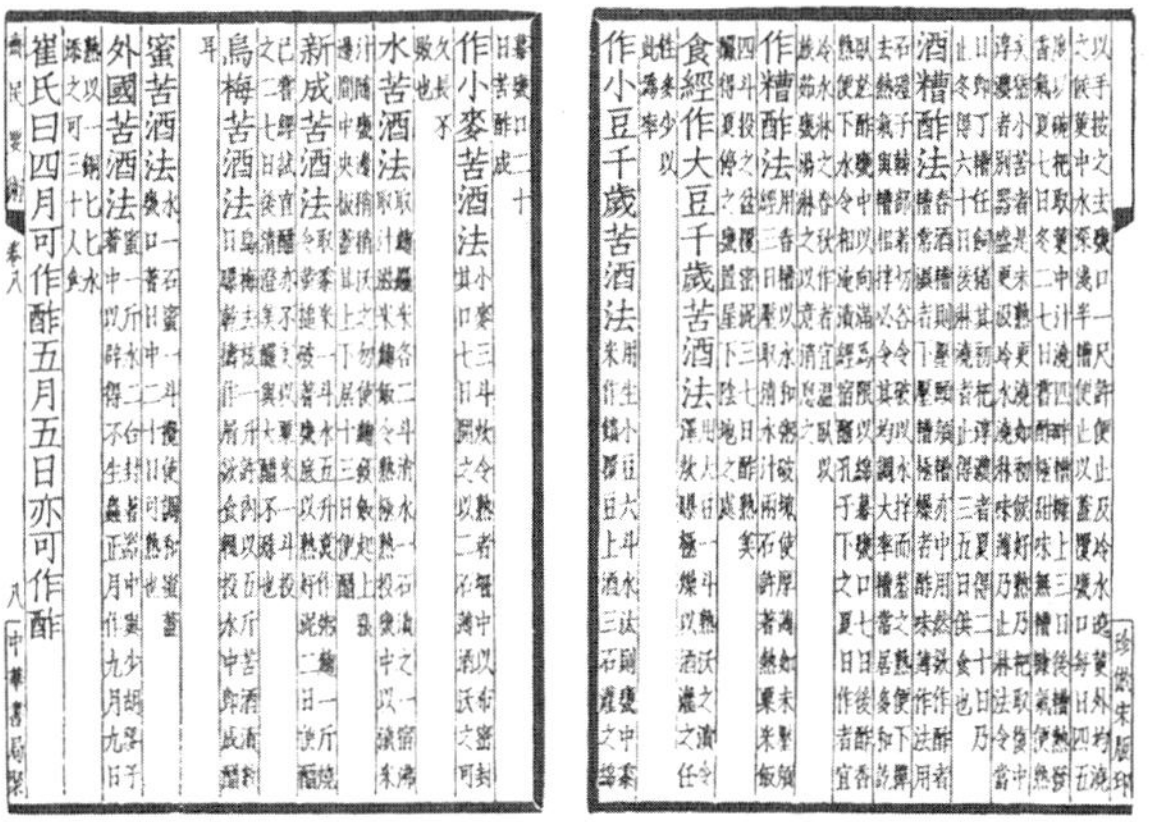
珍倣宋版印

酒糟酢法

作糟酢法

食經作大豆千歲苦酒法

作小豆千歲苦酒法

作小麥苦酒法

水苦酒法

新成苦酒法

烏梅苦酒法

蜜苦酒法

外國苦酒法

崔氏曰四月可作酢五月五日亦可作酢

齊民要術 卷八 八 中華書局聚

「粕糠酢」の作りかた（作糟糠酢法）

甕を屋内に置き、四季を通じて甕の下部を藁で包む。包まないと、臭くなる。酒粕とアワ糠の割合はおよそ半半とする。粗い糠や細かい糠はいずれも不適当であり、中程度のものがよい。粕と糠は塊がないようによく攪拌する。割竹で作った酒漉し用の籠を甕のなかに置く、続いて、籠を手でおさえながら

な麴」の特殊用法としているが、麴を加熱すれば効力を失うことから、この解釈には疑問がある。

(8) 白黴——綿状のかびがぽっぽっと発生する。または薄膜を作る。いずれも酢作りをさまたげる。

粕と糠を籠の外側に入れ、口から一尺ばかりのところで止める。冷水を汲み、籠の周囲に注ぎ、甕の半分に達したところで止め、甕の口に蓋をする。毎日四～五回、籠のなかの液を汲みだし、籠の周囲の粕や糠に注ぐ。三日後に粕が熟成して香気を発生し、夏は七日、冬は一四日で粕や糠に固有の香気が無くなり、味はきわめて甘くおいしくなる。もしもまだ若いようであれば、十分に熟成していないので、さらに初めのように水を注ぎ、よく熟成するのをまって、籠のなかの濃厚な液を汲み取り、別の容器に盛っておく。さらに冷水を汲んで注ぎなおす。味が薄くなったら、やめる。この注ぎは当日で終了するようにする。残り粕はブタの飼料にする。初汲みの濃厚なものは、夏は二〇日間、冬は六〇日間飲める。あとからのものは、三五日しかもたない。

「酒粕酢」の作りかた（酒糟酢法）

春酒の粕で作った酢はきわめて良い。酢を作ろうと思ったならば、粕を常に湿らせておかねばならない。圧搾してよく乾かした粕を使用すると、酢は薄くなる。摺り臼でアワ粒を破砕し、蒸しあげる。冷ましてから、粕と十分に攪拌する。混ぜる分量は、粕を常に多い目にする。混合が終わったならば、これを漉し穴のある甕が満杯になるまで仕込み、口を綿で覆う。七日後に酢の香気がしたところで、水を加え、一晩置き、漉し穴から漉しとる。夏に作る場合には、冷水で冷やすとよく、冬に作る場合には、温めるとよい。これは適当に加減する。

「粕酢」の作りかた（作糟酢法）

春酒の粕を水と混ぜ、揉んで塊を無くし、まだ絞らない酒ほどの濃さにする。三日を経てから圧搾し、液を二石ほど採取し、アワ飯四斗を加え、甕の口を蓋で覆い、泥で密封する。三〇日ほど経過すると、酢が熟成し、おいしくなる。そのまま夏を越せる。甕は屋内の蔭地に置く。

『食経』による「ダイズ千歳酢」の作りかた（食経大豆千歳苦酒法）

ダイズ一斗をよく洗い、漬けて水を含ませて炊く。天日に曝してよく乾かし、酒のもろみを注ぐ。その割合はアルコール分の多少によって決める。

「アズキ千歳酢」の作りかた（作小豆千歳苦酒法）

生のアズキ五斗を水で洗って甕に仕込む。キビの「みずめし」をアズキの上からかけ、酒三石を注ぎ、綿で覆っておくと、二〇日で酢となる。

「コムギ酢」の作りかた（作小麦苦酒法）

コムギ三斗を炊き、甕に仕込み、布で密封しておき、七日目に開き、薄い酒二石を注いでおくと、かなり長い期間、腐敗しない。

「水酢」の作りかた（水苦酢法）

「ばら麹」、精白したコメそれぞれ二斗を一石の水に漬け、一夜放置し、漬け汁をとっておく。コメを炊き、熱いうちに麹を加えて甕に仕込み、甕の内面に沿って漬け汁を流しこむ。飯および麹は攪拌しないようにする。甕の口を泥で塗り、中央を開け、その上に蓋をする。夏であれば、一三日で酢となる。

「速成酢」の作りかた（卒成苦酒法）

キビ一斗および水五斗で粥を作る。麹一斤を焼い(9)て黄色にし、槌で破砕し、粥とともに甕に仕込み、泥でよく蓋をしておくと、二日で酢になる。ただ酸

（9）使用する麹は餅麹であるから、表面が黄色になるまで焼くのは、むしろ表面にある雑菌を殺す役目をもつ。

味だけが強くて味が悪い場合には、アワ飯一斗を加える。一四日目には清澄で濃く、大酢と違わないものとなる。

「烏梅《うばい》(10)酢」の作りかた（烏梅苦酒法）

烏梅から種核を除いた果肉一升を酢五升に漬け、数日後に取りだして天日で乾かし、臼で搗いて粉状にする。食べるときには、水のなかにいれるとすぐ酢になる。

(10) 烏梅——生のウメを蒸し焼きにしたもので、酸味が非常に強い。現在でも、調味料、生薬などとして広く利用されている。

「蜜酢」の作りかた（蜜苦酒法）

水一石、蜜一斗をよく攪拌して、甕に仕込み、口を密封する。天日に曝すと、二〇日で熟成する。

「外国酢」の作りかた（外国苦酒法）

蜜一斤、水三合を容器にいれておく。オナモミの種実を入れておくと、虫がつかない。正月の朝に作ったものは、九月九日に熟成する。銅柄杓一杯分の酢は、水を加えれば三〇人分となる。

崔氏によれば、「四月四日に酢を作るべし、又、五月五日にも酢を作るべし」とある。

第七二章　「豉《し》」の作りかた

『(諸橋)大漢和辞典』によれば、「豉」の音読みは「し」であり、訓読みはない。「くき」と読むのは、通称らしい。この字のもつ意味は、味噌や納豆の類となっている。「豆豉」の項には、「味噌、納豆の類、豆製の食品」とある。『中日大辞典』では、発音はChi(ち)の第三声で、「ダイズを発酵させて作った食品、乾納豆の類、調味料」、「豆豉」については「ダイズを発酵させせて作った食品、浜納豆の類。製法は、発酵した納豆を水でかきまぜ、これを甕《かめ》に入れ、封をして七日目に取り出し、日光で乾かす。この作業を七回繰り返して、最後に蒸して乾かして貯蔵する。これに塩を加えたものを鹹豆豉という」とある。『大辞典』(一九三三〜三五年)には、「納豆あるいは溜りのようなものならん」と歯切れが悪い。

李時珍の『本草綱目』(一五七八)の日本語訳には「大豆豉」を「からなっとう」と訳し、由来および製法を詳しく紹介している。その記述は、『要術』の豆豉と現在のそれとを繋ぐものとして参考になるので、要約して紹介する。

「淡豉製造法、六月中に作る。クロダイズをよく洗い、一晩水に浸してから水を切って乾かし、蒸したものをむしろにひろげ、微温になったら藁で保温し、黄衣が全面にかかったら取り出し、水を混ぜて乾湿を適度にし、汁が指のあいだに着く程度とし、甕のなかにつめ、クワの葉で暑さ三寸に覆い、泥で密封して七日間置き、また水を混ぜて甕に仕込む。それを七回繰り返して、最後に蒸し、火気を去ってから甕に詰め、封じておけば、できあがる」。

このほか、鹹豉製造法、豉汁製造法も記載されている。

日本の浜納豆は形も味も豆豉のそれによく似ており、浜納豆が納豆の仲間にされているので豆豉も納豆だと理解されがちである。しかし、豆豉を作る発酵菌は日本の味噌や醤油と同じ麴黴であり、糸をひく納豆の製造に使う納豆菌ではない。

豆豉は味噌の仲間なのである。浜納豆についても、名称に納豆を使用していても発酵に麴黴を使用しているから、浜納豆は味噌の仲間である。

(田中、小崎)

【豉】37093

甲、〔廣韻〕〔集韻〕〔韻會〕是義切 豉去聲 ㄕˋ shyh

乙、〔國語辭典〕音痴 痴上聲 ㄔˇ chyy

㊀配塩幽尗也。菽之俗字。〔說文〕菽、配鹽幽尗也、豉、俗菽从豆。〔段注〕按、齊民要術說、作豉必室中溫煖、所謂幽菽也。〔釋名、釋飲食〕豉、嗜也、五味調和、須之而成、乃可甘嗜也。㊁豉、蟲也。〔正字通〕豉、豉蟲、大如豆、光黑、浮游水面。㊂與踶、豉同。〔類篇〕踶、同豉。〔龍龕手鑑〕豉、同豉。

「豉」の作りかた（作豉法）

事前に暖かな陰屋(1)を準備する。その土間に深さ二～三尺の穴を掘る。陰屋には瓦葺きは不適当で、草葺きとする。窓は泥で塗り、風、虫、ネズミが入らないようにし、人がようやく出入りできる程度の戸をつけ、入り口は厚い草むしろで閉まるようにしておく。豉の製造適期は四月および五月であり、七月二〇日から八月がこれに次ぐ。他の月でも作れるが、大寒および大暑の季節にはうまく作れない。また、四季の移り変わりの時期は気候が安定していないので、よく作れない。四季の初めから一〇日以後に作るとよい。製造の適温は人の腋の下程度とされる。もし、冷熱がいずれも整わない場合には、むしろ冷えているほうがよい。冷たいのは藁などで保温して適温に戻せるが、熱いと腐ってしまう。部屋の面積が三間屋であれば、一〇〇石の豉が作れる。二〇石ずつ一盛りとする。常時作るのであれば、暖気が残り、春夏秋冬いずれでも保温の必要はない。少量を作るのであれば、冬は保温が必要である。

ごく少量を作る場合でも、一盛り分一〇石は必要である。三石、五石では温度が保てず、発酵しないからである。原料豆は古ければ古いほどよい。新豆はまだ湿り気が残っていて、煮えかたが一定しにく

(1) 陰屋――日当たりの悪い場所に建てられた草屋根の湿気の多い建物である。日本の味噌蔵のようなものといわれる。発酵食品製造の記述はこの用例が多い。

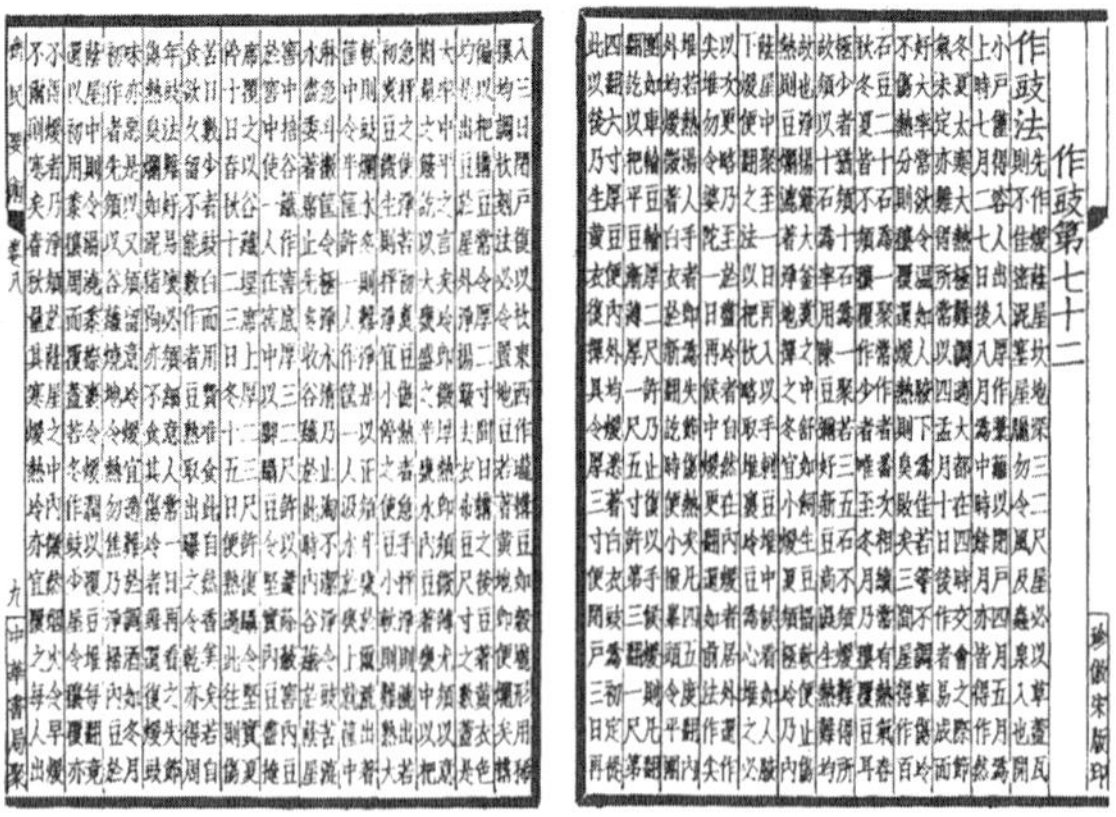

いからである。豆をきれいに風選し、大釜で煮て、ウシの飼料にするように指先でつぶせる程度の固さにする。煮すぎると、豉はただれてしまう。水を切って取りだし、清潔にした土間に堆積する。冬はすこし暖かくし、夏は冷たくする。一日に二回、堆積した豆のなかに手を差し込み、腋の下程度の温度になっていたら、櫂《かい》を用いて上下に切り返す(2)。切り返しを終えたのちの堆積は、あまり高くしてはならない。毎日二回、中心部が温かくなるのを待って、前と同様に切り返し、堆積する。もし、手を入れてみて、手に湯を注ぐ程度に熱く感じたら、度を失したことになる。こうして四〜五回ほど切り返すと、全体が均一の温度になる。最初に白色の黴がつき、この後で黄色の黴が生じたならば、豆をかきならし、三日間、戸を閉めておく。三日後に戸を開け、穀物を栽培するときのように畝型にし、むらなくならし、整える、豆を切り返し、整える場合には、かならず地面に器具が触れるようにする。もし、豆が地に着いたままであると、たちまち、ただれてしまうからである。一日置きに切り返し、豆はつねに厚さ三寸にしておく。豆に黴が万遍なく着いた頃合をみて、豆を屋外に取りだし、風選して黴を除去する。豆を覆う布の厚さは、冷たければ厚くし、熱ければ薄くしな

(2) 熊代によれば、堆積豆の内側をかきとって外側に、外側をかきとって内側に積む。頂上はたいらにし、切り返すたびに高さを低くしてゆく。

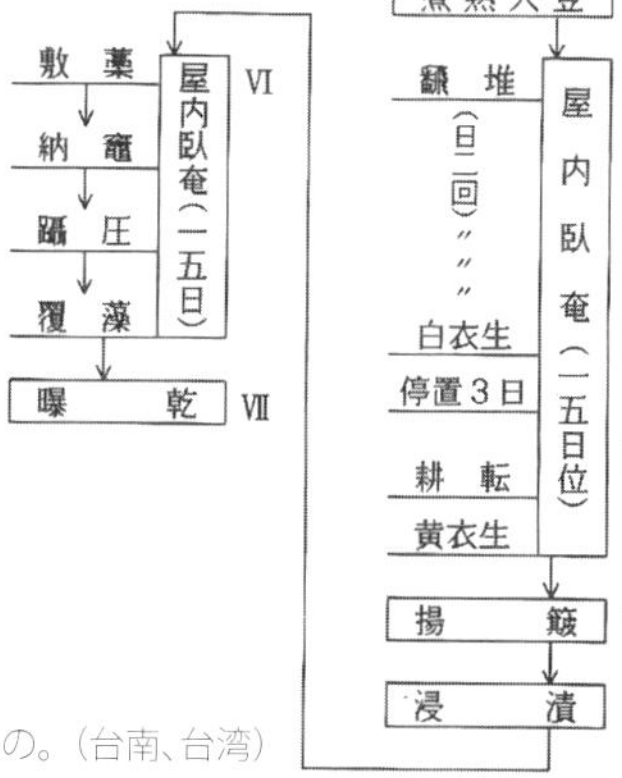

【右】「豉の作りかた」のフローシート。（熊代）
【左】豆豉の麹蒸した黒大豆にこうじかびが着生したもの。（台南、台湾）

ければならない。あおり終わったならば、大甕に水を半分入れ、そのなかに豆を加え、急いで攪拌する。[3]豆が熟成しすぎていれば、攪拌してから、しばらくそのままにしておくのがよい。豆が少し軟らかくなった生煮え程度であれば、熟成しにくく、軟らかすぎると豉が腐る。水が多すぎると、きれいにしにくいので、水を甕の半分にする。洗った豆を漉しだして箱のなかに入れ、水をかけながらきれいになるまで洗う。もしも洗いかたが不十分であると、豉が苦くなる。水を十分に切ってから、ひとまずむしろのうえに置く。あらかじめ準備しておいたアワ、イネ、キビなどの茎葉を部屋の床に二〜三尺の厚さに敷きつめ、その上に豆を乗せ、足で踏みしめる。その上を二〜三尺の厚さに茎葉で覆い、また足で踏みしめる。夏は一〇日、春秋は一二〜一三日、冬は一五日で熟成する。これ以上過ぎると、豉は苦くなる。日数がたりないと、豉はまだ白くて、無駄になる。適当に熟成したものは、自然の味で、おいしい。もし、自家用として長く貯蔵する場合には、熟成した豉を日に曝して保存する。そうすれば、一年はもつ。豉はうまく作りにくいものであるから、細心の注意をはらい、つねに一日に二回は見るようにする。熟成しすぎると、むれて臭く、泥[4]のようになり、

（3）攪拌する――「抨」。原語の音読みは「ひょう」で、はじくことを意味する。熊代は「かきならす」と一訳しているが、訳者は「攪拌」でよいのではないかと考えている。

（4）泥のようになった豉は、食するのに困難である。ただシッキムからアッサム地方（インド東部）にかけてみられる豆豉は、煮豆をあついうちに壺に入れ熟成させるから、むれ香が著しく臭い。

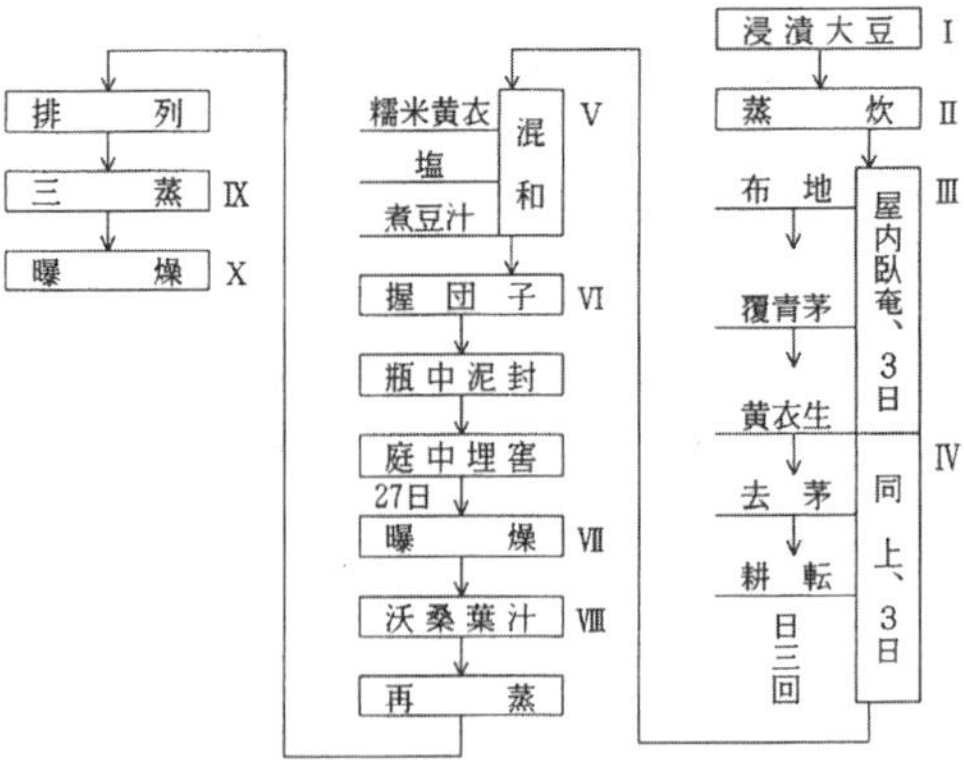

『食経』にいう「豉の作りかた」のフローシート。（熊代）

ブタもイヌも食べない。冷たすぎた場合、温めなおしても豉の味は悪いので、温度に注意を要する。温度を適当に調節するのは、酒作りの場合よりも難しい。冬にはじめて作るときには、まず藁を燃やして部屋を温めるが、焦がしてはいけない。豆を部屋のなかに入れ、キビ類の茎葉に湯を注いで温めてから、豆を覆う。キビ類の茎葉は、切り返すごとに元どおりに覆っておく。冬に作るとき、豉が少量で部屋が冷えており、覆いをしても暖かくならなかった場合には、部屋のなかで煙を少し出して、早く温めるようにする。春秋の頃には、温度を計って覆いをし、温度を調節する。人が出入りするたびに入口の戸をよく閉めて、暖気を逃さないようにする。

『食経』にいう「豉」の作りかた（食経作豉法）

五月から八月までが製造の適期である。ダイズおよそ一石をよく洗い、一晩漬けておく。翌日取り出し、手でひねってみて皮が剥ける程度まで蒸す。土間に拡げるが、土間の状態が悪ければ、むしろの上でもよい。拡げる厚さを二寸程度としてダイズを冷やし、なまのチガヤ(5)を二寸の厚さに覆う。三日目に全部が黄色になっていればよい。覆ってあるチガヤ

(5) チガヤ――「茅」。イネ科の多年草。荒地に生育する。春に白い毛のある小さい花をつけ、ツバナともいう。葉が広くて長いので、昔の粽（ちまき）はこれで巻いたという。この根を漢方薬とし、利尿や消炎に使用する。学名は"Imperata cylindrica"

を取り除き、指で薄くかきならして、浅い畝を作る。これを一日三回繰り返し、三日間で終える。別のダイズを煮て、薄い汁を作り、モチゴメの「ばら麹」五升、塩五升と混ぜてこねる。こねる度合いは、握った指のあいだから汁が漏れる程度とし、甕に入れる。もし甕が満杯にならない場合には、クワの葉を加えて満杯にするが、押しつけてはならない。泥で密封し、中庭に置く。二七日目に取り出して並べ、天日で乾かす。さらに蒸し返しをするときには、クワの葉の煮汁でこねる。こうして三回蒸し、三回乾かして、仕上げる。

家庭における「豉」の作りかた（作家理食豉法）

作る量に応じてダイズの量を決め、水に浸して飯のように炊く。もし一石の豉を作ろうと思ったならば、ダイズ一石を炊き、煮えたら取りだし、なまのチガヤの上に寝かせる。寝かせる方法は、「ばら麹」と同様にする。一四日目にダイズに黄色の黴が生じたならば、箕であおって黴を除き、天日に曝して乾かす。水に浸して湿らせる。手で握って水が指のあいだから出る程度がよい。庭に甕が入るほどの穴を掘り、穴の中を焼いて熱くし、甕を入れ、クワの葉を蓋にして覆い、密閉する。一〇日ほどで熟成する。これを取り出して蒸し、天日に曝す。これを三回繰り返して仕上げる。

「ムギ豉」の作りかた（作麦豉法）

七〜八月に作る。他の月ではよくない。コムギを粉にして水と混ぜて蒸す。よく蒸れたら、拡げて指でもみほぐす。麴を拡げたり覆いをする仕方は、「こな麴」、「ばら麴」の場合と同様である。七日を経て、黴が生え揃ったならば、塩水を平均に湿るように注いで蒸し、拡げて熱気を除き、温かいうちに甕に入れ、盆で蓋をし、堆肥のなかに入れて保温する。一四日を経て色が黒くなり、味、香りともによくなったならば、熟成したことになる。神麴のような小型の餅に作り、縄を通して屋内に吊るしておく。乾いたならば紙袋につめ、アオバエや汚れを防ぐ。使用する場合には、湯のなかで煮る。色が十分になったら取り出し、皮や粕を削り捨てる、元通りにしておくと、一個のムギ豉を数回煮出して使用できる。味は豆豉にまさる。ムギ豉餅をこわして湯に浸し、すりつぶして使用することもできるが、汁が濁って、丸煮したものの清さにおよばない。

第七三章「八和のつきあえ」の作りかた

「八和齏」の日本語訳として、熊代は「やかてのつきあえ」を創作した。加工工程から考えると、誤りではないが、どの時代の日本語としても難解すぎる。香辛菜であるニンニクとショウガ、酸味果実であるタチバナ、シロウメ、それに熟したクリの実、ウルチゴメの飯という六種類を主原料とし、それに当時の基本的調味料である塩と酢を加えて八種としたことから、この名称が生まれた。「齏」には異形同義の字がいくつか存在するが、発音はいずれも日本で「さい」または「せい」、中国で「ji」の第一声である。『(諸橋)大漢和辞典』によれば、「なます」、「あえもの」、「まぜる」、「くだく」などであり、『辞海』では「切りきざんだ漬物あるいは味噌漬け」、「くだく」などであるが、実用的には「漬物」または「あえ物」でよいだろう。方暁陽はこの処方を追試し、現在に合わせた処方を提案した(『中国調味品』、一九九六年第八号、一三〜一六ページ)。(田中、小崎)

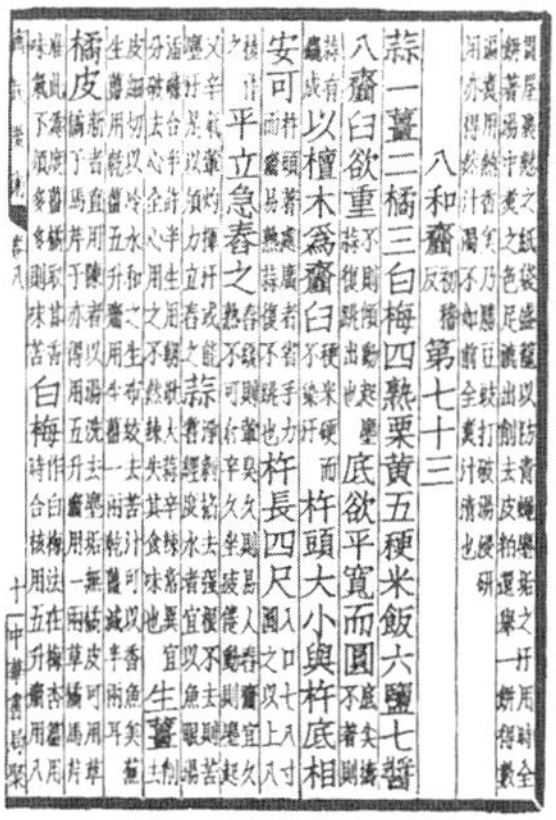

八和齏 第七十三

蒜一薑二橘三白梅四熟栗黃五粳米飯六鹽七醤八

齏臼欲重 底欲平寬而圓 以檀木為齏臼 杵頭大小與臼底相安可 杵長四尺 平立急舂之

蒜 生薑 橘皮 白梅

「八和のつきあえ」の作りかた(八和齏)

材料として、ニンニク、ショウガ、「ちんぴ」(1)、シラウメ、クリ、ウルチゴメ飯、塩、および酢を使用する。ニンニクを搗きつぶす臼は重いものがよい。重くないと、埃が立ったり、ニンニクが臼の外に飛び出したりする。臼の底は円いのが好ましい。臼と杵とはダン(2)の木で作る。杵の大小は臼の大きさにあわせて決める。杵の長さは四尺とし、臼に入る部分の七〜八寸は円形にし、それから上部は八角にする。棒状の杵を直立にして搗く。急がずに気長に搗く。

(1) ちんぴ——「橘」。実用上は柑橘類の果皮を干したものだから、訳文では「ちんぴ」とした。

(2) ダン——「檀」。シタン、コクタンなどの総称。材質が強靭で、臼や杵の材料として使われた。

辛料を棒状杵でつく。ここでは座ってついていた。
ミラマン（タイ）

蘄　马

搗きかたが不十分だと、生臭い。座って搗くと疲れるので、立って搗く。長く搗くと疲れるので、搗く人を交替する。ニンニクをきれいに剥き、太い根の部分を取り除く。苦いからである。渡水(3)したニンニクは味がよく、すぐ使用できる。まだ渡水していないニンニクは半分を魚眼湯で湯通しし、半分をなまで使用するとよい、朝歌(4)のニンニクは異常に辛いので、芯の部分を取り除いて使用する。そうしないと、おいしく食べられない。ショウガは皮を除いて細かく切り、冷水に浸し、布で濾し、苦い汁を除く。苦い汁は香魚羹に使用することができる。なまのショウガがない場合には、乾したショウガを使用する。「つきあえ」五升に対しなまのショウガ一両を使用する。乾したショウガの場合には、半量でよい。「ちんぴ」は、新しいものはすぐ使用し、古いものは湯で洗って汚れを落として使用する。「ちんぴ」がない場合には、レモンエゴマの種実、シャク(5)の種実を使用してもよい。「つきあえ」五升に対し一両を使用する。ショウガおよび「ちんぴ」は、その香気をとるだけであるから、多くないほうがよい。多いと苦くなる。シラウメについては、『要術』の第三六章を参照せよ。使用する場合には、核ともどもとし、

（3）渡水――西山は河南省の済水から西の地方を指すとしているが、ここでは「湯通し」と解釈したい。ニンニクの辛味を除くためである。

（4）朝歌――熊代によれば、河南省淇県の東北部を指す。

（5）シャク――「馬芹」。ヤマニンジンともいう。日本では山野に自生し、若葉を食用にする。学名は“Anthriscus sylvestris.”

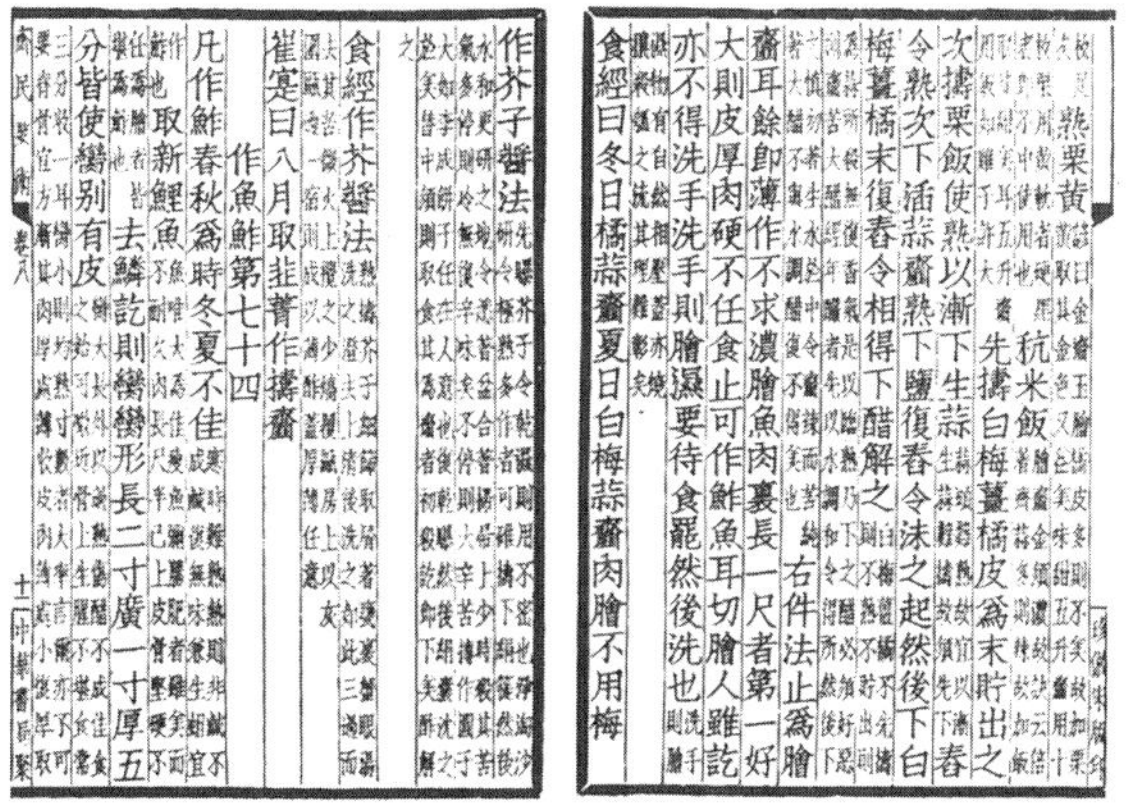
作芥子醬法
食經作芥醬法
崔寔曰八月取韭菁作擣齏
作魚鮓第七十四
凡作鮓春秋爲時冬夏不佳
取新鯉魚
去鱗訖則臠臠形長二寸廣一寸厚五
分皆使臠別有皮
齊民要術　卷八
十二　中華書局聚

熟栗黃
秔米飯
先擣白梅薑橘皮爲末貯出之
次擣粟飯使熟以漸下生蒜
舂
令熟次下活蒜齏熟下鹽復舂令沫之起然後下白
梅薑橘末復舂令相得下醋解之
右件法止爲膾
齏耳餘即薄作不求濃膾魚肉裹長一尺者第一好
大則皮厚肉硬不任食止可作鮓魚耳切膾人雖訖
亦不得洗手洗手則膾濕要待食罷然後洗也
食經曰冬日橘蒜齏夏日白梅蒜齏肉膾不用梅

「つきあえ」五升に対し八個でたりる。熟したクリは黄色で、諺に「黄金のつきあえ、玉のなます」とある。「ちんぴ」を多く使用するとまずくなるので、熟したクリを加えて色と味をよくするのである。「つきあえ」五升に対し、熟したクリ一〇個を使用する。黄色くて軟らかいものを使用し、黒くて堅いものを使用しない。「なます」につけて食べる「つきあえ」は濃くなければならない。諺に「つきあえには倍着ける」という。ニンニクが多いと辛いので、飯を加えて味を甘くする。「つきあえ」五升に鶏卵ほどの量でよい。まず、シラウメ、ショウガ、「ちんぴ」を搗いて、粉末にしておく。次にクリと飯とをよく搗いて、なまのニンニクを少しずつ加える。一度にニンニクを加えると、熟成しにくい。搗き終わったならば、湯通ししたニンニクを加え、熟成したならば塩を加えてよく搗き、泡が出たならば酢を加えて仕上げる。酢はかならず良質のものを使用しなければならない。酢の質が悪いと、苦くなる。古い大酢は、水を加えて味を整えて使用する。ここに挙げた配合割合は、「なます」を食べるときに使用する「つきあえ」の場合である。その他の目的に使用する場合には、味は少し薄くてもよく、濃い必要はない。

「なます」の作りかた（膾魚法）

「なます」に使用する魚は、一尺ほどのものが適当である。これ以上大きいと、皮が厚く、肉が硬くて不向きだが、「すし」用にはよい。「なます」を切る人は、切りおわっても手を洗ってはいけない。手を洗うと「なます」が湿るからである。『食経』にいう、「冬には〝ちんぴ〟とニンニクの〝つきあえ〟がよく、夏にはシラウメとニンニクの〝つきあえ〟がよし。〝肉なます〟にはシラウメを用いず」。

「カラシ醤」の作りかた（作芥子醤法）

まずカラシを天日に曝して乾かす。湿っていては、すっても濃くならない。よく洗ってよくする。多く作る場合には、臼で搗き、細かく篩い、水を加え、さらに磨り、全部を盆に塗りつける。これを布巾の上に伏せてしばらく置き、苦みを除く。長くそのままにしておくと辛味を完全に失い、すぐに使用すると辛苦味がきつい。手で握って団子を作る。大きさはスモモか餅の程度にする。ふたたび天日で乾かし、絹袋に入れ、上等の醤の中に沈めておき、しばらくして取り出して食べる。「つきあえ」にする場合には、上等の酢でこれをとく。

『食経』にいう「カラシ醤」の作りかた（作芥醤法）

カラシをよく搗き、細かく篩って粉をとり、小鉢に入れて蟹眼湯で三度洗い、苦味を除く。弱火の上で攪拌して少し乾かし、小鉢を瓦の上に伏せ、灰で小鉢の周囲を覆っておくと、一晩でできあがる。薄い酢でといて、使用する。酢の濃さは任意である。崔寔はいう、「八月にはニラの花を用いて〝つきあえ〟を作る」。

第七四章　鮓《すし》の作りかた

この章でいう鮓とは、魚や鳥獣肉を主材料とし、それに塩と米飯とを混ぜて漬けこみ、乳酸発酵をさせることによって保存食品化した「なれずし」のことである。現在の中国では西南部の少数民族しか食べないようになったが、かつては漢族もさかんに食べていた。『要術』は中国大陸における「なれずし」の具体的製法を記載した最初の文献である。カラハジカミ、「ちんぴ」、ショウガなどの香辛料と酒を用いることが記載されているが、それ以後の食経類における「なれずし」の記載にあらわれる技術的変化としては、香辛料の種類が多様化したことと、麹、とくに色づけの効果をもつ紅麹がよく使用されるようになったことが指摘される。アジアの他の地域と比較したとき、漬けこみに際して香辛料、酒、麹を加えることが、中国の伝統的な「なれずし」作りの特徴となったのである。（石毛）

「鮓」の作りかた（凡作鮓）

鮓作りの季節は春秋がよく、夏冬はよくない。寒いときはなかなか熟成しないし、暑いときは塩の量を多くしないと作りにくい。塩からいと味をそこなう。また暑いと蛆《うじ》がわくので、暑いときには「つつみ鮓」[1]を作るとよい。

新鮮なコイを材料とする。大きな魚がよいが、身の痩せた魚ならいっそうよい。肥えた魚で鮓をつくると、美味ではあるが、ながもちしない。肉の長さが一尺半以上で、皮・骨が硬くて「なます」にするのにむかないものは、すべて鮓に加工することができる。

（1）つつみ鮓――「裹鮓」。版によって字が異なるが、ここでは「裹（くゎ）」を採用した。この章の後半に作りかたの記述がある。

うろこを取り去ってから、切り身にする。切り身の形は、長さ二寸、幅一寸、厚さ五分で、すべての切り身に皮がついているようにする。あまり大きな切り身だと、外側が熟成しすぎて、酸っぱくて食べるに耐えず、内側だけが食べごろではあるが、骨に近いところは生臭くて食べるに耐えないので、三分の一しか食用にならない。小さな切り身にしておけば、均一に熟成させることができる。切り身の寸法はおおよそであり、かならずしも、この寸法にこだわる必要はない。ただし、背骨のあたりは方形に切るのがよい。肉の厚い部分は皮を薄めに、肉の薄い部分は皮を厚めに切る。切り身ごとに切りはなしたとき、すべてが皮つきの切り身であるようにする。皮のつかない切り身があるようでは、よくない。

切り身を水盆のなかに入れて、手で血のついた部分を取り去る。いちど取りだしてから、ふたたび、きれいな水にいれて、きれいに洗う。切り身をさらえて大皿にいれ、白塩をふり、籠にうつし、平らな板石をうえに置き、圧して水分を取り去る。水切りをよくして塩水を除いておかないと、鮓がただれてしまう。一晩水切りをしてもかまわない。

水切りがおわったら、切り身一切れをあぶり、食べて塩加減をみる。味が薄ければ塩を「まぜめし」(2)にま

(2)まぜめし――「糝(さん)」。飯に野菜、香辛料などを混ぜ、味つけをした「めし」をいう。

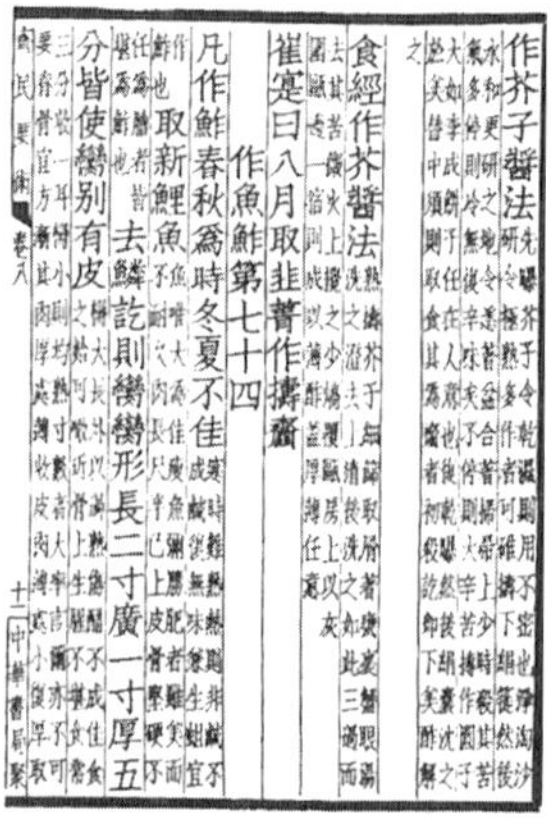
作芥子醬法

之

食經作芥醬法

崔寔曰八月取韭菁作擣齏

作魚鮓第七十四

凡作鮓春秋爲時冬夏不佳

取新鯉魚　去鱗訖則臠臠形長二寸廣一寸厚五

分皆使臠別有皮

齊民要術　卷八

十二　中華書局聚

【鮓】

47077

甲、〔廣韻〕〔集韻〕〔韻會〕〔正韻〕側下切　馬上聲　ㄓㄚˇ　jaa

乙、〔集韻〕助駕切　禡去聲　ㄓㄚˋ　jah

甲、側下切　●藏魚也。謂藏貯以爲食品之魚也。如醃魚糟魚之類。〔釋名、釋飲食〕鮓、菹也、以鹽米釀魚、以爲菹、熟而食之也。〔晉書、列女傳〕陶侃少爲尋陽吏、監魚梁、以一坩鮓遺母。●與鮺同。〔集韻〕鮺、說文、藏魚也、或作鮓。

乙、助駕切　海蜇也。與蚱蛇同。〔集韻〕鮓、海魚名、或作蚱。〔博物志、異魚〕東海有物、狀如凝血、方員、名曰鮓魚、無頭目處所、內無藏、衆蝦附之、隨其東西、人煮食之。〔駢雅、釋蟲魚、訓纂〕鮓亦作蛇、水母也、今俗呼爲海蜇。

ぜる。十分にしおからければつぎの工程で「まぜめし」だけを加える。さもなければ「まぜめし」にほどよく塩をまぶす必要がある。

ウルチゴメの飯を炊いて「まぜめし」を作る。かための飯がよく、やわらかいと鮓がただれる。盆のなかで、飯にカラハジカミ、(3)「ちんぴ」と、よい酒を合わせる。「まぜめし」をついて、粘りけが出て魚にくっつくようにしたらよい。カラハジカミはまるのまま使用し、橘皮は細切りにする。どちらも香気をつけるためのものなので、少量でよい。「ちんぴ」がなければ、レモンエゴマ(4)で代用してもよい。酒は、もろもろの邪悪を避け、鮓をきれいに、はやく熟成させる。鮓一斗に酒半升を用いる。悪い酒は用いない。

甕のなかに魚を一層並べ、そのうえに「まぜめし」を一層並べ重ねることをくりかえし、甕にいっぱいつめる。魚の腹身の脂肪の多い部分を甕の上部につめる。脂肪の多い部分はながもちしないので、熟成したら、この部分から先に食べるためである。甕の最上部には「まぜめし」を多めに入れ、タケの葉を縦横に八重に敷いて蓋にする。タケの葉がなければ、マコモやアシの葉を用いる。これらの葉が得られない春冬には、ヨシの葉を裂いて使用してもよい。タケをけずった棒を

(3) カラハジカミ——「茱萸(シュユ)」。『本草和名』では、カラハジカミという和名が付与されている。第四四章にこの栽培法が収載され、当時は広く栽培されたらしい。種実はテルペン類を含み、香辛料であった。現在では健胃剤として使用されている程度である。学名は“Evodiae rutaeacarpa。

(4) レモンエゴマ——「草橘子」。第七〇章訳注2を参照。

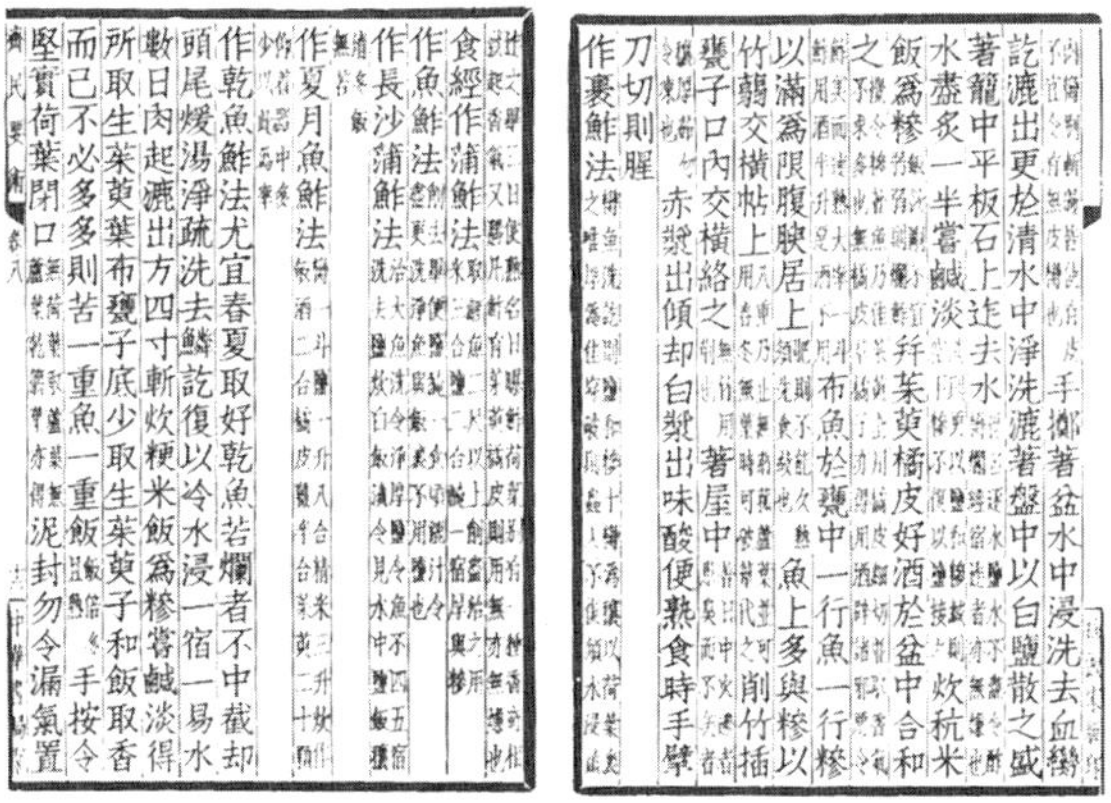
訖漉出更於清水中淨洗漉著盤中以白鹽散之盛
著籠中平板石上迮去水炊秔米
飯爲糝幷茱萸橘皮好酒於盆中合和
之布魚於甕中一行魚一行糝
以滿爲限腹腴居上魚上多與糝以
竹篛交橫帖上削竹插
甕子口內交橫絡之著屋中
赤漿出傾却白漿出味酸便熟食時手擘
刀切則腥
作裹鮓法
食經作蒲鮓法
作魚鮓法
作長沙蒲鮓法
作夏月魚鮓法
作乾魚鮓法尤宜春夏取好乾魚若爛者不中截却
頭尾煖湯淨疏洗去鱗訖復以冷水浸一宿一易水
數日肉起漉出方四寸斬炊粳米飯爲糝嘗鹹淡得
所取生茱萸葉布甕子底少取生茱萸子和飯取香
而已不必多多則苦一重魚一重飯手按令
堅實荷葉閉口泥封勿令漏氣置
齊民要術 卷八

何本も甕の口にさしこんでからめ、葉の内蓋をおさえる。タケがない場合はニンジンボク(5)を用いる。甕は屋内に置く。陽のあたる場所や、火の近くに置くと、臭くなり、おいしくならない。寒い月はわらでくるみ、凍らせないようにする。赤い汁があがってきたら、甕をかたむけて捨てる。白い汁があがって、酸っぱい味になったら熟成している。食べるときには手でむしる。刃物で切ると生臭くなる。

「つつみ鮓」の作りかた（作裹鮓法）

魚の切り身を洗いおわったら、塩と「まぜ飯」をまぜ、一〇片の切り身を一包みとして、ハスの葉で包む。ハスの葉は厚いものがよい。破れて穴があくと、虫が入るからである。この場合、水に浸したり、圧しをかける必要はない。わずか二～三日で熟成するので「はや鮓(6)」ともいう。ハスの葉には一〇種(7)の独特の香りがあり、これらが相寄って香気を発するので、普通の鮓よりすぐれている。カラハジカミ、「ちんぴ」があれば用いるが、なくてもさしつかえない。

『食経』にいう「ガマ鮓(8)」の作りかた（食経作蒲鮓法）

二尺以上のコイを切りわけ、きれいに処理する。

（5）ニンジンボク――「荊」。クマツヅラ科に属する落葉灌木。葉がニンジンの葉に似ているので、この名がついたという。篠田による解説（『中国食物史の研究』、一二九～一三〇ページ）を参照。

（6）はや鮓――「暴鮓」。「暴」には「はやい」という意味がある。

（7）一〇種。熊代は「有十種香」（高山寺本、金沢本）にもとづいて一〇種とし、ここでもこれに従った。しかし、万有本では「有一種香」とある。

（8）ガマ鮓――「蒲鮓」。「長沙ガマ鮓」にも「蒲」がでてくるが、実際にはガマもマコモも使用していない。篠田（『すしの本』、一四一ページ）は、伝写の過程における錯誤によって生じたことかもしれないと述べている。

米三合と塩二合をもちいる。一晩、塩漬けにする。「まぜめし」を厚く添える。

「魚鮓」の作りかた（作魚鮓法）

魚を切りわけてから、塩漬けにし、一食するくらいの時間をおいてから、出てきた汁を取り去り、きれいに魚を洗い、飯を一緒につつむ。塩は用いない。[9]

「長沙ガマ鮓」の作りかた（作長沙蒲鮓法）

大きな魚を処理し、きれいに洗って、魚肉が塩におおわれて見えないように、厚く塩をする。四～五晩経過してから、塩を洗い去り、きれいな水のなかに漬ける。白飯を炊き、塩と飯で醸す。[10] 飯の量が多くてもさしつかえない。

夏月の「魚鮓」の作りかた（作夏月魚鮓法）

切り身一斗に塩一升八合、精米三升を炊いて飯にしたもの、酒二合、「ちんぴ」とショウガ半合、カラハジカミ二〇粒が材料である。これらを器に入れておさえつける。つくる量の多少にかかわらず、この比率で加減する。

（9）塩は用いない——短時間、塩漬けにしたあと、余分な塩分を洗い流し、飯だけで本漬けをする方法である。いったん塩漬けにした魚を塩抜きし、飯とともに本漬けにする方法は、日本の「なれずし」作りにもみられる。

（10）塩と飯で醸す——原文通りに訳すと、「白飯を炊き、（飯と魚を）きれいな水のなかに漬ける」ということになる。これでは、「なれずし」の作りかたとしては理解しがたい。文章の前後が伝写の過程で入れ替った可能性もあるかと思い、熊代の解釈を採用することとした。

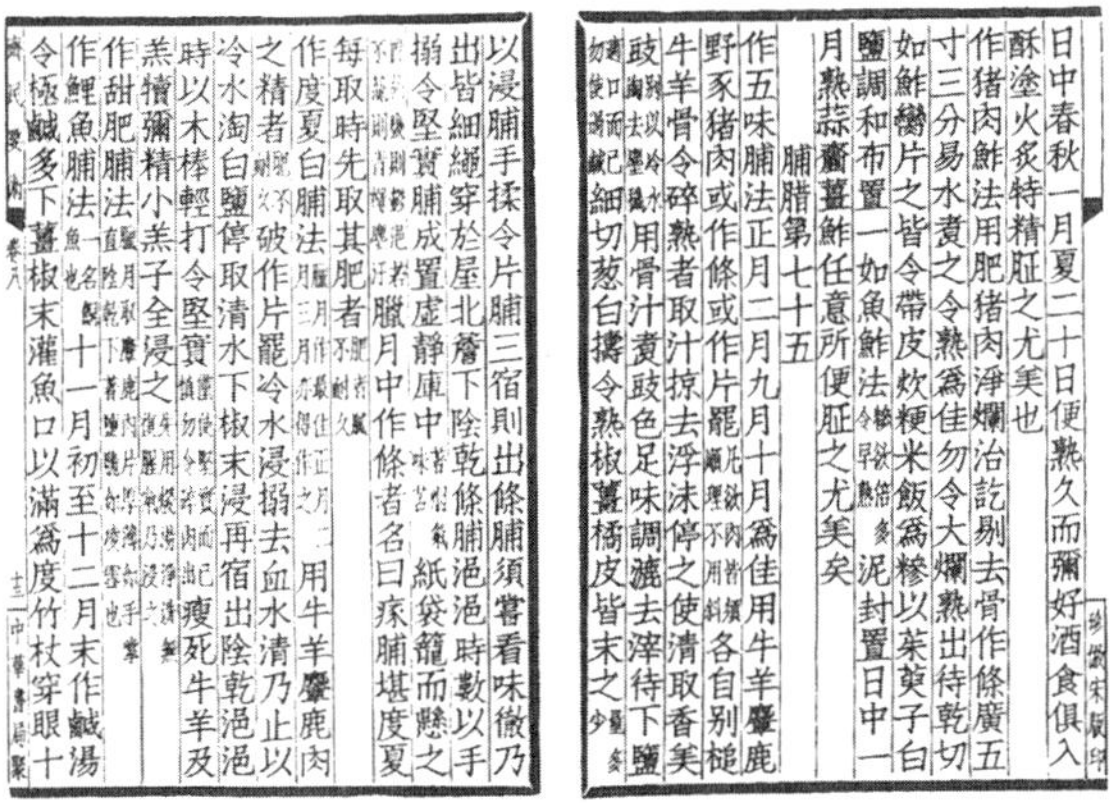
日中春秋一月夏二十日便熟久而彌好酒食俱入
酥塗火炙特精䏑之尤美也
作猪肉鮓法用肥猪肉淨爛治訖剔去骨作條廣五
寸三分易水煮之令熟爲佳勿令大爛熟出待乾切
如鮓臠片之皆令帶皮炊粳米飯爲糝以茱萸子白
鹽調和布置一如魚鮓法泥封置日中一
月熟蒜齏薑鮓任意所便䏑之尤美矣
脯腊第七十五
作五味脯法正月二月九月十月爲佳用牛羊麞鹿
野豕猪肉或作條或作片罷各自別搥
牛羊骨令碎熟煮取汁掠去浮沫停之使清取香美
豉用骨汁煮豉色足味調漉去滓待下鹽
細切葱白擣令熟椒薑橘皮皆末之
以浸脯手揉令片脯三宿則出條脯須嘗看味徹乃
出皆細繩穿於屋北簷下陰乾條脯浥浥時數以手
搦令堅實脯成置虛靜庫中紙袋籠而懸之
臘月中作條者名曰瘃脯堪度夏
每取時先取其肥者
作度夏白脯法用牛羊麞鹿肉
之精者破作片罷冷水浸搦去血水清乃止以
冷水淘白鹽停取清水下椒末浸再宿出陰乾浥浥
時以木棒輕打令堅實瘦死牛羊及
羔犢彌精小羔子全浸之
作甜肥脯法
作鱧魚脯法一名鮦魚也十一月初至十二月末作鹹湯
令極鹹多下薑椒末灌魚口以滿爲度竹杖穿眼十
齊民要術 卷八　中華書局聚

「乾魚鮓」の作りかた（作乾魚鮓法）

春夏に作るのが、最もよろしい。よい乾魚を使う。もしも、魚がただれているようでは鮓つくりに適さない。頭と尾を切り去り、温湯できれいに、しごき洗いをして、うろこをとり、また冷水に浸しておく。一晩たったら一度水を換え、数日で魚肉がもどったら、水切りをして、四寸の正方形に切る。

ウルチゴメを炊いて、まぜ飯とし、なめて塩味のかげんを調節する。カラハジカミの生の葉を甕の底に敷き、カラハジカミの生の実をすこしとって飯に混ぜる。カラハジカミは香りをつけるために用いるのだから、少なくてよい。多いと苦くなる。

魚肉一重に、飯を一重する。飯の量を魚の倍にすると、はやく熟成する。甕の中身を手でかたく圧してから、ハスの葉で蓋をする。ハスの葉がなければ、アシの葉を使う。アシの葉がなければ、乾燥したヨシの葉を使ってもよい。泥で甕の口を封じ、気を洩らさないようにし、陽のあたるところに置く。春秋は一か月、夏は二〇日で熟成するが、長期間熟成させるほどよい。

酒のさかなにも、飯のおかずにもよい。酥《そ》[11]を塗って直火焼きにするととくによく、「すしだきもの」[12]にすると最もおいしい。

(11) 酥——第五七章にこの作りかたが、第八七章に料理への利用法が収載されている。
(12) すしだきもの——「䏑」。鮓（なれずし）を煮て作った料理で、第七八章に調理法が収載されている。

「ブタ肉鮓」の作りかた（作猪肉鮓法）

肥えたコブタの肉を用いる。湯をかけてきれいにしたのち、骨を取り去り、五寸幅の短冊型に切る。これを三度水を換えて、熱が通るまで煮るが、あまり煮すぎてはいけない(13)。煮えたら鍋から出して、乾くのを待って、魚鮓の切り身のように切り分ける。すべての切り身に皮がついているようにする。

ウルチゴメを炊いて「まぜ飯」をつくり、「まぜ飯」にはカラハジカミの実と白塩を混ぜておく。肉の倍量の「まぜ飯」をもちいるのが望ましい。そうするとはやく熟成する。魚鮓とおなじように甕につめ、泥で封じて、陽のあたるところへ置くと、一か月で熟成する。

好みにまかせて、ニンニクの和えもの、ショウガ酢を添えて食べる。「すしだきもの」にすると最もおいしく、直火焼きにすると珍味である。

(13) あまり煮すぎてはいけない——後代の食経に記載された畜肉の「なれずし」の作りかたでも、かならず肉をあらかじめ煮てから漬けこんでいる。それに対して、現在の中国西南部の少数民族や東南アジアの民族は、生肉をそのまま漬けこんで「なれずし」にする。

〈コラム〉なれずし

石毛　直道

現在の日本で「鮓」といえば、にぎりずし、海苔巻きずしなど、酢をきかせたすし飯を使用した食べ物をさすようになった。飯や魚に酢で酸味をつけた「早ずし」といわれるものが普及したのは一七世紀末からあとのことである。

それまでは米飯と塩をした魚をいっしょに長期間漬けこみ、乳酸発酵の結果酸っぱくなった魚の保存食品を鮓といった。早ずしは飯主体のスナック食品であるが、そのまえの鮓は魚主体の食品で、発酵してべたべたになった酸っぱい飯は食べなくともよかった。いいかえるなら、米飯を漬け床としてつくった魚の漬け物が鮓であった。この『要術』に述べられているような本来の鮓を、現在の鮓と区別するために、わが国では「なれずし」という。現代における、わが国の「なれずし」の代表的なものが琵琶湖の鮒ずしである。

鮓は東アジア、東南アジアにひろく分布した食品である。鳥獣肉や海産魚でつくる鮓もあるが、淡水魚を原料とするものがおおい。朝鮮半島の東部でアワ飯、台湾先住民がアワ飯、乾燥したサトイモをついたものを漬け床とすることをのぞくと、鮓は米飯で漬けこむ。そこで、鮓は稲作と結合した食品であり、アワやサトイモとの結合は二次的適応であると解釈される。東南アジアの陸稲焼畑耕作民のあいだに鮓が発達せず、古くから水田耕作をした民族に鮓が分布する。

琵琶湖の鮒ずしは、塩をしたフナと米飯だけでつくる単純な製法である。『要術』では、単純な製法のほかに、風味づけとあわせて発酵を促進する機能をもつ酒を加えること、カラハジカミ、「ちんぴ」、ショウガの香辛料をいれて香りづけをする鮓、二〜三日で食用にする鮓などのつくりかたが記載されている。このような鮓の多様性は、この頃になると、鮓がたんなる魚の保存法にとどまらず、嗜好食品化していたことを物語る。『要術』のブタ肉鮓は、いったん煮てから漬けこむが、これは後代の中国における獣肉の鮓全般に共通する手法である。それにたいして、現在の南西中国の少数民族や東南アジアにおける獣肉の鮓は、生肉をそのまま漬けることがことなっている。

『要術』のつぎに鮓の具体的製法が記された文献は、北宋の『中饋録』である。これには麦麹や紅麹を使用した鮓の製法があらわれる。麹は発酵を促進し、風味をつける機能をもつ。以後、中国の鮓つくりには麹を加えることが定法となる。なかでも紅麹がよく利用され、赤い色をした鮓が好まれたもののようである。乳酸発酵にたよらず、酢を使用して酸味をつけた鮓も『中饋録』にあらわれる。

『要術』では香辛料を使用しない鮓もあるが、『中饋録』以後の鮓は、かならず香辛料を加えて漬けるようになり、カラハジカミは姿を消し、サンショウの実、ネギ、イノンド、ウイキョウの使用が一般的で、数種類の香辛料を混ぜることもある。ゴマ油、サンショウやネギの香りをうつした油を加え、油の香りをつけ、あぶらっこい味が好まれるようになる。また、唐代からダイコン、マコモダケ（マコモに菌が寄生して肥大した部分）、タケノコなど植物性の材料を漬けた精進の鮓がつくられるようになる。

『要術』と『中饋録』のあいだの時代で鮓の変化がおこり、その変化の傾向が時代がたつにしたがって増幅される。その変化とは、保存食品としての性格がうすれ、嗜好食品化の方向をたどることであった。その結果、発酵・熟成期間が短くなり、よくなれて酸っぱいものから生々しい鮓になり、おおくの香辛料を使用した複雑な味や香りで主材料の持ち味をおおい、人工的な味のものとなり、色も赤く染めたものになった。

中国における鮓の全盛期は宋代であり、とくに南宋でよく食べられたが、魚食をしないモンゴル人が支配者となった元代になると凋落の方向にむかった。漢族が国家をつくった明代になると、鮓が復活するが、清代になると消滅の道をたどる。清代の料理書で鮓について述べられているのは、一七世紀末の『養小録』だけである。一七〇〇年の『広東新語』に広東の石冷魚（カジカあるいはサンショウウオ？）の鮓が記載され、広西の人びとが鮓を好むことが述べられている。あとは、貴州省のミャオ族地帯への旅行記のいくつかに鮓つくりの記事があるくらいのものである。現在の中国での鮓は、貴州省、雲南省、広西チワン族自治区、台湾の少数民族によってつくられるが、漢族には忘れ去られた食品となっている。

主食の稲を生産するだけではなく、水田や水田に続く水路は、農薬使用前には、副食となる淡水産の魚介を供給する場でもあった。この水田漁業という生活様式のなかで生まれた魚の貯蔵法が鮓であり、水田稲作とともに各地に伝播したものであろう。その起源地は南西中国からインドシナ半島のメコン川流域にかけての地帯である可能性がつよい。

中国の文献における鮓の初出は後漢の『説文解字』である。篠田によると、鮓は漢族固有の食品ではなく、長江以南の異民族から伝えられたものであろうとされる。三世紀中頃に書かれた『釈名』には、「鮓は漬物である。塩と米で魚を醸して漬物とする。熟成したら食べる」とある。次の段階として、鮓の具体的製法を詳しく述べているのが、この『要術』の記事である。

この「作魚鮓」の章のほかに、『要術』の鮓に関連した食品としては、第七〇章「作醤等法」にあらわれる蝦醤があげられる。これはエビ、飯、塩、水を混合して発酵させた食品である。飯が加えられているので乳酸発酵をした、なれずしになっているはずである。水を加えているので、液体分のおおいドロドロした製品にしあがるので醤の部類にいれられたのであろう。

漢族の料理の歴史は、時代があたらしくなるほど生食をしないようになる傾向がいちじるしい。現在の漢族の食習慣では、漬物と少数の野菜を例外的に生食するだけである。

『要術』の第七八章には鮓を加熱して食べる料理法が記されているが、なんといっても生食が鮓の基本的な食べかたである。すべてが火熱をとおした料理になっていく過程のなかで、膾や鮓のような生食の料理が姿を消していったのである。

【参考文献】

＊篠田統、『すしの本』、柴田書店、一九六六（新装復刻版、一九九三）

＊石毛直道、ケネス・ラドル、『魚醤とナレズシの研究――モンスーン・アジアの食事文化』、岩波書店、一九九〇

第七五章「ほし肉」および「まるぼし肉」の作りかた

この章では、肉や魚を乾燥して保存食品化する技術を紹介している。ご馳走となる肉や魚は、儀式の供物、行事食、来客接待の食事に欠かすわけにはいかない。現在のように肉屋や魚屋から必要な量だけ買ってくることが困難であった時代には、自家製の保存食品を用意しておくことが普通であった。『要術』における肉や魚の記事のなかで保存加工技術に関する記事の比重が高いのは、このような理由による。

「ほし肉」および「まるぼし肉」の原語は「脯《ほ》」および「腊《さく》」である。『倭名類聚抄』では前者に「保之之《ほしし》」、後者に「木多比《きたひ》」という和訓を付したが、いずれも現代人にはなじみがないので、ここでは熊代による訳語を使用した。いずれも肉や魚を乾燥して作った保存食品であるが、後者は解体せずにまるのまま乾燥して作ったものである。

ここに記述されている「ほし肉」は、旧暦の一二月に製造する例が多い。厳冬期にかけての時期に作ったならば、腐敗を防ぎながら乾燥することができる。また、家畜飼料が少ない冬にさしかかる時期に屠殺し、正月のご馳走にまわすためでもあろう。現在でも「ほし肉」を「臘味」ということがあるが、これは一二月を臘月ということに由来する名称である。（石毛）

「五味ほし肉」[1]の作りかた（作五味脯法）

正月、二月、九月、十月につくるのがよい。ウシ、ヒツジ、ノロ、シカ、イノシシ、ブタの肉を用いる。肉を短冊型や薄切りにする。筋目に従って肉を切るのであって、筋を斜めに切断してはいけない。

ウシ、ヒツジの骨を槌で叩きくだいたものを、よく煮て、汁をとる。汁に浮いてきた小さな泡をすくいとり、火を止めて澄ませる。

（1）五味ほし肉――「五味脯」。豆豉、ネギ、サンショウ、ショウガ、「ちんぴ」という五種の香辛料を五味という。

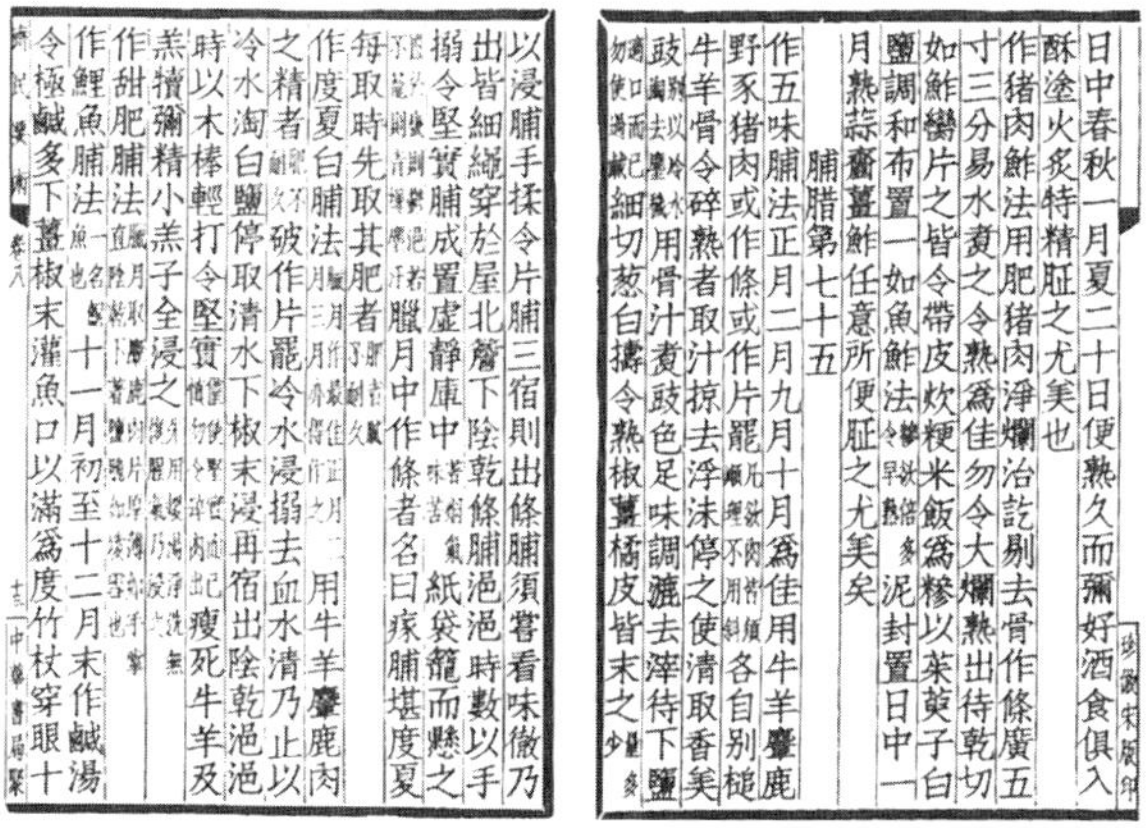

珍倣宋版印

日中春秋一月夏二十日便熟久而彌好酒食俱入
酥塗火炙特精脡之尤美也
作猪肉鮓法用肥猪肉淨爛治訖剔去骨作條廣五
寸三分易水煮之令熟爲佳勿令大爛熟出待乾切
如鮓臠片之皆令帶皮炊粳米飯爲糝以茱萸子白
鹽調和布置一如魚鮓法泥封置日中一
月熟蒜齏薑鮓任意所便脡之尤美矣
脯腊第七十五
作五味脯法正月二月九月十月爲佳用牛羊麞鹿
野豕猪肉或作條或作片罷各自別槌
牛羊骨令碎熟煮取汁掠去浮沫停之使清取香美
豉用骨汁煮豉色足味調漉去滓待下鹽
細切葱白擣令熟椒薑橘皮皆末之
以浸脯手揉令片脯三宿則出條脯須嘗看味徹乃
出皆細繩穿於屋北簷下陰乾條脯浥浥時數以手
搦令堅實脯成置虛靜庫中紙袋籠而懸之
臘月中作條者名曰瘃脯堪度夏
每取時先取其肥者
作度夏白脯法用牛羊麞鹿肉
之精者破作片罷冷水浸搦去血水清乃止以
冷水淘白鹽停取清水下椒末浸再宿出陰乾浥浥
時以木棒輕打令堅實瘦死牛羊及
羔犢彌精小羔子全浸之
作甜肥脯法
作鱧魚脯法十一月初至十二月末作鹹湯
令極鹹多下薑椒末灌魚口以滿爲度竹杖穿眼十

齊民要術　卷八
中華書局聚

品質のよい豆豉を冷水のなかでゆすって、塵やよごれを取り除き、骨の汁で煮る。汁が色付いて、よい味になったら、かすを漉し、冷めるのをまって、塩を加える。口にあう程度の塩加減とし、塩からすぎてはいけない。シロネギをみじん切りにしてつきくだいたもの、サンショウ、ショウガ、「ちんぴ」の粉を適量混ぜたものをこれに加える。

この汁にほし肉の材料を浸し、手でもんで味をしみこませる。薄切りの肉の場合には、三晩すぎたら漬け汁から取り出す。短冊型の肉の場合には、なめてみて味がしみとおったところで取り出す。

下ごしらえがすんだ肉を細縄に通して、北側の軒下で陰干しにする。短冊型のほし肉は、湿り気があるうちに、たびたび手でもみしめておく。

ほし肉ができあがったら、がらんとした静かな倉の中に置いて保存する。ほし肉に煙がつくと味が苦くなるので、紙袋にいれて吊るしておく。大きな甕にいれておくと、むれるし、もし紙袋でくるまないと、ハエや塵でよごれてしまう。十二月につくった短冊型のほし肉を「しもやけぼし」(2)といい、夏こしに耐える。いつも、肥えた肉から先にとりだす。肥えた肉は油気が多く、ながもちしない。

(2) しもやけぼし――「瘃脯」。「瘃(ちょく)」は「しもやけ」または「ゆきやり」のことである。熊代は「しもくち」と訳しているが、現代人には理解しがたいので、ここでは「しもやけ」とした。

【脯】
30161

甲、〔廣韻〕方矩切〔集韻〕〔韻會〕匪父切〔正韻〕斐古切　䩹上聲　ㄈㄨˇ　fuu
乙、〔集韻〕蓬逋切　音蒲　虞平聲　ㄆㄨˊ　pwu
丙、〔集韻〕蒲故切　音步　遇去聲　ㄅㄨˋ　buh

甲、方矩切　●乾肉也。不加薑桂之乾肉也。〔説文〕脯、乾肉也。从肉甫聲。〔廣韻〕脯、乾脯。東方朔云、乾肉爲脯。〔釋名釋飲食〕脯、搏也。乾燥相搏著也。〔周禮、天官、內饔脩刑注〕脩、鍛脯也。〔疏〕不加薑桂、不鍛治者、直謂之脯。〔周禮、天官、腊夫〕凡肉脩之頒賜。疏〕不加薑桂以鹽乾之者、謂之脯。〔周禮、天官、腊人〕田獸之脯腊。〔注〕薄析曰脯。〔禮記、內則〕麥食脯羹雞羹。〔注〕脯、所謂析乾牛羊肉也。〔漢書、貨殖傳〕濁氏以胃脯。〔注〕晉灼曰、今太官常以十月作沸湯燖羊胃、以末椒薑坋之暴使燥是也。●果蔬之乾者。〔嵐巢、遊鼎越詩〕荀脯薔紅稻。〔吳萊、寄方子清詩〕生徒修萬脯。●製作肉乾也。〔呂氏春秋、行論〕殺鬼侯而脯之〔注〕肉熟爲脯。
乙、蓬逋切。丙、蒲故切　爲人物災害之神。又會聚飲食也。與酺同。〔集韻〕酺、爲人物災害之神、一曰、會聚飲食也。或作脯。

夏越しの「すぼし肉」[3]の作りかた（作度夏白脯法）

十二月につくるのが最もよい。正月、二月、三月につくることもできる。ウシ、ヒツジ、ノロ、シカの精肉を用いる。脂の混ざった肉を用いると、ながもちがしない。肉を薄切りにし、冷水に浸し、押し揉みをして血を取り去ることを、水が澄むまで続ける。

別に冷水に塩を入れて、かきまわして溶かし、しばらく置いて上澄みを得る。この塩水にサンショウの粉を入れて、肉を浸し、二晩たったらとりだして日陰干しにする。

肉に湿り気があるうちに、木の棒で軽くたたいて肉質をひきしめる。肉をわずかにひきしめたらよいのであって、肉を砕いてはならない。

痩せおとろえて死んだウシ、ヒツジ、コヒツジ、コウシの肉を使えば、いっそうよいものになる。小さいコヒツジは、まるのまま浸す。このさい、まず温湯できれいに洗い、生臭い臭いがしなくなってから、浸す。

無塩のやわらかな「ほし肉」の作りかた

（作甜肥脯法）

十二月にノロ、シカの肉を、掌程度の厚さの薄切りにして、塩を漬けずに、そのまま陰干しにする。氷や雪のように、もろく、やわらかいものである。

（3）すぼし肉――「白脯」。「五味脯（五味ほし肉）」のように複雑な味つけをしないので、「白脯（すぼし肉）」という。熊代は「しらぼし肉」と訳した。本文中には「夏越し」について触れていないが、保存性が高く、夏をすぎても食べられるからであろう。

【腊】30269

甲、〔廣韻〕〔集韻〕思積切　音昔　陌入聲　ㄒㄧˊ　shyi
乙、〔國語大辭典〕音臘。　ㄌㄚˋ　lah

甲、思積切　❶乾肉也。亦作昔、與㫺同。〔說文〕昔、乾肉也。从殘肉日以晞之、與俎同意。𦠆、籀文从肉。〔段注〕今隸作腊、專用諸脯腊。〔釋名、釋飲食〕腊、乾昔也。〔廣雅、釋器〕腊、脯也。〔易、噬嗑〕噬腊肉。〔釋文〕晞於陽而煬於火曰腊肉。〔周禮、天官、腊人〕凡田獸之脯腊膴胖之事。〔注〕腊、小物全乾。❷乾魚也。〔穆天子傳、六〕魚腊。〔注〕乾魚。❸久也。陳也。與昨通。〔說文通訓定聲〕腊、叚借爲昨。〔禮記、郊特牲〕猶明清與醆酒於舊澤之酒也。注〕其味厚腊毒也。〔釋文〕腊、久也。久酒有毒。❹極也。〔國語、周語下〕味厚實腊毒。〔注〕腊、亟也。讀若廟音酒焉。〔國語、鄭語〕毒之酋腊者、其殺也滋速。〔注〕腊、極也。❺皵皴也。〔山海經、西山經〕錢來之山、有獸焉、名曰羬羊、其脂可以已腊。〔注〕治皵皴。
乙、昔臘　臘之簡字。〔國語辭典〕腊、臘之簡寫。

「ライギョのほし肉」の作りかた（作鱧魚脯法）

ライギョ(4)はドウギョともいう。十一月のはじめから十二月末までにこれを作る。うろこをとらず、魚体を切らずに、串を口中に刺し込み、尾まで突き通す。串は「ねっき」の棒(5)のように先端を尖らしておく。

たいへん塩からい塩湯に、ショウガとサンショウの粉を混ぜておく。これを魚の口から、いっぱいになるまでそそぎこむ。竹串を目に通して一〇尾をひと刺しにまとめ、口を上にむけて北側の軒下につりさげる。凍らして冬をこし、二月、三月になるとできあがる。生のまま五臓をえぐりとり、酸っぱい酢に浸して食べると、こってりとして、塩辛(6)にまさる味がする。

この魚を草で包み、泥封して、熱い灰の中に入れて蒸し焼きにする。草と泥を除いて、皮や布で魚を包み、槌でたたく。こうしてほぐした魚肉は玉や雪のように白く、くらべものがないほどおいしい味がする。飯のおかず、酒のさかなとして、きわめて珍重される美味である。

「五味まるぼし肉」の作りかた（五味脯法）

十二月の初めに作る。ガチョウ、ガン、ニワトリ、アヒル、マナヅル、ノガン、マガモ類、キジ、ウサ

(4) ライギョ――「鱧魚」、ドウギョ――「鮦魚」。版によっては「鯉」と記載したものもある。西北地区を除いて中国大陸全土に分布し、重要な食用魚となっている。

(5) ねっきの棒――「樗蒲」。両端をとがらせた棒を使用した遊戯を樗蒲（ちょぼ）という。日本の根木遊び（ねっきあそび）にたとえておく。

(6) 塩辛――「逐夷」。魚の内臓で作った塩辛である。第七〇章に作りかたが収載されている。

箇一貫口向上於屋北簷下懸之經冬令瘃至二月
三月魚成生刳取五臟酸醋浸食之儁美乃勝逐夷
其魚草裹泥封煻灰中爊（烏刀切）之去泥草以皮布裹
之而槌之白如珂雪味又絶倫過飯下酒極是珍美
也
五味脯法（臘月初作）用鵝鴈雞鴨鶬鳵鳧雉兎鴿鶉生魚
皆得作乃淨治去腥竅及翠上脂瓶（留脂瓶則臊也）全浸勿
四破別煮牛羊骨肉取汁（牛羊科得一種不須並用）浸豉和調一同
五味脯法浸四五日嘗味徹便出置箔上陰乾火炙
熟槌亦名瘃臘亦名瘃魚臘
作脃脯法（臘月初作任為五味脯者皆中作唯魚不中耳）白湯熟煮掠去浮
沫欲去釜時尤須急火急則易燥置箔上陰乾之甜
脃殊常

作浥魚法（四時皆得作之）凡生魚悉中用唯除鮎鱯（上奴嫌反下胡化反）
耳去直腮破腹作鮍淨疎洗不須鱗夏月時須多
著鹽春秋及冬調適而已亦須倚鹹兩兩相合冬直
積置以席覆之夏須甕盛泥封勿令蠅蛆
肉紅赤色便熟食時洗卻鹽煮蒸炮任意
美於常魚（作鮓醬爊煎悉得）
羹臛法第七十六
食經作芋子酸臛法猪羊肉各一斤水一斗煮令熟
成治芋子一升別蒸之葱白一升著肉中合煮使熟
粳米三合鹽一合豉汁一升苦酒五合口調其味生
薑十兩得臛一斗
作鴨臛法用小鴨六頭羊肉二斤大鴨五頭葱三升
芋二十株橘皮三葉木蘭五寸生薑十兩豉汁五合
齊民要術　卷八　中華書局聚

ギ、ハト、ウズラ、生の魚は、みな材料となる。きれいに下ごしらえをして、内臓や尾の脂肪の部分を取り除く。脂肪の部分が残ると、生臭くなる。四つ裂きにせず、まるのまま漬け込む。

別に、ウシ、ヒツジの骨、肉を煮て汁をとっておく。このさい、ウシか、ヒツジのどちらか一種類を選んだらよいのであって、併用してはならない。五味干し肉をつくるときと、まったくおなじように、煮汁に豉を浸して味つけをする。四〜五日浸して、なめてみて、味がしみていれば、取り出して、箕のうえで陰干しにする。火であぶり、槌で打って食べる。別名を「しもやけまるぼし(7)」という。ニワトリ、キジ、ウズラの三種類については、胸を切り開かずに姿のまま内臓を抜いて調理する。

柔らかい「ほし肉」の作りかた（作脆腊法）

十二月の初めに作る。先の述べた五味の干し肉になる材料のうち、魚以外のもの、すべてに適用する製法である。

ただの湯のなかで材料をよく煮て、浮きあがった泡をすくう。釜から取り出す前には、最も強火にする必要がある。強火にすると、乾燥しやすくなる。箕の上

(7) しもやけまるぼし――「瘃腊」または「瘃魚腊」。

で陰干しにする。甘く、もろい舌ざわりが、特徴である。

湿り気のある「塩魚(8)」の作りかた（作肥魚法）

四季、いずれの季節にも作れる。ナマズ(9)、ギギ(10)以外の生の魚なら、なんでも用いてよい。えらを取り除き、腹開きにして、きれいに、しごき洗いをする。うろこを除去する必要はない。

夏には、とくに大量の塩を魚につける必要がある。春秋と冬には、適当な塩加減にする。また、魚のひとつに塩をして、二尾の魚を抱きあわせるようにしてもよい。冬はそのまま積んでおき、むしろをかけておく。夏は、ハエやウジがつかないように、甕に入れて、泥で甕の口を封じておく。甕の底に数個の孔をあけておき、孔の栓をとって、生臭い汁を抜き、汁がなくなったら、孔をふさいでおく。魚肉が紅赤色になったら熟成している。

塩を洗い去り、好みにまかせて、煮たり、蒸したり、蒸し焼きにして食べる。普通の魚よりも、おいしい。これを材料として、鮓(11)や醬をつくったり、熱い灰のなかで蒸し焼きにしたり、煎めてもよい。

(8) この製法では、魚からにじみでる汁を取りさるので、塩辛ほどべとつかないであろうが、魚肉の自己消化が進行した食品になるであろう。塩乾魚と塩辛の中間に位置する保存食品であろう。

(9) ナマズ——「鮎」。中国大陸では、「鮎」はナマズのことである。

(10) ギギ——「鱯」。ギギ科に属する淡水魚。熊代はシロギギとしているが、ここでは単にギギとした。『辞海』によれば、長江流域に分布する体長三〇センチメートルほどの食用魚 Hemibagrus guttatus あるいは Hemibagrus macropterus で、南方では「鮠」と称するという。

(11) すでに魚に塩がしてあり、ある程度の自己消化が進行しているので、「鮓（なれずし）」（第七四章）および「魚醬」（第七〇章）の原料とするのにつごうがよい。

第七六章「あつもの」の作りかた

原文は「臛羹」である。『倭名類聚抄』（九三四年）はそれぞれに「あつもの」という訓を付し、前者を「有菜」、後者を「無菜」と使いわけた。『辞海』（一九八九年版）によれば、「羹」は「本来は五味を調和した濃厚な汁もの、またそれを煮つめて作った食品」であり、「臛」は「肉羹」である。しかし、『要術』は厳密に使いわけていない。（太田）

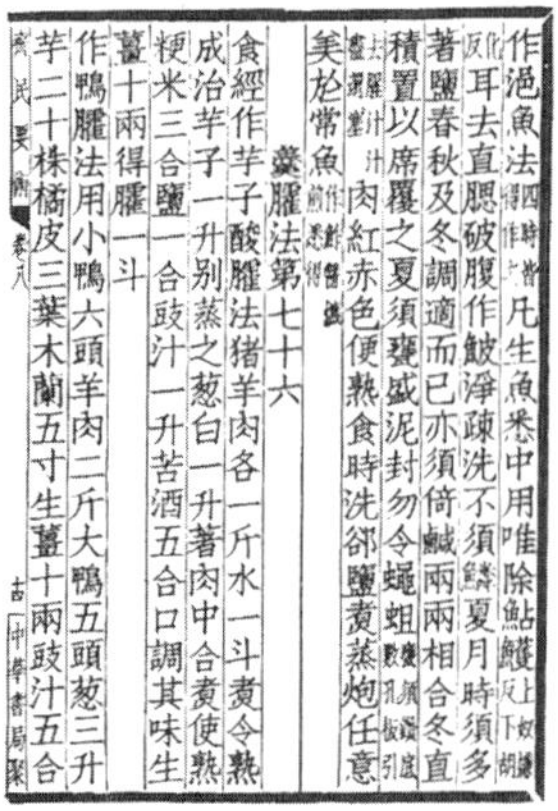
作浥魚法（四時皆得作之）凡生魚悉中用唯除鮎鱯（上奴謙反下胡化反）耳去直腮破腹作鮍淨疎洗不須鱗夏月時須多著鹽春秋及冬調適而已亦須倚鹹兩兩相合冬直積置以席覆之夏須甕盛泥封勿令蠅蛆肉紅赤色便熟食時洗卻鹽煮蒸炮任意美於常魚（作鮓醬爊煎悉得）
羹臛法第七十六
食經作芋子酸臛法猪羊肉各一斤水一斗煮令熟成治芋子一升別蒸之葱白一升著肉中合煮使熟粳米三合鹽一合豉汁一升苦酒五合口調其味生薑十兩得臛一斗
作鴨臛法用小鴨六頭羊肉二斤大鴨五頭葱三升芋二十株橘皮三葉木蘭五寸生薑十兩豉汁五合
齊民要術　卷八　中華書局聚

『食経』にいう

「サトイモの酢あつもの」の作りかた（『食経』作芋酸臛法）

ブタ肉一斤およびヒツジ肉一斤を水一斗のなかでよく煮つめる。別に下ごしらえしたサトイモ一升を蒸す。シロネギ一升を肉のなかに入れ、蒸したサトイモとあわせて煮つめる。ウルチゴメ三合、食塩一合、豆豉汁[1]一升、食酢[2]五合で作っただしを加え、味を口でととのえ、生ショウガ一〇両を加えて、あつもの一斗をつくる。

「アヒルのあつもの」の作りかた（作鴨臛法）

小さいアヒル六羽、ヒツジ肉二斤、大きいアヒル[3]五羽、ネギ三升、サトイモ二〇粒、「ちんぴ」三枚、モクレン[4]五個、ショウガ一〇両、豆豉汁五合、コメ

（1）「豆豉汁」――「豆豉」の作りかたは第七二章に収載されている。この煮汁が豆豉汁で、この章では調味料として頻繁に出現する。しかし、日本ではほとんど使用されていない。

（2）食酢――「苦酒」。『倭名類聚抄』は「からさけ」という和訓を付し、酢の俗名としている。苦酒の作りかたは第七一章に収載されている。

（3）大きいアヒル――「小さいアヒル」と「大きいアヒル」とを併用するのは、いかにも不自然である。石声漢は「小さいアヒル」ならば六羽、「大きいアヒル」ならば五羽と解釈している。

（4）モクレン――「木蘭」。モクレンの花蕾の乾物で、独特の芳香をもつ。「五寸」について、熊代は「筆毛状で長さ二センチメートルであるから当時の約一寸にあたり、幾個と数えず幾寸と数えたのであろう」と解釈している。しかし、石声漢は長さ五寸のモクレンの樹皮とし、王仁興もこれにならっている。

一升を用い、味を口でととのえる。あつもの一斗をうるには、先に八升の酒でアヒルを煮る。

「スッポンのあつもの」の作りかた（作鼈臛法）

スッポンをそのまま煮てから、甲羅と内臓を除く。ヒツジ肉一斤、ネギ三升、豆豉汁五合、ウルチゴメ半合、ショウガ五両、モクレン）個、酒二升でスッポンを煮る。食塩と食酢を加えて、味を口でととのえる。

「ブタの足[5]の酢のあつもの」の作りかた（作猪蹄酸羹一斛法）

ブタの足三具（一二蹄）を煮つめて、大きい骨を除き、ネギ、豆豉汁、食酢、食塩を加え、味を口でととのえる。旧法では水飴六斤を加えたが、今は加えない。

「ヒツジの足のあつもの」の作りかた（作羊蹄臛法）

ヒツジの足七具（二八蹄）、ヒツジ肉一五斤、ネギ三升、豆豉汁五升、コメ一升でつくり、味を口でととのえる。これに生ショウガ一〇両、「ちんぴ」三枚を加える。

【臛】30687

甲、〔廣韻〕火酷切　音熇　沃入聲　ㄏㄨˋ　huh

乙、〔字彙〕黑各切　藥入聲　ㄏㄨㄛˋ　huoh

㊀肉羹也。與臛同。〔廣韻〕臛羹臛。〔正字通〕臛、同臛。㊁無菜曰臛。〔楚辭、招魂〕露鶏臛蠵。〔注〕有菜曰羹、無菜曰臛。㊂爊也。〔史記、刺客列傳〕乃臛其目。〔索隱〕以馬矢爊令失明。

【羹】29216

甲、〔廣韻〕〔正韻〕古行切〔集韻〕〔韻會〕居行切　音庚　庚平聲　ㄍㄥ　geng

乙、〔集韻〕盧當切　音郎　陽平聲　ㄌㄤˊ　lang

甲、古行切　㊀羹湯之和以五味者。又用肉雜菜蔬者。與羹同。〔說文〕羹、五味盉羹也。羹小篆从羔从美。〔爾雅、釋器〕肉謂之羹。〔注〕肉臛也。〔釋名、釋飲食〕羹、汪也。汁汪郎也。〔詩、商頌、烈祖〕亦有和羹。〔疏〕羹者五味調和。〔書、說命〕若作和羹、爾惟鹽梅。〔傳〕羹須鹹醋以和之。〔禮記、樂記〕大羹不和。〔注〕大羹肉湆不調以鹽菜。〔禮記、禮器〕羹定詔於堂。〔注〕肉謂之羹。〔楚辭、宋玉招魂、露雞臛蠵注〕有菜曰羹、無菜曰臛。㊁俗作羹。〔康熙字典〕羹、俗羹字。

乙、盧當切　不羹、春秋地名。在今河南省襄城縣。與郎同。〔集韻〕羹、不羹、邑名。通作羹。〔左氏昭十一〕楚子城陳蔡不羹。〔釋文〕羹、音郎。

（5）ブタの足――「猪蹄」。そのまま訳せば「ブタのひづめ」となるのだが、足の下膊部から下の部分を指す。「一具」は「四蹄」からなるので、「三具」は「一二蹄」となる。

胡　葱

蒜　葫

胡　荽

「ウサギのあつもの」の作りかた（作兎臛法）

ウサギ一頭、大きく割ったナツメの実、水三升、酒一升、モクレン半個、ネギ三升、コメ一合でつくる。塩豉[6]、食酢を加え、味を口でととのえる。

「酢あつもの」の作りかた（作酸羹法）

ヒツジの腸二本、水飴六斤、ナガユウガオ[7]の若芽六斤、アサツキ[8]二升、コニンニク[9]三升、コムギ粉三升、豆豉汁、ショウガ、「ちんぴ」でつくる。味を口でととのえる。

「えびすのあつもの[10]」の作りかた（作胡羹法）

ヒツジの脇腹肉六斤、およびヒツジ肉四斤を水四升と煮てから、肉を取り出し、これを切り、アサツキ一斤、コリアンダ[11]一両、ザクロの果汁[12]を加え、味を口でととのえる。

「ゴマのあつもの」の作りかた（作胡麻羹法）

ゴマ一斗を煮熟し、すって汁三升をとり、これにアサツキ二升、コメ二合を加えて火にかける。アサツキとコメが煮えきればできあがる。できあがりは二升半となる。

（6）塩豉。第七二章記載の『食経』にいう豆豉」がこれである。現在では鹹豆豉と称する。

（7）ナガユウガオ――「瓠」。食用種と特定するためにナガユウガオとした。一般に瓜類の若芽は野菜として広く使用されている。学名は〝Lagenaria vulgaris〟

（8）アサツキ――「葱頭」。熊代も石声漢も明快には解説せず、熊代はタマネギかもしれないと付記している。『中国食物事典』には、洋葱、すなわちタマネギの別名とあるが、タマネギが中国大陸に入ったのは今から一〇〇年前とされているので、ここでは根元がふくれた「胡葱」、すなわちアサツキと訳した。学名は〝Allium ledebulian〟

（9）コニンニク――「小蒜」。在来種のニンニクである。現在の栽培種は、西域からもたらされた大蒜（オオニンニク）である。学名は〝Allium macrostemon〟

（10）えびすのあつもの――「胡羹」。材料としてコリアンダやザクロを使用しているので、外来を意味する「胡」を冠したのであろう。この和名は熊代の意訳である。

（11）コリアンダ――「胡荽」。「コエンドロ」という和名があるが、現在の日本では「コリアンダ」のほうが通りがよい。第二四章に栽培法が収載されている。『要術』では香菜としての利用は少なく、漬物の原料として使われたようだ。学名は〝Coriandrum sativum〟

（12）ザクロの果汁――「安石榴汁」。安石榴は安石国から伝来した榴という意味で、その果汁は風味料や漢方薬として使用される。

【糤】27729 〔廣韻〕蘇旱切〔集韻〕顙旱切 音繖 旱上聲 ㄙㄢˇ saan
糤稻䅟糧也。與饊同。〔集韻〕饊、說文、熬稻䅟糧也、或从米。

【膞】30540 甲、〔廣韻〕蘇本切〔集韻〕鎖本切 音損 阮上聲 ㄙㄨㄣˇ soen
乙、〔廣韻〕士戀切〔集韻〕雛戀切〔正韻〕除戀切 音饌 諫去聲 ㄓㄨㄢˋ juann
丙、〔集韻〕徂悶切 音鐏 願去聲 ㄗㄨㄣˋ tzuenn
丁、〔正韻〕雛產切 音撰 潸上聲
切熟肉更煮也。又、切肉內入血中和也。與臊同。〔廣韻〕膞、切熟肉、再煮也。〔集韻〕膞、說文、切熟肉內於血中和也、或作臊。〔齊民要術、羹臛法〕肺膞法、羊肺一具、煮令熟、細切、別作羊肉臛、以粳米二合、生薑煮之。

「ナガユウガオの若芽のあつもの」の作りかた（作瓠葉羹法）

ナガユウガオの若芽五斤、ヒツジ肉三斤、ネギ二升、塩豉五合を用い、味を口でととのえる。

「ニワトリのあつもの」の作りかた（作鶏羹法）

ニワトリ一羽を解体して骨と肉とに分け、肉を切り、骨をたたき、あわせて煮る。骨を除き、アサツキ二升、ナツメ三〇個を加えて煮る。できあがりは一斗五升となる。

「タケノコとアヒル肉とのあつもの」の作りかた（作筍䈽鴨羹法）

肥えたアヒル一羽をきれいに解体して「ぞうすい」(13)の作り方と同様に調理する。タケノコ塩漬四升を洗ってきれいにし、塩出しして水煮をし、これに加える。コニンニク、シロネギ、豆豉汁などを加えて沸騰させる。

「ヒツジ肺の煮こみ汁」(14)の作りかた（肺膞法）

ヒツジの肺臓一個を煮て、細かく切る。別にヒツジ肉のあつものをつくり、ウルチゴメ二合、ショウガとあわせて煮る。

(13) ぞうすい――「糝羹」。熊代は狭義の糝を「あじめし」、広義の糝を「めしまじり」または「かゆまじり」とし、『要術』での使いかたは前者であると論じている。『辞海』には「米を加えたあつもの」とあり、糝羹となれば、「ぞうすい」または「おじや」と解したほうがよいだろう。しかし、『要術』には「ぞうすい」の作りかたのついての記載は見当たらない。

(14) 煮こみ汁――「膞」。『辞海』には「熟肉を切って煮こんだ料理」とある。

米一升口調其味得臛一斗先以八升酒煑鴨也
作鼈臛法鼈具完全煑去甲藏羊肉一斤葱三升豉五合粳米半合薑五兩木蘭一寸酒一升煑鼈鹽苦酒口調其味也
作猪蹄酸羹一斛法猪蹄三具煑令爛擘去大骨乃下葱頭豉汁苦酒鹽口調其味舊法用餳六斤令除也
作羊蹄臛法羊蹄七具羊肉十五斤葱三升豉汁五升米一升口調其味生薑十兩橘皮三葉
作兎臛法兎一頭斷大如棗水二升酒一升木蘭五分葱三升米一合鹽豉苦酒口調其味也
作酸羹法用羊腸二具餳六觔瓠葉六觔葱頭二升小蒜三升麪三斤豉汁生薑橘皮口調之
作胡羹法用羊脇六斤又肉四斤水四升煑出脇切之葱頭一斤胡荽一兩安石榴汁數合口調其味
作胡麻羹法用胡麻一斗擣煑令熟研取汁三升葱頭二升米二合煑火上葱頭米熟得二升半在
作瓠菜羹法用瓠葉五斤羊肉三斤葱二升鹽蟻五合口調其味
作雞羹法雞一頭解骨肉相離切肉琢骨煑使熟漉去骨以葱頭二升棗三十枚合煑羹一斗五升
作筍𥳑鴨羹法肥鴨一隻淨治如糝羹法臠亦如此𥳑四升洗令極淨鹽盡別水煑數沸出之更洗小蒜白及葱白頭汁等下之令沸便熟也
肺䐶反蘇本法羊肺一具煑令熟細切別作羊肉臛以粳米二合生薑煑之
齊民要術　卷八　十五　中華書局聚

「ヒツジ大腸のくろあつもの」[15]の作りかた（作羊盤腸雌斛法）

ヒツジの血五升を取り、中脈麻跡[16]を取り去って、これを裂く。細切りしたヒツジ脇腹の脂肪二升、切ったショウガ一斤、「ちんぴ」三枚、サンショウの粉末一合、たまり醤油[17]一升、豆豉汁五合、コムギ粉一升五合、コメ一升をまぜて、あじめしをつくる。これら全部を混ぜて、さらに水三升をこれにそそぐ。ヒツジの大腸をほぐしてもみあらいをし、濁酒[18]で腸の中を洗う。折り曲げて、よくなじませてから、材料を腸詰めにする。これを長さ五寸に切りつめ、煮る。血がにじみださなくなったところで、寸切りにし、食酢とたまり醤油をつけて食べる。

「ヒツジ胃のあつもの」[19]の作りかた（羊節解法）

ヒツジの胃一個をコメ三升、ネギひとつかみ[20]とともに水で煮て、半熟にしておく。肥えたアヒル肉一斤、ヒツジ肉一斤、ブタ肉半斤をあわせて切りまぜ、あつものをつくり、蜂蜜を加えて甘味をつけ、煮あがったところでヒツジの胃を加え、さらに煮る。ヒツジを調理するには、ブタの場合と同じく皮つきにするのがよい。

(15) くろあつもの——「鴟斛」。「鴟」はカワセミで、その羽が黒いところから黒の代わりに使用されたと思われる。素材にヒツジの血を使用するので、できあがりは黒くなる。「斛」は「臛」の俗用である。

(16)「中脈麻跡」。石声漢によれば、血液凝固のさいに生成する網状の繊維である。適当な日本語が見当たらないので、原語のままとした。繊維を取り去ったのちの血餅を調理に使う。

(17) たまり醤油——「豆醤油」。『要術』では、これを調味料として使用した例は少ない。

(18) 濁酒——「白酒」。清酒に対応する語である。第六六章に作りかたが収載されている。

(19) 胃のあつもの——「節解」。熊代によれば、節は脛(鳥類の胃)の俗用、解は臛(あつもの)の俗用である。反芻動物の胃は肶で表現する。

(20) ひとつかみ——「一虎口」。虎口は親指と人差指とを曲げて作った輪の形を指す。

作羊盤腸雌斛法取羊血五升去中脉麻跡裂之細切羊胳肪二升細切薑一斤橘皮三葉椒末一合豆醬一升豉汁五合麺一升五合和米一升作糝都和合更以水三升澆之解大腸淘汰復以白酒一過洗腸中屈申以和灌腸屈長五寸煑之視血不出便熟寸切以苦酒醬食之也
羊節解法羊肶一枚以水雜生米三升葱一虎口煑之令羊熟取肥鴨肉一斤羊肉一斤猪肉半斤合剉作臛下蜜令甜以同熟羊肶投臛裏便煑得兩沸便熟治羊合皮如猪㹠法礊矣
羌煑法好鹿頭純煑令熟著水中洗治作臠如兩指大猪肉琢作臛下葱白長二寸一虎口細切 及橘皮各半合椒少許下苦酒鹽豉適口一鹿頭用二斤猪肉臛作
食膾魚蓴羹芼羹之菜蓴爲第一四月蓴生莖而未葉名作雉尾蓴第一作肥羹葉舒長足名曰絲蓴五月六月用絲蓴入七月盡九月十月內不中食蓴有蝸蟲著故也蟲甚細微與蓴一體不可識別食之損人十月水凍蟲死蓴還可食從十月盡至三月皆食環蓴環蓴者根上頭絲蓴下茇絲蓴既死上有根茇形似珊瑚一寸許肥滑處任用深取即苦澀凡絲蓴陂池積水色黃肥好直淨洗則用野取色青須別鐺中熱湯暫煠之然後用不煠則苦澀絲蓴環蓴悉長用不切魚蓴等並冷水下若無蓴者春中可用蕪菁英秋夏可畦種芮菘蕪菁葉冬用薺菜以芼之蕪菁等宜待沸掠去上沫然後下之皆少著不用多多則失羹味乾蕪菁無味不中用豉汁於別鐺中

「えびす煮」[21]の作りかた（羌煮法）

良質のシカの頭を煮て、水で洗い、切り身にして二指程度の大きさとする。ブタ肉をたたいてあつものをつくる。長さ二寸に切ったシロネギをひとつかみ、こまかくついたショウガと「ちんぴ」を各半合、サンショウ少しばかりを入れて、食酢および塩豉を加える。シカの頭一個にブタ肉二斤を用いてあつものをつくる。

さしみを食べるときにそえる「ジュンサイのあつもの」の作りかた（食膾魚蓴羹）

「ごもくあつもの」[22]の材料は、ジュンサイ[23]を第一とする。四月、ジュンサイは茎を生ずるが、まだ葉は出ない。これを堆尾蓴といって、最も太く、おいしい。葉がのびて足が長くなったものを、糸蓴という。五〜六月には糸蓴を用いる。七月から十月までは、食用にならない。ジュンサイにナメクジがつくからである。この虫はきわめて微細で、ジュンサイと識別できず、これを食すると健康を損なう。一〇月に水が凍れば、虫が死ぬので、また食べられるようになる。一〇月から三月までは、塊蓴を食べる。塊蓴は根の上端で、糸蓴の根株である。糸蓴はすでになくなり、根株が出ている。形はサンゴに似て一

(21) えびす煮――「羌煮」。「羌」は甘粛省あたりに在住した古代牧羊部族だったことから、熊代はこのように意訳している。

(22) ごもくあつもの――「筆羹」。熊代は「みいりあつもの」と意訳している。野菜と肉類とを入れたあつもののことなので、ここでは「ごもくあつもの」と訳した。

(23) ジュンサイ――「蓴」。和名はヌナハだが、現在はジュンサイで通る。調理法の記述のなかで食材がこのように詳細に説明されているのは異例である。『中国食物事典』によれば、中国大陸では古くから野生種を利用してきたが、現在でも珍貴な野菜として扱われており、価格も高い。現在は雉尾蓴を稚蓴と称してもっとも賞用される。秋になって葉の老化したものは猪蓴または豚蓴と称して、家畜の飼料とする。学名は“Brasenia schre-beri”

白菘

薺菜

寸ほどで、太くてなめらかなところを使用する。深く取ると、苦くて渋い。堤防や池に植えた糸蓴は黄色でよく太っており、洗ってじかに使用する。野原で採取したものは青色で、鍋に入れて熱湯でしばらく茹でてから使用する必要がある。茹でないと、苦くて渋い。糸蓴も塊蓴も切らずに長いままで使用する。あつものに使用するジュンサイは、すべて冷水につけてから調理する。ジュンサイがない場合には、春にはカブの若葉を使用し、夏と秋には灌漑栽培したコウキナ[24]やカブの葉を使用し、冬はナズナ[25]の葉を使用する。カブなどを使用するときは、沸騰するのをまって火からおろし、浮いた泡をすくいとるのがよい。いずれの場合も少しずつ入れ、多くを用いない。多ければ、あつものの味を失う。干したカブは味がないので、使わない。豆豉汁は別の鍋のなかで煮沸し、粕をこしわけ、澄ましてから使用する。杓子でつついてはいけない。つつくとあつものが濁り、もはや透明にはならないからである。豆豉を煮出すには、ただ琥珀色にするだけにとどめ、黒すぎないようにする。黒くなると塩からく苦い。ジュンサイだけを具とし、ネギ、ラッキョウ、あじめし、漬物、食酢などを使用しない。ジュンサイを塩からくしてはならない。あつものが煮あがったら、すぐにきれいな冷水

(24) コウキナ――「芮菘」。熊代はこの和名としてコウキナをあてている。『漢語大字典』によれば、菘は柔軟を意味するので、芮菘を若いウキナ、すなわちコウキナとしたのだろう。第一八章に「菘は蕪菁に似ているが、無毛で、かつ大ぶりである」と述べ、『本草綱目』ではハクサイのことだとしている。現在のハクサイは当時のものと異なり、品種改良を重ねた結果なので、ここでは熊代の訳にしたがってウキナとした。『日本国語大辞典』ではウキナはトウナの異名だとし、出典として『農業全書』を挙げている。北村はシラクキナという和名を付与している（『本草の植物』、四七ページ）。

(25) ナズナ――「薺」。日本では春の七草の一つに数えられる野草である。『中国食物事典』には、「六世紀の『斉民要術』に栽培法が出ていないので、野生であったかもしれない。七〇〜八〇年前から上海近郊で栽培され、現在は四〇〇〇アールにも達しており、北京、南京でも栽培されている」とある。学名は〝Capsella bursa-pastoris〟

湯煮一沸漉出滓澄而用之勿以杓抳抳則羹濁過
不清煮豉但作新琥珀色而已勿令過黑黑則䤃苦
唯蓴芼而不得著葱䪥及米糝葅醋等蓴尤不宜鹹
羹熟即下清冷水大率羹一斗用水一升多則加之
益羹清雋甜美下菜豉鹽悉不得攪攪則魚蓴碎令
羹濁而不能好
食經曰蓴羹魚長二寸唯蓴不切鯉魚冷水入蓴白
魚冷水入蓴沸入魚與鹹豉又云魚長三寸廣二寸
半又云蓴細擇以湯沙之中破鯉魚邪截令薄准
廣二寸橫盡也魚半體熟煮三沸渾下蓴與豉汁漬
鹽
醋葅鵝鴨羹方寸准熬之與豉汁米汁細切醋葅與
之下鹽半奠下醋與葅汁
菰菌魚羹魚方寸准菌湯沙中出擘先煮菌令沸下
魚又云先下與魚菌菜糝葱豉又云洗不沙肥肉亦
可用半奠之
筍（思尹反）䈽（古可反）魚羹筍湯清令釋細擘先煮筍令煮
沸下魚鹽豉半奠之
鯉魚臛用極大者一尺已下不合用湯鱗治邪截臛
葉方寸半准豉汁與魚俱下水中與研米汁煮熟與
鹽薑橘皮椒末酒鯉澀故須米汁也鯉魚臛用大者
鱗治方寸厚五分和煮如鯉臛與全米糝奠時去米
粒半奠若過米奠不合法也
臉（上力減反）䑋（下初減反）用猪腸經湯出三寸斷之決破切細
熬與水沸下豉清破米汁葱薑椒胡芹小蒜芥並細
切鍛下鹽醋蒜子細切將血奠與之早與血則變大

に下ろす。あつもの一斗に水一升を使用する。これより多い場合は、それだけ水増す。あつものは一層こってり(26)して、おいしさを増す。具および塩豉を加える場合には、すべてついてはいけない。つくと魚やジュンサイが砕け、あつものが濁り、よいものができない。

『食経』にいう「ジュンサイのあつもの」の作りかた（『食経』日蓴羹）

魚は長さ二寸とし、ジュンサイは切らない。魚はライギョでもカワヒラ(27)でもよい。冷水にジュンサイを入れ、沸騰してから魚と塩豉を入れる。別法としては、魚は長さ三寸、幅二寸半にする。別法としては、ジュンサイは細いものを選び、茹でる。ライギョを背開きにし、うすく斜め切りにして、はば二寸、長さは最大でも半身までにそろえる。三沸してから、ジュンサイを加え、豆豉汁と塩水をそえる。

「アヒルと酢漬のあつもの」の作りかた（醋葅鴨羹）

アヒル肉を一寸四方にそろえる。これを炒め、豆豉汁およびコメ汁を加える。みじん切りした酢漬(28)を加え、さらに食塩を加える。半盛りする。(29)酸味が少なければ、つけしるを加える。

(26) こってり――「雋」。「俊」の異体字ですぐれることを意味する。熊代は「こってり」と意訳した。

(27) カワヒラ――「白魚」。中国大陸に広く分布する淡水魚で、日本のシラウオとは異なる。学名は“Culter ilishaeformis”。

(28) 酢漬――「醋葅」。野菜を素材とする発酵漬物で、酸味料として使用される。

(29) 半盛りする――「半奠」。熊代は次の種類を挙げた。「半奠」（半盛りする）、「満奠」（山盛りする）、「平満奠」（すりきりに盛る）、「全奠」（全部を盛る）、「渾奠」（そのまま盛る）、「解奠」（切りわけて盛る）、「別奠」（別の容器に盛る）、「接奠」（盛りあわせる）、「分半奠」（半分ずつ盛りあわせる）、「並奠」（包皮ともに盛りあわせる）、「雙奠」（二揃いで盛りあわせる）、「共奠」（揃いで盛りあわせる）、「仰奠」（仰向けて盛り合わせる）、「竪奠」（立てて盛る）、「促奠」（即席で盛る）。

茭菰

酸模

「マコモダケと魚のあつもの」の作りかた（菰菌魚羹）

魚は一寸四方にそろえる。マコモダケ(30)を湯煎してから、出して切り裂く。先にマコモダケを煮てから、魚を加える。別法として、先に魚を煮てから、マコモダケ、スイバ(31)、あじめし、ネギ、豆豉を加える。別法として、マコモダケを洗うだけで湯煎せず、肥えた肉を用いてもよい。これを半盛りする。

「タケノコと魚のあつもの」の作りかた（筍䈽魚羹）

タケノコ塩漬を湯につけて柔らかくしてから、細かくさき、煮る。煮あがってから、魚と塩豉を加える。これを半盛りする。

「ライギョのあつもの」の作りかた（鱧魚臛）

ごく大きいものを用いる。一尺以下では好ましくない。湯煎して鱗を除去、一寸半四方の大きさに斜め切り(32)する。豆豉汁と魚とともに水を入れ、これをコメのゆで汁(33)を加えて煮熟し、食塩、ショウガ、「ちんぴ」、トウガラシ粉末、酒を加える。コメのゆで汁を加えるのは、ライギョの味が渋いからである。

「コイのあつもの」の作りかた（鯉魚臛）

(30) マコモダケ——「菰菌」。マコモの芽の部分に黒穂菌が寄生して膨れたもので、現在では茭白と称する中国大陸特産品である。

(31) スイバ——「茉」。日本では雑草であるが、その若葉はひたしものとなる。学名は〝Rumex acetosa〟

(32) 斜め切り——「邪截臛葉」。熊代は臛を　の誤伝とし、「アズキの葉の大きさに斜め切りにする」と解藿ている。石声漢は「臛の大きさに斜め切りする」とし、王仁興は『礼記』の鄭玄注を引用し、「藿(臛)葉切は切りかたの一種で、比較的薄く切ること」と説明している。

(33) コメのゆで汁——「研米汁」。熊代は字のとおり「コメのとぎ汁」、王仁興は「といだ米のゆで汁」と解している。前後の関係で、「ゆで汁」と解したほうがよさそうである。

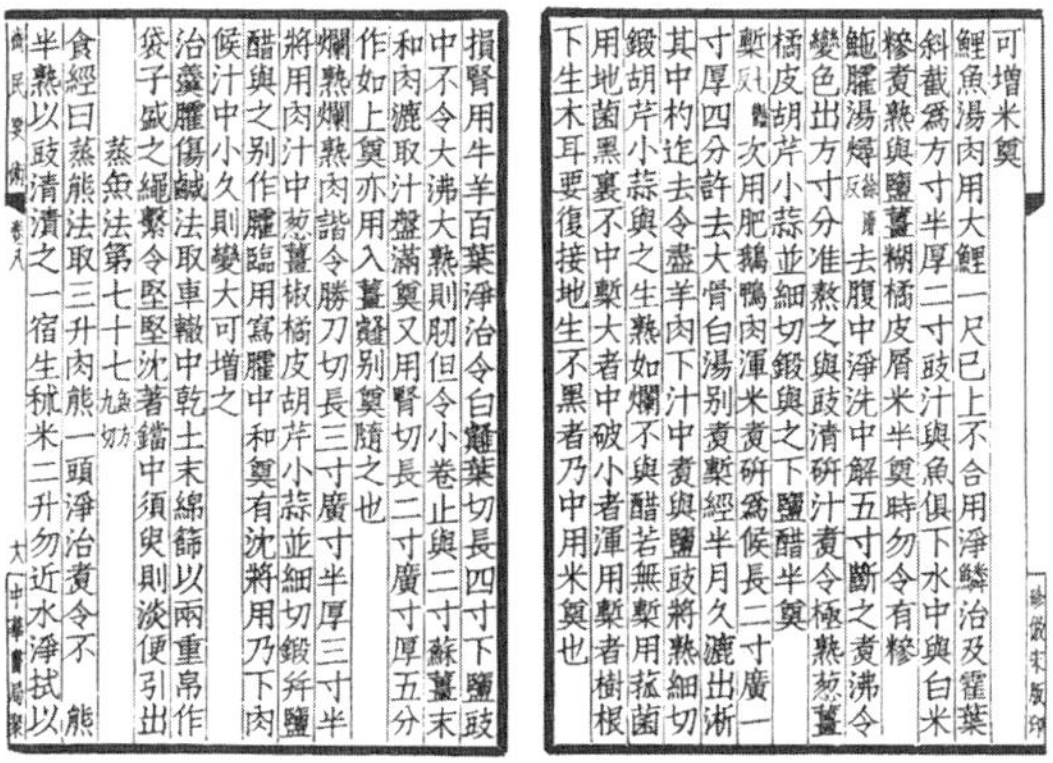
可增米糝
鯉魚湯肉用大鯉一尺已上不合用淨鱗治及霍葉
斜截爲方寸半厚二寸豉汁與魚俱下水中與白米
糝煮熟與鹽薑糊橘皮屑米半糝時勿令有糝
鮑臛湯𤎖（徐廉反）去腹中淨洗中解五寸斷之煮沸令
變色出方寸分准熬之與豉清研汁煮令極熟葱薑
橘皮胡芹小蒜並細切鍛與之下鹽醋半糝
𩞄 次用肥鵝鴨肉渾米煮研爲候長二寸廣一
寸厚四分許去大骨白湯別煮𩞄經半月久漉出淅
其中杓迮去令盡羊肉下汁中煮與鹽豉將熟細切
鍛胡芹小蒜與之生熟如爛不與醋若無𩞄用菰菌
用地菌黑裏不中𩞄大者中破小者渾用𩞄者樹根
下生木耳要復接地生不黑者乃中用米糝也
珍倣宋版印

損腎用牛羊百葉淨治令白𩞄葉切長四寸下鹽豉
中不令大沸大熟則肕但令小卷止與二寸蘇薑末
和肉漉取汁盤滿糝又用腎切長二寸廣寸厚五分
作如上糝亦用入薑𩞄別糝隨之也
爛熟爛熟肉諧令勝刀切長三寸廣寸半厚三寸半
將用肉汁中葱薑椒橘皮胡芹小蒜並細切鍛并鹽
醋與之別作臛臨用寫臛中和糝有沈將用乃下肉
候汁中小久則變大可增之
治羹臛傷鹹法取車轍中乾土末綿篩以兩重帛作
袋子盛之繩繫令堅堅沈著鐺中須臾則淡便引出
蒸缹法第七十七（缹 九方切）
食經曰蒸熊法取三升肉熊一頭淨治煮令不　能
半熟以豉清漬之一宿生秫米二升勿近水淨拭以
齊民要術　卷八　中華書局聚

大きいものを用いる。鱗をとり、一寸四方、厚さ五分とする。煮方、混ぜ方はライギョのあつもののとおりとし、コメを加えてぞうすいとする。供するときは、コメ粒を除き、半盛りする。コメ粒を残せば、不体裁となる。

「けんちん汁[34]」の作りかた（瞼臘）

ブタの腸を用いる。湯通ししてから三寸に切り、腸を開き、切って細かくする。炒めて水を加え、煮沸してから、「豆豉のすまし汁、コメのとぎ汁、そしてネギ、ショウガ、トウガラシ、シャク、コニンニク、カラシをみじん切りにしたものを加え、さらに食塩と食酢を加える。コニンニク[35]を細切りにし、盛りつけるまぎわに添える。早く皿にもると、味が変わる。大皿ならば、コメを加えて盛りつけてもよい。

「ライギョの肉汁」の作りかた（鱧魚湯）

大きいライギョを用いる。一尺以下は好ましくない。きれいに鱗をとって調理し、薄く斜め切りにし、一寸四方、厚さ二寸につくる。豆豉汁と魚とを併せて水の中に加える。コメを加えてぞうすいとする。熟成したら、食塩、ショウガ、コショウ、「ちんぴ」を加える。半盛りする。

(34) けんちん汁――「瞼臘」。両字とも臛の意味をもつ。「けんちん汁」は熊代の意訳だが、精進料理にある「けんちん」とは異なる。

(35) コニンニクの細切り――「蒜子細切血」。王仁興は「蒜子細切」を当時の切りかたの一種、「血」を血豆腐、すなわち固化した血と解している。熊代は血を用いた調理法が当時見当たらないことから、血は皿の誤伝であろうと解している。ここでは熊代の解釈を採用したが、疑問が解決したわけではない。

「ナマズのあつもの」[36]の作りかた（鮠臛）

ナマズを湯通しして内臓を取り除き、きれいに洗い、三枚[37]におろし、五寸に切り、色が変わるまで煮沸し、取り出して一寸半四方にそろえる。これを炒めて、豆豉のすまし汁、コメのゆで汁を加え、よく煮熟する。ネギ、ショウガ、「ちんぴ」、シャク、コニンニクをみじん切りにしてついたものを加え、食塩と食酢を加える。半盛りする。

「キクラゲの汁」[38]の作りかた（槧淡）

肥えたガチョウ、アヒルの肉をまるごと煮る。柔らかになったのをみはからって[39]、長さ二寸、幅一寸、厚さ四分ほどの大きさにし、大きい骨を除く。別にキクラゲを白湯で煮て、半日たってから取り出し、杓子でおしつぶし、湯にもどす。ヒツジ肉をこの汁に加え、煮て、塩豉をそえる。煮あがるまぎわに、シャクとコニンニクをみじん切りしてついたものを加える。煮加減は「煮ただれ汁[40]」と同様にするが、食酢を加えないところが異なる。キクラゲの大きいものはたて割りとし、小さいものはそのままとする。キクラゲとは樹木の根元に生えるきのこである。もしキクラゲがない場合は、マコモダケを用いる。地面に生えるきのこを用いる場合には、裏が黒いものはよくない。盛りつけは半盛りにする。

（36）ナマズ――「鮠」。熊代はアオザメとしているが、ややや無理があるようだ。ここでは石声漢の解釈を採用して、鮎魚すなわち、ナマズとした。

（37）三枚におろす――「中解」。背骨にそってたて割りにする、すなわち、三枚におろすことを意味する。

（38）キクラゲの汁――「槧淡」。『辞海』や『漢語大字典』によれば、槧は古代、木をそいで作った板切れのことで、木簡として使われたという。熊代はこれをキクラゲの一種、王仁興はこれをシロキクラゲの一種と解している。「淡」については、熊代はキクラゲをつぶして水でといた汁と解し、王仁興はこれを「膎」の同音字、すなわち料理と解している。

（39）柔らかになったのをみはからって――「研為候」。熊代は「研（なご）むのを候（しお）として」、王仁興は「切成条」すなわち「切って形をととのえる」と訳している。

（40）煮ただれ汁――「燗熟」。熊代は「煮ただれ汁」と和訳し、「臇」（煮こみ汁）と区別している。

「胃または腎のあつもの」[41]の作りかた（損腎）

ウシおよびヒツジの胃袋を用い、白くなるまできれいに調理する。長さ四寸、ラッキョウの葉の形に切り、塩豉を加え、沸騰しない程度に煮る。沸騰すると固くなるから、ただ少し捲く程度にとどめる。長さ二寸のシソと乾したショウガ粉末を加える。こしとった汁を肉に混ぜ、深皿に盛る。腎臓を用いる場合には、長さ二寸、幅一寸、厚さ五分に切り、同様に調理する。ショウガおよびラッキョウは別に盛りつけて、添える。

「煮こみ汁」の作りかた（爛熟）

包丁を使わなくてすむまでに肉をよく煮てから、長さ三寸、幅半寸、厚さ三寸半に切る。供するまぎわに、この肉汁の中にネギ、ショウガ、コショウ、「ちんぴ」、シャク、コニンニクをすべてみじん切りにしてついたものを加える。食塩、食酢をそえる。別にあつものをつくる。供するまぎわに、このあつものの中に肉を加えて、まぜて盛りつける。コメのとぎ汁[42]があれば、供するまぎわに加える。肉を汁につけてからしばらく放置したりすると、味が変わる。器が大きい場合、汁を増してよい。

(41) 胃または腎のあつもの——「損腎」。熊代は「損」を「腎」、すなわちウシやヒツジの胃と解している。

(42) コメのとぎ汁——「沈」。熊代は「沈」を「瀋」と解し、「米のとぎ汁を加える」と訳している。また、石声漢は「おりができがちだ」と訳している。ここではとりあえず熊代の解釈を採用した。

第七七章「むしもの」、「むしやきもの」の作りかた

原文は「炰缹」である。前者は「こしき」を用いて蒸気で加熱する調理法、後者は銅鐺（青銅製の脚つき鍋）にいれて加熱する調理法である。現在の調理書には「缹」は見当たらず、かわりに「炰」や「炮」が使われている。しかし、使いかたは多少異なるようだ。（太田）

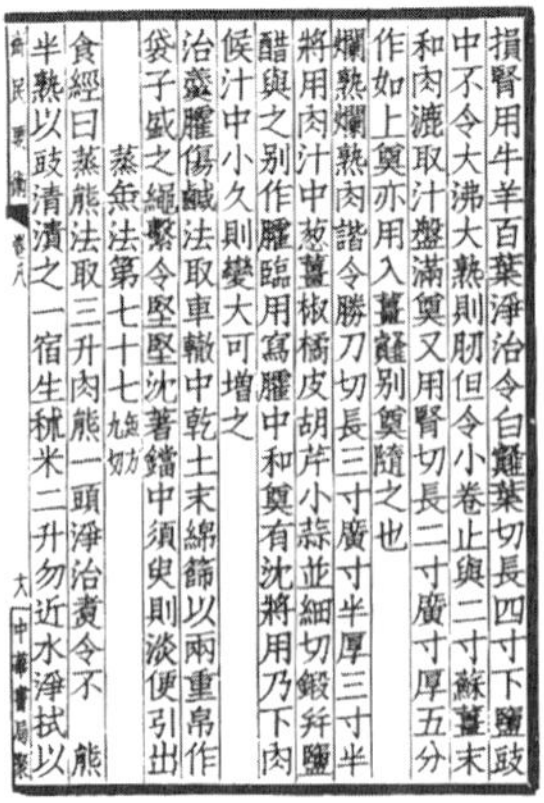
損腎用牛羊百葉淨治令白𩟄韭切長四寸下鹽豉
中不令大沸大熟則肕但令小卷止與二寸蘇薑末
和肉漉取汁盤滿奠又用腎切長二寸廣寸厚五分
作如上奠亦用入䪥韲別奠隨之也
爛熟爛熟肉諧令勝刀切長三寸廣寸半厚三寸半
將用肉汁中葱薑椒橘皮胡芹小蒜並細切鍜𫓴鹽
醋與之別作臛臨用寫臛中和奠有沈將用乃下肉
候汁中小久則變大可增之
治䐗臛傷鹹法取車轍中乾土末綿篩以兩重帛作
袋子盛之繩繫令堅墜沈著鐺中須臾則淡便引出
蒸缹法第七十七 缹方九切
食經曰蒸熊法取三升肉熊一頭淨治煑令不　能
半熟以豉清漬之一宿生秫米二升勿近水淨拭以

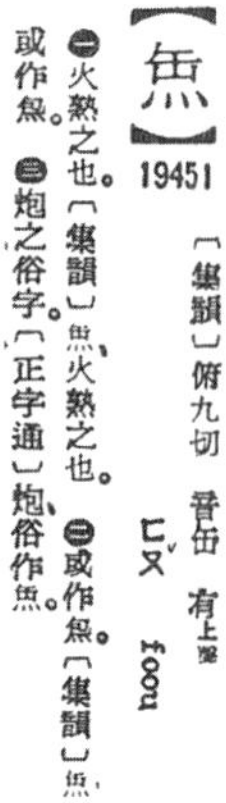
【缹】19451　〔集韻〕俯九切　音缶　有上聲　ㄈㄡˇ　foou
㊀火熟之也。〔集韻〕缹、火熟之也。㊁或作炰。〔集韻〕缹、或作炰。㊂炮之俗字。〔正字通〕炮、俗作缹。

『食経』にいう「クマの蒸しもの」の作りかた（食経蒸熊法）

クマ一頭から肉三斤をとり、きれいに調理して煮る。半煮えにならないようにする。豆豉のすまし汁に漬けて一夜放置する。なまのモチゴメ二升をよく拭いて水気を除く。濃い豆豉汁にモチゴメを漬けて黄赤に色づけをしてから炊く。長さ三寸のシロネギを一升、みじん切りのショウガと「ちんぴ」を各二升、食塩三合、飯に混ぜる。こしきに入れて蒸して、供する。ヒツジ、コブタ(1)、ガチョウ、アヒルの蒸しものの作りかたもすべてこれと同じである。別書には、ブタのあぶらみ三升、豆豉汁一升を用いて調理し、さらに「ちんぴ」一升を用いるとある。

（1）コブタ――「肫」。辞典のうえでは「肫」も「豚」も同一の概念を持つとしているが、当時は区別していたようで、熊代は「コブタ」、石声漢は「小猛」と訳している。

「コブタの蒸しもの」の作りかた（蒸肫法）

【蒸】
32346

甲、〔廣韻〕煑仍切〔集韻〕諸仍切　音烝　蒸平聲
ㄓㄥ　jeng
乙、〔類篇〕諸應切　音證　徑去聲
ㄓㄥˋ　jeng

甲、煑仍切　❶析麻中幹也〔說文〕蒸、析麻中幹也、从艸烝聲。〔儀禮、既夕禮注〕燭用蒸。❷氣上出貌。與蒸通。〔說文通訓定聲〕蒸、叚借爲烝。〔論衡、量知〕穀未舂蒸曰粟。〔文選、嵇康琴賦〕蒸靈液以播雲〔注〕善曰、蒸、氣上貌。❸熱也〔素問、五常政大論〕其候溽蒸〔注〕蒸、熱也　❹進也〔廣韻〕蒸、進也。❺丮實也〔呂氏春秋、孟冬〕大飲蒸〔注〕蒸、俎實、體解節折、謂肴蒸也。❻冬祭也。〔爾雅、釋天〕冬祭曰蒸。〔春秋繁露、四祭〕冬曰蒸　❼美也。與訪通。〔說文通訓定聲〕蒸、叚借爲訪。〔廣雅、釋詁一〕蒸、美也。❽衆也。與眾通。〔說文通訓定聲〕蒸、叚借爲眾。〔孟子、告子上〕天生蒸民。〔集注〕蒸、眾也。❾君也。〔玉篇〕蒸、君也。❿塵也。〔玉篇〕蒸、塵也。⓫婬也。與烝通。〔廣雅、釋詁一〕蒸、婬也。〔疏證〕烝、與蒸通。⓬凡以麻幹、葭葦、竹木爲燭者皆曰蒸。〔說文通訓定聲〕蒸、一名菆、今俗謂之麻骨稭、古燭用之、故凡用麻幹、葭葦、竹木爲燭、皆曰蒸〔廣雅、釋器〕蒸、炬也。〔詩、小雅、巷伯、傳〕放乎旦而蒸盡。⓭薪之細者也、〔廣韻〕蒸、麁曰薪、細曰蒸。〔詩、小雅、無羊〕以薪以蒸〔周禮、天官、甸師〕帥其徒以薪蒸、役外內饔之事。〔注〕木大曰薪、小曰蒸。〔淮南子、主術訓〕多伐薪蒸。〔注〕大者曰薪、小者曰蒸。⓮熇竹也〔楚辭、東方朔、七諫、謬諫〕弛躬錐於廢蒸兮。〔注〕熇竹曰蒸　⓯或作䐂。〔易、小過注〕則蒸而爲雨。〔釋文〕蒸字又作烝、或作䐂字。⓰與汞同。〔說文〕蒸、汞、蒸或省火。　⓱一百六韻之一下平第十。
乙、諸應切　氣之上達也。與烝同。〔集韻〕烝、氣之上達也、或作蒸。

よく肥えたコブタ一頭をきれいに洗って垢を落とし、半熟に煮て、豆豉汁に漬ける。なまのモチゴメ一升を、水気をとり、濃い豆豉汁に漬けて黄色に色づけをしてから炊く。これにふたたび豆豉汁をそそぐ。これらに細切りのショウガと「ちんぴ」を各一升、長さ三寸のシロネギ四升、タチバナの葉一升を加えて、こしきに入れる。密封して米飯が二、三回炊ける時間[2]蒸す。ブタのあぶらみ三升に豆豉汁一升をあわせてそそぎ、仕上げる。クマ、ヒツジ、ガチョウの蒸しものの作りかたもこれに準ずる。

「ニワトリの蒸しもの」の作りかた（蒸鶏法）

肥えたニワトリを一頭きれいに調理する。ブタ肉一斤、香りのよい豆豉一斤、食塩五合、シロネギ半つかみ、シソの葉を厚さ一寸分、これらを豆豉汁三升に加え、食塩を加えてこしきに入れ、よく蒸す。

「ブタ肉の蒸し焼き」の作りかた（缹猪肉法）

屠殺したブタをきれいに湯通しし、さらに熱湯で万遍なく洗う。毛穴のなかにどうしても垢が残るから、藁でよく擦る。これを三度くりかえして、毛をすきとり、四分画して大釜の中で煮る。浮いたあぶ

（2）米飯が二、三回炊ける時間――「両三炊久」。蒸す時間をあらわす調理用語で、熊代は「二三炊の間をかけて」と訳している。二ないし三時間ということだろう。

らを柄杓ですくい、別の鍋に入れておく。少しずつ水を加え、頻繁にあぶらをすくう。あぶらが出なくなったら、すくいだして、一寸四方の切り身にする。水を換えて、あらためて煮る。酒二升を加え、臭みを抜く。使用する酒は清酒でも濁酒でもよい。酒がなければ酢漿《かたばみ》(3)を代用してもよい。この場合も、水を加え、あぶらをすくうことは前法と同じである。あぶらがなくなり、臭みもなくなったら、取り出して切る。銅鍋に入れて、蒸し焼きにする。それには、肉を一並べ、その上にさいたネギ、塩豉、ショウガ、サンショウを一並べというように重ね、水を加えて、蒸し焼きにする。肉が琥珀色になれば、そこで止める。いくら食べても飽きないので、「かすもみ肉」(4)よりすぐれている。トウガンやナガユウガオを付けあわせるときには、銅鍋のなかに並べるときにこれを添える。すくい取ったあぶらは、練絹の白さをもち、しらたまや雪のような感触があり、他の用途に供することができる。

(3) 酢漿――第七一章訳注3を参照。

(4) かすもみ肉――「燠肉」。『倭名類聚抄』は燠に「かすもみ」をあて、「糟蔵肉」と説明している。『要術』の第八一章では、燠に「あぶらつけ」をあて、熊代は一般に油漬、麹漬、および粕漬を総称するとし、『辞海』は広く「暖」を意味するとしている。

「コブタの蒸し焼き」の作りかた（缹豚法）

肥えたコブタ一頭分一五斤、水三斗、甘酒三升をあわせて煮熟する。肉を取り出し、別にコメ四升を

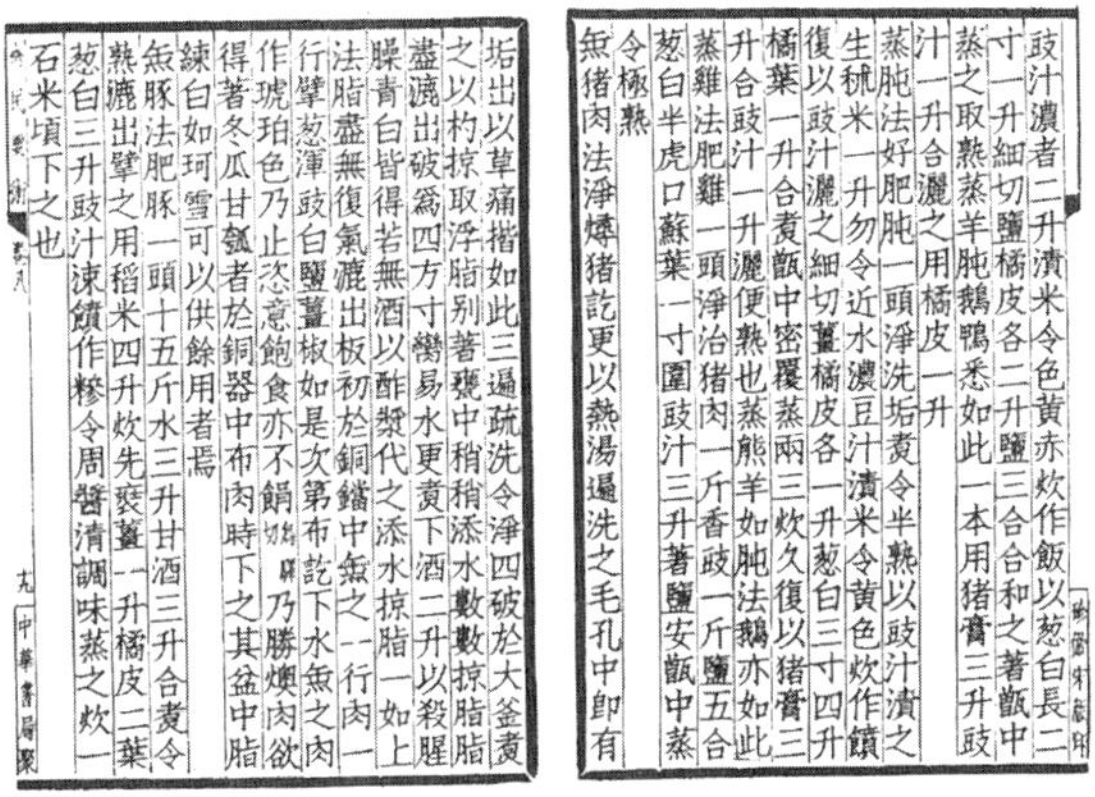
豉汁濃者二升漬米令色黄赤炊作飯以葱白長二寸一升細切薑橘皮各二升鹽三合合和之著甑中蒸之取熟蒸羊肫鵝鴨悉如此一本用猪膏三升豉汁一升合灑之用橘皮一升
蒸肫法好肥肫一頭淨洗垢煑令半熟以豉汁漬之生秫米一升勿令近水濃豆汁漬米令黄色炊作饋復以豉汁灑之細切薑橘皮各一升葱白三寸四升橘葉一升合煑甑中密覆蒸兩三炊久復以猪膏三升合豉汁一升灑便熟也蒸熊羊如肫法鵝亦如此
蒸雞法肥雞一頭淨治猪肉一斤香豉一斤鹽五合葱白半虎口蘇葉一寸圍豉汁三升著鹽安甑中蒸令極熟
缹猪肉法淨燖猪訖更以熱湯遍洗之毛孔中即有垢出以草痛揩如此三遍疏洗令淨四破於大釜煑之以杓掠取浮脂別著甕中稍稍添水數數掠脂脂盡漉出破爲四方寸臠易水更煑下酒二升以殺腥臊青白皆得若無酒以酢漿代之添水掠脂一如上法脂盡無復氣漉出板初於銅鐺中缹之一行肉一行擘葱渾豉白鹽薑椒如是次第布訖下水缹之肉作琥珀色乃止恣意飽食亦不餶乃勝燠肉欲得著冬瓜甘瓠者於銅器中布肉時下之其盆中脂練白如珂雪可以供餘用者焉
缹豚法肥豚一頭十五斤水三升甘酒三升合煑令熟漉出擘之用稻米四升炊先裹薑一升橘皮二葉葱白三升豉汁涑饋作糝令周醬清調味蒸之炊一石米頃下之也

加えて炊き、さいた肉を加えて銅鍋で蒸し焼きにする。ショウガ一升、「ちんぴ」二枚、シロネギ三升を加えて「まぜめし」にする。たまり醤油で味をととのえ、こしきで蒸す。コメ一石を炊く頃合に終える。

「ガチョウの蒸し焼き」の作りかた（缹鵝法）

肥えたガチョウを調理して長さ二寸に切り、およそ一五斤の肉とする。モチゴメ四升を用いて「コブタの蒸し焼き」の要領で蒸し焼きにして、豆豉汁、「ちんぴ」、シロネギ、たまり醤油、生ショウガを加えて「まぜめし」にする。これを蒸し、コメ一石を炊く頃合で終える。

「ペルシャ風の蒸し焼き」(5)の作りかた（胡炮肉法）

生まれて一年ほどのヒツジを殺し、なまのまま細葉状に切り、あぶらみも同様に切る。塩豉、さいたシロネギ、ショウガ、サンショウ、ヒハツ、コショウを加えて味をととのえる。ヒツジの腸をきれいに洗い、これを裏返し、先につくった肉を詰め、満杯になったら縫い合わす。つかのなかに穴を掘り、火を焼いて赤くしてから灰火をとりのぞき、腸詰めを穴のなかにおさめて、もとどおり灰火を覆い、あら

（5）ペルシャ風蒸し焼き――「胡炮肉」。炮は包と同義である。王仁興によれば、当時ペルシャのハサーン王朝とは頻繁に交流があり、ペルシャ人がヒツジ肉を好んで食することが知られていた。

ためて火を燃す。コメ一石を炊く頃合で終える。この香味のすぐれていることは他に例がない。

「ヒツジの蒸しもの」の作りかた（蒸羊法）

ヒツジ肉一斤を糸切りにし、豆豉汁を加え、シロネギ一升をつけあわせて蒸し、食する。

「ブタの頭の蒸しもの」の作りかた（蒸猪頭法）

ブタの頭から骨を取り去り、煮る。包丁でみじん切りにし、水中で調理する。清酒と塩豉を加えて蒸す。口で味をととのえる。乾燥ショウガ、サンショウの粉末をつけて、食する。

「ブタの蒸しもの」の作りかた（作懸熟法）

ブタ肉一〇斤をとり、皮を去り、切り身にする。シロネギ一升、生ショウガ五合、「ちんぴ」二枚、モチゴメ三升、豆豉汁五合で味をととのえて蒸し、コメ七斗を炊く頃合いでできあがる。

『食次』にいう「クマの蒸しもの」の作りかた（食次曰熊蒸）

大きいものは、皮をはぎ、湯通しをしない。(6) 小さ

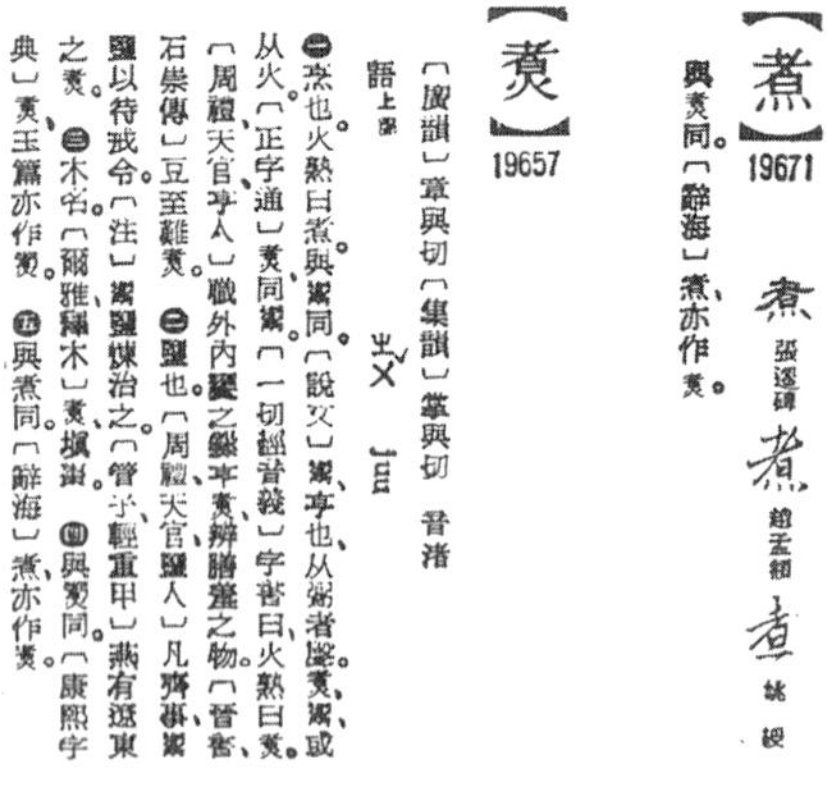
【煮】19671　煮 張遷碑　煮 趙孟頫　煮 姚綬

與鬻同。〔辭海〕煮、亦作鬻。

【鬻】19657　〔廣韻〕章與切〔集韻〕掌與切　音渚　語上聲　ㄓㄨˇ　Juu

一烹也。火熟曰煮。與䰞同。〔說文〕䰞、亨也、从鬲者聲。鬻、䰞或从火。〔正字通〕鬻同䰞。〔一切經音義〕字書曰、火熟曰鬻。〔周禮、天官、亨人〕職外內饔之爨亨鬻、辨膳羞之物。〔晉書、石崇傳〕豆至難鬻。二鹽也。〔周禮、天官、鹽人〕凡齊事鬻鹽以待戒令。〔注〕鬻鹽湅治之。〔管子、輕重甲〕燕有遼東之鬻。三木名。〔爾雅、釋木〕鬻、[illegible]。四與鬻同。〔康熙字典〕鬻、玉篇亦作鬻。五與煮同。〔辭海〕煮、亦作鬻。

（6）湯通しをしない――「大爓」。熊代は「おおいにゆがく」と訳したが、不自然をまぬかれない。石声漢は「不爓」の誤記と疑っており、素材が大型のクマなのでそのままでは湯通しできないと解したほうが理解しやすい。

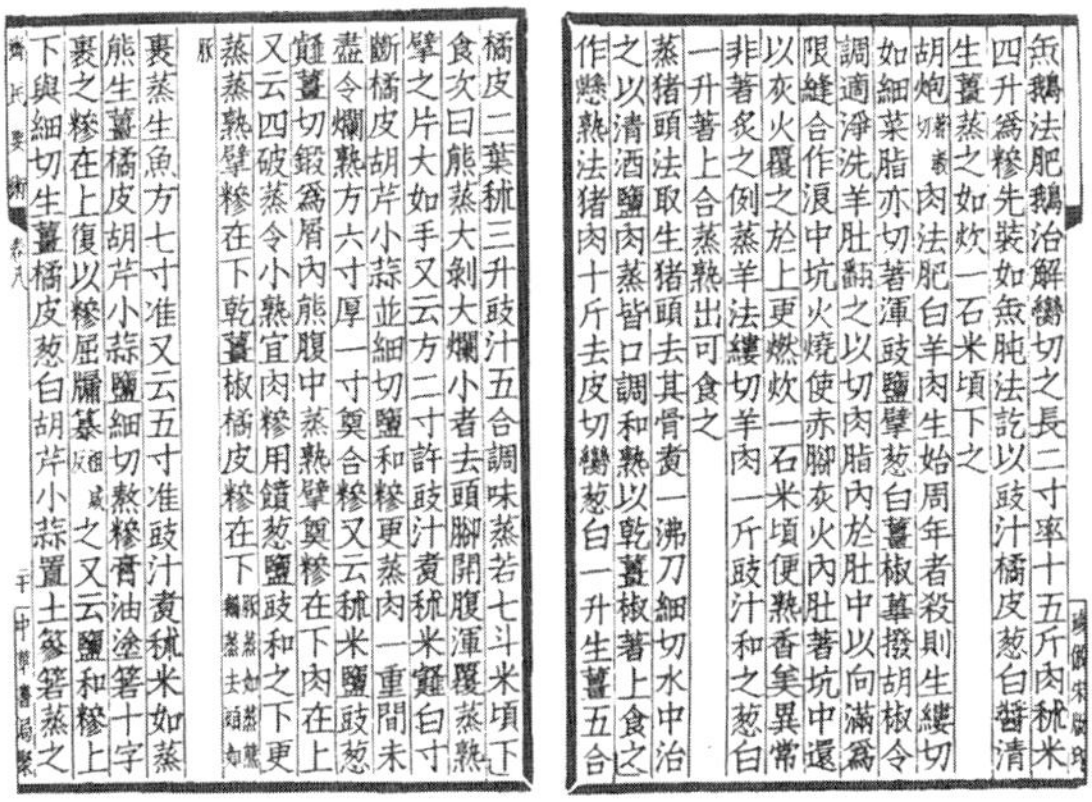

缹鷄法肥鷄治解臠切之長二寸率十五斤肉秫米
四升爲糝先裝如缹肫法訖以豉汁橘皮葱白醬清
生薑蒸之如炊一石米頃下之
胡炮肉法肥白羊肉生始周年者殺則生縷切
如細葉脂亦切著渾豉鹽擘葱白薑椒蓽撥胡椒令
調適淨洗羊肚翻之以切肉脂內於肚中以向滿爲
限縫合作浪中坑火燒使赤卻灰火內肚著坑中還
以灰火覆之於上更燃炊一石米頃便熟香美異常
非著炙之例蒸羊法縷切羊肉一斤豉汁和之葱白
一升著上合蒸熟出可食之
蒸猪頭法取生猪頭去其骨煮一沸刀細切水中治
之以清酒鹽肉蒸皆口調和熟以乾薑椒著上食之
作懸熟法猪肉十斤去皮切臠葱白一升生薑五合
橘皮二葉秫三升豉汁五合調味蒸若七斗米頃下
食次曰熊蒸大剝大爛小者去頭脚開腹渾覆蒸熟
擘之片大如手又云方二寸許豉汁煮秫米薤白寸
斷橘皮胡芹小蒜並細切鹽和糝更蒸肉一重間未
盡令爛熟方六寸厚一寸奠合糝又云秫米鹽豉葱
薤薑切鍛爲屑內熊腹中蒸熟擘奠糝在下肉在上
又云四破蒸令小熟宜肉糝用饋葱鹽豉和之下更
蒸蒸熟擘糝在下乾薑椒橘皮糝在下
豚
裹蒸生魚方七寸准又云五寸准豉汁煮秫米如蒸
熊生薑橘皮胡芹小蒜鹽細切熬糝膏油塗箬十字
裹之糝在上復以糝屈牖篡之又云鹽和糝上
下與細切生薑橘皮葱白胡芹小蒜置上篸箬蒸之

いものは頭と足とを取り去り、腹を開き、まる蒸しする。蒸し終わったら、肉を切り取り、一片の大きさを手のひら程度、方二寸程度とする。豆豉汁でモチゴメを煮る。ラッキョウを寸切り、「ちんぴ」、シャク、コニンニクをそれぞれみじん切りしたものを加え、さらに食塩と「まぜめし」を加えて、さらに蒸す。肉は「まぜめし」にはさむようにする。蒸し終わらないうちにおろして、方六寸、厚さ一寸に切る。「まぜめし」ごと盛りつける。別法として、モチゴメ、塩豉、さらにネギ、ラッキョウ、ショウガをきざんだものをクマの腹中にいれて蒸す。蒸し終わったら、切り取り、盛りつけるときにはあじめしを下にし、肉を上にする。また、別法として、細かく切り、蒸し、「まぜめし」として「みずめし」を用い、ネギと塩豉を混ぜる。肉を下にして、あらためて蒸すのがよい。供するときは「あじめし」を下にする。乾燥ショウガ、サンショウ、「ちんぴ」を用いた「まぜめし」のときは、上にする。

「コブタの蒸しもの」の作りかた（豚蒸）

クマの場合と同じ。

既奠開箸豬邊奠上毛蒸魚菜白魚鱝音賁魚最上淨
治不去鱗一尺已還渾鹽豉胡芹小蒜細切著魚中
與菜並蒸又魚方寸准亦云五六寸下鹽豉汁中即
出菜上蒸之奠亦菜上蒸又云竹籃盛魚菜上又云
竹蒸並奠　蒸藕法水和稻穰糟揩令淨斫去節與
蜜灌孔裏使滿溲蘇麵封下頭蒸熟除麵瀉去蜜削
去皮以刀截奠之又云夏生冬熟雙奠亦得
　脡膅煎消法第七十八
脡魚鮓法先下水鹽渾豉擘葱次下猪羊牛三種肉
膅兩沸下鮓打破雞子四枚瀉中如淪雞子法雞子
浮便熟食之
食經脡鮓法破生雞子豉汁鮓俱煮沸即奠又云渾
用豉奠訖以雞子豉帖去鮓沸湯中與豉汁渾葱白

「ガチョウの蒸しもの」の作りかた（鵝蒸）

頭を除き、あとはブタの場合と同じ。

「魚の包み蒸し」の作りかた（裹蒸生魚）

方七寸または五寸にそろえる。豆豉汁でモチゴメを煮るのは、クマの蒸しものの場合と同じである。生ショウガ、「ちんぴ」、シャク、コニンニクを細切りにし、食塩を加えてあじめしを炒める。チマキダケ(7)の葉にあぶらをぬり、交差させて「まぜめし」と魚を乗せる。その上に「まぜめし」を乗せて葉をつづりあわせる。別法として、「まぜめし」に塩味をつけたものを上下に置く。細切りの生ショウガ、「ちんぴ」、シロネギ、シャク、コニンニクを添え、葉をつづりあわせる。これを蒸す。盛りつけるときには、つづりを開き、これで縁をしつらえる。

(7)チマキダケ――「箬」。『辞海』によれば、タケの一種で、高さ七五㎝、直径四～五㎜、長江流域の特産品で、その葉は「ちまき」を作るのに使用される。

「魚菜のあわせ蒸しもの」の作りかた（毛蒸魚菜）

魚はカワヒラまたはヘンギョ(8)が最上である。一尺までのものをきれいに調理し、鱗を除去しない。その中に塩豉、シャク、コニンニクを細切りにして入れ、青菜を添えて蒸す。別法として、魚を方一寸（または五～六寸）にそろえ、塩豉汁のなかに入れ、すぐ

(8)ヘンギョ――「鱝魚」。現在は鯿魚と書き、『中国食物事典』によれば、中国大陸産淡水魚で特に重要な地位を占めるという。ヒラウオという呼称もある。日本には生息しない。学名は〝Parabramis bramula〟または〝P.pekinesis〟

【炰】19396

甲、〔廣韻〕〔集韻〕蒲交切　音包　肴平聲　ㄆㄠˊ　paur

乙、〔集韻〕俯九切　音缶　有上聲　ㄈㄡˇ　foou

甲、蒲交切　❶炮也。毛炙肉也。〔集韻〕炮、說文、毛炙肉也、或作炰。〔說文、段注〕毛炙肉謂肉不去毛炙之也。〔詩、小雅、六月〕炰鼈膾鯉。〔詩、魯頌、閟宮〕毛炰胾羹。❷健也。氣健之貌。與咆同。〔詩、大雅、蕩〕女炰烋于中國。〔傳疏〕劉逵注魏都賦引詩作咆烋、說文繫傳作咆哮。

乙、俯九切　火熟之也。與缹、𤆵同。〔集韻〕缹、火熟之也、或作炰、亦書作𤆵。

取り出し、青菜を添えて蒸し、青菜を乗せて盛りつける。別法として、魚を青菜に乗せ、竹籠に盛って蒸す。別法として、竹籠に蒸しものを盛って供する。

「レンコンの蒸しもの」の作りかた（蒸藕方）

水に稲藁と籾殻とを混ぜてレンコンをこすり、きれいにして、節を切り去る。蜜を穴に注ぎこみ、エゴマ油で麺をこねたもので下端を封じ、蒸す。麺を除去し、蜜をこぼす。皮をけずり、包丁で切って盛りつける。別法として、夏はなまで、冬は蒸して、(9)または両者ならべて供してもよい。

（9）夏はなまで、冬は蒸して——「夏生冬熟」。蒸さないで食べることについては、熊代も王仁興も説明していない。

第七八章「すしだきもの」「しるだきもの」「いためもの」「こなしいためもの」の作りかた

この章に挙げた調理用語は、熊代が「脏」、「腤」、「煎」、「消」の日本語訳として付与したものである。煎以外はすべて『要術』独特の用語で、脏および腤は水を加えて煮る調理法、煎および消は油を加えて炒める調理法を指す。この章にはこれら四種類の調理法による料理一一例が記載されている。いずれも肉類を調味液とともに加熱調理するものである。肉に対して調味液の使用量が多いものが脏および腤であり、少ないものが煎および消である。第七六章の「あつもの」と第七七章の「むしもの」の中間に位置づけられる。『辞海』（一九八九年版）によれば、脏は「魚肉を煮煎すること」、腤は「食塩、塩豉、ネギ、ショウガを肉類とともに煮ること」とある。脏については、『広韻』（一〇〇七年）に「鯖、煮魚煎食脏五侯鯖、脏同鯖」、『集韻』（一〇六七年）に「煮魚煎肉曰脏」とあり、魚を煮たり、肉を炒めたりすることを指すが、ここでは鮓《なれずし》を煮たものを指すので、熊代の日本語訳を採用して「すしだきもの」とした。腤については、『玉篇』（五四三年）に「煮魚肉」、『集韻』に「烹也」とあり、肉を水煮することを指すが、『要術』では肉の水煮を菹で表現しており、腤は煮つめることで缹《むしやき》に近い調理法を指すと思われる。煎は肉を油で炒めることをいい、少量の油で材料の両面を焼くという現在の定義に近い。消は細かくすりつぶした肉を油で炒めることをいう。

現在の中国でも日本でも、消にこのような定義をあたえることはない。（太田）

「すしだきもの」の作りかた（脏魚鮓法）

まず、塩豉および細切りのネギを水に入れ、つぎにブタ、ヒツジ、ウシ三種類の肉を入れ、しるだきする。二回沸騰させてから、「なれずし」を加える。鶏卵四個を割ってかきまぜたものをこの中に落とし、「かきたま」のつくり方と同様に調理し、卵が

既奠開箸樟邊奠上毛蒸魚菜白魚鱮音叙魚最上淨
治不去鱗一尺已還渾鹽豉胡芹小蒜細切著魚中
與菜並蒸又魚方寸准亦云五六寸下鹽豉汁中即
出菜上蒸之奠亦菜上蒸又云竹籃盛魚菜上又云
竹蒸並奠　蒸藕法水和稻穰糟揩令淨斫去節與
蜜灌孔裏使滿溲蘇麪封下頭蒸熟除麪瀉去蜜削
去皮以刀截奠之又云夏生冬熟雙奠亦得
脠腤煎消法第七十八
脠魚鮓法先下水鹽渾豉擘葱次下猪羊牛三種肉
腤兩沸下鮓打破雞子四枚瀉中如淪雞子法雞子
浮便熟食之
食經脠鮓法破生雞子豉汁鮓俱煑沸即奠又云渾
用豉奠訖以雞子豉帖去鮓沸湯中與豉汁渾葱白
破雞子瀉中奠二升用雞子衆物是停也
五侯脠法用食板零揲雜鮓肉食水煑如作羹法
純蒸魚法一名缹魚用鱮魚治腹裏去腮不去鱗以
鹹豉葱白薑橘皮酢細切合煑沸乃渾葱白將熟下
酢又云切生薑令長奠時葱在上大奠一小奠若大
魚成治准此
腤雞一名缹雞一名雞臘以渾鹽豉葱白中截乾蘇
微火炙生蘇不炙與成治渾雞俱下水中熟煑出雞
及葱漉出汁中蘇豉澄令清擘肉廣寸餘奠之以煖
汁沃之肉若冷將奠蒸令煖滿奠又云葱蘇鹽豉汁
與雞俱煑既熟擘奠與汁葱蘇在上莫按下可增葱
白令細也
腤白肉一名白焦肉鹽豉煑令向熟薄切長二寸半

浮きあがったら加熱を止め、供する。

『食経』にいう「すしだきもの」の作りかた（食経曰脠鮓法）

生卵を割り、豆豉汁、「なれずし」を加えて、沸騰させ、すぐに盛りつける。別法として、豆豉をそのまま[1]使用し、盛りつけてから、その上に鶏卵と豆豉を乗せる。別法として、「なれずし」の入った沸騰水のなかに、豆豉汁およびシロネギを入れ、鶏卵を割ってなかに落とし、盛りつける。一盛り二升ごとに鶏卵一個を用い、他はそのままとする。

「五侯すしだきもの」[2]の作りかた（五侯脠法）

まないたの上で、「なれずし」および肉を細切れにして混ぜ、水を加えて煮る。「あつもの」をつくる方法に準ずる。

「魚のすしだきもの」の作りかた（純脠魚法）

「魚の蒸し焼き」ともいう。ヘンギョを用いる。内臓およびえらを除去するが、鱗を除去しない。塩豉、シロネギ、ショウガ、および「ちんぴ」をみじん切りにして混合し、酢を加えて煮る、沸騰したと

（1）そのまま――「渾」。「渾」はこの章の各所にみられ、熊代は「そのまま」と訳した。石声漢は「渾豉」を「整顆的豆豉」、「渾葱白」を「整条的葱白」、「渾奠焉」を「整隻盛出供上出」と現代語訳した。『(諸橋) 大漢和辞典』では、これに近い意味として「まったく」、「すべて」、「完全な」をあげた。

（2）五侯すしだきもの――「五侯脠」。ここでいう五侯は漢の成帝の母の兄弟である王譚、王根、王立、王商、王逢の五人を指す。同じ日にそれぞれ平阿侯、成都侯、紅陽侯、曲陽侯、高平侯に封ぜられたので、これを「五侯同封」という。『(諸橋) 大漢和辞典』では、「五候鯖」として『西京雑記』の第二巻に記載された字句「婁護という人が五侯を歴訪した際に、魚や肉を併せて作ったご馳走」を引用して、非常の珍味だと記載している。

【脠】30015　（廣韻）（集韻）（韻會）諸盈切（正韻）諸成切　音征　庚平聲　ㄓㄥ　jeng

煑魚煎肉也。按脠蓋合魚與肉而雜烹之、猶今之雜燴也。或作䱽䐚、熘䲋。（集韻）脠、煑魚煎肉曰脠、或作䱽、䐚、熘、䲋。

【腤】30324　甲、（廣韻）（集韻）烏含切　音諳　覃平聲　ㄢ　an

乙、（集韻）鄔感切　音晻　感上聲　ㄢˇ　aan

甲、烏含切　●煑魚肉也。（廣韻）腤、煑魚肉也。●烹也。與䏘同。（集韻）腤、烹也。或从食。

乙、鄔感切　腤䐨、調飪也。（集韻）腤、䐨䐨、調飪也。

ころで、魚をまるごと加え、さらにシロネギを加える。別法として、先に魚を入れて煮る。沸騰したのち、豆豉汁とシロネギを加え、できあがるまぎわに酢を加える。別法として、長めに切りそろえたショウガを添える。盛りつけるときに、ネギを上に添える。魚が大きい場合には、一個を盛りつけ、小さい場合には、二個を盛りつける。さらに大きい魚でも、これに準じて盛りつける。

「ニワトリ肉のしるだきもの」の作りかた（腤鶏）

「ニワトリ肉の蒸し焼き」、または「ニワトリ汁」ともいう。塩豉、たて割りのシロネギ、弱火であぶった乾燥シソ（生のシソであれば、そのまま使用）を、まるごとのニワトリ肉とともに水のなかにいれて、煮る。肉とネギとを取り出し、汁のなかのシソおよび豆豉をこしわけて、すまし汁をつくる。ニワトリ肉を一寸四方に切り、盛りつけ、あたたかい汁をそそぐ。もし鶏肉が冷たければ、盛りつけるまぎわに蒸してあたためる。別法として、ネギ、シソ、塩豉汁をニワトリ肉とともに煮る。よく煮えたところで、盛りつけて、汁をかけ、ネギおよびシソを上にのせる。下に置いてはならない。シロネギを増すときに

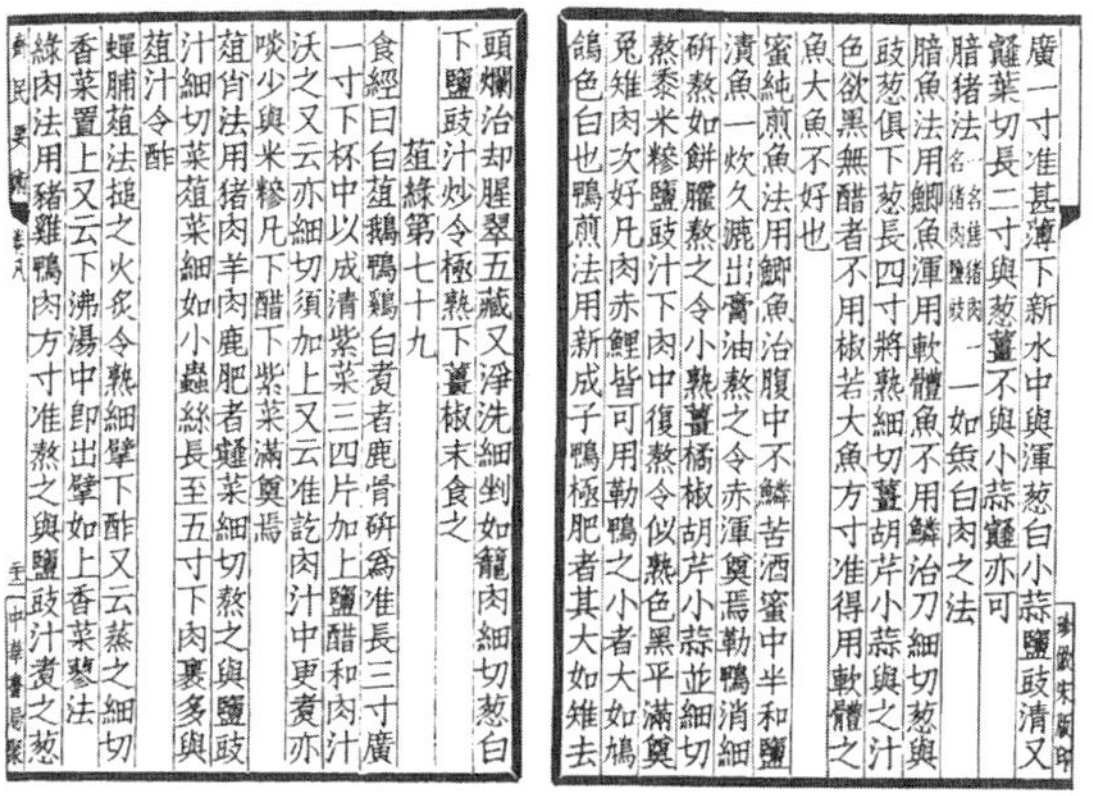
廣一寸准甚薄下新水中與渾葱白小蒜鹽豉清又
䪥葉切長二寸與葱薑不與小蒜䪥亦可
腤猪法一名鱧猪肉一名猪肉鹽豉一如魚白肉之法
腤魚法用鯽魚渾用軟體魚不用鱗治刀細切葱與
豉葱俱下葱長四寸將熟細切薑胡芹小蒜與之汁
色欲黑無醋者不用椒若大魚方寸准得用軟體之
魚大魚不好也
蜜純煎魚法用鯽魚治腹中不鱗苦酒蜜中半和鹽
漬魚一炊久漉出膏油熬之令赤渾奠焉勒鴨消細
研熬如餅臛熬之令小熟薑橘椒胡芹小蒜並細切
熬黍米糝鹽豉汁下肉中復熬令似熟色黑平滿奠
兔雉肉次好凡肉赤鯉皆可用勒鴨之小者大如鳩
鴿色白也鴨煎法用新成子鴨極肥者其大如雉去

珍倣宋版印

頭爛治却腥翠五藏又淨洗細剉如籠肉細切葱白
下鹽豉汁炒令極熟下薑椒末食之
菹緑第七十九
食經曰白菹鵝鴨雞白煮者鹿骨斫爲准長三寸廣
一寸下杯中以成清紫菜三四片加上鹽醋和肉汁
沃之又云亦細切須加上又云准訖肉汁中更煮亦
啖少與米糝凡下醋下紫菜滿奠焉
菹肖法用猪肉羊肉鹿肥者䪥葉細切熬之與鹽豉
汁細切菜菹葉細如小蟲絲長至五寸下肉裏多與
菹汁令酢
蟬脯菹法搥之火炙令熟細擘下酢又云蒸之細切
香菜置上又云下沸湯中即出擘如上香菜蓼法
緑肉法用猪雞鴨肉方寸准熬之與鹽豉汁煮之葱

齊民要術 卷八 中華書局聚

は、さいて細くするのがよい。

「白身肉のしるだきもの」の作りかた（腤白肉）

「白身肉の蒸し焼き」ともいう。塩豉、長さ二寸半、幅一寸にそろえた薄切り肉を煮込む。新しい水に入れ、シロネギ、コニンニク、塩豉のすまし汁を加える。または肉をラッキョウの葉の形に長さ三寸切りとし、ネギとショウガを添え、コニンニクがなければラッキョウの葉を使ってもよい。

「ブタ肉のしるだきもの」の作りかた（腤猪法）

「ブタ肉の蒸し焼き」、「ブタ肉のしおぐき」ともいう。「白身肉のしるだき」のつくり方と同じ。

「魚のしるだきもの」の作りかた（腤魚法）

フナ[3]を使用する。肉の柔らかい魚は適しない。鱗をとり、きれいに洗う。包丁で四寸切りにしたネギ、豆豉とをあわせて水に入れ、煮る。よく煮えたところで、細切りのショウガ、シャク、コニンニクを加える。汁の色は黒いのがのぞましい。酢ぬきの場合は、サンショウを使用しない。大魚を使用する場合には、一寸四方にそろえる。大きい魚は好ましくない。

（3）フナ――「鯽魚」。日本の「フナ」と同義語である。

【煎】 19669

甲、〔廣韻〕〔集韻〕子仙切〔韻會〕將仙切　音湔　ㄐㄧㄢ　jian　先平聲
乙、〔廣韻〕〔集韻〕〔韻會〕子賤切　音箭　ㄐㄧㄢˋ　jiann　霰去聲
丙、〔集韻〕〔韻會〕子淺切　音翦　ㄐㄧㄢˇ　jean　銑上聲

甲、子仙切　❶熬也。本作𤎅、𤎅。〔說文〕𤎅、熬也。从火、前聲。〔正字通〕煎、說文作𤎅、亦作𤎅。〔方言七〕煎、火乾也。凡有汁而乾、謂之煎。〔廣雅、釋詁二〕煎、乾也。〔玉篇〕煎、火乾、火去汁也。〔廣韻〕煎、熟煮。〔周禮、天官、內饔〕內饔掌王及后世子膳羞之割亨煎和之事。〔儀禮、既夕禮〕凡糗不煎。〔禮記、內則〕淳熬煎醢。❷愁苦逼迫、使人憂心如沸、亦謂之煎。〔古詩、爲焦仲卿妻作〕恐不任我意、逆以煎我懷。〔古詩、爲焦仲卿妻作〕漸見愁煎迫。〔梅堯臣、永叔贈酒詩〕雖云剉歡適、終久還愁煎。❸熔煉也。〔周禮、考工記、㮚氏〕改煎金錫則不耗。❹乾也。〔廣雅、釋詁二〕𤎅、乾也。❺盡也。〔方言、十三〕煎、盡也。

乙、子賤切　❶熬也。或作𤎅。〔集韻〕煎、熬也。或省作𤎅。❷蜜煎、糖煎、果品之漬以蜜或糖者。參見蜜煎條。❸甲煎、香名。〔康熙字典〕煎、甲煎、香名。〔貞觀紀聞〕隋主每除夜焚沈香數車、光暗則以甲煎沃之、香聞數里。

丙、子淺切　❶滅也。〔集韻〕煎、滅也。❷人名。〔漢書、趙充國傳〕先零豪封煎等通使匈奴。

「甘露煮」[4]の作りかた（蜜純煎魚法）

フナを使用する。内臓を除去するが、鱗をとらない。食酢と蜜を半々にして、これに塩を混ぜて魚を漬け、米飯が一回炊ける時間、放置する。魚を取り出し、赤くなるまで豚脂で炒める。まるごと盛りつける。

「シロガモ肉[5]のこなしいためもの」の作りかた（勒鴨消）

シロガモの肉を細かくすりつぶして、炒める。肉だんご汁のようになったら、炒め方を弱める。ショウガ、「ちんぴ」、サンショウ、シャク、コニンニクを細切りにしてキビ飯と炒め、これに塩豉汁とあわせて肉に加え、色が黒ずむようになるまで炒めて盛りつける。ウサギやキジの肉はシロガモの肉に続くよい材料である。このほか、赤身の肉であれば、すべて使用できる。小さいシロガモはキジバトやイエバト程度の大きさで、色は白い。

「アヒル肉のいためもの」の作りかた（鴨煎法）

キジ程度の大きさの若いふとったアヒルを使用する。頭を取り去り、湯で洗い、なまぐさい脂身および内臓を除去し、きれいに洗う。こまかく切って「そぼろ肉[6]」のようにし、細切りのシロネギ、塩豉汁を加えて炒める。サンショウおよびショウガ粉末をかけて供する。

（4）甘露煮――「蜜純煎魚」。魚を蜜で甘く煮詰めることから、熊代は甘露煮と意訳している。

（5）シロガモ――「勒鴨」。熊代は、カルガモの別種とし、シロガモをあてている。

（6）そぼろ肉――「籠肉」。熊代は弁当用の肉、つまり乾燥肉末あるいは「つめる肉」と解釈して、「そぼろ肉」と訳している。石声漢は「餡的肉」、つまり饅頭のつめものに使う肉と解釈している。

『要術』（第76～81章）に記載された調理用語

	熊代（和訓と解釈）(1976)	『(諸橋) 大漢和辞典』(1986)	拼音	『辞海』(1989)	『漢語大字典』(1986～91)
羹	「あつもの」。諸味を混ぜて煮たものが本来の羹。塩，酢を和するのを原則とする。	「あつもの」。五味を和した吸物。また，肉に菜を和えた吸ひもの。	gēng	五味を調和させた濃い汁物。また煮つめて濃厚な液にした食べもの。	肉（または肉菜を混ぜて）を用い，五味を調和させてつくった濃い汁物。
臛	「あつもの」。無菜の羹。	「あつもの」。	huò	肉羹，または肉羹をつくること。	肉羹，または肉羹をつくること。
蒸	「むしもの」。こしきを用い，釜湯の蒸気で熱してつくった食べもの。	「むす」。熱気を通ずる。	zhēng	蒸気を用いてつくったもの。	水蒸気の熱を利用してものを蒸し，あるいは熱すること。
缹	「むしやき」。銅鐺（青銅製の足つき鍋）を用い，これに入れて熱してつくった食べもの。	「やく」。「あぶる」。	fǒu	煮ること。	蒸煮すること。
脡	「すしだき」。鮓（なれずし）の煮もの。	魚を煮，または肉を煎りなどしたもの。	zhēng	「鯖」と同じ。肉と魚をあわせて焼いたもの。	魚肉を煎煮すること。
腤	「汁炊き」。味つけをした汁に肉を入れて煮熟したもの。	「にる」。魚肉をにる。	ān	塩豉，ネギ，ショウガおよび肉類をあわせ煮たもの。	古代，塩，豉，ネギを肉類とともに煮る，調理法の一種。
煎	「炊めもの」，『要術』では，少量の汁をもって煮るものをいう。	①「いる」。煮つめて汁をなくする。煮ほす。煮つめる。②「いる」。物を水とともに煮て主成分を水に含ませる。にだす。	jiān	少量の油で食べものを加熱すること。また水を用いて煮ることもいう。	調理法の一種。食べものを鍋に入れて加熱するさい，汁を加えて乾くまで，または表面が変成して黄変するまで加熱する。
消	「こなしいため」。こまかにすりつぶした肉を少量の汁でいためたもの。「煎」の一種。「つくだに」に相当する。	——	xiāo	——	古代の調理法。肉を細かく砕き，油を加えて煎炒する。または，この方法を用いてつくった料理。
菹	「すにく」。俗に「なます」。『要術』では煮肉の酢浸。	「葅」に同じ。「つけもの」。	zū	「葅」と同じ。酢菜，腌菜のこと。	「葅」と同じ。①腌菜(漬物)。②肉醬。
緑	「きりすにく」。「菹」の一種。	——	lǜ	——	——
炙	「あぶりもの」。肉を火の上におき，主に輻射熱で熱する。熟油中に投じ，揚げるのも含む。	①「あぶる」。「やく」。肉を火の上にかざす。②「あぶりもの」。焼いた肉。	zhì	火を用いて加熱する。	烤熟してつくった肉食品。
胏	「こうじづけ」。麴類と塩で生肉を漬蔵したもの。	「くひあまし」。	zǐ	——	骨を有する肉醬。
奥	「あぶらづけ」。肉を脂と煮て，膏油に漬蔵したもの。	「にる」。	yù	——	腌(漬物)をつくる。後に「腴」とする。
糟	「かすづけ」。あぶった肉を酒糟と塩に漬蔵したもの。	①「もろみ」。②「かす」，「さけかす」。	zāo	酒または酒粕を用いて漬けてつくった食べもの。	酒または酒粕を用いて漬けてつくった食品。
苞	「つとまき」。生肉または煮肉の卵とじをわらで包蔵したもの。	①つつむ。②「つつみ」。「つと」。魚肉などをあぶらがやに包んだもの。	bāo	「包」に通ずる。包む。	「包」に通ずる。包むこと。

注：『辞海』，『漢語大字典』については，日本語に翻訳した。

第七九章「にくなます」の作りかた

原文は「菹緑」である。熊代は菹に「すにく」、綠に「きりすにく」という日本語訳を付した。いずれも、肉をそのまま熱処理し、食塩および食酢に浸したもので、熱処理は水煮が主体だが、いためる、あぶる、湯通しするなどの操作も含まれる。酸味料としては食酢のほかに、野菜なます、酢漿なども使われる。「なます」に対応する漢字は膾で、『要術』の第七三章では細切りの魚肉、すなわち「さしみ」を表現する漢字として使われ、現在の中国でも同じ意味で使われる。「なます」は、なまの魚や野菜を切って酢に浸した料理の総称であって、熱処理をすませた肉を使う「菹」とは異なるのだが、『要術』では肉を使う「なます」を「菹」、野菜を使う「なます」を「菹」（第八八章では「葅」）と区別して表記しているので、ここでは「にくなます」とした。現在の字典には「菹」は見当らない。「綠」は細切りの菹のことであるが、日本および中国の字典にはこの定義は収載されていない。（太田）

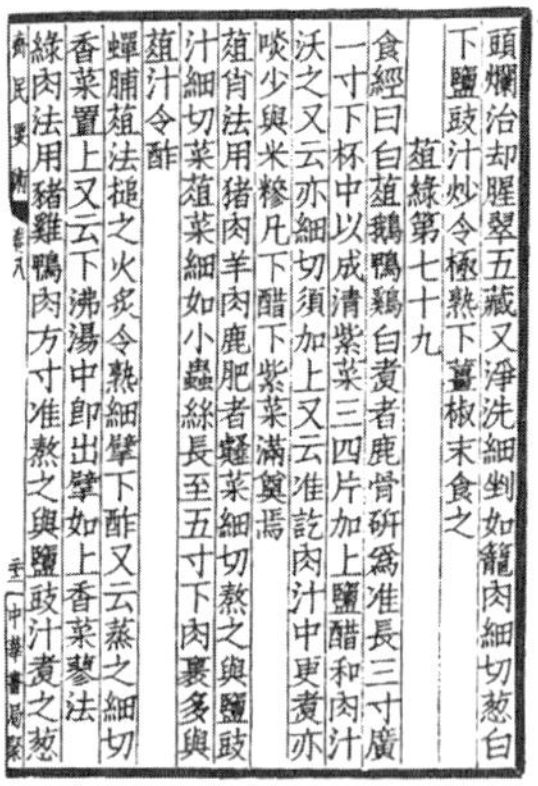
頭爛治却腥翠五藏又淨洗細剉如籠肉細切葱白
下鹽豉汁炒令極熟下薑椒末食之
菹綠第七十九
食經曰白菹鵝鴨鷄白煮者鹿骨斫爲准長三寸廣
一寸下杯中以成清紫菜三四片加上鹽醋和肉汁
沃之又云亦細切須加上又云准訖肉汁中更煮亦
啖少與米糝凡下醋下紫菜滿奠焉
菹肖法用猪肉羊肉鹿肥者䪥菜細切熬之與鹽豉
汁細切菜菹葉細如小蟲絲長至五寸下肉裏多與
菹汁令酢
蟬脯菹法搥之火炙令熟細擘下酢又云蒸之細切
香菜置上又云下沸湯中即出擘如上香菜蓼法
綠肉法用猪雞鴨肉方寸准熬之與鹽豉汁煮之葱
齊民要術　卷八　中華書局聚

『食経』にいう「しろなます」の作りかた（食経曰白菹）

ガチョウ、アヒル、またはニワトリを水煮し、骨を除き、切って長さ三寸、幅一寸にそろえ、汁椀に入れる。それに上等なノリ[1]を三〜四片乗せ、食塩、食酢を混ぜた肉汁を注ぐ。別法として、みじん切りのシソの葉を乗せる。別法として、できあがりを肉汁のなかで煮なおし、また食べるときにまぜ飯を添える。食酢を抜くならば、ノリも抜く。盛りあげて供する。

「こなしにくなます[2]」の作りかた（菹肖法）

ブタ、ヒツジ、またシカの肥えた肉を用いる。ラッキョウの葉の大きさに細かく切って、これを炒め、

（1）ノリ——「紫菜」。熊代はムラサキノリとしている。『中国食物事典』によれば、「紫菜」は海藻の総称であり、その加工品も含めているようなので、ここでは単にノリとした。

（2）こなしにくなます——「菹肖」。肖は消の同義語。消は第七八章に収載され、その和訓は「こなしいためもの」である。

【葅】

32192

●與菹同。〔玉篇〕葅同菹。●與苴通。〔康熙字典〕葅又通苴。

塩豉汁を加える。野菜なますを細く切って細さ小虫程度、長さ五寸の大きさにし、肉に混ぜる。なます汁を多く加えると、酸っぱくなる。

「ホシゼミのにくなます」(3)の作りかた（蝉脯菹法）

ホシゼミを叩きつぶし、火でよくあぶり、細かにむしり、食酢に漬ける。別法として、これを蒸し、みじん切りの香菜を上に置く。別法として、沸騰水の中に加え、すぐに取りだし、むしり、みじん切りの香菜(4)やタデを上に置く。

「きりにくなます」の作りかた（緑肉法）

ブタ、ニワトリ、またはアヒルの肉を用い、一寸四方にそろえ、妙める。塩豉汁を加えて、煮る。ネギ、ショウガ、「ちんぴ」、シャク、コニンニクをみじん切りにし、食酢を加える。

「みずたきぶた」(5)の作りかた（白瀹葅法）

授乳期の肥えたコブタを用いる。魚眼湯(6)をつくり、冷水を加えて少しさまし、これで肉を湯通しし、切り開く。もし粗毛が残るようであれば、毛抜きでこれを抜き、柔毛ならばこれをそぐ。チガヤの茎葉(7)で擦り洗い、包丁でけずってきれいにする。釜をきれいに洗い、銹を除く。もし銹が残っていると、肉が黒ずむ。絹袋

(3) ホシゼミ――セミの乾燥品である。『本草綱目』（一五七八年）には「セミは古代には一般に食用にしたもので、『耀蝉』と称して夜間火をともして採ったものだ」とある。

(4) 香菜――熊代は『要術』での香菜は香味菜の汎称」としているが、タデを併記しているところから、特定の香菜をあてたほうがよいようだ。『中国食物事典』ではコリアンダとしているが、『要術』におけるコリアンダは「胡荽」である。熊代は当時の「香菜」の特定名は「蘭香」（現在の名称は「蔓勒」）とし、『中国古代名菜』もこれを当てている。

(5) みずたき――「白瀹」。「瀹」は漬ける、煮るという意味をもち、熊代は「みずたき」という和訓を付している。

(6) 魚眼湯――沸騰の末期に魚眼大の気泡を発する湯。時間の経過とともに「蟹眼湯」、「麻沸湯」となる。

(7) チガヤの茎葉――「茅蒿葉」。熊代は「チガヤ・カワラニンジンの葉」と訳しているが、蒿には穀類の茎杆という意味もあり、(『漢語大字典』)、ここでは「チガヤの茎葉」と訳した。

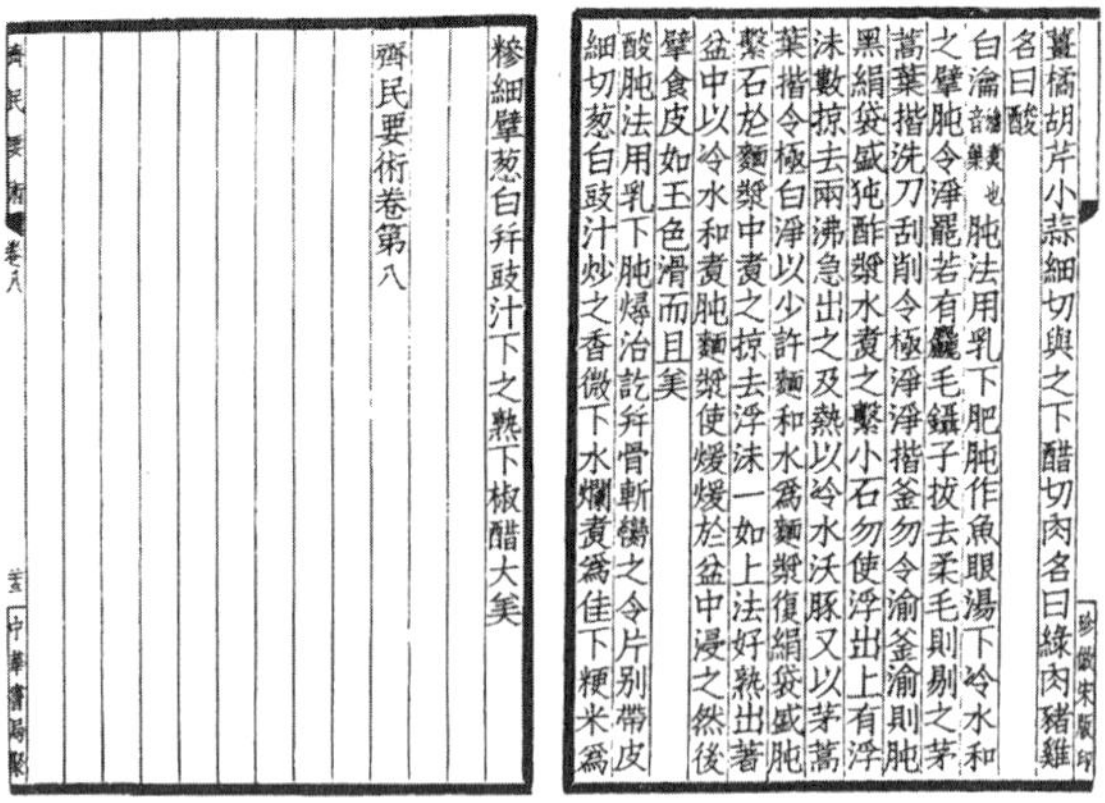
珍倣宋版印

薑橘胡芹小蒜細切與之下醋切肉名曰綠肉豬雞
名曰酸
白瀹（瀹煑也音藥）肫法用乳下肥肫作魚眼湯下冷水和
之攣肫令淨罷若有麤毛鑷子拔去柔毛則剔之茅
蒿葉揩洗刀刮削令極淨淨揩釜勿令渝釜渝則肫
黑絹袋盛肫酢漿水煑之繋小石勿使浮出上有浮
沫數掠去兩沸急出之及熱以冷水沃豚又以茅蒿
葉揩令極白淨以少許麵和水爲麵漿復絹袋盛肫
繋石於麵漿中煑之掠去浮沫一如上法好熟出著
盆中以冷水和煑肫麵漿使煖煖於盆中浸之然後
擘食皮如玉色滑而且美
酸肫法用乳下肫燖治訖并骨斬臠之令片別帶皮
細切葱白豉汁炒之香微下水爛煑爲佳下粳米爲
糝細擘葱白并豉汁下之熟下椒醋大美

齊民要術卷第八

齊民要術　卷八　中華書局聚

に肉を入れ、酢漿で煮る。袋に小石をくくりつけて浮きあがらないようにし、泡が浮きあがるようであれば頻繁にすくいとる。沸騰を二回くりかえしたら急いで取りだし、熱いうちに冷水を注ぎ、またチガヤの茎葉で白くなるまできれいに擦り洗う。少量のコムギ粉に水を混ぜて水糊をつくる。ふたたび絹袋に肉を入れ、小石をくくりつけ、水糊に入れて煮る。泡が浮きあがれば、これをすくいとる。できあがれば、取りだして盆にあける。肉を煮た水糊に冷水を混ぜて適度の温度とし、これを盆に注ぐ。肉を切りさいて食する。皮は玉石のように色づき、舌ざわりがよく、おいしい。

「すぶた」の作りかた（酸肫法）

授乳期のコブタを使用する。湯通ししたあと、骨ごと切って皮つきの切り身にする。細切りのシロネギと豆豉汁とで炒める。芳香がわずかにたったところで水を加え、煮つめるのがよいとされる。これにウルチゴメを加えて「まぜめし」とし、細切りのシロネギと豆豉汁とを加える。できあがったものにサンショウや食酢を加えれば、きわめておいしい。

第八〇章「あぶりもの」の作りかた

原文は「炙」、火の上に肉を置き、輻射熱で加熱する調理法である。油のなかで揚げる方法も含まれる。現在使用されている漢字は烤または烘である。この料理は清代にあっては満漢全席の主菜の一つであり、現在でも代表的な中華料理の一つであるが、その作りかたは地域によって多少異なる。（太田）

「ブタ肉のあぶりもの」の作りかた（炙豘法）

授乳期のよく肥えたコブタを用いる。去勢したブタでも雌のブタでもよい。湯びいて調理するのは[1]、煮物の場合とまったく同様である。擦り洗いをし、削りとってきれいにする。腹を小開きして内臓を除き、きれいに洗う。腹部にチガヤをつめ、クヌギの枝を通し、弱火で遠目にあぶる。つねに回転し、止めないようにする。止めると片あぶりとなる。清酒をたびたび塗り、色つけする。新しい豚脂をとり、よごさないようにしながら、たびたび塗る。むらがつかないようにする。新しい豚脂がなければ、きれいなゴマ油でもよい。色付きは琥珀色で、金色に近い。口に入れるとすぐにとろけ、その状態は雪のごとく、あぶらこくて、格別な風味をもつ。

（1）湯びいて調理する——「繋治」。繋は現在では燖（ゆびく）を使う。

炙法第八十

炙豬法用乳下豘極肥者豶牸俱得擊治一如煑法揩洗刮削令極淨小開腹去五臓又淨洗以茅茹腹令滿柞木穿緩火遙炙急轉勿住轉常使周匝不匝則偏燋也清酒數塗以發色色足便止取新豬膏極白淨者塗拭佳若無新豬膏淨麻油亦得色同琥珀又類真金入口則消狀若凌雪含漿膏潤特異凡常也

捧炙捧或作棒大牛用膂小犢用脚肉亦得逼火偏炙一面色白便割割又炙一面含漿滑美若四面俱熟然後割則澀惡不中食也

腩炙腩奴感反牛羊麞鹿肉皆得方寸臠切葱白斫令碎和鹽豉汁僅令相淹少時便炙若汁多久漬則肕撥火開痛逼火迴轉急炙色白熱食含漿滑美若舉而復下下而復上膏盡肉乾不復中食

肝炙　牛羊豬肝皆得臠長寸半廣五分亦以葱鹽豉汁腩之以羊絡肚𦟝素千反脂裹横穿炙之

牛胘炙　老牛胘厚而肥剗穿痛蹙令聚逼火急炙令上劈裂然後割之則脆而甚美若挽令舒申微火遙炙則薄而且肕

灌腸法取羊盤腸淨洗治細剉羊肉令如籠肉細切葱白鹽豉汁薑椒末調和令鹹淡適口以灌腸兩條夾而炙之割食甚香美

食經曰作豉丸炙法羊肉十斤豬肉十斤縷切之生薑三升橘皮五葉藏瓜二升葱白五升合擣令如彈丸別以五斤羊肉作臛乃下丸炙煑之作丸也

𦞦炙豘法小形豘一頭𦞦開去骨去厚處安就薄處

齊民要術　卷九　二　中華書局聚

「うけあぶりもの」(2)の作りかた（捧炙）

大きいウシの場合は背肉を用いる。小さいウシの場合は脚肉を用いてもよい。火を近づけて片あぶりをし、片面が白く色づいたところで割る。他面をさらにあぶる。反対側は汁気を含み、滑らかである。四面ともあぶりあがってから割るのでは、渋くなって食べられない。

(2) うけあぶりもの——「捧炙」。捧が「両手でささげる」という意味をもつところから、熊代はこのような和訓を付している。

「つけあぶりもの」(3)の作りかた（腩炙）

ヒツジ、ウシ、ノロ、シカの肉はすべて使用できる。一寸四方に切り、擦りくだいたシロネギに塩豉汁を混ぜたものにひたひたになる程度に漬け、しばらくしてからあぶる。汁を多くし、早く漬けると、肉が固くなる。火に近づけ、まわしながらせっせとあぶる。白く色づいたところで、熱いうちに食べる。汁気を含み、舌ざわりがよく、おいしい。あぶってはおろし、おろしてはあぶるようでは、脂肪分がなくなって肉が乾き、またとは食べられない。

(3) つけあぶりもの——「腩炙」。『辞海』には、「腩は肉をたれに漬け、あぶって食する」とあり、現在は漬烤と書く。広東語では現在でも牛腩、猪腩と書く。あとにも腩炙があり、たれのつくり方はあとのほうが濃厚なので、熊代は前者を「つけやき」、後者を「たれつけやき」と区分した。使用する調味料は、前者がシロネギと豆豉汁、後者が酒、魚醤、ネギ、ショウガ、「ちんぴ」である。前者が北方風味、後者が南方風味なのであろうか。

「肝臓のあぶりもの」の作りかた（肝炙）

ウシ、ヒツジ、ブタの肉はすべて使用できる。切り身は長さ一寸半、幅五分とする。ネギと塩豉汁でたれ

【炙】 19339

甲、〔廣韻〕〔集韻〕〔韻會〕〔正韻〕之石切 陌入聲 ㄓ、 jyh
乙、〔廣韻〕〔集韻〕〔韻會〕〔正韻〕之夜切 音蔗 禡去聲 ㄓㄜ、 jeh
丙、〔唐韻正〕之恕切 御去聲

甲、之石切。乙、之夜切 ㊀燒也。〔說文〕炙、炙肉也、从肉在火上。〔段注〕炙肉、各本作炮肉、今依楚茨傳正。〔書、泰誓上〕焚炙忠良。〔疏〕焚炙、俱燒也。〔詩、小雅、瓠葉傳〕抗火曰炙。〔漢書、武五子、戾太子傳〕炙胡巫上林中。〔注〕服虔曰、炙、燒也。〔孔子家語、問禮〕以烹以炙。〔注〕炮之曰炙。〔事物紀原、酒醴飲食部、炮〕周書曰、黃帝始燔肉爲炙。〔古樂府、西門行〕飲醇酒、炙肥牛。㊁火灼也。〔禮記、曲禮上〕毋嘬炙。〔疏〕火灼曰炙。㊂親近也。親受教也。〔康熙字典〕炙、親近也。〔孟子、盡心下〕而況於親炙之者乎。〔集注〕親炙、親近而薰炙之也。㊃熱也。〔玉篇〕炙、熱也。㊄威怒之貌。〔詩、大雅、桑柔〕既之陰女、反予來赫。〔傳〕赫、炙也。〔集傳〕赫、威怒之貌。〔疏〕王肅云、我陰知汝行矣、乃又來赫炙我、欲有以退止我言者也。㊅或作䏑。〔集韻〕炙、或从肉。㊆籀文作𤎩。〔說文〕炙、𤎩、籀文。㊇亦作熫。〔說文通訓定聲〕炙、字亦作熫。

丙、之恕切 煎也。〔枚乘、兎園賦〕煎熬炮炙、極樂到暮。

解字 炙（會意）〔說文〕炙、炙肉也、从肉在火上。〔段注〕有弗貫之、加火上也。〔說文通訓定聲〕炙、炮肉也、从肉在火上會意。

つけする。ヒツジの脂身で包み、串に通してあぶる。

「ウシ胃のあぶりもの」の作りかた（牛胘炙）

としとったウシの胃は厚く、もろい。これをけずり、串にさし、よく押しかためて近火で手早くあぶる。表面が裂ける程度になって割れば、もろくてきわめておいしい。もし肉をひきのばして遠火でゆっくりあぶれば、固くてまずい。

「腸詰め(4)のあぶりもの」の作りかた（灌腸法）

ヒツジの大腸をとり、きれいに洗って整える。ヒツジの肉を細かく切ってそぼろ肉のようにし、みじん切りのシロネギ、塩豉汁、ショウガ、サンショウの実の粉末を混ぜ、塩加減を口にあわせ、これを大腸に詰めこむ。二本の枝に挟み、あぶる。割って食べると、きわめておいしい。

『食経』にいう「にくだんご(5)のあぶりもの」の作りかた（食経曰作跳丸炙法）

ヒツジの肉一〇斤、ブタの肉一〇斤を細切りにして、生のショウガ三升、「ちんぴ」五枚、瓜漬(6)一升、シロネギ五升とあわせて搗き、弾丸の形にして、あ

(4) 腸詰め――「灌腸」。現在の灌腸は腸を洗うことだが、ここでは「烤羊灌腸」、すなわちヒツジの腸のなかに具をつめたものである。

(5) にくだんご――「跳丸」。東漢の張衡の著作『西京賦』に「如球之丸―下跳落」とあり、これから採用したかもしれない。現在の表現は「烤肉丸」。

(6) 瓜漬――「蔵瓜」。酸味料として瓜の漬物を使用する例はかなり見られる。『要術』の第八八章にこの作りかたが収載され、原料はシロウリである。

令調取調肥豬肉三斤肥鴨二斤合細琢魚漿汁三
合琢葱白三斤薑一合橘皮半合和二種肉著豬上
令調平以竹串串之相去二寸下串以竹箸著上以
板覆上重物迮之得一宿明旦微火炙以串一升合
和時時刷之黃赤色便熟先以雞子黃塗之今世不
復用也
擣炙法取肥子鵝肉二斤剉之不須細剉好醋三合
瓜菹一合葱白一合薑橘皮各半椒二十枚作屑合
和之更剉令調聚著充竹串上破雞子十枚別取白
先摩之令調復以雞子黃塗之唯急火急炙之使焦
汁出便熟作一挺用物如上若多作倍之若無鵝用
肥豘亦得也
銜炙法取極肥子鵝一隻淨治煮令半熟去骨剉之
和大豆酢五合瓜菹三合薑橘皮各半合切小蒜一
合魚醬汁二合椒數十粒作屑合和更剉令調取好
白魚肉細琢裹作串炙之
作餅炙法取好白魚淨治除骨取肉琢得三升熟豬
肉肥者一升細作酢五合葱瓜菹各二合薑橘皮各
半合魚醬十三合看鹹淡多少鹽之適口取足作餅
如升盞大厚五分熟油微火煎之色赤便熟可食
用椒十枚作屑和之
釀炙白魚法白魚長二尺淨治勿破腹洗之竟破背
以鹽之取肥子鴨一頭先治去骨細剉作酢一升瓜
菹五合魚醬汁三合薑橘各一合葱二合豉汁一合
和炙之令熟合取後背入著腹中弗之如常炙魚法
微火炙半熟復以少苦酒雜魚醬豉汁更刷魚上便

齊民要術　卷九　三　中華書局聚

ぶる。別に五斤のヒツジ肉であつものを作り、「にくだんご」を入れて煮る。

「コブタの切り肉(7)のあぶりもの」の作りかた　(膊炙豘法)

小型のコブタ一頭を切りひらき、骨を除き、厚い部分を取りわけて薄い部分につけて形をととのえる。別に肥えたコブタ肉三斤、肥えたアヒル肉二斤を取り、混ぜて細かにたたく。魚醤油三合、擣いたシロネギ三升、ショウガ二合、「ちんぴ」半合をこれに混ぜ、先の切り肉の表面に付け、表面を平らにととのえ、竹串にさす。間を二寸取って串を入れる。板を上に乗せ、重いもので圧しをする。一夜放置し、翌朝弱火であぶる。これに蜜一升を水で和したものをときどき塗る。黄赤く色づいたところでできあがる。以前は卵黄を塗ったが、今では塗らない。

「よせあぶりもの」(8)の作りかた　(擣炙法)

肥えたコガチョウの肉二斤をとり、荒めに切りくだく。食酢三合、瓜漬一合、シロネギ一合、ショウガと「ちんぴ」を各半合、すりつぶしたサンショウ二〇粒を加え、もう一度すり、竹串に塗りつける。

(7) 切り肉——「膊」。膊の同義語であり、骨を除いた肉のかたまり、または厚い切り肉を意味する。

(8) よせあぶりもの——「擣」。搗の同義語であり、あとにも出てくる。熊代は前者に「よせあぶり」、後者に「かさねあぶり」という和訓を付している。

ニワトリの卵一〇個を割り、卵白を取ってまず塗りつけ、さらに卵黄を塗りつける。強火でせっせとあぶる。焦げて汁が出てきたら、できあがる。一串をつくる材料は以上のとおりであるが、もし多くつくりたければ、量を増やす。もしガチョウがなければ、肥えたコブタで代用してもよい。

「つつみあぶりもの」(9)の作りかた（銜炙法）

ごく肥えたコガチョウ一羽をとり、きれいに調理し、半熟程度に水煮をし、骨を除き、切りくだく。これに大豆酢(10)五合、瓜漬三合、ショウガおよび「ちんぴ」各半合、切ったコニンニク一合、魚醤油二合、サンショウ数十粒の粉末をあわせて混ぜ、肉の形をととのえる。別に良質のカワヒラの肉をとり、細かにくだき、これを衣として包み、串をさしてあぶる。

「つみれのからあげもの」(11)の作りかた（作餅炙法）

良質のカワヒラをとり、きれいに調理して骨を除き、たたいて三升とする。肥えたブタの肉一升を細かに擣く。食酢五合、ネギと瓜漬二合、ショウガと「ちんぴ」各半合、魚醤油三合、これに食塩を加えて口にあうような塩加減にする。これらを併せて餅をつ

(9) つつみあぶりもの――「銜」。含や接受を意味する。熊代は「ふくみあぶりもの」という和訓を付しているが、「つつみあぶりもの」としたほうが理解しやすい。

(10) 大豆酢――「大豆苦酒」。『要術』の第七一章に作りかたが記載されている。

(11) つみれのからあげもの――「餅炙」。「つみれ」を油のなかで揚げたものである。現在は煎魚餅と称する。

くる。大きさは一升盃程度、厚さは五分とする。これを弱火の油で揚げる。色づいて赤くなったところでできあがる。

「カワヒラのつけやきもの」[12]の作りかた（釀炙白魚法）

長さ二尺のカワヒラを清浄にする。腹をさかない。洗いおえたらば、背開きをして塩をする。肥えたコアヒルを洗って骨を除き、細かにさく。食酢一合、瓜漬五合、魚醤油三合、ショウガと「ちんぴ」各一合、ネギ二合、豆豉汁一合を混ぜて煮る。これを魚の背から腹につめ、串をさして弱火であぶる。半ばできあがったら、さらに食酢少しに魚醤油と豆豉汁とを混ぜたものを魚の表面に刷毛ですりこんで、できあがる。

「つけあぶりもの」の作りかた（腩炙法）

肥えたアヒルをきれいに洗って、骨を除き、切り身にする。酒五合、魚醤油五合、ショウガ、ネギおよび「ちんぴ」各半合を混ぜあわせ、飯を炊く時間程度漬ける。これをあぶる。コガチョウを使用する場合も同様とする。

（12）つけやきもの——「釀炙」。釀は「かもす」、すなわち微生物を用いて加工することを意味する語であるが、『漢語大字典』には「切雑和え」（こまかくさいて和える）という意味も記載されている。

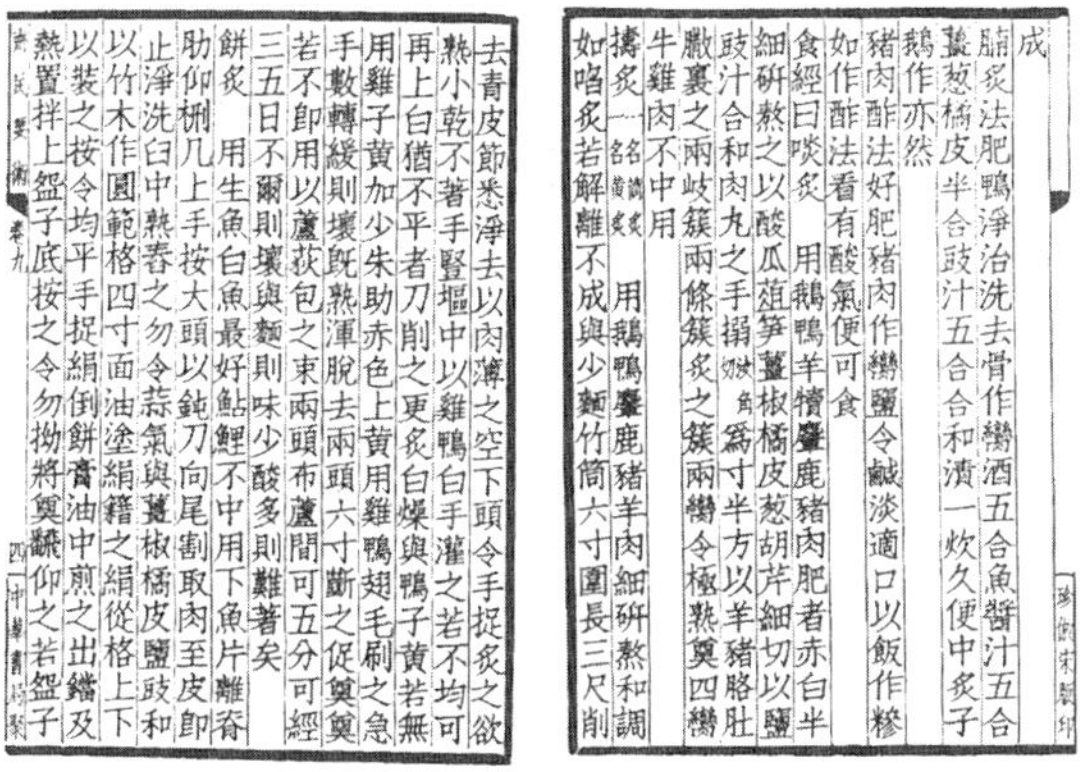

成
腤炙法肥鴨淨治洗去骨作臠酒五合魚醬汁五合
薑葱橘皮半合豉汁五合合和漬一炊久便中炙子
鵝作亦然
豬肉鮓法好肥豬肉作臠鹽令鹹淡適口以飯作糝
如作鮓法看有酸氣便可食
食經曰啖炙　用鵝鴨羊犢麞鹿豬肉肥者赤白半
細研熬之以酸瓜菹筍薑椒橘皮葱胡芹細切以鹽
豉汁合和肉丸之手搦奴角切為寸半方以羊豬胳肚
䐑裹之兩岐簇兩條簇炙之簇兩臠令極熟奠四臠
牛雞肉不中用
擣炙一名讀炙一名黄炙　用鵝鴨麞鹿豬羊肉細研熬和調
如啗炙若解離不成與少麵竹筒六寸圍長三尺削
去青皮節悉淨去以肉薄之空下頭令手捉炙之欲
熟小乾不著手豎堀中以雞鴨白手灌之若不均可
再上白猶不平者刀削之更炙白燥與鴨子黄若無
用雞子黄加少朱助赤色上黄用雞鴨翅毛刷之急
手數轉緩則壞既熟渾脫去兩頭六寸斷之促奠奠
若不即用以蘆荻包之束兩頭布蘆間可五分可經
三五日不爾則壞與麵則味少酸多則難著矣
餅炙　用生魚白魚最好鮎鱧不中用下魚片離脊
肋仰㭊几上手按大頭以鈍刀向尾劃取肉至皮即
止淨洗臼中熟舂之勿令蒜氣與薑椒橘皮鹽豉和
以竹木作圓範格四寸面油塗絹籍之絹從格上下
以裝之按令均平手捉絹倒餅膏油中煎之出鐺及
熱置拌上盌子底按之令勿拗將奠翻仰之若盌子
齊民要術　卷九　四　中華書局聚

「ブタ肉のすしのあぶりもの」の作りかた（猪肉鮓法）

肥えた良質のブタ肉を切り身にし、口にあわせた塩加減にする。これをすしと同様のつくり方で「まぜめし」とし、酸っぱさが出て来たところであぶって食べる。

『食経』にいう「ひとくちあぶりもの」(13)の作りかた（食経曰啗炙）

ガチョウ、アヒル、ヒツジ、コウシ、ノロ、シカ、ブタなどの肥えた肉を赤身、白身半々ずつ用い、細かくすりつぶす。すっぱい瓜漬、タケノコ漬、ショウガ、サンショウ、「ちんぴ」、ネギ、シャクをみじん切りにし、それに食塩、豆豉汁をあわせて肉に混ぜ、これを丸める。両手でおしもみをして一寸半四方にし、ヒツジやブタの脂身で包む。又になった小枝の両枝にさして、あぶる。さすのは二個ずつとし、よくあぶる。盛りつけは四個とする。ウシとニワトリの肉は用いない。

(13)ひとくちあぶりもの――原文は「啖炙」、「腤炙」または「啗炙」。『中国古代名菜』（一〇七～一　四年）は、腤を銜（含）の同義語とし、『釈名』は、銜炙について「すりつぶした肉にいろいろな調味料を加えてあぶったもの」という意味を与えているので、古くから存在した料理なのであろう。

「つつあぶりもの」(14) の作りかた（擣炙）

ガチョウ、アヒル、ノロ、シカ、ブタ、ヒツジの肉を用い、細かにすりつぶして炒める。すりつぶしかたは「ひとくちあぶりもの」の場合と同じとする。だんご状になりにくい場合には少量のコムギ粉を加える、直径六寸、長さ三尺の竹筒の青皮を除き、節もきれいに除き、まわりに肉だんごを巻きつける。巻きついていない下端を手でにぎり。肉をあぶる。肉が少し乾いて手につかなくなったら、盛り砂のなかに立て、ニワトリやアヒルの卵白を手でこれに巻く。もし均一でなければ、さらに卵白を乗せてよい。それでもまだ平らでない場合には、包丁でこれをけずる。さらにあぶり、白く乾いたら、アヒルの卵黄をつける。もしなければ、ニワトリの卵黄を用い、少し食紅を加えて赤みをつける。卵黄を乗せるにはニワトリやアヒルの羽を用いる。せわしく回転し、ゆっくり回転しない。できあがれば竹筒をはずし、両端を除き、六寸ずつ切る。二個ずつ盛りつける。すぐ食べない場合は、アシやオギでつとまきにし、両端をたばねてアシの厚さ五分とする。これで三～五日はもつ。こうしないと、すぐ腐敗する。コムギ粉を加えると味が落ち、食酢が多いと竹筒に付着しにくくなる。

(14) つつあぶりもの――「擣炙」。竹筒の表面に塗りつけてあぶるので筒炙ともいい、卵黄をつけるので黄炙ともいう。日本の「ちくわ」と同類である。

「魚だんごのからあげもの」[15] の作りかた（餅炙）

生魚を使う。カワヒラがもっともよい。ナマズ、ライギョは使えない。魚を片身におろし、骨を除く。まないたの上にあおむけにし、手で頭をおさえ、切れ味の良くない包丁で尾のほうへそいで肉を取り、皮までいって止める。きれいに洗い、臼のなかで搗く。ニンニクの臭いをつけてはいけない。ショウガ、サンショウ、「ちんぴ」、食塩、豆豉を混合する。竹で直径四寸の円枠をつくり、表面に油を塗った絹布を枠の上から下に押しこむ。肉をつめて平らにおさえ、手で絹を引きだし、餅状の肉を取りだしてラードのなかで揚げる。鍋から出し、熱いうちに皿に乗せ、小椀をあてがって椀形にする。盛りつけるまぎわにこれを裏返す。もし椀盛りするには、あおむけて餅の一面が小椀にはりつくようにする。別法として、白身の魚と生魚とを等分に使用し、細かくすりつぶし、炒め、前記のように混合する。手でまるめて餅にし、ラードで揚げることは、たまご焼き[16]をつくるようにする。十字に切りわけ、盛りつける際にふたたびもとの形にする。小さいものは直径二寸半とし、二つ盛りとする。ネギ、シャクなどのなま物を用いると、まだらになって見た目によくない。ほかのものは種類を増してもよく、もしくはこの程度に

(15) からあげもの――「炙」。このままだと「あぶりもの」か「あげもの」だが、作りかたからみて、「からあげもの」とした。

(16) たまご焼き――「鶏子餅」。『要術』の第八二章に作りかたが収載されている。

奠仰與盤子相應又云用白肉生魚等分細斫熬和
如上手團作餅膏油煎如作雞子餅十字解奠之還
令相就如全奠小者二寸半奠二葱胡二斤生物不
得用用則斑可增衆物若是先停此若無亦可用此
物助諸物
範炙　用鵝鴨臆肉如渾椎令骨碎與薑椒橘皮葱
胡芹小蒜鹽豉切如塗肉塗炙之斫取臆肉去骨奠
如白煮之者
炙蚶　鐵鐲上炙之汁出去半殼以小銅拌奠之大
奠六小奠之八仰奠別奠酢隨之
炙蠣　似炙蚶汁出去半殼三肉共奠如蚶別奠酢
隨之
炙車螯　炙如蠣汁出去半殼去屎三肉一殼與薑
橘屑重炙令煖仰奠四酢隨之勿令熟則肕
炙魚　用小鱭白魚最勝渾用鱗治刀細謹無小用
大爲方寸准不謹薑橘椒葱胡芹小蒜蘇欓細切鍛
盤豉酢和以漬魚可經宿炙時以雜香菜汁灌之燥
不復與之熟而止色赤則好雙奠不惟用一
作脺奧糟苞第八十一
作脺肉法驢馬猪肉皆得臘月中作者良經夏無蟲
餘月作者必須覆護不密則蟲生蠡臠肉有骨者合
骨蠡剉鹽麴麥䴷合和多少量意斟裁然後鹽麴
二物等分麥䴷倍少於麴和訖內甕中密泥封頭日
曝之二七日便熟煮供朝夕食可當醬
作奧肉法先養宿猪令肥臘月中殺之擊訖以火燒
之令黄用煖水梳洗之削刮令淨刳去五臟猪肪煼
齊民要術卷九
中華書局聚

とどめても、もしくはなくてもまたよい。これらのものを用いるのは、諸物[17]の補助となるものだからである。

「アヒル肉のあぶりもの[18]」の作りかた（範炙）

ガチョウやアヒルの胸肉を用いる。まるごと用いるのであれば、槌で骨をくだく。ショウガ、サンショウ、「ちんぴ」、ネギ、シャク、塩豉を切りまぜて、肉に塗りつける。これをまるごとあぶる。胸肉を切りとり、骨を除いて盛りつけることは、水煮の場合と同様である。

「アカガイ[19]のあぶりもの」の作りかた（炙蚶）

アカガイを鉄網のうえであぶる。汁がでたら、殻の片側を除く。小さい銅皿に盛りつける。大きいものは六個、小さいものは八個をあおむけて盛りつける。食酢を添える。

「カキのあぶりもの」の作りかた（炙蠣）

アカガイの場合と同様にする。汁がでたら、殻の片側を除く。三個そろえて盛りつける。食酢を添える。

「シャゴウ[20]のあぶりもの」の作りかた（炙車螯）

(17) この部分の記載は熊代の訳文によったが、すっきりしない。原文の解釈には異論がありそうだ。繆啓愉の解釈は「もし、その他の素材が充たされていれば、この素材を使用しなくてもよい。もし、その他の素材が不足していれば、その不足を補うためにこの素材を使用するとよい。」である。王仁興の解釈は「もし、各調味料が充足されていれば、これらを使用することはなく、もしそうでなければ、素材の不足を補うために、これらを使用するとよい。」としている。

(18) アヒル肉のあぶりもの――「範炙」。範にはモデル、並という意味がある。現代文では「模子烤」だが、文中にモデルに相当する文字が見られないので、ここでは素材名を用いた。

(19) アカガイ――「蚶」。熊代はハイカイという和訓を付し、アカガイとは異なるとしている。『中国食物事典』によれば、「蚶子」はアカガイ類の総称で、代表的なものに泥蚶（ハイカイ）、毛蚶（サルボウ）、魁蚶（アカガイ）がある。ここでは日本人になじみのあるアカガイを採用した。

(20) シャゴウ――「車螯」。文蛤（ハマグリ）の一種だが、

カキの場合と同様にする。汁がでたら、殻の片側を除去する。糞を除き、三個を一殻にのせて、ショウガ、「ちんぴ」粉をふりかけ、あぶりなおす。四個をあおむけに盛り、食酢を添える。あぶりすぎると、固くなる。

和名はない。熊代によれば、九州に産するアゲマキに似るが、殻はさらに黒く厚いという。広東、福建、江蘇、山東の沿岸に産し、これら地方の伝統食品という。学名は〝Hippopus hippopus〟

「魚のあぶりもの」の作りかた（炙魚）

小さいヘンギョやカワヒラを用いるのがよい。まるごとを用い、鱗を取り去り、包丁で細かくきずつける。小さいものがなければ、大きいものを使用し、きずつけをせずに一寸四方にそろえる。ショウガ、「ちんぴ」、サンショウ、ネギ、シャク、コニンニク、シソの葉、カラスノサンショウ[21]を細切りにしてたたき、塩豉、食酢を混ぜて魚を漬ける。一晩放置するとよい。あぶるときには、香菜を加えた汁をこれに注ぐ。乾けばさらに注ぎ、赤く色づけば、できあがる。二個で盛りあわせる。一個で盛るものではない。

(21) カラスノサンショウ――「欓」。この果実の乾燥品を食茱萸と称し、中国大陸東南部に産し、独特の辛味と匂いとを持つという。『風土記』によれば、椒、欓、薑を三香と称し、当時の代表的な香辛料であった。現在は生薬として使う。学名は〝Zanthoxylum ailanthoides〟

第八一章「こうじづけ」「あぶらづけ」「かすづけ」「つとまき」の作りかた

この章には肉の保存法四種類が記載されている。いずれも『要術』独特の使いかたで、現在の辞典での定義をそのままあてはめることはできない。調理法の記述にもとづいて、熊代は「脺」に「麹漬《こうじづけ》」、「奥」に「油漬《あぶらづけ》」、「糟」に「粕漬《かすづけ》」、「苞」に「つとまき」をあて、ここでもこれらの和訓を採用した。「脺」は麹菌を入れて肉を発酵させて作った肉醤のことで、石声漢によれば、「帯骨的肉醤」すなわち骨を除去していない肉醤を指す。『釈名』（一〇七〜一一四年頃）によれば、「奥」は「腴」すなわち「肉を奥内に貯蔵すること」である。（太田）

樀脣重炙令煖仰奠四酢隨之勿令熟則肕
炙魚　用小鱝白魚最勝渾用鱗治刀細謹無小用
大爲方寸准不謹薑橘椒葱胡芹小蒜蘇欓細切鍛
盤豉酢和以漬魚可經宿炙時以雜香菜汁灌之燥
不復與之熟而止色赤則好雙奠不惟用一
作脺奥糟苞第八十一
作脺肉法驢馬豬肉皆得臘月中作者良經夏無蟲
餘月作者必須覆護不密則蟲生麤斲肉有骨者合
骨麤剉鹽麴麥䴷合和多少量意斟裁然後鹽麴
二物等分麥䴷倍少於麴和訖內甕中密泥封頭日
曝之二七日便熟煑供朝夕食可當醬
作奥肉法先養宿豬令肥臘月中殺之擊訖以火燒
之令黃用煖水梳洗之削刮令淨刳去五臟豬肪熠
齊民要術　卷九　五　中華書局聚

「肉の麹漬」の作りかた（作脺肉法）

ロバ、ウマ、ブタの肉はすべて使用できる。一二月につくるのがよい。夏を越しても虫がつかないからである。ほかの月につくる場合には、かならず覆いかくまわなければならない。それも密でないと虫がつく。粗い骨つきの切り身を骨ごと切りさき、食塩、麹、ムギ麹[1]を混ぜあわせる。多くするか少なくするかは任意とする。そのうえで、食塩と麹は等分とし、ムギ麹は麹の半分とする。混ぜおえたら、甕のなかにおさめ、密に泥をぬって口を封じ、これを天日に曝す。一四日でできあがる。煮て朝夕の食に供すれば、「ひしお」の代わりとなる。

（1）ムギ麹――『要術』でいう麹は餅麹で、酒造用である。ムギ麹は粒状の散麹（ばらこうじ）で、農産加工に使用する。

「肉の油漬」の作りかた（作奥肉法）

まずブタを肥らせ、一二月中に屠殺する。湯通しして焼き、黄色くする。温水で洗ってきれいにし、内臓を除く。脂身を炒めて脂肪をとる。肉を皮付きに切り身とし、五、六寸四方にする。水をひたひたにして、釜のなかで煮る。よく煮えて水気がなくなったころ、さきに集めておいた脂肪を加えて、改めて煮る。使用量は脂肪一升に酒二升、食塩三升とし、脂肪で肉がかくれるようにする。弱火で半日ほど煮るとよい。甕に移し、余った脂肪を甕のなかにおさめ、ひたひたに漬ける。水で煮てから、通常の通りに調理して、食する。新鮮なニラとのごった煮(2)にしても、またあぶりものにしてもよい。二歳ブタの肉はまだ固くないので、調理中にくずれてしまい、この料理に向かない。

「肉の粕漬」の作りかた（作糟肉法）

四季を通じて作れる。酒粕に水を混ぜ、これをおしもみして粥状にし、食塩をいれて塩からくする。「ウシのうけあぶりもの」を粕のなかにいれ、屋根下の日陰地に置く。飲食時に、あぶって食べる。暑い月でも「かすづけ」は一〇日は臭くならないですむ。

（2）新鮮なニラとのごった煮――「新韮爛拌」。熊代はこのように訳しているが、王仁興は爛を爛韮、すなわち臼のなかで搗いて作った韮泥と解している。

【脺】30411　 説文解字

甲、〔廣韻〕息利切　音四　寘去聲　ㄙˋ　syh

乙〔集韻〕思晉切　音信　震去聲　ㄒㄧㄣˋ　shinn

丙、〔集韻〕壯仕切　音胏　紙上聲　ㄗˇ　tzyy

甲、息利切。乙、思晉切　頭會𡿺蓋也。與顖同。〔說文〕囟、頭會𡿺蓋也。脺或从肉宰。〔段注〕蓋俗字。〔玉篇〕顖同脺。〔廣韻〕脺、腦蓋。

丙、壯仕切　食所遺也。與𩛦同。〔集韻〕𩛦、說文、食所遺也、或作脺。

珍倣宋版印

取脂肉臠方五六寸作令皮肉相兼著水令相淹漬
於釜中𤎅之肉熟水氣盡更以向所𤎅肪膏煮肉大
率脂二升酒三升鹽三升令脂渡沒肉緩水煮半日
許乃佳漉出甕中餘膏仍瀉肉甕中令相淹漬食時
水煮令熟而調和之如常肉法尤宜新韭新韭爛拌
亦中炙噉其二歲豬肉未堅爛壞不任作也
作糟肉法春夏秋冬皆得作以水和酒糟搦之如粥
著鹽令鹹內棒炙肉於糟中著屋陰地飲酒食飯皆
炙噉之暑月得十日不臭
苞肉法十二月中殺豬經宿汁盡浥浥時割作棒炙
形茅菅中苞之無菅茅稻稈亦得用厚泥封勿令裂
裂復上泥懸著屋外北陰中得至七八月如新殺肉
食經曰作犬牒徒[illegible]反法犬肉三十斤小麥六升白酒
六升煮之令三沸易湯更以小麥白酒各三升煮令
肉離骨乃擘雞子三十枚著肉中便裹肉甑中蒸令
雞子得乾以石迮之一宿出可食名曰犬牒
食經曰苞牒法用牛鹿頭肫蹄白煮柳葉細切擇去
耳口鼻舌又去惡者蒸之別切豬蹄蒸熟方寸切熟
雞鴨卵薑椒橘皮鹽就甑中和之仍復蒸之令極爛
熟一升肉可與三鴨子別復蒸令軟以苞之用散茅
爲束附之相連必致令裹大如鞞雍小如人腳蹲腸
大長二尺小長尺半大木迮之令平正唯重爲佳冬
則不入水夏作小者不迮用小板挾之一處與板兩
重都有四板以繩通體纏之兩頭與楔楔蘇結反之二
板之間楔宜長薄令中交度如楔車軸法強打不容
則止懸井中去水一尺許若急待肉水中時用去上

齊民要術　卷九　六　中華書局聚

「肉のつとまき」の作りかた（苞肉法）

一二月中にブタを殺す。一夜置いて汁が出つくし、しとしとになったころ、さいて「うけあぶり」の形につくり、チガヤのなかに包む。チガヤがなければ、イネのわらでもよい。厚く泥ぬりをして封じ、さけないようにする。さけたならば、泥でうわ塗りをする。屋外の北側におけば、できあがる。七、八月になっても、新鮮な肉のようである。

『食経』にいう「イヌ肉のたまごとじ[3]」の作りかた（食経曰作犬牒法）

イヌの肉三〇斤、コムギ六升、濁酒六升をあわせて煮る。三回沸騰してから湯を交換し、さらにコムギおよび濁酒各三升で煮る。肉を骨ばなれさせて、切る。ニワトリの卵三〇個分の蛋白を肉のなかにいれ、こしきのなかで蒸して蛋白を固める。石でこれをおし、一晩おいて食べる。

(3) たまごとじ――「牒」。こまぎれの肉をいう。『要術』ではこまぎれの肉を卵でとじたものということで、ここでは熊代が付した和訓「たまごとじ」を採用した。『要術』ではイヌ肉を用いた料理はここにしか見当らない。

『食経』にいう「つとまきたまごとじ」の作りかた（食経曰苞牒法）

ウシやシカの頭とコブタの足を用い、水煮する。頭はヤナギ葉状に細く切る。耳、口、鼻、舌、その

白皮名曰水䐑又云用牛豬肉煮切之如上蒸熟置
出白茅上以熟煮雞子白三重間之即以茅苞細繩
概束以兩小板挾之急速兩頭懸井水中經一日許
方得又云奄葉薄切蒸將熟破生雞子并細切薑橘
就甑中和之蒸苞如初莫如白䐑一名迮䐑是也

餅法第八十二

食經曰作餅酵法酸漿一斗煎取七升用粳米一升
煮著漿遲下火如作粥六月時溲一石麪著二升冬
時著四升作
作白餅法麪一石白米七八升作粥以白酒六七升
酵中著火上酒魚眼沸絞去滓以和麪麪起可作
作燒餅法麪一斗羊肉二斤葱白一合豉汁及鹽熬
令熟炙之麪當令起

【糟】27699

甲、〔廣韻〕作曹切〔集韻〕〔韻會〕臧曹切〔正韻〕則刀切　音遭　豪平聲　ㄗㄠ　tzau
乙、〔韻會補〕祖到切　號去聲　ㄗㄠˋ　tzaw

甲、作曹切　㊀酒滓也。本作醩。〔說文〕糟、酒滓也。从米、曹聲。〔段注〕今之酒但用泲者、直謂已漉之粕爲糟。古則未泲帶滓之酒謂之糟。莊子音義玄應書皆引許君淮南注曰、粕、已漉粗糟也。然則糟謂未漉者。〔廣韻〕糟、粕也。〔周禮、天官、酒正〕共后之致飲于賓客之禮醫酏糟。〔注〕糟醫酏不泲者。泲曰清、不泲曰糟。〔莊子、天道〕古人之糟魄。〔釋文〕糟、酒滓也。〔楚辭、漁父〕何不餔其糟而歠其釃。〔注〕糟、酒滓。㊁以酒漬物也。〔晉書、孔羣傳〕公不見肉糟淹、更堪久耶。㊂俗謂事機敗壞曰糟。㊃朽爛也。㊄不堅韌也。㊅與醩、蓸、醣、醩同。〔說文〕糟、籀文从酉。〔集韻〕糟、籒作蓸、或作醩、醣。㊆姓也。〔正字通〕糟姓、明嘉靖舉人糟士奇、鳳翔人。
乙、祖到切　醇也。〔禮記、內則〕稻醴清糟。〔注〕糟、醇也。〔釋文〕糟、徐、沮到反。

他の不要物を除き、これを蒸す。足は別に切って蒸す。切るのは一寸四方とし、煮あがったら、ニワトリやアヒルの卵、ショウガ、サンショウ、「ちんぴ」、食塩をこしきのなかで混ぜ、ふたたび蒸す。肉一升にはアヒルの卵三個を添えればよく、これも別に蒸して、柔らかくする。これをあわせて、カヤの茎を束にしたもので包む。太さは大きいので靴箱程度、小さいので足のふくらはぎ程度とする。長さは大きいので二尺、小さいので一尺半とする。大きな木片でおして平らにする。木片は重いものがよい。冬であれば、[4]井戸のなかに入れることはない。夏は小さいのをつくり、押しをせずに小板でこれを挟む。両側とも板を二重にするので、合計四枚となる。縄を全体にかけ、両端にくさび口をあけ、二重板のあいだにくさびを打ちこむ。くさびは薄く長いものがよい。ちょうど車輪にくさびを打ちこむように、入らなくなるまで両側から強く打ちこむ。井戸のなかにいれ、水まで一尺ばかりのところにかける。[5]急がない場合には井戸の水位がおさまるまで待つ。食べるときは、表面の白皮を除く。このような調理法であるから、「ひやしたまごとじ」ともいう。別法として、ウシやブタの肉を用い、煮てから切る。前記のよう

（4）熊代は「水に入れることはない」と和訳したが、水漬けするとは考えにくい。後文に井戸のなかに吊るすとあるので、おそらく「井戸のなかに入れることはない」としてよいだろう。夏には井戸の水位があがるので、つくるのを急がなければ水位が下がるまで待つことになる。

（5）急がない場合は――「若急待肉水中」。「肉」を「内」と解する意見が有力である。熊代は「もし急ぐならば、水の中に納まるときを待ちかまえる」、西山武一は「急がないなら、井戸の内水の中位に減りはじめるときを待つ」、王仁興は「もし急ぐならば、水中に沈める」としている。

【苞】31541

甲、〔廣韻〕布交切〔集韻〕〔韻會〕班交切　音包　肴平聲　ㄅㄠ　bau

乙、〔集韻〕蒲交切　音庖　肴平聲　ㄆㄠˊ　paur

丙、〔集韻〕被表切　音殍　篠上聲　ㄆㄧㄠˇ　peau

〔詩、大雅、行葦〕方苞方體。〔集傳〕苞、甲而未拆也。㊅苞苴、裹魚肉之具也。或以葦、或以茅。〔禮記、曲禮上〕凡以弓劍苞苴簞笥問人者。〔注〕苞苴、裹魚肉、或以葦、或以茅。〔釋文〕苞、裹也。〔疏〕苞者以草苞裹魚肉之屬也。㊆叢生也。〔廣韻〕苞、叢生也。〔書、禹貢〕草木漸苞。〔傳〕苞、叢生。㊇茂也。〔廣韻〕苞、茂也。〔詩、大

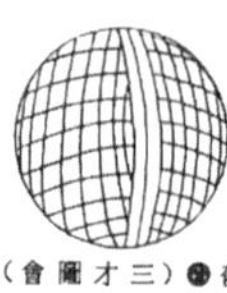

㊅苞（三才圖會）

に蒸し、取りだしてチガヤのうえに置き、煮た卵白で三つ重ねにする。すぐにチガヤで包み、細縄で細かに束ね、二枚の小板でこれを挟み、両端をしっかりと束ねて井戸のなかに吊るす。一日ほどでできあがる。別法として、豆の葉状に薄く切って蒸す。できあがるまえに、といた生卵、細切りのショウガ、「ちんぴ」とあわせて、こしきのなかで混ぜる。蒸し方とつとまきの仕方は前述のごとくする。盛りつけは「ひやしたまごとじ」(6)の場合と同じくする。「おしたまごとじ」ともいう。

(6) ひやしたまごとじ——「水牒」。熊代がつけた和訓は「みずくぐりとじにく」だが、水につけるわけではなく、井戸のなかで冷やすのであるから、「ひやしたまごとじ」とした。

第八二章「もち」の作りかた

第七三章から第八一章までは、いわゆる「葷菜」（肉を用いる料理）の作りかたが記述されているのに対し、第八二章から第八九章までは、いわゆる「素菜」（肉を用いない料理）の作りかたが記述されている。このうち、第八二〜八六、八九章は穀類の加工品に関する章であり、第八七〜八八章は野菜の加工品に関する章である。

第八二章では、おもにコムギ粉を用いた多様な食品加工技術が紹介されている。日本語の「もち」はモチゴメを蒸して搗いたものを指しているが、漢語の「餅」ははるかに広義で、熊代はこれを「穀類の粉をこねて固形にし、加熱したものを指す」とし、むしろ、麵類に比定されるとしている。現代の北方漢語における「餅《へい》」は、コムギ粉、トウモロコシ粉、アワ粉などに塩、油、香料などを加え、鍋や炉で薄く焼いたものを指す。歴史的にみると、『説文』には「餅、麪餈也」、「餈、稲餅也」とあり、「餅」の古い意味はコムギ粉をこねて熱加工したものと思われる。その後、薄く平らな形状のものも餅と称するようになったと考えられる。「たまご焼き」が餅の項目に加えられているのは、その良い例であろう。

『要術』には、穀類加工に関してパン成立以前の諸形態がほぼ出揃っているが、記述の中心は堅粥《かたがゆ》、飯、堅焼《かたや》き、麵、餅などで、いわば粒食から粉食への移行期であったといえよう。本章は穀類にまつわる当時の食生活の一端を知るだけでなく、中国大陸における料理技術の変遷をあとづけるうえでも貴重な資料である。

もっとも、ここでは、当時の日常の主食としての穀類加工というよりは、むしろ伝統的な祭日に食されるような手のかかる特殊な調味法が多く述べられている。たとえば、「髄脂のかた焼き」の項にみえる「焼餅」（原文は「胡餅」）や「おこし」の項にみえる「ゆで麵」（原文は「湯餅麵」）などは、当時すでに普通の食品であったため、文中に言及されはしても、作りかたを説明するにはおよばなかったのであろう。（西澤）

白皮名曰水䐑又云用牛猪肉煮切之如上蒸熟置出白茅上以熟煮雞子白三重間之卽以茅苞細繩概束以兩小板挾之急速兩頭懸井水中經一日許方得又云藿葉薄切蒸將熟破生雞子并細切薑橘就甑中和之蒸苞如初莫如白䐑一名迮䐑是也

餅法第八十二

食經曰作餅酵法酸漿一斗煎取七升用粳米一升煑著漿遲下火如作粥六月時溲一石麵著二升冬時著四升作

作白餅法麵一石白米七八升作粥以白酒六七升酵中著火上酒魚眼沸絞去滓以和麵麵起可作

作燒餅法麵一斗羊肉二斤葱白一合豉汁及鹽熬令熟炙之麵當令起

髓餅法以髓脂蜜合和麵厚四五分廣六七寸便著胡餅爐中令熟勿令反覆餅肥美可經久

食次曰粲 一名亂積 用秫稻米絹羅之蜜和水水蜜中半以和米屑厚薄令竹杓中下先試不下更與水蜜作竹杓容一升許其下節概作孔竹杓中下瀝五升鐺裏膏脂煮之熟三分之一鐺中也

膏環 一名粔籹 用秫稻米屑水蜜溲之強澤如湯餅麵手搦圜可長八寸許 屈令兩頭相就膏油煑之

雞鴨子餅 破寫甌中少與鹽鍋鐺中膏油煎之令成團餅厚二分全奠一

細環餅截餅 環餅一名寒具 截餅一名蝎子 皆須以蜜調水溲麵若無蜜煑棗取汁牛羊脂膏亦得用牛羊乳亦好令餅美脆截餅純用乳溲者 入口即碎脆如淩雪

齊民要術　卷九　七　中華書局聚

『食経』にいう「もちだね」⑴の作りかた（食経曰作餅酵法）

酢漿⑵一斗を七升にまで煮つめる。ウルチゴメ一升にこの漿を加え、粥を作る要領で、ゆっくり⑶と煮る。六月頃であれば、一石のコムギ粉⑷に対しこれを二升、冬であればこれを四升加えて、「もちだね」を作る。

「白まんじゅう」の作りかた（作白餅法）

使用するコムギ粉は一石とする。まず白米七〜八升で粥を作り、これに濁酒六〜七升を加えて「もちだね」を作る。これを火にかけ、魚眼大の気泡を上げて沸騰したら、滓をしぼりとり、えられた清澄液にコムギ粉を混ぜる。コムギ粉が膨れてきたら、「もち」を作ってよい。

「かた焼き」の作りかた（作焼餅法）

使用するコムギ粉は一斗とする。羊肉二斤とネギの白い部分一合に、豆豉汁と塩を加え、十分に炒める。練ったコムギ粉にこれを混ぜて炙る。コムギ粉は練ってあらかじめ発酵させておく。

(1) もちだね——「餅酵」。原語の「餅」はコムギ粉製品を指す。その発酵に使う種酵母（酒母、パン種など）である。

(2) 酢漿——「酸漿」。第七一章訳注3を参照。

(3) 漿を加えて、ゆっくりと煮る——「著漿、遲下火」。著は着と同じで、この場合は「他のものと接触させる」の意味に解釈し、ここでは「加え」と訳した。「遲下火」は、文字通りに「酸漿にウルチゴメ一升を加える際、火を消さず、ゆっくりと火をゆるめていく」と解釈することも可能だが、繆啓愉の校釈によると、「遲」は「緩」の意とあり、やはり「ゆっくりと煮る」が妥当な訳と思われる。

(4) コムギ粉——「麵」。中国語の麵は通常、コムギ粉を指す。

餢飳〔起麪也〕　盤水中浸劑於漆盤背上水作者省
脂亦得十日軟然久停則堅乾劑於腕上手挽作勿
著勃入脂浮出即急翻以杖周正之但任其起勿刺
令穿熟乃出之一面白一面赤輪緣亦赤軟而可愛
久停亦不堅若待熟始翻杖刺作孔者洩其潤氣堅
破不好法須甕盛濕布蓋口則常有潤澤甚佳任意
所便滑而且美
水引餺飥法細絹篩麪以成調肉臛汁待冷溲之水
引挼如箸大一尺一斷盤中盛水浸宜以手臨鐺上
挼令薄如韭葉逐沸煮　餺飥挼如大指許二寸一
斷著水盆中浸宜以手向盆旁挼使極薄皆急火逐
沸熟煮非直光白可愛亦自滑美殊常
切麪粥〔一名棊子麪〕麪䴵粥法剛溲麪揉令熟
大作劑挼餅麤細如小指大重縈於乾麪中更挼如
麤箸大截斷切作方棊簸去勃甑裏蒸之氣餾勃盡
下著陰地淨席上薄攤令冷挼散勿令相黏袋盛舉置
須即湯煑別作臛澆堅而不泥冬天一作得十日麪
以粟飯饙水浸即漉著麪中以手向簸箕痛挼令
均如胡豆揀取均者熟乾曝乾須即湯煑笊籬漉出
別作臛澆甚滑美得一月日停
粉餅法以成調肉臛汁接沸溲英粉〔若用麤粉脆而不美不以湯溲則生不中食〕如環餅麪先剛溲以手痛揉令極軟熟更以
臛汁溲令擇鑠鑠然割取牛角似匙面大鑽作六七
小孔僅容麤麻綫若作水引形者更割牛角開四五
孔容韭葉取新帛細紬兩段各方半下依角之大小鑿
去中央綴角著紬〔以繫縣之〕裹盛溲
粉斂四角臨沸湯上搦出熟煑臛澆著酪中及胡麻
飲中者真類玉色稹稹著與好麪不殊〔一名搦餅著酪中者直用白湯溲之不須肉汁〕
豚皮餅法〔一名撥餅〕湯溲粉令如薄粥大鐺中煑湯以小
杓子挹粉著銅鉢內頓鉢著沸湯中以指急旋鉢令
粉悉著鉢中四畔餅既成仍挹鉢傾餅著湯中煑熟
令漉出著冷水中酷似豚皮臛澆　酪任意滑而且
美
治麪砂墋〔初錦反〕法簸小麥使無頭角水浸令液漉出
去水寫著麪中拌使均調於布巾中良久挺動之土
末悉著麥於麪無損一石麪用麥三升　雜五行書
曰十月亥日食餅令人無病
糉糧法第八十三

「髄脂のかた焼き」の作りかた（髄餅法）

コムギ粉に髄脂と蜜を混ぜ、厚さ四〜五分、大きさ六〜七寸の「もち」にする。「焼餅」を焼く炉[5]でこれを十分に焼く。その際、ひっくり返してはならない。「かた焼き」はこってりとしておいしく、長く貯蔵できる。

『食次』にいう「しとぎもち」[6]の作りかた（食次曰粲、一名乱積）

モチゴメ粉を、絹のふるいにかける。蜜と水を混ぜ合わせ（水と蜜の割合は一対一とする）、これをモチゴメ粉と混ぜる。その濃さは、竹杓子の小さな孔を通って流れ落ちる程度とする。あらかじめ試してみて、流れ落ちないようであれば、さらに水と蜜を加える[7]。

竹杓子を一つ作る。その容量は一升程度とし、その底の節面に小さな孔を多数あける。この竹杓子の孔から五升の大きさの鍋の中に、モチゴメ粉のしずくを滴らせる。鍋のなかであらかじめ熱しておいた油でこれを十分に揚げる。毎回、鍋の三分の一ほどの量を揚げるのがよい。

(5) 焼餅を焼く炉——「胡餅鑪」。「胡餅」とはゴマをつけた「かたやき」のことで現在の「焼餅」に相当する。

(6) しとぎ——「粲」または「乱積」。日本語の「しとぎ」はウルチゴメの粉を水でねったものを指し、「粢」を当てている。

(7) さらに水と蜜を加える——「更與水蜜」。熊代は、「更に水を蜜にそえる」と解釈したが、「水と蜜を混ぜ合わせたものを米粉に加える」と解釈するのが自然であろう。石声漢もこのように解釈している。

「おこし」(8)の作りかた（膏環、一名粔籹）

モチゴメ粉を用いる。これに、水(9)と蜜を混ぜる。混ぜ具合は、ゆで麵の場合と同じにする。これを手でこねてまるめ、長さ八寸ほどにのばす。曲げて両端をあわせ、油で揚げる。

「たまご焼き」の作りかた（鶏鴨子餅）

たまごの殻を破り、椀の中に流して、少量の塩を加える。これを鍋(10)のなかで油を用いていため、丸い餅状にする。厚さ二分にする。盛りつける際には、一つずつとする。

小さい「まがりもち(11)」および「かんこもち(12)」の作りかた（細環餅一名寒具、截餅一名蝎子）

両方とも、蜜をほどよく配合した水をコムギ粉と混ぜる。もし蜜がなければ、ナツメを煮て汁を取る。牛や羊の脂肪でもよい。牛や羊の乳を用いてもよい。これらは「もち」をおいしく、さくさくとした歯ざわりにする。「かんこもち」は乳だけを混ぜたものである。口に入れるとすぐに砕け、凍った雪のように脆い。

(8) おこし――「膏環」または「粔籹」。粔籹の名称は漢代の『楚辞』にみえ、その注に、呉ではこれを「膏環」という、としている。「膏」は油、または糊状のものを指し、「環」は作り方にあるように、ドーナツ状の形を指す。

(9) 石声漢は「膏脂煮之熟。三分之一鐺、中也」、繆啓愉は「膏脂煮之。熟、三分之一鐺中也」と読んでいる。熊代は、「膏（ラード）・脂（ヘット）でこれを煮つめる。熟れて三分の一が鐺にのこる」と訳している。この訳だと、しずくを鍋に落とした後に膏脂を入れるようにも取れる。したがって、残りの文章も「米粉が煮詰まって三分の一になる」と解釈せざるをえなくなる。一方、石声漢は、「鍋にはすでに油をいれて煮えたぎらせておき、そこに滴を落として揚げる」と解釈しており、このほうが自然であろう。ここでは残りの文章も含め、石声漢の解釈に従った。

(10) 鍋――「鍋鐺」。鐺は餅を焼くのに使う平底の浅い鍋である。

(11) まがりもち――「環餅」または「寒具」。「環餅」はよく「膏環」と混同されてきたが、おこしの材料がモチゴメ粉であるのに対し、まがりもちはコムギ粉を材料としている。「環餅」をマガリと訓読みするのは、『土佐日記』や『拾遺集』にみえる。

(12) かんこもち――「截餅」または「蝎子」。環餅（まがりもち）の一種で、牛や羊の乳を混ぜたもの。

『要術』には挿図がないので、唐菓子として日本に渡来したものの図版を参考までに掲げる。一八三二年という日付をもつ『集古図』（京都府立総合資料館所蔵）がどのようないきさつで作成されたかは判然としないが、唐菓子が図版で紹介されたのはこれがはじめらしい。製作者名の記載があるものについては一八〇〇年代にも作られていたようだが、他は想像で書かれたものかもしれない。

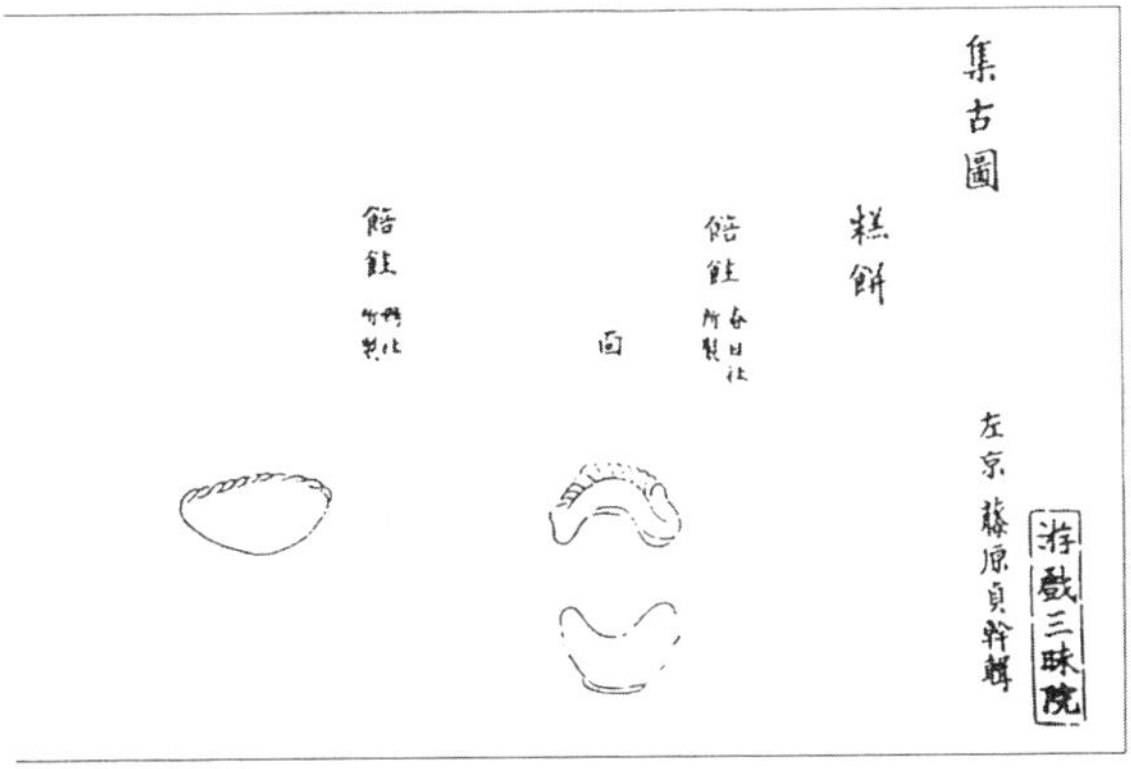

「ふと」[13]の作りかた（餢鍮起麵如上法）

盆に盛った水の中に、こねたコムギ粉を小さくちぎって浸す。漆の盆の底側を利用して水でこねれば、油を使わなくてもすむ。できあがったものは、柔らかさを一〇日間ほど保つことができるが、それ以上放っておくと堅くなる。水に浸したコムギ粉のかたまりを乾かし、手の上で引き伸ばす。乾いた粉をこれにつけてはいけない。油を沸かした鍋にこれをいれ、浮いてきたら、すぐにひっくり返す。小さな棒切れで均等にかきまわす。自然と膨れあがってくるのを待ち、突き刺して穴を開けてはいけない。揚げあがったら、ただちに取り出す。このようにすると、一面は白く、一面は赤く、周りの縁もまた赤くなる。柔らかくて愛らしく、しばらく置いても堅くならない。もし、揚げおわってからひっくり返したり、小さな棒切れで突き刺して穴を開けたりしたら、内側の湿気を含んだ空気がすべて漏れてしまい、堅くなって、好ましくない。

最良の方法は、できあがったものを甕に盛り、湿った布でその蓋をしておくことである。このようにすると常に潤沢に保つことができ、とてもおいしい。いつでも取りだして食べられるだけでなく、柔らかくおいしい。

（13）ふと――「餢鍮」。別名を餢飳という。餢飳は餺飥（ほうとう）の転音といわれている。但し、餺飥（ほうとう）が湯でゆでるのに対して、餢飳（ふと）は油で揚げる違いがある。しかし両者とも、その名称は不托に由来する。不托とは、刀によらず、手でちぎって作る方法からきているとのこと。

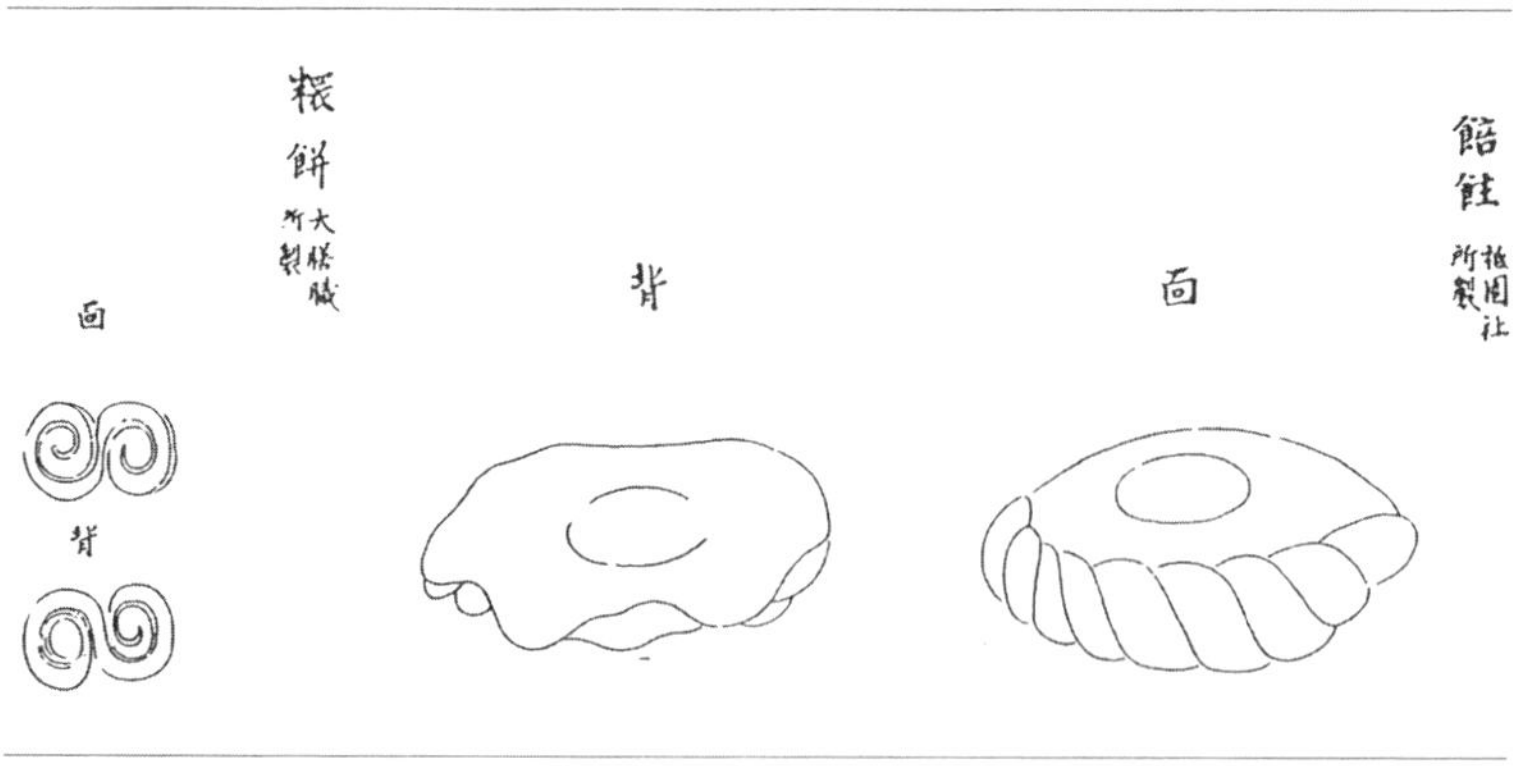

「みずもみ」⒁および「ほうとう」⒂の作りかた（水引餺飥法）

両方とも、細かな絹のふるいにかけたコムギ粉を用意する。味を調えた肉のスープを冷やした後、コムギ粉と混ぜる。「みずもみ」を作るには、これをもんで、箸ほどの太さにし、一尺ごとに切断する。盆のなかに水をはってこれを浸す。鍋の上で、手でもみながらニラの葉程度に薄くするとよい。湯が沸いてきたらそのまま煮る。

「ほうとう」を作るには、これをもんで親指ほどの大きさにし、二寸ごとに切断する。水をはった盆のなかにこれを浸す。手で盆の内側に押しつけながら、できるだけ薄くするとよい。両方とも強火で沸騰する湯のなかで十分に煮る。真白で光沢があって可愛らしいだけでなく、滑らかで柔らかく、そのおいしさは格別である。

「あられがゆ」⒃および「アワあられがゆ」⒄の作りかた（切麵粥、一名碁子麵粥、麮麵粥法）

コムギ粉に少量の水を入れて堅めに混ぜ、上分にこねる。これを多く⒅の塊に切り分け、つぶして小指ほどの大きさの餅にする。これらを乾燥したコムギ

⒁　みずもみ――「水引」。水引と麵類の起源に関しては、別にコラムを設けて解説している。

⒂　ほうとう――「餺飥」。熊代によると、『要術』に記載された指圧を使った製法は、華北の家庭でもみられるとのこと。この餺飥を祖型とし、この中に餡を入れた餛飩、餃餌（今の餃子）などが唐代に出現したという。

⒃　あられがゆ――「切麵粥」または「碁子麵粥」。こねた麵を、日本のあられ程の大きさに切り分けるためか、熊代はこれを「あられがゆ」と訳している。

⒄　アワあられがゆ――「麮麵粥」。あられがゆがコムギ粉を材料としているのに対して、アワを材料としている。

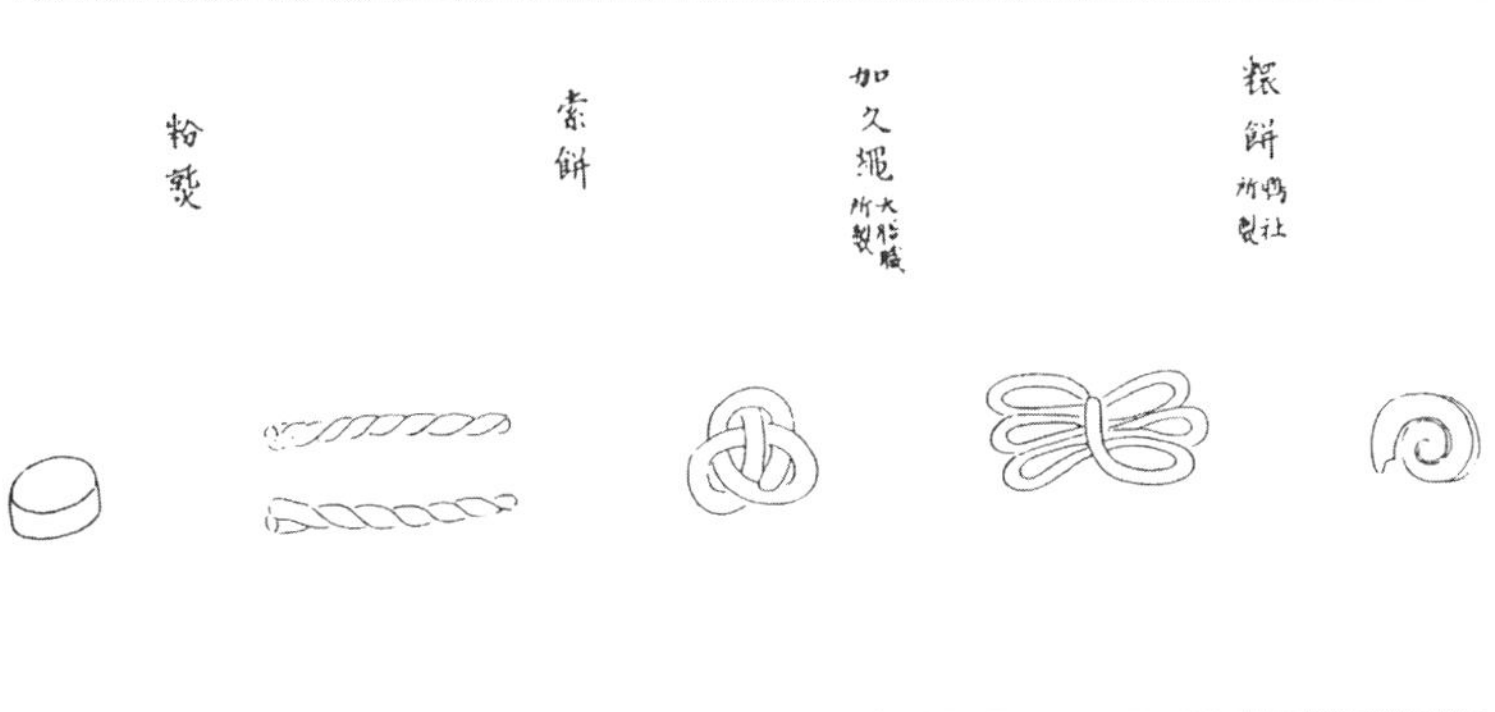

粉の中にふたたび入れ、さらにもんで箸ほどの大きさにする。これを切断して、碁盤の目ほどの大きさの塊にする。塊のまわりに付着したコムギ粉を振い落とし、甑《こしき》のなかでこれを蒸す。水蒸気をのぼらせ、乾いた粉が湿って透明になったら、甑からおろす。これを湿った場所に敷いた清潔なむしろの上に並べ、薄く広げて冷やす。もみながら散らし、互いにくっつかないようにする。乾いたら袋に入れ、置いておく。これを用いるときには、沸騰した湯で煮る。このほか、肉のスープを注ぐと、かたくなってべとつかない。冬であれば、一度作れば一〇日は保存がきく。

「アワあられがゆ」を作るには、アワの「みずめし」[19]を水に浸した後、乾いたコムギ粉の中に移す。ふるいの中で手を使って力一杯もみ、ソラマメほどの大きさにそろえる。その中から大きさのそろったものを選び出し、十分に蒸した後、日にあてて乾かす。これを用いるときには、沸騰した湯で煮る。これを揚げざる[20]でこす。このほか、肉のスープを注ぐと、とても柔らかくすべすべとして、おいしくなる。一ヶ月は保存がきく。

(18) 多くの塊に切り分ける。石声漢、繆啓愉とも「大作剤」と読んでいる。石声漢は「大作剤」を「大些切成剤」（数本の棒状にしたうえで塊に切る、あるいは大きめの塊に切るの意か）と解釈している。一方、熊代は「大」を「水」の誤伝と解釈し、「水作。剤挼餅」と読み、「水作りにする」と訳している。ここでは、基本的に石声漢に従ったが、「大」を「多くの」と訳してみた。なお、「剤」は「こねた棒状の麺を小さく切った塊」のことで、マントウやギョウザなどの餅類を作る際の材料である。

(19) みずめし――「饙」。第六四章訳注29を参照。

(20) 揚げざる――「笊籬」。中国式の柄のついた揚げざる。竹や柳の枝、針金などで作り、鍋からものをすくうのに使う。

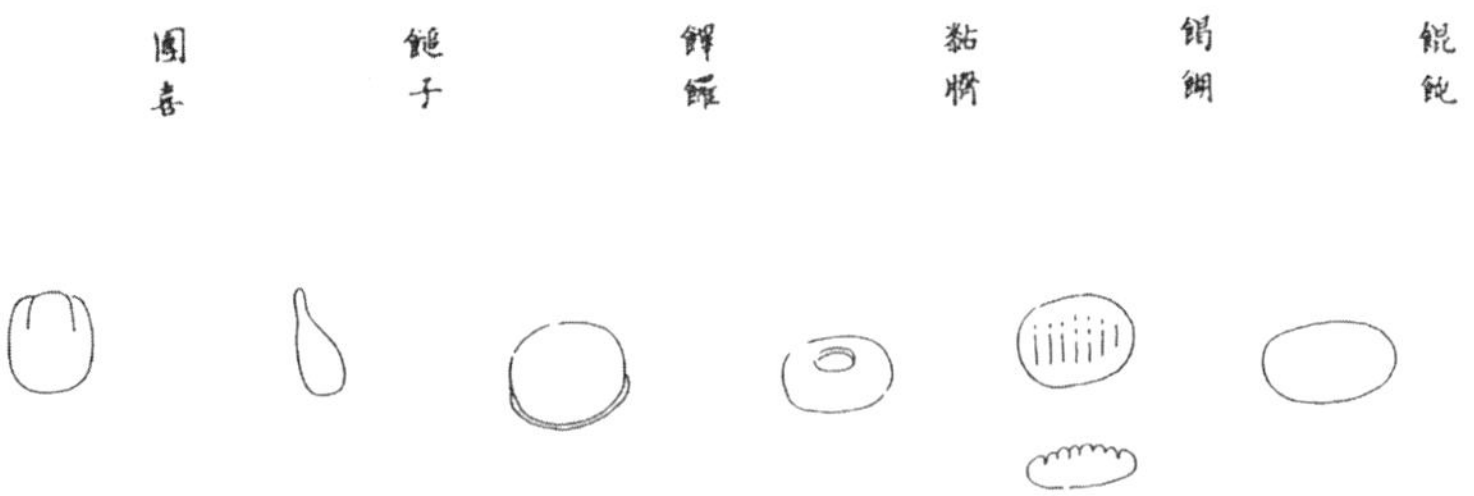

「はるさめもち」の作りかた（粉餅法）

味を調えた肉のスープを沸騰させたところで、コメ粉[21]を加える。粗いコメ粉を用いると、さくさくしてまずくなる。沸騰した肉のスープを用いなければ、生煮えで、食べるのに適さない。「まがりもち」を作るときのような状態にする。硬めに混ぜ、手で力いっぱいもみ、十分に柔らかくする。さらに少量の肉のスープを加え、つやが出るまで十分になじませ、とろとろにする。

牛の角を割り、匙面ほどの大きさにする。これに錐《きり》で六〜七個の小さな孔をあける。孔の大きさは、粗い麻糸がやっと通るぐらいとする。もし「みずもみ」のような形状にしたければ、別な牛の角を割り、ニラの葉がやっと通るような形の孔を四〜五個あける。

新しく織った細かな絹の布を二枚用意する。それぞれ、一尺半四方の大きさにする。牛の角の大きさに合わせ、布の中央部の一部をくり抜き、牛の角を布に縫い合わせる。錐を用いて、牛の角の上側に孔をあけ、布にしっかりと縫い付け、縫い合わせの孔から溶けた粉が漏れでないようにする。使い終わったら、洗って置いておく。二〇年は使うことができる。

この布袋の中に、先ほどの練った粉を入れ、布の

(21) コメ粉――「油豆粉」。熊代は「荳粉」（アズキ類の粉）とした。石声漢および繆啓愉は金抄本にしたがって「荳」を「英」（英粉＝米粉）としており、ここでもこの解釈に従った。

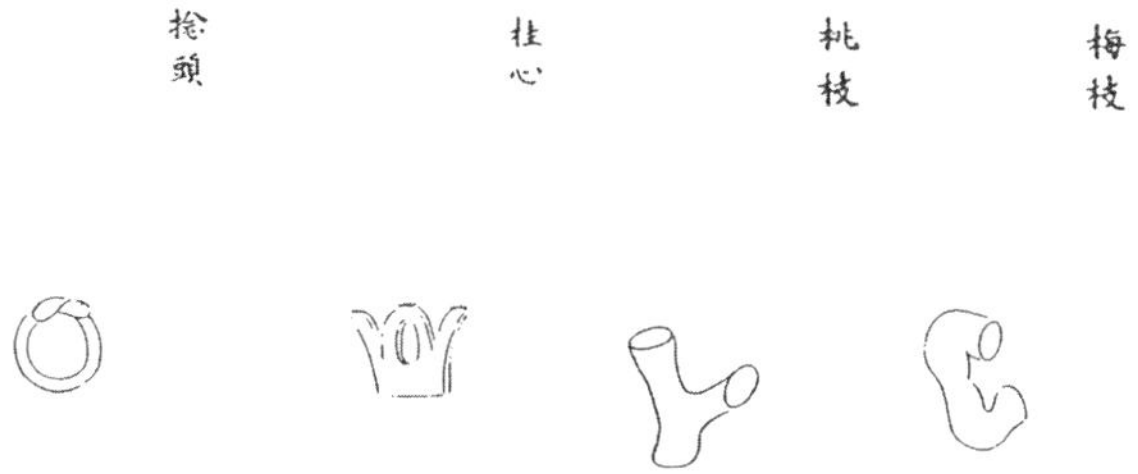

四隅をつまみあげ、沸騰している湯の上で、練った粉を孔から絞り出す。そのまま十分に煮る。これに肉のスープを注ぐ。もし、「あまがゆ」[22]や「ごまだれ」[23]の中に入れれば、まったく玉のような色合いとなり、歯ざわりも細かく、上質の麺とかわらない。別名を「からみもち」ともいう。もし「あまがゆ」の中に入れて食べるのであれば、白湯で粉をこね、肉のスープでこねてはならない。

「うすかわもち」[24]の作りかた（豚肉餅、一名溌餅法）

湯を米粉に注いで[25]、薄かゆ状にする。大きな鍋の中で湯を沸かしておく。小さな杓子で薄かゆ状の米粉をすくい、銅製の鉢の中にいれる。これを大きな鍋のなかで沸騰している湯の上に浮かせ、指で鉢を素早く回転させ、薄粥状の米粉をすべて鉢の内側にへばりつかせる。こうして餅ができたら、鉢から餅をすくいだし、湯の中にいれて十分に煮る。これを取りだして水分をきり、冷水のなかに浸す。できあがったものは子豚の皮にそっくりで、肉のスープをかけたり、「あまがゆ」や「ごまだれ」をかけるなどして、好きなように食べてよい。味は滑らかでおいしい。

(22) あまがゆ――「酪漿」。第八五章を参照。
(23) ごまだれ――「胡麻飲」。ゴマを搗き、蜜あるいは麦芽糖を加えて煮て作った「たれ」をいう。
(24) うすかわもち――「豚肉餅」または「溌餅」。
(25) 湯を米粉に注ぐ――「湯溲粉」。熊代は「粉餅」にならって「粉」を「荳粉」（アズキの類）と解釈し、石声漢、繆啓愉は「米粉」と解釈している。ここでは後者を採用した。

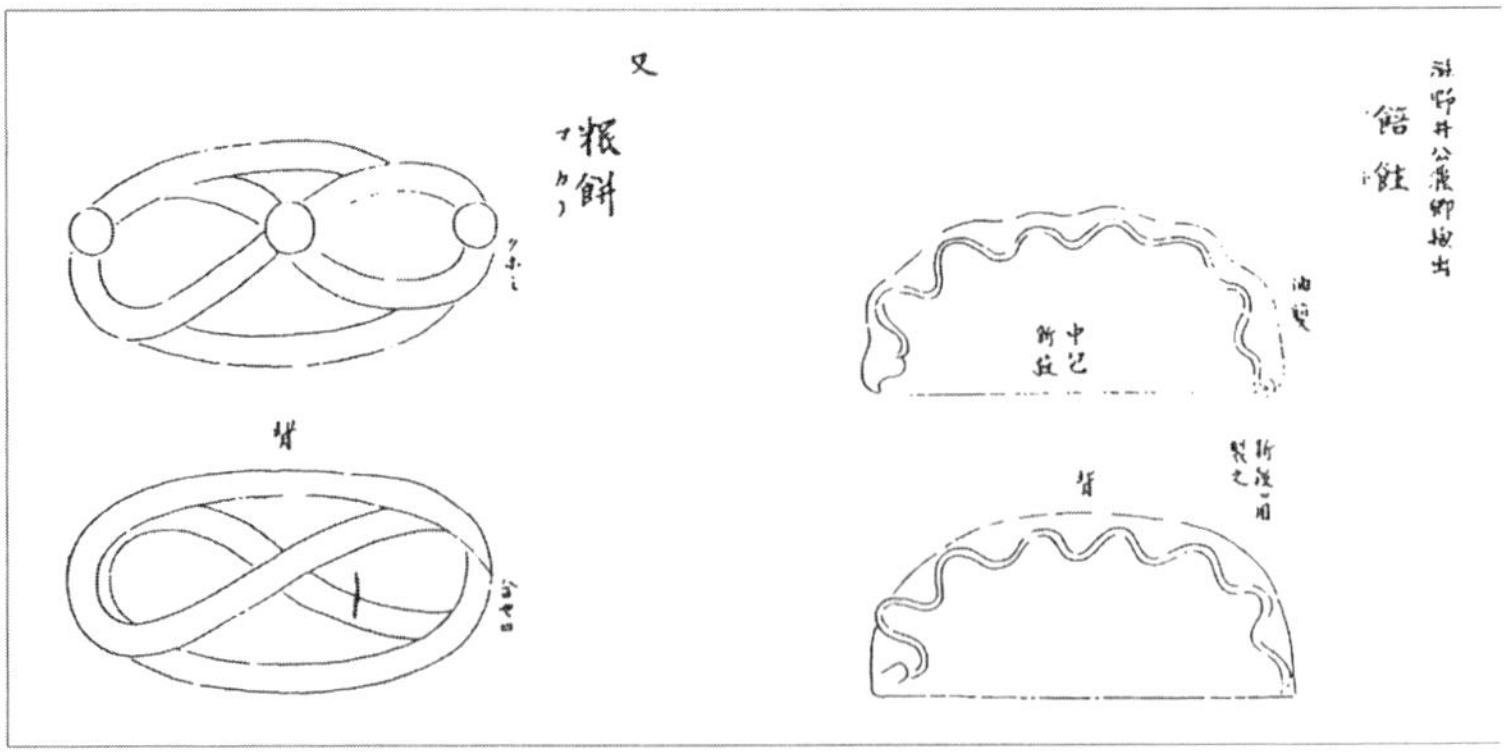

コムギ粉の中に混じった砂土の取り除きかた（治麵砂墋法）

コムギを箕でふるい、半分に砕けたものや粉になったものを、取りだす。取りだしたものを水に浸し、膨らませて柔らかくする。これをこしながら取りだし、余分な水分をこして乾かす。これを砂土の混じったコムギ粉のなかに入れ、むらなく広がるようにかき混ぜる。これを布の包みの中にいれ、何度か、よく振り回す。こうすると砂土はすべてコムギ粒にはりつき、コムギ粉が損なわれることはない。一石のコムギ粉に対して三升のコムギを使用する。

『雑五行書』には、「一〇月亥の日に餅を食べれば、人は病気になることがない」とある。

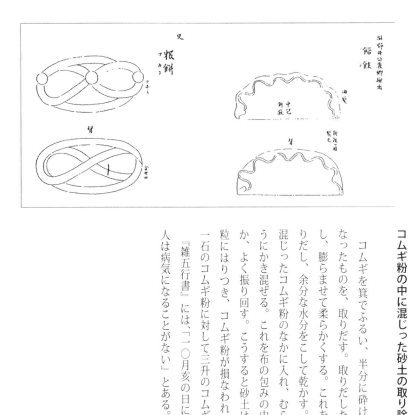

〈コラム〉「水引」と麵類の起源

西澤　治彦

『要術』にみえる「水引」に関しては、奥村彪生が再現実験を行っている（写真参照）。『要術』以前から「水引」そのものは存在していたようであるが、その具体的な作りかたとなると、『要術』が最初であり、麵類の起源を考えるうえでも、『要術』はきわめて重要な資料と言える。

石毛直道は、『要術』で肉のスープをコムギ粉に加えるのは、麵そのものに味をつけるだけでなく、スープの塩分がコムギ粉の中に含まれているグルテンを引き出す効果があることを知っていたからだろうか、と推測している。

『要術』には書かれていないが、麵作りの常識として、一時間ほど麵生地をねかせた後、細いひも状にし、水に浸して指でもみしながらのばしていくと、面白いようにのびるという。

水に浸すことによって、ある程度の澱粉が水中に溶け出し、また吸水によって麵生地も柔らかくなり、滑らかでのばしやすくなるという。

（『文化麵類学ことはじめ』フーディアム・コミュニケーション、一九九一）

水引餅つくりの再現実験

第八三章「ちまき」および「あんこちまき」の作りかた

『要術』での「ちまき」の材料はキビ、アワとウルチゴメ、およびクリの実の三種類、またこれを包むものはマコモの葉、タケの筒、ササの葉の三種類である。日本において五月の節供などで食される「ちまき」の材料は、モチゴメまたはウルチゴメで、これを包むものは、北日本ではマコモまたはタケの葉である。西日本では「ちまき」の名称とともに多くのバリエーションが報告されている。熊代は、倉田悟の報告をもとに、『要術』の「ちまき」の型を残しているのは北日本および東日本であり、一方、中日本および西日本では華中系の『食経』や『食次』にいう「あんこちまき」との類似性がみられると指摘している。（西澤）

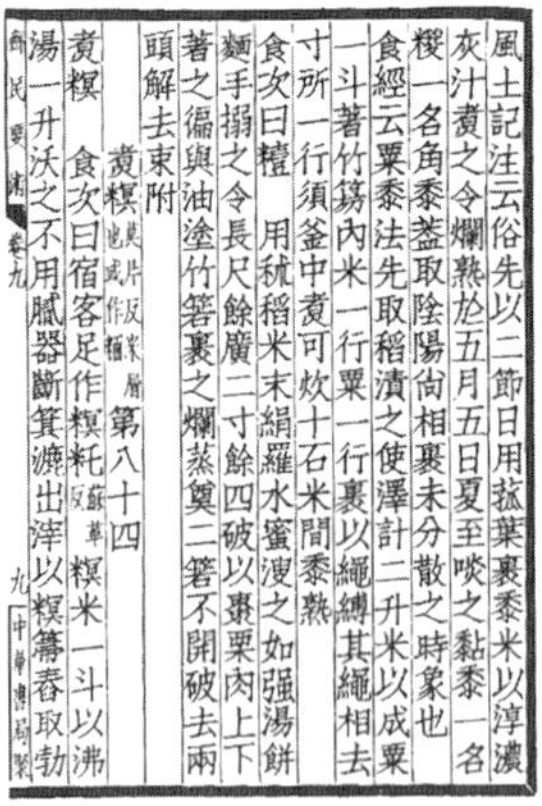
風土記注云俗先以二節日用菰葉裹黍米以淳濃
灰汁煑之令爛熟於五月五日夏至啖之黏黍一名
糭一名角黍蓋取陰陽尚相裹未分散之時象也
食經云粟黍法先取稻漬之使澤計二升米以成粟
一斗著竹篛內米一行粟一行裹以繩縛其繩相去
寸所一行須釜中煑可炊十石米間黍熟
食次曰糭　用秫稻米末絹羅水蜜溲之如強湯餅
麪手搦之令長尺餘廣二寸餘四破以棗栗肉上下
著之偏與油塗竹箬裹之爛蒸奠二箬不開破去兩
頭解去束附
　煑糗莫片反米屑也或作麵　第八十四
煑糗　食次曰宿客足作糗䊔蘇革反糗米一斗以沸
湯一升沃之不用膩器斷箕漉出滓以糗箒舂取勃
齊民要術卷九　九　中華書局聚

『風土記』の注によると、「民間の習俗では、あらかじめ二つの節日の前にマコモの葉でキビを包み、草木の濃い灰汁でこれを煮込み、熟成する。これを五月五日と夏至の日に食べる。モチキビで作ったものを「ちまき」(1)または「角黍《かくきび》」(2)という。これは、陰陽が包み合い、まだ分散していない時の形を象徴したものである」。

『食経』にいう「アワちまき」の作りかた（食経云粟黍法）

まずコメを準備し、これを水に漬けて柔らかくする。二升のコメに対し、一斗のアワを用いる。大きな竹筒を縦に割り、このなかに、コメを一層、アワ

(1) ちまき——「糭」。「粽」とも書く。和名の「ちまき」は、古く茅（ち）でくるんだからといわれている。熊代は、糭や粽の語源が、包むのに用いた葉に由来するのではないかとの説をたてている。

(2) 角黍——こう呼ばれるのを、李時珍は、形を椶梠（シュロ）の葉心形の如く、尖角に作るからと解釈している。

【糉】27651 〔廣韻〕〔集韻〕〔韻會〕〔正韻〕作弄切 從去聲
ㄗㄨㄥˋ tzonq
ㄓㄨㄥˋ jonq
蘆葉裹米也。或作粽。〔說文新附〕糉、蘆葉裹米也、从米㚇聲、〔集韻〕糉、角黍也、或作粽。〔續齊諧記〕屈原五日投汨羅、楚人此日以竹筒貯米、投水祭之、漢建武中、區曲白日見人、自稱三閭大夫、謂曰、聞君當見祭、可以楝葉塞筒上、以綵絲纏之、二物蛟龍所憚也。今人作粽、幷帶楝葉五色絲、皆汨羅遺俗。

【䊦】27724 〔廣韻〕烏結切〔集韻〕一結切 音咽
屑入聲 ㄧㄝˋ yeh
❶糉屬。〔字彙〕䊦、糉屬。〔齊民要術〕䊦用秫稻米末、絹羅、水蜜溲之、長尺餘、廣二寸餘、以棗栗肉上下著之、油塗、用竹箬裹爛蒸。❷米餌也。〔集韻〕䊦、米餌。

を一層と、交互に積み重ねる。縄で竹筒をしっかりとくくり合わせる。縄くくりかたは、一寸幅に一本の間隔とする。これを鍋のなかで煮る。一〇石分の米が炊ける時間ほど煮ると、「アワちまき」ができあがる。

『食次』にいう「あんこちまき」の作りかた（食次曰䊦）

モチゴメの粉を準備し、これを絹のふるいにかける。水と蜜をこれに加え、混ぜ具合はやや硬めのゆで麺の場合と同様にする。これを手でもみ、長さ一尺、幅二寸ほどにする。これを四つに切り分け、ナツメとクリの実を上下にたっぷりと着け、油を塗ったクマザサの葉で包み、十分に蒸す。二個ずつ盛りつける。食べる際には、ササの葉を破ってはならず、結び合わせている頭の部分の両端を取り去り、縄をほどく。

第八四章「すすりだんご」の作りかた

この章の標題は「煮糗」で、熊代はこれを「すすりだんご」と訳している。本文を読んでも今ひとつイメージがわかないが、要するにコメの屑とコメとを材料にして作る「だんご」で、塩で味をつけて食べるものである。熊代は、現在の中国で正月一五日に食べる「元宵」との関連を指摘している。

「元宵」はウルチゴメの粉で作った直径三センチほどの「だんご」で、煮るか、油で揚げて食べる。中に入っている餡によって、甘口（ゴマ、ナツメ、果仁、砂糖などの餡）のものと辛口（味付け肉などの餡）のものとがある。甘口のものは砂糖を多く使っており、白色で非常に甘い。北方では「元宵」は正月の行事食であるが、南方ではこれを「湯円」あるいは「湯団」と称して一年中売っている。本来は南方の食品である「湯円」が北方の「元宵」になったという。もっとも、『要術』の「すすりだんご」は飯を併用し、味つけは汁に塩を加えるだけで、「だんご」というよりは「飲」に近い粥として扱われているので、かならずしも今日の「元宵」に直結するものではないようだ。

本章には抄本による異字や脱落と思われる箇所が多くある。したがって意味不明な部分も多く、訳注で指摘しているように、かなりの推測を加えて現代日本語訳をこころみた。（西澤）

「すすりだんご」の作りかた（煑糗）

『食次』にいう。客を宿せば[1]、コメの「だんご汁[2]」を作る。一斗のコメ粉に一升の沸騰した湯を混ぜる。その際、油のついた容器を用いてはならない。箕《み》[3]でこれをこし、滓をとりさる。さらに「ささら[4]」でかきまわし、泡[5]をすくいとる。泡を別の容器にいれる。といだコメ[6]を水で煮て、汁を取り、「おもゆ[7]」を作る。「おもゆ」二升を「だんご汁」のなかに加える。

（1）客を宿せば――「宿客足」。石声漢は「磨麥（すりむぎ）」の誤伝ではないかと推測し、繆啓愉は、何かの諺で、一種の点心を指しているのではないかと推測している。ここでは熊代による「客を宿せば」に従った。

（2）だんご汁――「糗粍」または「糗汁」。熊代は「別な容器に入れた「勃（かたまり）」を湯煮したもの」と解釈しているが、ここでは滓や泡を取り除いた後の「だんご」に湯を混ぜ合わせた汁と解釈した。

勃別出一器中折米白煑取汁爲白飲以飲二升投糗汁中又云合勃下飲訖出勃糗汁復悉寫釜中與白飲合煑令一沸與鹽白飲不可過折米弱炊令相著盛飯甌中半奠杓抑令偏著一邊以糗汁沃之與勃又云糗末以二升小器中沸湯漬之折米煑爲飯沸取飯中汁半升折箕漉糗出以飲汁當向糗汁上淋之以糗箒舂取勃出別勃置復著折米瀋汁爲白飲以糗汁投中鮭奠如常飲之又云若作倉卒難造者得停西糗最勝又云以勃少許投白飲中勃若散壞不得和白飲但單用糗汁焉

煑醴酪第八十五

煑醴酪　昔介子推怨晉文公賞從亡之勞不及己乃隱於介休縣緜山中其門人憐之懸書於公門文公寤而求之不獲乃以火焚山推遂抱樹而死文公以緜上之地封之以旌善人於今介山林木遙望盡黑如火燒狀又有抱樹之形世世祠祀頗有神驗百姓哀之忌日爲之斷火煑醴而食之名曰寒食蓋清明節前一日是也中國流行遂爲常俗然麥粥自可熱噉不必要在寒食世有能此粥者聊復錄耳

治釜令不渝法常於暗信處買取最初鑄者鐵精不渝輕利易然其渝黑難然者皆是鐵滓鈍濁所致治令不渝法以繩急束蒿軒兩頭令齊著水釜中以乾牛屎然釜湯煖以蒿三徧淨洗抒却水乾然使熱買肥豬肉脂合皮大如手者三四段以脂處處徧揩拭釜察作聲復著水痛疎洗視汁黑如墨抒却更脂拭疎洗如是十徧許汁清無復黑乃止則不復渝煑杏

齊民要術　卷九　十　中華書局聚

あるいは、「だんご汁」から得られた泡のなかに、「おもゆ」を注ぎ、ふたたび泡をすくいだす。「だんご汁」をふたたび鍋のなかに入れ、この中に泡をすくいだした「おもゆ」を加えて一緒に煮る。一度沸騰させ、塩を加える。「おもゆ」の沸騰は一回限りとする。[8]

といだコメを軟らかめに炊き、コメの粒が互いにくっつき合う程度の飯にする。この飯を小さな碗のなかに盛る。半分ほど盛ったのち、杓子で飯を押さえつけ、碗の片方によせる。この上に、前記二つの方法のどちらかで作った「だんご汁」を注ぎ、泡をそえる。これで「すすりだんご」ができあがる。

あるいは、コメ粉の煮汁を二升用意し、これを小さな容器のなかで沸騰した湯に浸してだんご汁を作る。といだコメを煮て飯を作る。沸騰したら、飯のなかから「おもゆ」[9]を一升半ほど取り出す。箕でこし、「おもゆ」を取りだす。これを先に作った「だんご汁」の上に注ぐ。これをささらでかきまわし、泡をすくいとる。泡を別な容器のなかに入れる。ふたたび、といだコメで「おもゆ」を作り、「だんご汁」をこの中に入れる。通常は、軟らかめに炊いた飯を[10]碗の片方によせて盛り付け、「おもゆ」を注ぎ、「すすりだんご」にして食べる。

（3）箕——石声漢は金抄本に従って「淅箕」と読んでいる。淅箕は竹の器で、濾過するための道具である。

（4）ささら——「饋帚」。石声漢は日本の茶筅（ちゃせん）に似たものと比定している。

（5）泡——「勃」。熊代は「かたまり（だんご）」、石声漢および繆啓愉は「泡」を指すとしている。ここでは「泡」を採用したが、日本語での「くずれやすい」というイメージはない。

（6）といだ米——「折米」。石声漢は「特別に精製した米」と解釈し、熊代は「米をとぐ」と訳している。ここでは後者に従った。

（7）おもゆ——「白飲」。コメを煮た汁で白色をしているからこう呼ぶのであろう。熊代はこれを「おもゆ」と訓読みしており、本稿もこれに従った。

（8）沸騰は一回限りとする。明抄本は二字空白、金抄本では「一□」となっている。この二字を、石声漢は「又説」、繆啓愉は「一升」、熊代は「一沸」と推測している。ここでは、熊代の解釈に従った。

（9）おもゆ——「飯中汁」または「飲汁」。繆啓愉はいずれも「白飲」を指すとし、熊代も同じ解釈をしている。

（10）椀の片方によせて盛り付け食べる——「鮭奠如常」。鮭（さけ）がここに出てくるはずはない。熊代は「鮭」を「佳」と解して「おもゆをこのなかに投ずるとよい。もりつけるには、これを常食と同じにする」と訳している。一方、石声漢は「鮭」を「偪」の誤りとし、繆啓愉は、前述の作りかたに「杓抑令偏著一邊」とあることから石声漢の解釈を支持している。ここでは後者に解釈に従った。

ところで、もし慌ただしくてうまく作れない場合には、「だんご汁」の泡をそのままにしておいてかまわない。この場合にはウルチゴメの「だんご汁」がもっとも適している。(11)「だんご汁」の泡を少量、「おもゆ」のなかに入れてみて、もし泡が拡散して壊れるようであれば、「おもゆ」に入れてはならず、「だんご汁」だけを使う。

(11) ウルチゴメの「だんご」がもっとも適している。金・明抄本の原文は「得停西□糢最勝」だが、これでは理解できない。ここでは、「得停勃。粳糢最勝」ではないかとする繆啓愉の解釈に従った。

【糢】27666　甲、〔廣韻〕莫甸切〔集韻〕眠見切　音麪　霰去聲　ㄇㄧㄢˋ　miann
乙、〔集韻〕莫定切　音覓　徑去聲　ㄇㄧㄥˋ　minq
❶米屑也。〔廣韻〕糢、屑米。〔集韻〕糢、米屑。❷亦作麪。〔海篇〕糢、亦作麪。

第八五章「あめゆ」および「あまがゆ」の作りかた

「あめゆ」の原語は「醴《れい》」、「あまがゆ」の原語は「酪《らく》」である。狭義では前者は「あまざけ」を指し、後者は「ちちがゆ」すなわち「ヨーグルト」を指すが、ここでは熊代が指摘しているように広義に解釈し、前者に「あめゆ」、後者に「あまがゆ」を当てた。

この章には、調理と直接には関係のない鉄鍋の手入れ方法が述べられている。これは中華料理の調理法の展開を考えるうえでもきわめて重要な意義をもっているので、コラム欄を設けて別に解説した。（西澤）

「あめゆ」および「あまがゆ」の作りかた（煑醴酪）

むかし、介子推は晋の文公に恨みをいだいた。文公の国外亡命に同行したにもかかわらず、その恩賞が自分にまで及ばなかったからで、その後、介休県(1)の緜上の山中に隠れた。その門人がこれを憐れみ、文公の門に事の始終を書いた文書を掲げた。文公はこれに目覚め、彼を捜し求めたが、見つけられなかった。そこで、介子推が出てくることを願って、山に火をつけた。ところが、介子推は樹を抱いたまま焼け死んでしまった。文公は、緜山の地を介子推に封じ与え、善人として彼を表彰した。今でも、介山の樹木は、遙かに望めばすべて黒く、火で焼かれたかのようである。また、人が樹を抱いているような形

(1) 介休県——現在の山西省介休県。緜上は県南の古地名で、その地にあった山は緜山と呼ばれていたが、後に介山と改称された。

酪煮餳煮地黃染皆須先治釜不爾則黑惡
煮醴法與煮黑餳同然須調其色澤　味淳濃赤
色足者良尤宜緩火急則焦臭傳曰小人之交甘若
醴疑謂此非醴酒也
煮杏酪粥法用宿穬麥其春種者則不中預前一月
事麥折令精細簸揀作五六等必使別均調勿令麤
細相雜其大如胡豆者麤細正得所曝令極乾如上
治釜訖先釜煮一釜麤粥然後淨洗用之打取杏仁
以湯脫去黃皮熟研以水和之絹濾取汁汁唯淳濃
便美水多則味薄用乾牛糞燃火先煮杏仁汁數升
上作豚腦皺然後下穬麥米唯須緩火以匕徐徐攪
之勿令住煮令極熟剛淖得所然後出之預前多買
新瓦盆子容受二斗者抒粥著盆子中仰頭勿蓋粥
色白如凝脂米粒有類青玉停至四月八日亦不動
渝釜令粥黑火急則焦苦舊盆則不滲水覆蓋則解
離其大盆盛者數捲　亦生水也
飧飯第八十六
作粟飧法𩜾米欲細而不碎　𩜾訖即炊
淘必宜淨　香漿和煖水浸饙少時以手挼無
令有塊復小停然後壯
投飧時先調漿令甜酢適口下熱飯於漿中尖出
便止宜少時住勿使撓攪待其自解散然後撈盛飧
便滑美
折粟米法取香美好穀脫粟米一石　於木槽
內以湯淘腳踏瀉去瀋更踏如此十徧隱約有七斗
米在便止漉出曝乾炊時又淨淘下饙時又淨淘下
齊民要術　卷九　十二　中華書局聚

の樹木がある。人々は代々にわたって介子推の祠堂を祀っているが、霊験あらたかである。老百姓は彼を哀れみ、彼の命日には火を断ち、煮ておいた「あめゆ」および「あまがゆ」を食べる。冷たくなっているので、これを「寒食」という。即ち、清明節の前一日がこれにあたる。中国各地（当時は黄河流域）に流行し、やがて年中行事となった。しかし、ムギがゆには本来、暑さを振り払う作用があるので、必ずしも寒食の節日（冬至から一〇五日目）に食べる必要はない。今日でもこの種の「かゆ」を作れる人がいるので、その作りかたを記録にとどめておくこととする。

鉄鍋の変色を防ぐ手入れ法（治釜令不醴法）

常に、よく知った店で、新たに溶かした鉄から鋳ったものを買う。これならば鉄の質もよく、変色せず、軽くて熱効率もいい。すぐに黒く変色して熱効率が悪いものは、すべて溶かした鉄の中に滓が混じって不純だからである。

鉄鍋の変色を防ぐには、一束のカワラニンジン(2)を縄できつく縛り、両端を切り揃える。鉄鍋のなかに水を入れ、干いた牛糞で鉄鍋を熱する。湯が温まっ

（2）カワラニンジン――「蒿」。現在の北方漢語ではヨモギとされている。熊代は当時の蒿は青蒿を指すとし、これをカワラニンジンと比定している。アカザ科に属する砂地植物で、篠田は比定のいきさつを詳しく説明している（『中国食物史の研究』、一二四〜一二九ページ）。学名は〝Artemisia apiacea〟。

【醴】40946

〔廣韻〕盧啓切〔集韻〕〔韻會〕里弟切〔正韻〕良以切 音禮 薺上聲 ㄌㄧˇ li

❶酒一宿熟也。〔說文〕醴、酒一宿孰也、从酉豊聲。〔釋名、釋飮食〕醴齊醴禮也、釀之一宿而成、禮有酒味而已也。〔周禮、天官、酒正〕二曰醴齊。〔注〕醴猶體也、成而汁滓相將、如今恬酒矣。〔禮記、內則〕或以酏爲醴。〔注〕釀粥爲醴。〔漢書、楚元王傳〕常爲穆生設醴。〔注〕師古曰、醴甘酒也。〔呂氏春秋、重己〕其爲飮食酏醴也。〔注〕醴者以櫱與黍相體、不以麴也、濁而甜耳。❷甘也。甘泉也。〔後漢書、張衡傳〕噏靑岑之玉醴兮。〔太平御覽、皇王部、帝堯陶唐氏〕尙書中候曰、醴泉出山。〔注〕醴、亦甘。❸美泉也。〔白虎通、封禪〕醴泉者美泉也、狀若醴酒、可以養老也。❹醴清也。〔周禮、天官、漿人〕水漿醴涼醫酏。〔注〕醴、醴清也。〔孔子家語、問禮〕醴醆在戶。〔注〕醴、盎齊也。❺與禮通。〔字彙補〕醴、與禮通。〔禮記、內則〕國君世子生、宰醴負子、賜之束帛。〔注〕醴、當爲禮。❻水名。與澧通。〔說文通訓定聲〕醴、齊禹貢馬鄭本、又東至于醴、馬注、水名、鄭注、陵名、案水出今湖南、與河南之澧別。〔楚辭、九歌、湘夫人〕沅有茝兮醴有蘭。〔注〕醴、一作澧。

たら、両端を切り揃えたカワラニンジンで三度ほど洗い、鍋[3]をひっくりかえして水を捨て、鉄鍋を空だきする。肥えた豚肉からとれた、手ほどの大きさの皮付き脂肪三〜四切れを買い、脂肪の部分を鍋の隅々にまでまんべんなく擦りつけると、「ザーザー」という音が立つ。ふたたび水を加え、両端を切り揃えたカワラニンジンで力一杯に洗う。汁が墨のように黒くなったら、ひっくりかえし、もう一度、豚の脂肪で擦り、水を入れ、カワラニンジンで洗う。これを一〇回ほど繰り返し、汁が透明のままで黒くならなくなれば、やめる。これで鍋はもう変色しなくなる。

「キョウニンがゆ」、「みずあめ」、「ジオウ[4]めし」などを作るときには、すべて、あらかじめ鍋の手入れをしておく必要がある。そうしないと、できあがったものが黒く色づいてしまう。

「あめゆ」の作りかた（煑醴法）

煮かたは、「くろあめゆ」を煮るのと同様である。しかし、その色や光沢を調え、汁の味を濃厚にする。十分に赤く色づく程度がよい。とろ火で煮るのがもっともよく、急いで煮ると焦げ臭くなる。

古書にいう「小人の交わり甘きこと醴《あめゆ》のごとし」

（3）石声漢は原文を「抒卻。水乾、然使熱。（ひっくりかえす。表面の水分が乾いたら再び熱する）」、繆啓愉は「抒却水、乾然使熱。（ひっくりかえして水を捨て、鉄鍋を空だきする）」と読んでいる。一方、熊代は「水をかいだして乾かす。燃して熱くし」と読み、「然使熱」を後続の文の文頭としている。ここでは繆啓愉の読みに従った。

（4）ジオウ——「地黄」。根の乾燥品を生薬として使用する。『要術』では、黄色染料として使われている。学名は“Rehmannia glutinosa”

の醴は、この種の「あめゆ」を指しているのであって、醴酒《あまざけ》のことではないと思う。

「キョウニンあまがゆ」の作りかた（煑杏酪粥法）

秋蒔きの越冬したオオムギを用いる。春蒔きのオオムギは適さない。あらかじめ一か月前に、オオムギを搗いて脱穀し、細かく箕でふるい分けておく。(5)キョウニンを五〜六等級に分け、かならず等級別に同じ大きさに揃え、大小を混ぜ合わせないようにする。大きさがソラマメほどであれば、ちょうどよい。これを天日にさらして十分に乾燥する。先に述べたように、鉄鍋の手入れを終えたら、あらかじめ一度、「うすがゆ」を煮たあと、これをきれいに洗って用いる。

アンズの核を割ってキョウニンを取りだし、湯につけて表面の黄色い皮を取りさる。これを擦って細かくし、水を加え、絹の布でこして果汁をとる。果汁は濃いほどおいしく、水を多く入れ過ぎると味が薄くなる。乾いた牛の糞を燃やし、まずキョウニン汁を煮る。しばらく沸騰させ、表面がブタの脳皺状になったら、準備しておいたオオムギを入れる。必ずとろ火にし、匙でゆっくりとかきまわす。かきまわす手を休めてはならない。十分に煮込んだら、硬

【酪】40742

甲、（廣韻）盧各切（集韻）（韻會）（正韻）歷各切
音洛　樂入聲　ㄌㄨㄛˋ　luoh
ㄌㄠˋ　law
乙、（集韻）魯故切　音路　過去聲　ㄌㄨˋ　luh

甲、盧各切　●乳漿所造之乳酪也。（說文新附）酪、乳漿也、从酉各聲（釋名、釋飲食）酪、澤也、乳汁所作使人肥澤也（王先謙疏證補）葉德炯曰、御覽飲食部引服虔通俗文煴羊乳曰酪、是漢時有酪字、許書未收。（廣韻）酪、乳酪。（正字通）酪、牛馬乳所造、有乾溼二種、元飲膳正要云、造法用乳半杓鍋內炒過、入餘乳熬數十沸、頻以杓縱橫攪之、傾出、罐盛待冷、掠取浮皮爲酥、入舊酪少許、紙封貯、即成酪、又乾酪法、以酪就日曬使結、掠去浮皮再曬至皮盡、卻入釜炒少時、器盛再曬、作塊收用。●漿也。（廣雅、釋器）酪、漿也。（鄭珍、說文新附考）禮運、以爲醴酪、雜記飲水漿無鹽酪（注）酪、酢䣼、酢本古醋字、酪古之酸味經以鹽酪並言、一酸一鹹、至北方以馬乳爲酪、而有酪酥、湩酪諸名、則所謂乳漿、非古酪也。（禮記、禮運）以爲醴酪（注）酪、酢䣼（孔子家語、問禮）以爲醴酪。（注）酪、漿酢。●酒類也。（六書故）酪、酒類也。●果汁所煮之酪也。（漢書、食貨志上）敎民煮木爲酪。（注）服虔曰、煮木實、如淳曰、作杏酪之屬也。●或作[乳各]（集韻）酪、或从乳、亦省。

乙、魯故切　醋屬。（集韻）酪、醋屬。

(5) 石声漢は原文を「預前一月事麦、折令精、細簸、揀作五六等」と読み、「作五六等」の主語を「麦」と解釈している。熊代は「預前一月事麦折、令精細。簸揀作五六等」と読み、「簸揀作五六等」の主語として「杏仁（キョウニン）は」をおぎなっている。繆啓愉も、「麦」を「作五六等」にすることは困難で、「其大如胡豆」というのも理解しにくく、これは杏仁のことであろうとしている。ただし、繆啓愉の読み方は細部で異なり、「預前一月、事麦折令精、細簸揀。作五六等」と読んでいる。熊代の読みによれば、杏仁をふるいにかけて五〜六等級に分けることになるが、繆啓愉の読みによれば、ふるいにかけるのはオオムギとなる。後者の解釈の方が自然であり、ここでは繆啓愉の読みかたに従った。さらに、繆啓愉は、そうだとすれば文章の前後が入れかわっているとし、その復元を試みたが、ここでは原文の順序に従った。

さ、軟らかさを調整したうえで、取り出す。前もって、容量二斗ほどの新しい盆を数多く買っておく。この盆の中に取り出したかゆを入れ、そのまま蓋をせずに置く。かゆの色は凝縮した脂肪のように白く、ムギ粒は青い玉のようにできあがる。そのまま四月八日（ほぼ立夏）まで放置しておいても変色しない。

変色した鉄鍋を使うと、かゆが黒くなる。また急いで煮ると、焦げて苦くなる。古い盆を使うと水分が抜け出ないし、盆に蓋をしてしまうと、溶けてしまってしまりがでない。また、大きな盆を使うと、しばしば、部分的に同まってしまい、中に水を生じ(6)てしまうことがある。

(6) 原文は『數捲亦生水也』。石声漢は「數」は「多次（しばしば）」、「捲」は字形から判断して「捲」ではないかとし、「数捲生水」とは、「粘りけと水分とが分離する」意味であろうとした。熊代は「捲」を「収縮する」の義でとり、繆啓愉も同様であった。どちらの字にしても意味はほぼ同様である。

〈コラム〉鉄鍋の普及と調理方法の展開

西澤　治彦

今日の中華料理の特徴の一つは、油を使い高温でさっと炒めるという調理法と、多種類の食材の混合にあるといえる。しかし中華料理が古代からこのような形であったわけではない。歴史的にみて中国大陸の調理法は、羹《あつもの》に代表される煮物中心の料理から、宋代以降、中華鍋の普及によって、油でさっと炒めるという調理法に移行したとされている。

確かに、『要術』のなかで肉と野菜が混合して調理されるのは、こってりとした羹においてであって、炒めものとしてではない。言いかえれば、『要術』が伝えている調理法は、まさに煮物中心の時代の調理法であるといえる。篠田の指摘のとおり、炒めもの中心の調理法への転換には、鉄器の普及が不可欠であった。煮るとか蒸すとかいう調理法は土器や瓦器でも可能であるが、油を使って妙めるというのは鉄器でないと難しいからである。（篠田統、「古代シナにおける割烹」、『中国食物史の研究』、八坂書房、一九七八）

『要術』では妙めるという調理法がまだ一般的ではなかったが、第八五章において、鉄鍋の「かなけ」（鉄の新しい鍋などを火にかけたときに浮かぶ赤黒いもの）の手入れ方法が書かれていることから、一部に鉄器が使用されていたことがうかがえる。このことから、篠田は、鉄器とそれに伴う調理法への移行という過程において、『要術』でようやくその萌芽を認めることができるのではないかと述べている。

『要術』が記録している情報は多く、さまざまな読み方が可能であるが、調理法の発展に関して言えば、中華料理の展開をあとづけるうえで、貴重な資料であるといえよう。

第八六章 「みずづけ」および「めし」の作りかた

「みずづけ」の原語は、「飧《そん》」、「めし」の原語は「飯《はん》」である。前者は一般に「飯」を湯や汁に浸して水分を十分に吸収させたものを指すが、『要術』ではとくに酸漿に浸した「飯」を指している。「飯」とは脱穀した穀類を蒸し炊きしたもので、煮炊きによって作る日本の「めし」は、作りかたからいうと「粥」の部類に入る。「飯」を水、湯、または汁に浸して水分を十分に吸収させたものを「饙《ふん》」という。熊代はこれを「みずめし」と訳している。「饙」も「飧」も作りかたは同様で、浸す液体が異なるだけである。（西澤）

「アワのみずづけ」の作りかた（作粟飧法）

アワをついて細かくする。ただし、砕いてはならない。砕いてしまうと、できあがったものが濁ってしまい、おいしくなくなる。細かくしたらすぐにこれを炊く。一夜置くと味が渋くなる。アワをとぐ際には、不純物をきれいに洗い流す。一〇回以上とげば、なおよい。

香りのよい酢漿にぬるめの湯を加えたものに、炊いたアワを浸し、しばらく放置したのち、手でもみ、塊が残らないようにする。さらにしばらく放置した後、これを甑の中に入れる。炊いたアワを浸しておく時間は、冬の間は少し長め、夏の間は短めにするという心づもりで加減する。浸しておかないと、ア

饙時於大盆中多著冷水必令冷徹米必以手挼饙
貝停之析米堅實必須弱炊故也不停則硬投飯調漿一如上法粒似
青玉滑而且美
作寒食漿法以三月中清明前夜炊飯雞向鳴下熟
熱飯於甕中以滿爲限數日後便酢中飯因家常炊
三四日輒以新炊飯一椀酘之每取漿隨多少即新
汲冷水添之訖夏飧漿並不敗而常滿所以爲異以
二升得解水一升水冷清俊有殊於凡
令夏月飯甕井口邊無蟲法清明節前二日夜雞鳴
時炊黍熟取釜湯遍洗井口甕邊地則無馬蚿百蟲
不近井甕矣甚是神驗
治旱稻赤米令飯白法莫問冬夏常以熱湯浸米一
食久然後以手挼之湯冷瀉去即以冷水淘汰挼去
臼乃止飯色潔白無異清流之米又師赤稻一臼米
裏著蒿葉一把白鹽一把合師之即絶白
食經曰作麵飯法用麵五升先乾蒸攪使冷用水一
升留一升麵減水三合以七合水溲四升麵以手擘
解以飯一升麵粉乾下稍切取大如粟顆訖蒸熟下
著篩中更蒸之
作粳米糗糒法取粳米汰灑作飯曝令燥擣細磨
粳米棗糒法炊米熟爛曝令乾細篩用棗蒸熟迮取
膏溲糒率一升糒米用棗一升　崔寔曰五月多作
糒以供出入之糧
菰米飯法菰穀盛常囊中擣瓷器爲屑勿令作末內
常囊中令滿板上揉之取末一作可用升半炊如稻
齊民要術　卷九　十二　中華書局聚

ワが硬くなってしまう。炊いたアワを浸すときには、先に酢漿の味を調え、甘ずっぱさが口に合うようにする。そうしてから炊きたてのアワを酢漿のなかに中央から少しずつ入れ、アワの頂点が酢漿の水面から少し出たところで止める。しばらくの間、そのまま放置しておき、攪拌してはならない。アワが自然に溶けて散らばり、下に落ちるまで待つ。そうしてから、「みずづけ」をすくい上げて盛りつけると、「みずづけ」はいっそう柔らかくおいしくなる。もし、炊いたアワを浸したのち、すぐに攪拌すると、アワが硬くなってしまう。

「アワめし」の作りかた（折粟米法）

香り良く美しいアワ粒を選び、これを脱穀して一石のアワを準備する。砕けた粉などが混じらないようにする。これを木槽内に入れ、湯を注いで洗い、足で踏む。とぎ汁を捨て、さらに足で踏む。これを一〇回ほど繰り返し、アワが七斗ほどの量に減ったところで止める。水分をこしたうえで、日にさらして乾かす。

これを炊くときには、ふたたびきれいにとぐ。炊いたアワを水に浸して「みずめし」を作るときには、

【飧】45019

〔廣韻〕思渾切〔集韻〕〔韻會〕〔正韻〕蘇昆切
音孫　元平聲　ムメㄣ　suen
㊀飧、熟食也、統言之、饔飧皆熟食、分言之、則朝食曰饔、夕食曰飧。〔說文〕飧、餔也、从夕食〔段注〕小雅傳曰、熟食曰饔、魏風傳曰、孰食曰飧、然則饔飧皆謂孰食、分別之、則謂朝食夕食。〔徐灝箋〕戴氏侗曰、飧、夕食也、古者夕則餕朝膳之餘、故熟食曰飧。〔詩、小雅、大東〕有饛簋飧。〔傳〕飧、熟食、謂黍稷也。〔正字通〕飧、說文作飧。〔周禮、天官、宰夫〕賓賜之飧牽。〔注〕飧、夕食也。〔孟子、滕文公上〕饔飧而治。〔注〕饔飧、熟食也、朝曰饔、夕曰飧　㊁食不備禮也。〔詩、魏風、伐檀、疏〕飧、飧、為飯之別名。〔周禮、秋官、司儀〕致飧如致積之禮。〔注〕飧、食也、小禮曰飧。〔儀禮、聘禮〕宰夫朝服設飧。〔註〕飧、食不備禮也。〔史記、淮陰侯傳〕令其裨將傳飧。〔索隱〕小飯曰飧　㊂水和飯也。〔釋名、釋飲食〕飧、散也、投水於中解散也、〔玉篇〕飧、水和飯也。〔詩、魏風、伐檀、釋文〕飧、水澆飯也、〔禮記、玉藻〕君未覆手、不敢飧〔疏〕飧、謂用飲澆飯於器中也。㊃勸食也。〔禮記、玉藻〕君未覆手不敢飧〔注〕飧、勸食也。㊄或作餐、通作湌。〔集韻〕飧或作餐、通作湌。㊅俗作飱。〔正字通〕飱、俗飧字。㊆與飡通。〔康熙字典〕飧、古通飡。
解字　飧（會意）〔說文〕飧、餔也、从夕食。〔段注〕會意。从夕食、正以釋文。〔說文通訓定聲〕飧、餔也、从夕食會意。

大きな盆の中にたっぷりと冷水をいれ、この中に炊いたアワをいれ、アワの心まで冷やすようにする。手で「みずめし」をもみ、長く放置しておく。(1)「アワめし」は硬くしまっているので、かならず柔らか(2)めに炊く。また、「みずめし」(3)も長い間冷水に浸しておかないと、柔らかくならない。できあがった「みずめし」を酢漿に入れる方法や、酢漿の調合の仕方は、今までの述べてきたとおりにする。アワ粒は青玉に似て滑らかで美しい。硬くしまっているので、これを食べれば一日中、腹がすかない。柔らかめに炊いて「あまがゆ」にしたものは、「こわめし」(4)よりもおいしい。

「寒食漿」の作りかた（寒食漿法）

三月中旬、清明節(5)以前に、夜のうちに飯を炊く。鶏が時を告げそうになったら、炊きたての熱い飯を甕の中に入れ、一杯になりそうなところで止める。数日後にはもう酸っぱくなっており、冷水を注いで漿をすくいだし、飲む(6)ことができる。ふだん、家で飯を炊くとき、そのついでに、三〜四日に一度、新しく炊いた飯を一碗、酢漿の甕の中に加える。酸漿を取るごとに、取った分だけ井戸からくみあげた冷

(1) 熊代は、この部分の原文を「必令冷徹。米心以手挼、饋良久停之」と読んでいるが、これだとアワと「みずめし」とが別なもののようにとれてしまう。ここでは石声漢および繆啓愉の読みに従った。

(2) 繆啓愉は、この文章の意味を「饋を作った後、ふたたび蒸す」ということで、原文には「更蒸」の字句が欠けているとしている。しかし、一度炊いたものを柔らかくするためにもう一度炊くというのは、不自然な気がする。

(3) 原文は「投飯調漿」。ここでは「飯」を、できあがったアワ飯の「みずめし」と解釈してみた。

(4) こわめし――「硬飯」。明清刻本では「粳米」となっており、石声漢と繆啓愉はこれに従っている。一方、明抄本では「硬米」となっており、熊代はこれに従って、「こわめし」としている。文章の流れからいえば、ここで「粳米」がでてくるよりは、柔らかい炊き方との対比で「こわめし」としたほうが自然であろう。

(5) 熊代は、原文を「清明節前夜、炊飯」と読んで、「清明節の前夜に」と訳しているが、ここでは石声漢および繆啓愉の読みに従った。「清明節の前夜」と特定するなら、前文の「三月中旬」は不要のはずである。

(6) 熊代は文章をここできらず、次の文章につなげて解釈したが、ここでは石声漢の読みに従った。繆啓愉もこれに従ったうえで、原文には「以冷水沃之」の句が欠けているとしており、その句を補った。

【飯】 45041

甲、〔廣韻〕符万切〔集韻〕〔韻會〕扶萬切　音煩去聲　ㄈㄢˋ　fann
乙、〔正韻〕符諫切　諫去聲
丙、〔廣韻〕扶晩切〔集韻〕〔韻會〕父遠切　音䭵阮上聲　ㄈㄢˇ　fann

甲、符万切。乙、符諫切　❶食之也。〔說文〕飯、食也。从食反聲。〔段注〕自養篆巳下、皆自人言之。然則云食也者、謂食之也、此飯之本義也。〔爾雅、釋言、釋文〕飯、飤也。〔史記、淮陰侯傳〕見信飢、飯信。〔漢書、朱買臣傳〕呼飯飲之。〔注〕師古曰、飯、謂飤之。❷穀之炊熟者曰飯。〔說文、飯、段注〕引伸之、所食爲飯。〔正韻〕飯、炊穀熟曰飯。〔禮記、曲禮上〕毋摶飯。〔疏〕取飯作摶、則易得多、是欲爭飽、非謙也。❸攤飯、午睡也。〔書堂詩話〕黃門謂午睡爲攤飯。

丙、扶晩切　❶食也。〔集韻〕飯、食也。〔禮記、曲禮上〕飯黍毋以箸。〔論語、鄉黨〕君祭先飯。〔皇疏〕飯、食也。❷大擘指本也。〔儀禮、士喪禮〕設決麗於擘自飯持之。〔注〕飯、大擘指本也。❸喰也。〔禮記、檀弓上〕飯、設飾。〔釋文〕飯、喰也。❹或作餅・飰。〔集韻〕飯、或从廾从卞。❺以樂侑食之官也。〔論語、微子〕亞飯干適楚、三飯繚適蔡、四飯缺適秦。〔集注〕亞飯以下、以樂侑食之官。干繚缺皆名也。

水を加えたす。夏が過ぎても、「みずづけ」（飯の部分）も漿（液体部分）も腐ることなく、かつまた、常に一杯の状態でおけるため、他の時期に作ったものとは異なる。二升の漿に対して、一升の水で薄めることができる。薄める水は、冷たくて清らかなほど、普通のものとの違いがでてくる。

夏季における飯甕および井戸口周辺の虫よけ方法（令夏月飯甕井口辺無虫法）

清明節の二日前、夜半にニワトリが鳴くとき、キビを炊きあげ、鍋の中の熱水を取りだして、井戸口や飯甕の周りをくまなく洗うと、ヤスデがつかず、ムカデも井戸や甕に近づかない。はなはだ効き目がある。

オカボゴメおよび[7]アカゴメを「白飯」に炊く方法（治旱稲赤米令飯白法）

冬であろうと夏であろうと、常に熱い湯でオカボゴメを浸す。一回の食事ほどの時間が経過したら、手でこれをもむ。湯が冷めたら、水を捨て、すぐにまた冷水で洗い、再び手でもんで、白くなったら止める。こうすると、飯の色は真っ白になり、清流で

(7) 石声漢および熊代は、原文を「胏赤稲、一臼米裏、著蒿葉一把」、繆啓愉は「胏赤稲一臼、米裏著蕎葉一把」と読んでいる。続く文章にも文末に「一把」が置かれていることから、繆啓愉の読み方の方が自然であろう。

育てた米と異なるところがない。
一方、アカゴメを一臼つくときには、アカゴメの中に一握りのカワラニンジンと一握りの白塩を混ぜて一緒につく。きわめて白い色になる。

『食経』にいう「コムギ粉飯」の作りかた（食経曰作麺飯法）

五升のコムギ粉を準備し、先に一度、干蒸《かんじょう》し(8)、かきまぜてから冷やす。一升の水を準備する。一升のコムギ粉を使わずにおき、水も三合減らす。つまり、七合の水を四升のコムギ粉のなかに入れ、手でよくもみほぐす。干蒸した飯を、残しておいた(9)一升のコムギ粉の中に入れて乾かす。少しずつつきり取り、アワ(10)の実ほどの大きさにする。切り終わったら、これを十分に蒸し、ふるいにかけたうえで、さらにこれを蒸す。

ウルチゴメの「ほしいい」の作りかた（作粳米糗糒法）

ウルチゴメを準備し、きれいにとぎ、炊いて飯にする。これを日干しにして乾燥する。これをついて細かくし、さらに磨く。粗(11)いものと細かいものと二種類に作り分ける。

【饙】45392
〔廣韻〕府文切〔集韻〕〔韻會〕方文切　音分
文平聲　ㄈㄣ　fen
❶蒸米半熟以水沃之曰饙、䭀、餴、餴同。〔說文〕饙、脩飯也、从食賁聲。饙、餴或从賁、餴、饙或从奔。〔段注〕脩、各本作滫誤、今依爾雅音義引正、倉頡篇作餐、脩之言溲也、水部曰、溲、沃、沃也、飯者人所飯也。❷半蒸飯也。〔玉篇〕餴、半蒸飯也、與饙同。〔廣韻〕饙、一蒸飯也。❸熟也。〔爾雅、釋言〕饙、餾、稔也。〔疏〕稔、熟也。孫炎曰、蒸之曰饙、均之曰餾。郭云、今呼餐飯爲饙、饙熟爲餾。說文云、饙、一蒸米也。餾、飯氣流也。然則蒸米爲之饙、饙必餾而熟之、故言饙餾稔也。

(8)「干蒸」――中国大陸の調理法の一つで、澱粉を卵でといたものを材料にまぶして蒸す方法である。適切な日本語訳が見当たらないので、原語のままとした。
(9) 石声漢は、原文を「以飯一升麺粉、粉乾、下、」と読み、「残しておいた一升の麺の中にいれ、水分を吸収させて乾かし、これを取り出して」と解している。石声漢は、「以飯」を不可解としながらも、「飯」を「飲」の誤記とし、このように解釈したわけである。この他、減らした三合の水も意味不明としている。一方、熊代は、「飯一升を、麺粉と粉乾に下す」と訳し、「以飯」を別な新たな飯と解釈している。繆啓愉は「以飯、一升麺粉粉乾下」と読んだうえで、この文章と続く文章には不可解な点があり、何らかの字句が脱落しているのではないかとしている。ここでは繆啓愉の読みに従ったが、これだと石声漢および熊代の解釈にみえる合理性に欠けるところがある。
(10) アワ――石声漢は「粟（アワ）」、熊代および繆啓愉は「栗（クリ）」としている。三者ともこの点に関して校訂を行っておらず、単純な誤植による差の可能性もある。クリでは大きすぎるので、ここではアワとした。
(11) 原文は「粗細作両種折」。ここでは石声漢および熊代の解釈に従ったが、繆啓愉は「折」は「磨」の意で。「細かいのはふるいにかけ、粗いのはさらに磨く」の意と解している。

ウルチゴメの「ナツメほしいい」の作りかた（粳米棗糒法）

ウルチゴメを十分に炊き、飯にする。これを日干しにして乾燥し、細かくふるいにかける。サネブトナツメを十分に蒸し、これを押し潰してナツメ汁を取り、乾かした「ほしいい」に混ぜる。割合は、一升の「ほしいい」に対し一升のサネブトナツメとする。

崔寔は『四民月令』のなかで、「五月には大目に「ほしいい」をつくり、旅先での食料とするとよい。」と述べている。

「マコモめし」の作りかた（菰米飯法）

もみ殻つきのマコモの実を、なめし皮の袋の中に詰める。これを、磁器製の棒でつき砕く。ただし、粉末になるまで砕いてはならない。皮袋の中に詰める時には、一杯にする。つき終わったのち、板の上に広げて両手で揉み、脱穀されたマコモをとる。一度ごとに、一升半のもみ殻つきマコモを用いるとよい。炊き方は、もみ殻つきコメと同様にする。

「えびすめし」の作りかた（胡飯法）

酸っぱい瓜漬を長く切ったもの、切り身(12)の炙り肉、生野菜などを「かた焼き」のなかにくるみ、しっかりと巻く。これを二巻作り、各巻を三つに切り、また元のようにつなぎ合わせる。全部で六段となる。長さはいずれも二寸を越えないようにする。これに「うかべあえ(13)」を添えて、一緒に盛りつける。「うかべあえ」はシャクおよびタデ(14)をみじん切りにして酢のなかに入れたものである。

『食次』にいう。「といだ米で飯を作るさいには、とぐのに冷水を用いる。ただし、冷水を用いると、とぐのが面倒である。(15)」

(12) 切り身——「腤」。石声漢は「将」としているが、熊代および繆啓愉は金抄本に従って「腤」としており、ここでは後者に従った。

(13) うかべあえ——「飄齏」。熊代は、飄は瓢（ナガユウガオ）の意味もあるが、ここでは「漂」を意味していると解し、生菜の細切りを醸造酢に浮かべることから、「うかべあえ」と訓読みしている。

(14) タデ——「蓼」。石声漢は「奠」、熊代および繆啓愉は金抄本に従って「蓼」としている。

(15) 熊代は「折米飯生、折用冷水」と読んでいるが、ここでは繆啓愉の「折米飯、生折、用冷水」という読みに従った。繆啓愉は「生折」の意味を、冷水を熱湯に加え混ぜる意味ではないかと推測した。なお、石声漢も繆啓愉も、この条には脱字が多くあるとしている。そのためか、非常に理解しにくい文章となっている。

第八七章　精進料理の作りかた

原標題は「素食」である。「素食」とは、肉類を用いない、精進物のことである。ただし、ゴマ油などの植物油のほか、バター、ラードなどの油脂を用いて調理するので、日本でいう精進物とはイメージが多少異なる。ウリおよびキノコの蒸し焼きの記述のところでは肉が材料として出てくる。本文の中で釈明しているように、これには肉を加える方法と精進とがあり、精進として作られることが多いので、この章に含まれることとなったようである。（西澤）

『食次』にいう「ネギとニラのあつもの」の作りかた（食次曰葱韮羹法）

油を含んだ水の中で煮て作る。ネギとニラはそれぞれ五分の長さに切り、沸騰したところで一緒に入れる。少量のシャク、塩、豆豉、それにアワ粒ほどの大きさの「こごめ」[1]をそえる。

「ナガユウガオのあつもの」の作りかた（瓠羹）

油を含んだ水の中で、十分に煮て作る。ナガユウガオを輪切りにし、厚さ三分にそろえる。沸騰したところで、これを入れる、塩、豆豉、シャクをそえ、一片ずつ重ね合わせて盛り付ける。

（1）こごめ――「研米糝」。石声漢は「研米糝粒」とし、「研」を動詞、「米糝粒」を名詞と解釈している。しかし、その前の句がいずれも名詞の並列なので、熊代がいうように、「研米糝粒大如粟米」とし、「研米糝」を名詞とするほうが自然であろう。繆啓愉もこのように読んでいる。熊代によれば、「研米糝」は砕米屑を加熱して香味をつけたもので、「全米糝」に対比されるという。羹を作る際には、通常、ウルチゴメまたはコゴメを加えて加熱するが、ウルチゴメを加えるのを「全米糝」というようである。

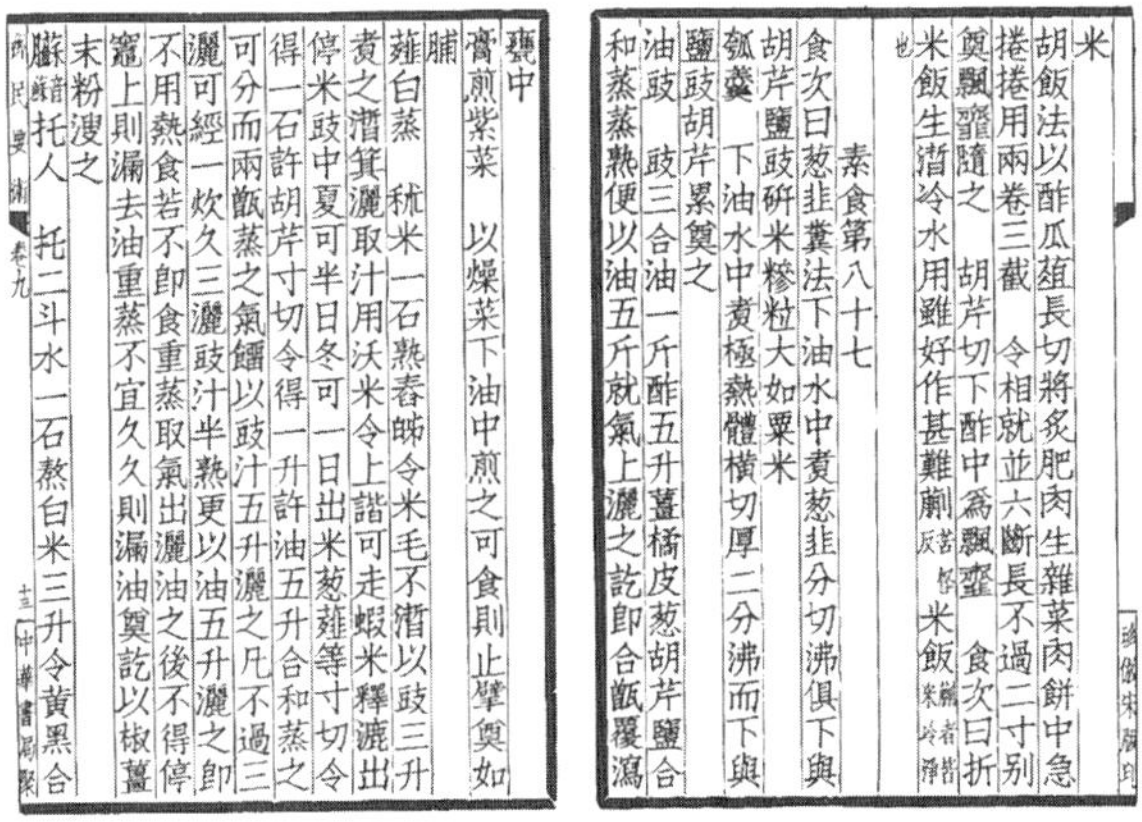
米
胡飯法以酢瓜菹長切將炙肥肉生雜菜肉餅中急捲捲用兩卷三截 令相就並六斷長不過二寸別奠飄齏隨之 胡芹切下酢中爲飄齏 食次曰折米飯生潰冷水用雖好作甚難𠛬 米飯也
素食第八十七
食次曰葱韭羹法下油水中煑葱韭分切沸俱下與胡芹鹽豉研米糝粒大如粟米
瓠羹 下油水中煑極熟體橫切厚二分沸而下與鹽豉胡芹累奠之
油豉 豉三合油一斤酢五升薑橘皮葱胡芹鹽合和蒸蒸熟便以油五斤就氣上灑之訖即合甑覆瀉甕中
膏煎紫菜 以燥菜下油中煎之可食則止擘奠如脯
薤白蒸 秫米一石熟舂師令米毛不潃以豉三升煑之潃箕灑取汁用沃米令上諧可走蝦米釋漉出停米豉中夏可半日冬可一日出米葱薤等寸切令得一石許胡芹寸切令得一升許油五升合和蒸之可分而兩甑蒸之氣餾以豉汁五升灑之凡不過三灑可經一炊久三灑豉汁半熟更以油五升灑之即不用熱食若不即食重蒸取氣出灑油之後不得停竈上則漏去油重蒸不宜久久則漏油奠訖以椒薑末粉溲之
䐑托人 托二斗水一石熬白米三升令黃黑合
齊民要術 卷九 中華書局聚

「あぶらぐき」の作りかた（油豉）

豆豉三合、油一升、酢五升、ショウガ、「ちんぴ」、ネギ、シャク、塩を混ぜ合わせ、蒸す。十分に蒸したら、さらに五升の油を、蒸気の上から甑の中に注ぐ。注ぎ終えたら、すぐに甑をひっくり返して甕の中にあける。

「あげのり」の作りかた（膏煎紫菜）

乾かしたノリを少量のラードで煎り、食べられるようになればやめる。手で引き裂いて盛りつけるが、その方法は、干肉の場合と同様にする。

「ラッキョウの蒸しもの」の作りかた（薤白蒸）

モチゴメ一石を、うすで十分につき、米が自然と白くなるまで待つ。これをといではならない(2)。豆豉三升を煮て汁を作り、箕でこして汁を取り出す。これを前述のモチゴメに浸す。このとき、米の上の汁の高さは、ちょうどエビが動きまわれる程度にする。米が柔らかくなったら、余分な汁をこして取りだし、米が豆豉の中に留まっているようにする。夏であれば半日、冬であれば一日、放置しておき、その後に再び米をこして取り出す。これに、ネギ、ラッキョ

(2) これをといではならない――「令米毛不潃」。熊代は「米毛」を「こごめ」と読み、「これを流さずにおいて、三升を煮る」と解釈している。一方、石声漢および繆啓愉は、「毛」を「白」の誤記ではないかと推測している。ここでは石声漢の解釈に従った。

ウなどを一寸の長さに切ったものを一石ほど、シャクもまた一寸の長さに切ったものを一升ほど、さらに油五升を混ぜ合わせ、蒸す。二つの甑に分けて蒸しても構わない。蒸気があがったら、さらに豆豉汁五升をふりかける。全部で三回ほど、蒸気が上がるたびに豆豉汁をふりかけるが、これに一炊きの時間をかける。三回ほど豆豉汁をふりかけ、米が十分に(3)蒸しあがったら、さらに油五升をこれにふりかけた後、直ちに甑から下ろす。熱いうちに食べる。もしすぐに食べないのなら、食べる前にもう一度蒸して、蒸気を入れる。

　油をふりかけたら、甑を竈の上に乗せたままにしておいてはいけない。なぜならば、油が漏れてしまうからである。再度蒸すときにも、長く蒸らしてはいけない。長く蒸らすと、やはり油が漏れてしまう。盛り付けたのち、ショウガやサンショウの粉末をまぶす。米を甑に入れる時にも、同じようにショウガやサンショウの粉末をまぶす。

「バター汁」(4)の作りかた（䐈托）

　托二斗に水一石。白米三升を、妙めて、黄黒色にする。これを托と合わせて、三度ほど沸騰するまで

（3）この一文を、熊代は「凡三過。三灑、可経一炊久。三灑豉汁半熟、」と読んでいるようだが、石声漢は「凡三過三灑、可経一炊久、三灑豉汁。半熟、」と読み、一方、繆啓愉は「凡三過三灑、可経一炊久。三麗豉汁、半熟、」と読んだうえで、「半熟」は内容から判断して「米熟」の誤りではないかとしている。前半部分の解釈は、石声漢および繆啓愉とも結果的に近いものになっているが、ここでは繆啓愉の解釈に従った。

（4）バター汁——「䐈托飯」。「䐈」は「酥」に通じ、一種の乳製品をさす。今日でも酥油の名称があるが、熊代はこれをバターと訳している。托（たく）については、熊代は湯餅（ゆ

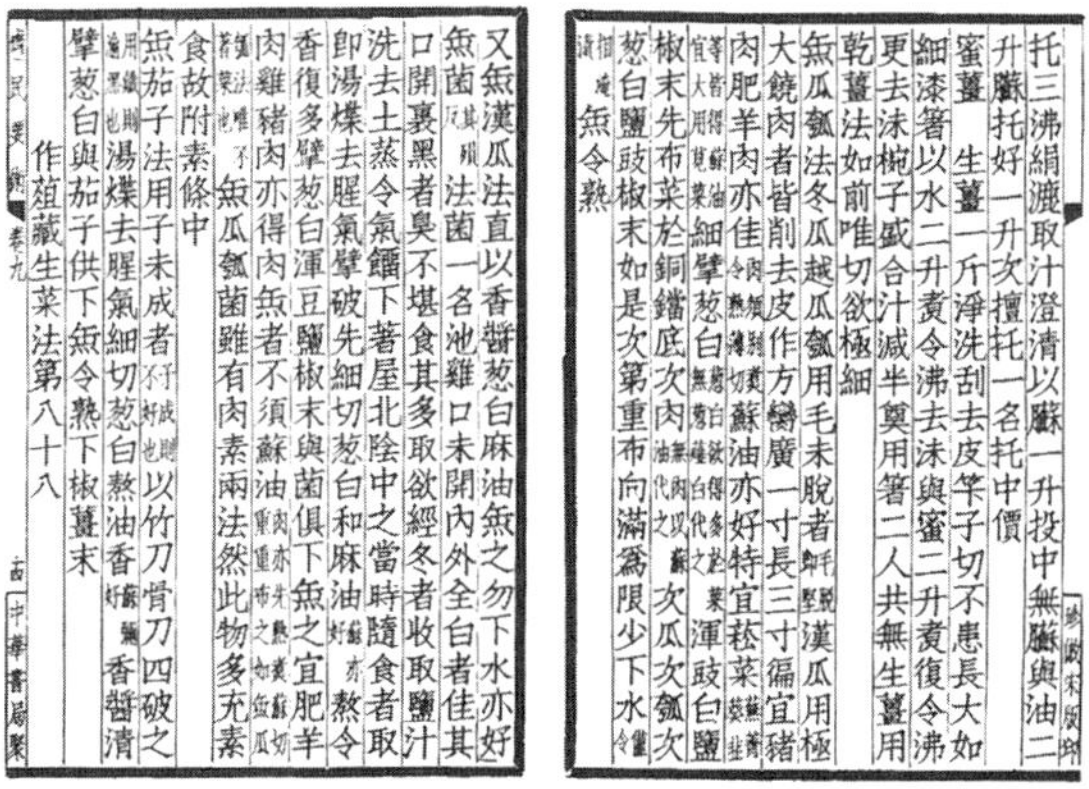
托三沸絹漉取汁澄清以䔫一升投中無䔫與油二
升䔫托好一升次檀托一名托中價
蜜薑　生薑一斤淨洗刮去皮筭子切不患長大如
細漆箸以水二升煑令沸去沫與蜜二升煑復令沸
更去沫椀子盛合汁減半奠用箸二人共無生薑用
乾薑法如前唯切欲極細
缹瓜瓠法冬瓜越瓜瓠用毛未脫者（毛脫即堅）漢瓜用極
大饒肉者皆削去皮作方臠廣一寸長三寸偏宜豬
肉肥羊肉亦佳（肉須別煮令熟薄切）蘇油亦好特宜菘菜（蕪菁葵韭
等皆得　蘇油宜大用莧菜）細擘葱白（葱白欲得多於菜　無葱白薤白代之）渾豉白鹽
椒末先布菜於銅鐺底次肉（無肉以蘇油代之）次瓜次瓠次
葱白鹽豉椒末如是次第重布向滿爲限少下水（僅令
相淹漬）缹令熟

又缹漢瓜法直以香醬葱白麻油缹之勿下水亦好
缹菌（渠殞反）法菌一名池雞口未開內外全白者佳其
口開裏黑者臭不堪食其多取欲經冬者收取鹽汁
洗去土蒸令氣餾下著屋北陰中之當時隨食者取
即湯煠去腥氣擘破先細切葱白和麻油（蘇亦好）熬令
香復多擘葱白渾豆豉鹽椒末與菌俱下缹之宜肥羊
肉雞豬肉亦得肉缹者不須蘇油（肉亦先熟煑如蘇切重布之如缹瓜瓠法）
缹瓜瓠菌雖有肉素兩法然此物多充素
食故附素條中
缹茄子法用子未成者（子成則不好也）以竹刀骨刀四破之
（用鐵則渠黑也）湯煠去腥氣細切葱白熬油香（蘇亦好）香醬清
擘葱白與茄子俱下缹令熟下椒薑末
作菹藏生菜法第八十八

齊民要術　卷九　中華書局聚

煮る。これを絹でこして、汁をとる。汁が澄んできたら、バター一升をこの中に入れる。バターが無ければ、植物油二升を入れる。バター汁は、次檀托、托中價ともいう。[5]

「ショウガの蜜煮」の作りかた（蜜薑）

生のショウガ一斤をきれいに洗い、皮をむく。これを算木切り[6]にする。長くてもかまわず、細い漆箸ほどの大きさにする。これを水二升で煮て沸騰させ、あくを取りさる。これに二升の蜜を加え、ふたたび煮て沸騰させ、あくを取り去る。これを小椀に盛る。汁を合わせるなら、汁の量が半分に満たないように盛り付ける。箸は二人で共用とする。

生のショウガが無いときには、乾燥したショウガを用いてもかまわない。作り方は生のショウガの場合と同様であるが、切りかたを細くする。

「ウリとナガユウガオの蒸し焼き」の作りかた（缹瓜瓠法）

トウガン、シロウリ、ナガユウガオなどは、いずれもまだ毛が抜けていないものを用いる。毛が抜けると、堅くなってしまう。ウリは特大で多肉のものを用いる。

でめん）としているが、石声漢は、「秏」（屑米から成る飲み物）の誤りか　そうでなければ「次檀托」、「托中價」などと同様に外来語ではないかと推測している。

（5）原文は「䔫托好一升次檀托、一名托中價」で、熊代は文字通り解釈しているが、ここでは、石声漢および繆啓愉による「䔫托飯、一名托中價」とする解釈に従った。「次檀托」、「托中價」はいずれも外来語で、石声漢は鮮卑語の可能性が高いとしている。

（6）算木切り——「算子切」。算子とは、当時の算木のことで、現在の「籌碼（すま）」（賭博などで得点を計算する木、竹、象牙などの小片）に当る。従って、「算子切り」とは、「籌碼」のように細長く切ること。

いずれを用いるにしても、皮を削り取り、角切りにし、幅一寸、長さ三寸にそろえる。これに豚肉を加えるのがもっとも良く、肥えた羊肉でもおいしい。肉は別に十分に煮たうえで、薄く切っておく。エゴマ油を用いても良い。青菜としてはウキナ[7]が特によい。カブ、肥えたアオイ、ラッキョウなどを用いてもよい。エゴマ油を加えるなら、多量のヒユナを一緒に用いる。ほかに、ネギの白い部分を裂いて砕いたものでもよい。ただし、ネギの白い部分は、野菜よりも多くなければならない。ネギがなければ、ラッキョウの白い部分で代用することができる。粒のままの豆豉、塩、サンショウ粉末なども加える。まず、銅鍋の底に野菜を並べ、続いてその上に肉を並べる。肉がなければ、エゴマ油で代用する。さらにその上にウリ、その上にナガユウガオを並べ、最後に、ネギの白い部分、塩、豆豉、サンショウの粉末などを並べる。このように重ねてゆき、一杯になったら止める。少量の水を注いで、並べたものがちょうど浸かる程度とし、十分に煮る。

「ウリの蒸し焼き」の作りかた、別法（又缹漢瓜法）

香醤、シロネギ、ゴマ油などでウリをじかに煮る。水を加えなくてもよい。

（7）ウキナ――「菘」。第一八章に「菘は蕪菁（カブ）と似ているが、無毛で、かつ大ぶりである」と述べているが、『本草綱目』ではハクサイのこととしている。現在のハクサイは品種改良を重ね、当時のものとは大きく異なっているはずなので、ここではウキナとした。北村はシラクキナという訓を与えている（『本草の植物』、四七ページ）。

「キノコの蒸し焼き」の作りかた（缹菌法）

キノコは地鶏ともいう。口が開かず、内側外側とも白いものがおいしい。口が開いて、中が黒くなっているものは、臭くてまずい。もし、キノコを多量に採集して冬を越させたければ、塩水で洗って土を取り去り、蒸して蒸気が通ったところで下ろし、家の北側において陰干ししておく。

採集してすぐに食べる時には、採集後、直ちに熱湯でさらし、生臭い匂いを取り去り、手で引き裂く。まず、ネギの白い部分を細かく切り、ゴマ油（エゴマ油でもよい）を合わせ、これを炒めて香りをだす。さらにネギの白い部分を多めに引き裂き、粒のままの豆豉、塩、サンショウ粉末を加え、キノコと一緒に鍋に入れて煮る。肉を加える場合には肥えた羊肉がもっともよく、鶏肉や豚肉でも構わない。肉と一緒に煮る場合には、エゴマ油を加えてはならない。肉もまた、先に別に煮ておくのがよい。これを薄く(8)切り、鍋で煮る際には一枚一枚並べる。そのやり方は「ウリとナガユウガオの蒸し焼き」の場合と同じだが、こちらの場合は野菜をいれない。「ウリとナガユウガオの蒸し焼き」および「キノコの蒸し焼き」には、肉を加える方法と精進の方法とがあるが、多

（8）熊代は、金沢本の「蒜切重重布之」に従って「蒜を切って」と訳したうえで、石声漢の「蒜を蘇とし、これを薄の誤伝とする」説を肯定的に紹介している。確かに、「缹瓜瓠法」では「薄切」となっており、石声漢の説には説得力がある。繆啓愉も同様の解釈をしている。

くの場合これらは精進として作るので、精進の章の中にいれた。

「ナスの蒸し焼き」の作りかた（缹茄子法）

　種がまだ熟成していないナスを用いる。種が成熟するとまずくなる。竹の刀か骨の刀で四条に切り裂く。鉄の刀で切ると、金気《かなけ》で黒く変色してしまう。熱湯でさらし、生臭い匂いを取り去る。ネギの白い部分を細かく切り、油で炒めて香りをだす。エゴマ油を用いるとさらによい。香りのよい「たまり醤油」、先に炒めたネギ、切り裂いたナスを鍋にいれ、十分に煮る。煮えたら、サンショウ粉末とショウガ粉末を加える。

第八八章　漬物の作りかた、生菜の貯蔵法

この章に収められている調理法は三七項目にもおよび、当時、それだけ重要な位置を占めていたことがうかがえる。菹《つけもの》とはおもに乳酸発酵による野菜の貯蔵法で、発酵の基として穀類を加える。製品に有機酸が含まれることから、古代から酸味料として用いられてきた。菹にはこのほかに日本の酢漬に相当するものを指す場合もある。本章の項目のうち、本来の「菹」は一二例、酢漬に相当するものは一八例を数える。また、生菜の貯蔵法というのは、根菜や果実を天然の果汁や蜜などに漬けて貯蔵する方法である。本章では「菹」の他に「葅」も用いている。両字は同義であるが、『要術』では、野菜の場合に「菹」または「葅」を、肉の場合に「葅」を用いる傾向がある。（西澤）

カブ、ウキナ、フユアオイ、タカナの塩漬の作りかた（蕪菁、菘、葵、蜀芥鹹菹法）

野菜を収穫したら、まず良いものを選び出し、ガマかカヤの葉で束ねる。濃い塩水を作る。塩水のなかで野菜を洗い、すぐに甕の中に入れる。はじめに淡水で洗ってしまうと、あとになって漬物が腐ってしまう。野菜を洗ったあとの塩水を澄まし、上澄みの部分を野菜を入れた甕の中に注ぎ、野菜が浸るほどになったら注ぐのを止める。中をかきまぜてはいけない。このように作った漬物は、いつまでも緑色を保ち、漬物の塩汁を水で洗い流してから煮て食べ

蕪菁菘葵蜀芥鹹菹法收菜時卽擇取好者菅蒲束
之作鹽水令極鹹於鹽水中洗菜卽內甕中若先用
淡水洗者菹爛其洗菜鹽水澄取清者瀉著甕中令
沒菜肥卽止不復調和菹色仍青以水洗去鹹汁煮
爲茹與生菜不殊其蕪菁蜀芥二種三日抒出之粉
黍米作粥清擣麥䴷作末絹篩布菜一行以䴷末
薄坌之卽下熱粥清重重如此以滿甕爲限其布菜
法每行必莖葉顛倒安之舊鹽汁還瀉甕中菹色黃
而味美作淡菹用黍米粥清及麥䴷末味亦勝
作湯菹法菘佳蕪菁亦得收好菜擇訖卽於熱湯中
煠出之若菜已萎者水洗漉出經宿生之然後湯煠
訖令水中濯之鹽醋中熬胡麻油香而且脆多作
者亦得至春不敗

蘸菹法蘸菜也一曰菹不切曰蘸菹用乾蔓菁正月
中作以熱湯浸菜令柔軟解辦擇治淨洗沸湯煠卽
出於水中淨洗便復作鹽水斬度出著箔上經宿菜
色生好粉黍米粥清亦用絹篩麥䴷末澆菹布菜如
前法然後粥清不用大熱其汁纔令相淹不用過多
泥頭七日便熟菹甕以穰茹之如釀酒法
作卒菹法以酢漿煮葵菜擘之下酢卽成菹矣
藏生菜法九月十月中於牆南日陽中掐作坑深四
五尺取雜菜種別布之一行菜一行土去坎一尺便
止穰厚覆之得經冬須卽取粲然與夏菜不殊
食經作葵菹法擇燥葵五斛鹽二斗水五斗大麥乾
飯四升合瀨案葵一行鹽飯一行清水澆滿七日黃
便成矣

齊民要術　卷九　中華書局聚

た感じは、新鮮な野菜とまったく同じである。

カブ、タカナの二種類については、三日間漬けてから取りだして、水洗いする。キビをついて粉にして、煮て「かゆ」をつくり、「すまし汁」を取りだす。「ざらこうじ」(1)をつき砕いて粉にし、絹のふるいにかける。甕に野菜を並べ、その上に「ざら麹」の粉を薄くまぶし、さらにその上に熱い「すまし汁」を注ぐ。このように一層一層重ねてゆき、甕が一杯になったらやめる。野菜を並べるときには、野菜の茎と葉を各層ごとに逆向きに重ねる。三日間漬けた時の塩水をこの甕に入れると、漬物が黄色になり、とてもよい味になる。

浅漬を作る際には、キビの「すまし汁」と「ざらこうじ」の粉末を用いると、味がよい。

「いため漬」の作りかた（作湯菹法）

材料にはウキナがよいが、カブでもかまわない。よい野菜を収穫するようにし、選び終わったら、熱湯の中にさっとひたして取り出す。もし野菜がすでに萎れていたら、水洗いして湿らせ、一晩おき、新鮮さを取り戻したうえで、これを熱湯にひたす。熱湯にひたしたら、冷水(2)のなかですすぎ、塩と酢のな

（1）ざら麹――「麦䴷」。熊代は「すゆれみず」という日本語をあてたが、これはなじみにくい。

（2）熊代は「冷水中濯之。塩酢中熬、胡麻油著」と読んでいるが、石声漢は「冷水中濯之。塩、醋中、熬胡麻油著」、繆啓愉は「冷水中濯之、塩酢中。熬胡麻油著こと読んでいる。ここでは繆啓愉の読みに従った。

【菹】31862

甲、〔廣韻〕側魚切〔集韻〕臻魚切　音䐜　魚平聲　ㄐㄩ　jiu
乙、〔集韻〕咨邪切　音嗟　麻平聲　ㄐ一ㄝ　jie
丙、〔集韻〕將豫切　御去聲　ㄐㄩ\　jiuh

甲、側魚切 ●酢菜也、酸菜也、鹽菜也。〔說文〕菹、酢菜也、从艸沮聲。〔句讀〕酢菜、猶今之酸菜。〔釋名、釋飲食〕菹、阻也、生釀之、遂使阻於寒溫之間不得爛也。〔詩、小雅、信南山〕疆埸有瓜、是剝是菹。〔箋〕剝削淹漬、以爲菹。〔周禮、天官、醢人〕以五齊七醢七菹三臡實之。〔注〕七菹、韭、菁、茆、葵、芹、箈、筍菹。凡醯醬所和、細切爲齏、全物若牒爲菹。〔禮記、祭統〕水草之菹。〔注〕水草之菹、芹茆之屬。〔楚辭、離騷〕后辛之菹醢兮。〔注〕藏菜曰菹。〔侯鯖錄、四〕細切曰齏、全物曰菹、今中國皆言齏、江南皆言菹。●醢也。與葅通。〔說文通訓定聲〕菹、段借爲葅。〔說文、菹、段注〕少儀、麋鹿爲菹、則菹之稱、菜肉通。〔禮記、內則〕麋鹿魚爲菹。〔漢書、刑法志〕菹其骨肉於市。〔注〕菹謂醢也。●草枯也。與苴通。〔說文通訓定聲〕菹、段借爲苴。〔管子、輕重甲〕請君伐菹薪、煮沸水爲鹽。〔注〕草枯曰菹。●芭蕉也。〔後漢書、馬融傳〕格菲菹于。〔注〕菹、即巴苴、一名芭蕉。●或作葅、䕢、菹、蒩、薀。〔說文〕菹、𧂄、或从皿、䕢、或从缶。〔說文通訓定聲〕菹、字亦作葅作蒩。〔集韻〕菹、或作薀。

かに入れる。少量の煎じたゴマ油を加えると香ばしくなり、かつ、歯ざわりもよくなる。多く作っておいても、春まで保存ができ、いたまない。

「まる漬」(3)の作りかた（釀菹法）

釀《じょう》とは、野菜の漬物のことである。また、刻んでない漬物のことを釀菹《じょうそ》という。乾いたカブを用い、正月の間に作る。熱水に浸して柔らかくし、野菜を束ねている紐(4)をほどき、選別して、きれいに洗う。熱湯でさっと煮たのち、すぐに取りだし、もう一度、水のなかできれいに洗う。塩水を用意し、用意した塩水のなかにしばらく浸し、取りだして、むしろの上に並べる。一晩おいておくと、野菜の色は生き生きとしてくる。

キビの粉末を煮て「すまし汁」を作っておく。「ざら麴」の粉末を絹のふるいにかけて、甕のなかに並べた漬物の上にまく。その上から「すまし汁」をかけ、野菜を重ねて並べてゆく。そのやり方は前に述べた通りである。「すまし汁」は熱すぎてはいけない。「すまし汁」は野菜がちょうど浸るぐらいにし、多く入れてはいけない。甕の口を泥で封じ、七日たてば熟成する。漬物甕は藁で包むのがよいが、これは釀酒法と同じである。

(3) まる漬――「釀菹」。石声漢および繆啓愉は原文の「菹、菜也」に「釀」を補って「釀、菹菜也」と読んでいる。また後半部分において、熊代は「一日菹、不切日釀菹」と読んでいる。石声漢および繆啓愉は「一日、薪不切日釀菹」と読み、ここではこれに従った。

(4) 野菜をたばねた紐――「辮」。「辮」としている版本が多いが、熊代、石声漢、繆啓愉はともに「辮」としている。ただし、石声漢がこの部分を「解、辮、択、治、浄洗」と読んでいるのに対し、熊代および繆啓愉は「解辮、択治、浄洗」と読んでおり、ここではこの読みに従った。

乙、沓邪切　有水草之處也。與澤通。〔說文通訓定聲〕菹、叚借爲澤。〔孟子、滕文公下〕驅蛇龍而放之菹。〔注〕菹、澤生草者也、今靑州謂澤有草者爲菹。〔焦循正義〕禮王制、居民山川沮澤、注、沮謂萊沛。孔氏正義云、沮澤、下溼地也、草所生曰萊、水所生曰沛、言沮地、是有水草之處也。左思蜀都賦云、潛龍蟠於沮澤。李善注云、綦毋邃孟子注曰、澤生草曰葅、沮與葅通、然則孟子之菹、即王制之沮、綦毋邃作葅、即爲菹字之通也。〔穆天子傳、六〕紐菹之獸。〔注〕今吳人呼田獵草地爲菹。

丙、將豫切　澤生艸也。與葅同。〔集韻〕葅、澤生艸曰葅、或作菹。

「浅漬」の作りかた（作卒菹法）

酢漿でフユアオイを煮る。これを手で引き裂き、酢を加えると、すぐに酢漬ができあがる。

新鮮な野菜の保存法（蔵生菜法）

九月から一〇月中旬にかけて、壁の南側の陽の当たるところに、深さ四～五尺の穴を掘る。各種の野菜を一種類ずつ分けて穴の中に並べる。野菜を一層並べたら、土を一層並べ、穴の口から一尺のところでとめる。この上をワラで厚く被う。こうすれば冬を越すことができる。必要に応じて野菜を一層ずつ取り出せば、鮮度は夏の野菜と変わらない。

『食経』にいう「フユアオイ漬」の作りかた（食経作葵菹法）

乾燥させたフユアオイを五石ほど選ぶ。塩二斗、水五斗、オオムギの乾飯四斗を混ぜ[5]合わせる。フユアオイを一層並べ、その上に塩と飯の一層を加え、清水を注いで一杯にする。七日たって黄ばんでくると、できあがる。

（5）熊代は原文「合瀬」の瀬を「瀨」の誤伝と解釈しているが、石声漢は「瀬」と解釈している。一方、繆啓愉は津逮本に従って「瀬」と解釈し、野菜を塩漬けにする意味をもつ当時の口語だったのではないかとしている。

作菘鹹菹法水四斗鹽三升攪之令殺菜又法菘一
行女麴間之
作酢菹法三石甕用米一斗擣攪取汁三升煑滓作
三升粥令內菜甕中輒以生漬汁及粥灌之一宿以
青蒿韭白各一行作麻沸湯澆之便成
作菹消法用羊肉二十斤肥豬肉十斤縷切之菹二
升菹根五升豉汁七升半切葱頭五升
蒲菹　詩義疏曰蒲深蒲也周禮以為菹謂蒲始生
取其中心入地者蒻大如匕柄正白生噉之甘脆又
煑以苦酒受之如食筍法大美今吳人以為菹又以
苦為酢世人作葵菹不好皆由葵大脆故也菹菘以
社前二十日種之葵社前三十日種之使葵至藏皆
欲生花乃佳耳葵經十朝苦霜乃采之秫米為飯令
冷取葵著甕中以向飯沃之欲令色黃煑小麥時時
粣桑感之　崔寔曰九月作葵菹其歲温卽待十月
食經藏瓜法取白米一斗鑑中熬之以作糜下鹽使
鹹淡適口調寒熱熟拭瓜以投其中蜜塗甕此蜀人
方美好又法取小瓜百枚豉五升鹽三升破去瓜子
以鹽布瓜片中次著甕中緜其口三日豉氣盡可食
之
食經藏越瓜法糟一斗鹽三升淹瓜三宿出以布拭
之復淹如此凡瓜欲得完愼勿傷傷便爛以布囊就
取之佳豫章郡人晚種越瓜所以味亦異
食經藏梅瓜法先取霜下老白冬瓜削去皮取肉方
正薄切如手板細施灰羅瓜著上復以灰覆之煑杬
皮烏皮梅汁器中細切瓜令方三分長二寸熟煠之
齊民要術　卷九　中華書局聚

「ウキナの塩漬」の作りかた（作菘鹹法）

水四斗に塩三升を加えて、混ぜ合わせ、ウキナを浸す。もう一つの方法は、ウキナ一層ごとに「ひめこうじ」一層を挟む。

「酢漬」の作りかた（作酢菹法）

三石の甕を用いる。米一斗をついて砕き、水を加えて三升のとぎ汁を作る。残った滓を煮て、三升の「かゆ」を作り、これを冷やす。甕の中に野菜を入れ、とぎ汁と「かゆ」を注ぐ。一晩経過したのち、カワラニンジンとラッキョウをそれぞれ一層ずつのせ、麻沸湯(6)を注ぐと、それでできあがる。

「こなし漬(7)」の作りかた（作菹消法）

羊肉二〇斤、肥えた豚肉一〇斤を用い、これを糸切りにする。これに漬物汁を加え、煮つめる。漬物二升、漬根五升、豆豉汁七升半、切ったタマネギ五升を用いる。これを先ほどの肉に加え、漬物汁をそえる。

「ガマ漬」の作りかた（蒲菹）

『詩義疏』にいう、「ガマは深蒲である。『周礼』には、これを漬物にすることができるとある。ガマの芽が

(6)「麻沸湯」アサの実ほどのきわめて小さな気泡が立ち始めたばかりの沸騰した湯をいう。

(7) こなし漬――「菹消」。この料理は第七九章の「葅肖法」と同一である。第七九章では肉を示す「葅」を用い、本章では野菜を示す「菹」を用いている。肉のほかに野菜も用いているからである。本文が材料の提示に留まっているのは、作りかたが前法と同じだからであろう。ここでは、「葅肖法」の作りかたに従って補訳した。

生え出してきたときに、地下にもぐっている芯、いわゆる「ガマノコ（蒻）」を取りだす。その大きさは匙の柄ほどで、色は純白で、生で食べることができ、味は甘く、柔らかくて歯ざわりがよい。または、酢を煮つめ、これにガマノコを浸して、タケノコと同じように食べるととてもおいしい。現在、呉の地方の人はこれで漬物や鮓を作る。」

「フユアオイ漬」の作りかた（作葵菹）

世の人は、「フユアオイ漬」[(8)]をうまく作れない。フユアオイはもろいからである。漬物にするウキナは社日[(9)]の二〇日前に種をまくが、フユアオイは社日の三〇日前に種をまく。フユアオイは、もう少しで花をつけるという状態で収穫するのがよいからである。フユアオイは、一〇日間の厳しい霜を経たのちに収穫する。

モチゴメを炊いて、その飯を冷やす。フユアオイを甕の中に入れ、冷やした飯をその上にふりかける。もし漬物の色を黄色にしたければ、コムギを煮て、随時この上にまくとよい。

崔寔は『四民月令』の中で、「九月にフユアオイ漬を作る。もしその年が暖かであれば、一〇月まで待つ」と述べている。

（8）原文は「世八作葵菹不好」で、熊代は「作るのを好まない」と訳しているが、これは「うまく作れない」と訳すべきであろう。フユアオイの漬物の作りかたそのものは、本章にも紹介されている。

（9）社日――立春の後五戊を「春社」、立秋の後五戊を「秋社」という。ここでは、秋社をさす。

『食経』にいう「ウリ漬」の作りかた（食経蔵瓜法）

白米一斗を鍋の中で煮て、薄い「かゆ」を作る。塩を加え、塩加減を口に合わせ、熱加減を調える。ウリをきれいに拭き、甕に移した「かゆ」の中に入れる。甕の口を泥で密封する。これは蜀の人が行う方法で、ウリの味もおいしい。

もう一つの方法は、小さいウリ一〇〇個に対し、豆豉五升、塩三升を準備する。ウリを二つに割って、種をとり出し、塩をウリの半面にまぶし、ふたたび甕の中に入れる。口を真綿で密封する。三日経過すると、豆豉の気味が抜け、食べることができる。

『食経』にいう「シロウリの粕漬」の作りかた（食経蔵越瓜法）

酒粕一斗、塩三升にシロウリを三昼夜漬ける。取り出して布でこれを拭き、ふたたび同じようにして漬けなおす。シロウリは無傷のものがよく、傷をつけないようにする。傷があると、どうしても腐ってしまう。布袋を用いて、つるからシロウリを取るとよい。豫章郡[10]の人は、シロウリをおそめにまく。そうすると味が他と異なっておいしくなる。

（10）豫章郡――漢代に置かれ、隋代に廃止された。現在の江西省南昌にあたる。

『食経』にいう「カモウリの梅酢漬」の作りかた（食経蔵梅瓜法）

まず、霜をかぶったまっ白いカモウリを用意し、皮をむいて肉を取り、正方形に薄切りにして、手杓のような薄い片にする。細かな灰をふるいにかけ、切ったカモウリを灰の上に並べ、さらにその上から灰をかける。丹柄《たんがら》(11)と烏梅《うばい》(12)の煮だし汁を容器にとる。灰をかけたカモウリを細く切り、幅三分、長さ二寸にし、これを沸騰した湯に入れてゆがき、前述の煮だし汁の中に投入する。数日すれば食べられるようになる。スザクロをこの中に入れると、これまたおいしい。

『食経』にいう、楽安県知事・徐粛(13)による「ウリの酒漬」の作りかた（食経曰楽安令徐粛蔵瓜法）

細長いシロウリを選ぶ。きれいにしようと拭いてはならず、水に近づけてもいけない。これに塩をまぶして、塩漬にする。一〇日ほどしたら、取りだして、きれいに拭き、ひととき、日陰で乾燥(14)させる。これを盆の中に入れ、混ぜ合わせて作る。混ぜ合わせる方法は、アカアズキ三升、モチ米三升をそれぞれ炒って黄色くし、あわせてつき砕く。これに上質の酒三斗を加えてかき混ぜる。このなかにシロウリを入れ、密封する。

（11）丹柄「杬皮」――熊代は杬について詳細に検討し、ヒルギの皮であると類推している。ヒルギはマングローブを構成する樹種で、この樹皮を丹柄と称し、魚網などの染料に使う。『要術』の第六〇章にはこの汁に卵を漬ける方法が記載されている。製品を杬卵（がんらん）と称し、保存食になるという。丹柄は防腐剤となるようだ。

（12）烏梅――ウメの果実を燻製にしたもので、現在では酸梅と称している。生薬として、また加工原料として使用される。

（13）原文は「楽安令徐粛」。楽安は県名で、酉山は今の山東省高苑県とし、繆啓愉は山東省博興県の北としている。石声漢は「令」を「県令（県知事）」と理解し、ここではこれに従った。

（14）原文を石声漢は「小陰乾。熇之、」と読み、「熇」を「火で熱くする」と解釈している。ここでは、熊代および繆啓愉による「小陰乾熇、」という読みに従い、「日陰で乾燥する」と解釈した。

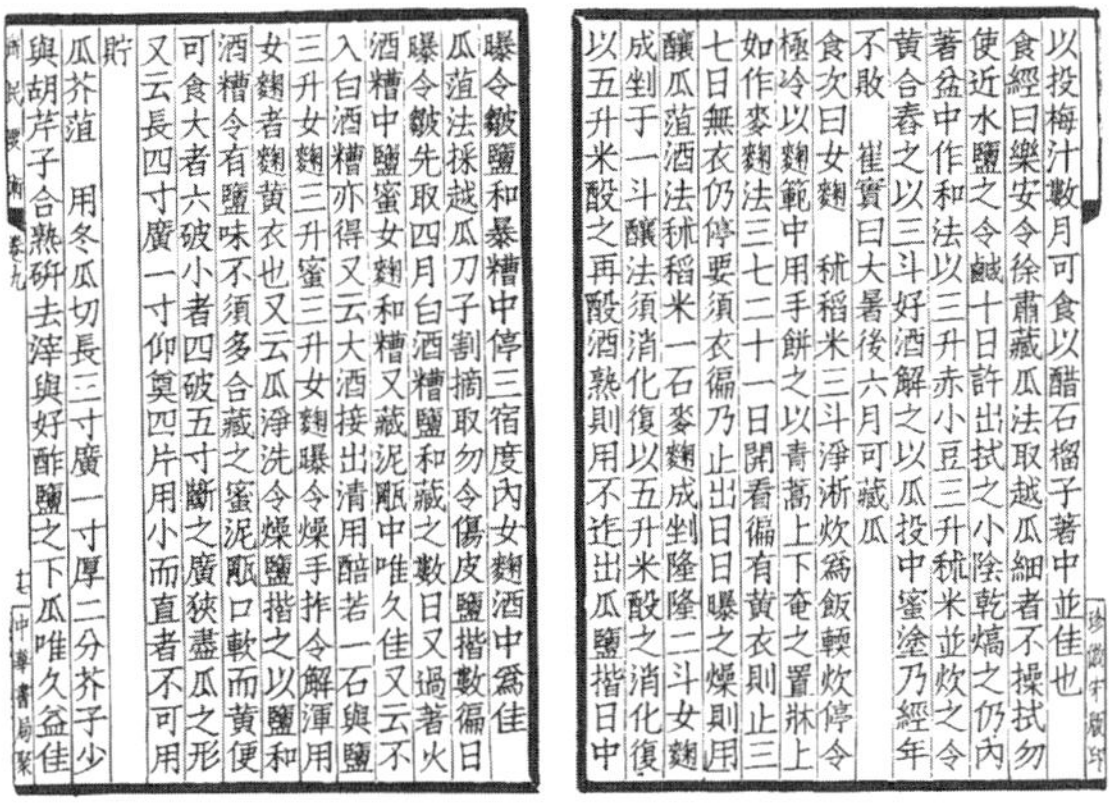
珍倣宋版印

以投梅汁數月可食以醋石榴子著中並佳也
食經曰樂安令徐肅藏瓜法取越瓜細者不操拭勿
使近水鹽之令鹹十日許出拭之小陰乾熇之仍內
著瓮中作和法以三升赤小豆三升秫米並炊之令
黃合舂之以三斗好酒解之以瓜投中蜜塗乃經年
不敗　崔寔曰大暑後六月可藏瓜
食次曰女麴　秫稻米三斗淨淅炊爲飯輭炊停令
極冷以麴範中用手餅之以青蒿上下奄之置牀上
如作麥麴法三七二十一日開看徧有黃衣則止三
七日無衣仍停要須衣徧乃止出日曝之燥則用
釀瓜菹酒法秫稻米一石麥麴成剉隆隆二斗女麴
成剉于一斗釀法須消化復以五升米酘之消化復
以五升米酘之再酘酒熟則用不迮出瓜鹽揩日中

曝令皺鹽和暴糟中停三宿度內女麴酒中爲佳
瓜菹法採越瓜刀子割摘取勿令傷皮鹽揩數徧日
曝令皺先取四月白酒糟鹽和藏之數日又過著火
酒糟中鹽蜜女麴和糟又藏泥甌中唯久佳又云不
入白酒糟亦得又云大酒接出清用醅若一石與鹽
三升女麴三升蜜三升女麴曝令燥手拃令解渾用
女麴者麴黃衣也又云瓜淨洗令燥鹽揩之以鹽和
酒糟令有鹽味不須多合藏之蜜泥甌口軟而黃便
可食大者六破小者四破五寸斷之廣狹盡瓜之形
又云長四寸廣一寸仰奠四片用小而直者不可用
貯
瓜芥菹　用冬瓜切長三寸廣一寸厚二分芥子少
與胡芹子合熟研去滓與好酢鹽之下瓜唯久益佳

齊民要術　卷九　廿七　中華書局聚

このようにすると、一年たっても腐らない。

崔寔は『四民月令』の中で、「大暑の六日後にウリの酒粕を作るとよい」と述べている。

『食次』にいう「ひめ麴」の作りかた（食次曰女麴）

モチ米三斗をきれいに洗い、蒸して飯にする。柔らかめにたき、そのまま放置しておき、しっかりと冷やす。この中に［15］「餅麴」を入れ、手で飯をにぎり、餅をつくる。カワラニンジンでこの上下を包み、台の上に置く。その方法は「ざら麴」の作りかたと同じである。二一日経過してから麴室を開け、黄色の衣がまんべんなく生えていたら、そこで止める。二一日たってもまだ黄色の衣が生えていなかったら、そのままにしておき、衣がまんべんなく生えてきたところで止める。これを取りだし、天日で乾し、乾いてから用いる。

「ウリの酒漬」の作りかた（釀瓜菹酒法）

モチゴメ一石に対し、砕いた「ざら麴」を山盛り二斗、砕いた「ひめ麴」を一斗ほど用いる。米が完全に消化するのを待って、さらに五升の米飯を加える。これが消化したら、再び五升の米飯を加［16］える。

（15）原文は「以麴範中用手餅之」で、熊代は「麺（もちこうじ）を中（しん）に範（かたどり）して、手でもって飯をくるみ、餅にする」と解釈している。石声漢は、「麹の型どりの中で、手で麺の餅をつくる」と解釈している。前段階で飯を作っていることから、ここは熊代の解釈が妥当と思われる。

（16）原文の動詞は「酘」で、熊代は「そえる」と読んでいる。

二度ほど加えて酒が熟成してきたら、使用することができる。その際に粕を絞り取ってはならない。

　ウリを塩でこすり、天日で晒して、皺を生じさせる。ふたたび塩をまぶし、酒粕の中に入れる。三昼夜おいて取りだし、今度は「ひめ麹」でつくった酒の中に移すと、おいしくなる。

「シロウリの麹漬」の作りかた（瓜菹法）

　シロウリを収穫し、刀で割る。摘み取るときに、瓜の皮を傷つけないようにする。塩を何度かにわけて塗り、天日で晒して、皺を生じさせる。四月に醸造したにごり酒の酒粕をとり、塩を混ぜる。このなかにシロウリを埋める。数日放置してから、これを取りだし、ふたたび本仕込みの酒粕のなかに移す。塩、蜜、「ひめ麹」をその酒粕に混ぜる。これを甕の中に入れ、口を泥で密封する。長く置けば置くほどよい。

　また別の方法として、必ずしも先ににごり酒の酒粕のなかに入れなくてもよい。

　また別の方法として、清酒をすくいだしたあとの「もろみ」を用いる。一石の「もろみ」に対して、三升の塩、三升の「ひめ麹」、三升の蜜を加える。「ひめ麹」は天日で乾かし、手で押し潰し、粒のまま用いる。(17) ここで

(17) 粒のまま用いる——「渾用」。石声漢は「すべて用いる」と解釈しているが、これは熊代のように「（粉にせず）粒のまま用いる」とするのが妥当であろう。

いう「ひめ麹」とは、ムギの「ざら麹」のことである。

また別の方法として、シロウリをきれいに洗い、乾かしたのち、塩をぬる。塩を酒粕に混ぜて塩味をつける。ただし、塩は多すぎてはいけない。シロウリと酒粕を合わせて貯蔵し、甕の口を泥で密封する。柔らかく、黄色くなったら食べることができる。大きいのは六つに割り、小さいのは四つに割ったうえで、それぞれ五寸の長さに切る。縦横の形がことごと[18]くウリ形になるように切る。また別の切り方として、長さ四寸、幅一寸とする。四片が仰向けになるように盛りつける。シロウリは小さくてまっすぐなものを用いる。曲[19]がったものを用いてはならない。

「カモウリのからし漬」の作りかた（瓜芥菹）

カモウリを用い、これを長さ三寸、幅一寸、厚さ二分に切る。カラシのなかにシャクの実を少量加え、一緒にすりおろし、滓を取りさる。これに上質の酢、塩、豆豉を加え、そのなかに切ったカモウリを入れる。長く置くほどおいしくなる。

「ゆがき酢漬」の作りかた（湯菹法）

若いウキナおよびカブを用いる。根を除去し、沸

(18) 石声漢は原文の「廣狭盡瓜形之」を「但し短長大小は瓜の形によって決まる」と解釈しているが、これは熊代のように「廣狭はことごとく瓜形にする」とするのが妥当であろう。

(19) 石声漢は原文の「不可用貯」の「貯」を意味不明とし、「曲」の可能性を推測している。熊代は文字通り「貯え用として不向き」と解釈している。繆啓愉は、第一四章「種瓜」のなかで「瓜短而蝸」という記述があることから、これは「蝸」（歪んでいるの意）の誤りとしている。確かにこの方が前文とも筋が通るので、ここではこの解釈に従った。

騰した湯の中にさっと浸し、熱いうちに塩と酢を加える。まるごとの、長い野菜は、盛[20]りつける器の大きさに応じて短く切る。酢を加えるが、この時、野菜の汁も一緒に加える。そうしないと、すっぱすぎるからである。酢と野菜の汁が器に満ちるように、盛りつける。

(20) 熊代は原文を「渾。長者依杯截」と読み、石声漢は「渾長者、依杯截」と読んでいる。繆啓愉は、読み方は石声漢と同じだが、「柸」の字を熊代同様に「杯」（盤）の誤伝としている。ここでは繆啓愉の解釈に従った。

「マダケとノリの漬物」の作りかた（苦筍紫菜菹）

マダケは、皮を取り去り、これを三寸の長さに切ったうえで、さらに細かく糸切りにする。小さいマダケは、細い方の先端を手で押さえ、刀で大きい方の側面から一枚一枚薄く切っていけばよい。切ったらそのまま水中に落としてゆき、切り終ったら、水を切り、これを取りだす。ノリを細かく切ってこれに混ぜ、さらに塩、酢、乳[21]を加える。これらを器の半分まで注ぎ、盛りつける。ノリは冷水に浸しておくと、自然に柔らかくなる。洗うときには、熱水を用いてはならない。熱水で洗うと、味が逃げてしまう。

(21) 石声漢は原文の「乳用」を不明としながらも、「醤清」ではないのかと疑っている。熊代は「醋乳」と読んで、酢酪漿のことではないかと推測している。繆啓愉は「乳」の字は何かの誤りであろうとしている。

「セントウソウ漬」の作りかた（竹菜菹法）

セントウソウ[22]は竹林の下に生えるもので、セリに似ている。根株は大きいが、茎や葉は細く、密集して生える。きれいに洗い、沸騰した湯の中にさっと

(22) セントウソウ――「竹菜」。山野の蔭地に自生する。学名は“Chamaele delcum-bens”

通し、すぐに取りだして、冷水に入れる。すばやく水をきり、細かく切る。別に、シャク、コニンニクも暫く沸騰した湯につけたあと、細切りにし、混ぜ合わせる。これに塩および酢を加える。これらを器の半分まで注ぎ、盛りつける。春に食べるものであるが、四月まで食べられる。

「ドクダミ漬」の作りかた（蕺菹法）

ドクダミは、泥、毛、黒く傷んだところを取り去り、洗わずにしばらく熱湯に通して取りだし、多少の塩をそえる。一升[23]のドクダミを暖かい米のとぎ汁のうわずみできれいに洗う。暖かいうちにすぐに取り出し、水分を取って、塩酢のなかにつける。もし暖かいうちに取り出さないと、すぐに紅くなって台なしになってしまう。また、ネギの白い部分を熱湯でさらしたのち、すぐに冷水に入れ、さらい出して、ドクダミのなかに入れ、ともに一寸の長さに切って食べる[24]。もし小椀に盛りつけるのであれば、ドクダミの節を取り除き、整えたうえで、ドクダミとネギの白い部分とをそれぞれ片方によせて、一杯に盛りつける。

（23）熊代は「塩一升」と読んでいるが、繆啓愉は「一升」は脱字があるのか、意味不明としている。ここでは、石声漢に従って一升のドクダミと解することにした。

（24）熊代は原文の「用米」を「用末」と解して「末のほうを用いる」と訳しているが、ここでは石声漢の読みに従った。

「ダイコンの桶酢漬」の作りかた（菘根榼菹法）

ダイコンをきれいに洗い、千切りにする。算木のような方形に切り、長さ三寸ほどにする。切ったダイコンを束ねて熱湯のなかに入れ、しばらくしてから取り出す。熱いうちに、塩と酢を加える。橘皮を細かく糸切りにして、これに合わせ、整えた上で、これを半盛りに盛りつける。

「ダイコンの火通し酢漬」の作りかた（熯菹法）

ダイコンをきれいに洗い、糸切りにして三寸ほどの長さにする。これを束ねて、「ひちりき(25)」ほどの太さにする。熱湯のなかにしばらく浸し、すばやく取り出して、熱いうちに塩と酢を加え、その上にシャクの実をそえる。形を整え、いっぱいに盛りつける。

(25) ひちりき――「篳篥」。熊代によると、人の角笛から発する竹製のアシ笛のことである。

「シャクとコニンニクの漬物」の作りかた（胡芹小蒜菹法）

シャクもコニンニクもどちらもしばらく熱湯のなかに通し、取り出して冷水のなかに入れ、ふたたび取り出す。シャクはみじん切りに、コニンニクは一寸の長さに切り、塩と酢を加える。両者を半分ずつ分けて盛りつけ、青いものと白いものをそれぞれ片

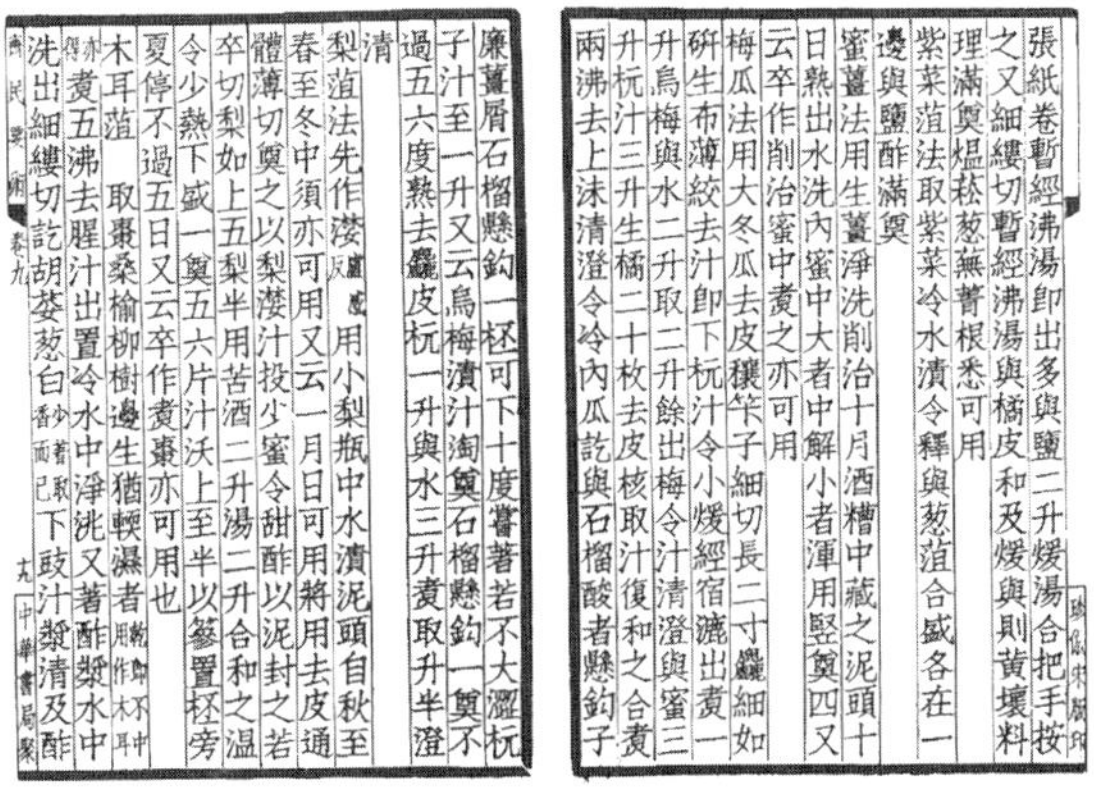

方によせる。もしそれぞれを片方によせず、また熱湯に通した後に冷水に入れないと、黄色くなって台なしになってしまう。いっぱいに盛りつける。

「ダイコン漬」の作りかた（菘根蘿蔔菹法）

ダイコン(26)をきれいに洗い、細長く切る。これを束ねて、一〇枚の紙巻きほどの太さにする。しばらく熱湯のなかに通して取りだし、塩を多めに加える。二升の暖かな湯のなかで束を合わせ、手でこれをもむ。

また別な方法として、細かく細切りにし、熱湯のなかに通し、橘皮を上にそえる。ただし、熱いうちに塩を加えないと、黄色くなって台なしになってしまう。いっぱいに盛りつける。

ダイコンのほか、ネギ、カブなどもこの方法で漬けることができる。

「ノリ漬」の作りかた（紫菜菹法）

ノリを取り、冷水につけて柔らかくする。ネギ漬とともに盛りつける。それぞれ片方によせ、塩および酢を加え、いっぱいに盛りつける。

(26) ダイコン――「熅菘」。熊代は「火通しした菘根」と解釈しているが、ここではダイコンとする石声漢および繆啓愉の解釈が妥当であろう。

「ショウガの蜜漬」の作りかた（蜜薑法）

生のショウガを用いる。きれいに洗い、皮を削って整える。一〇月に醸造した酒から得られた粕のなかに入れて、貯蔵する。甕の口を泥で塞ぐ。一〇日すると熟成するので、取り出して水できれいに洗い、蜜の中に入れる。大きいのは、内側から割って小さくし、小さいのは塊のまま食べる。四つの塊をまっすぐに立てて盛りつける。

また別な方法として、すばやく作るには、皮を削って整えたのち、蜜の中に入れて十分に煮る。これでも食べることができる。

「カモウリの梅漬」の作りかた（梅瓜法）

大きなカモウリを用いる。皮を削り、種を取り去る。算木の形に切り、長さは三寸とし、「うどん」(27)の太さほどにする。これを布で軽く絞って汁を出し、すぐに、汁の中につけ、少し暖めて、一晩置いてから取り出す。一升の烏梅《うばい》に、二升の水を加えて煮つめ、一升ほどの汁にし、烏梅をとりだして汁を澄ます。これに三升の蜜、三升の杬皮汁、皮と核を取り除いた二〇個の新鮮なタチバナの実から作った汁を加える。これを混ぜ合わせ、二回ほど沸騰させる。

(27)うどん――「研餅」。熊代は原文通りに「研削した餅」とし、食べ残しの餅を再加熱するために細分するときの厚さであろうと推測している。しかし、石声漢は他の文例から「箸」と解釈している。繆啓愉は「研餅」は「水引餅」の誤りではないかとし、「水引餅」なら「面条」なので、箸かそれよりもやや細いものであろうと推測している。

上に浮かんだ泡を取り除き、きれいに澄ませたのち、冷やす。この汁の中に先ほどのカモウリを入れ、さらに、すっぱいザクロ、キイチゴ[28]、バンウコン[29]の粉末を加える。ザクロ、キイチゴはたくさんあれば、一〇回ほど使うことができる、なめてみて、それほど渋くなければ、杬皮汁を一升まで加えてもよい。

また別な方法として、烏梅の漬け汁をかけて盛りつける。ザクロ、キイチゴは、一盛りに五〜六個を越えないようにする。熟したところを見はからって、粗い皮を切り取る。杬皮一升に三升の水を加え、一升半に煮つめる。これを澄ませて用いる。

「ナシ漬」の作りかた（梨菹法）

はじめに塩汁を作る。小さいナシを用いるようにし、これを瓶の中に入れ、水を注いで口を泥で塞ぐ。秋に塞げば、翌年の春にできる。もし冬に急に必要となれば、春まで待たなくとも食べることができる。また別に、一か月を過ぎれば食べられるともいう。

食べるときに、ナシの皮をむき、全体を薄切りにして、盛りつける。ナシの漬け汁に少量の蜜を入れて甘すっぱくしたものを、薄切りにしたナシにかける。一度開けた瓶の口を再度、泥で塞いでおく。

(28) キイチゴ――「懸鉤子」。華中から華南にかけて分布する野生のキイチゴである。学名は〝Rubus palmatus〟

(29) バンウコン――「廉薑」。薑（ショウガ）に似ているが、大きく、強い香気をもつ。『南越雑記』に三籟は別名を山奈（サンナ）または廉薑（レンキョウ）と称し、あえものとするとよい」とある。根に樟脳（しょうのう）に似た芳香があり、香辛料とする。学名は〝Kaempferia galanga〟

素早く作るには、上述のようにナシを切り、五個のナシに二升の酢および二升の湯を混ぜ合わせ、少し暖めてから、おろして、盛りつける。一盛りには五〜六片とし、汁をナシの上半分にかける。楊子を器のかたわらに置く。夏は五日以内しか保存できない。

また別な方法として、すばやく作るには、ナツメを煮て、その汁をかけて食べてもよい。

「キクラゲ漬」の作りかた（木耳菹）

キクラゲはナツメ、クワ、ニレ、ヤナギなどの樹の上に成育している。まだ柔らかく湿ったものを用いる。乾いたものはよくない。クヌギの樹の上に成育しているキクラゲでもよい。キクラゲを入れた湯を五回ほど沸騰させ、生臭い汁を捨て去る。キクラゲを取り出して冷水のなかに漬け、きれいに洗う。ふたたび、酸漿のなかに入れて洗い、取り出したのち、細かく切る。香りをつけるために、コリアンダ、ネギの白い部分を少しだけ入れる。豆豉汁、「たまり醤油」、酢などを加え、混ぜ合わせて口に合うようにする。さらにショウガ、サンショウなどの粉末を加えると、とても柔らかく、おいしい。

調和適口下薑椒末甚滑美

蘧菹法毛詩曰薄言采芑毛云菜也詩義疏曰蘧似苦菜莖青摘去葉白汁出甘脆可食亦可爲茹青州謂之芑西河鴈門蘧尤美時人戀戀不能出塞

蕨　爾雅云蕨虌郭璞注云初生無葉可食廣雅曰紫蓁非也詩義疏曰蕨山菜也初生似蒜莖紫黑色二月中高八九寸老有葉瀹爲茹滑美如葵今隴西天水人及此時而乾收秋冬嘗之又云以進御三月中其端散爲三枝枝有數葉葉似青蒿長麤堅長不可食周秦曰蕨齊魯曰虌亦謂蕨又澆之

食經曰藏蕨法先洗蕨肥著器中蕨一行鹽一行薄粥沃之一法以薄灰淹之一宿出蟹眼湯瀹之出熇內糟中可至蕨時

珍倣宋版印

蕨菹取蕨暫經湯出蒜亦然令細切與鹽酢又云蒜蕨俱寸切之

荇字或作莕　爾雅曰莕接余其葉苻郭璞注曰叢生水中葉圓在莖端長短隨水深淺江東菹食之　毛詩周南國風曰參差荇菜左右流之毛注云接余也詩義疏曰接余其葉白莖紫赤正圓徑寸餘浮在水上根在水底莖與水深淺等如大釵股上青下白以苦酒浸之爲菹脆美可案酒其華蒲黃色

餳餔第八十九

史游急就篇云鐵䥅飴餳楚辭曰粔籹蜜餌有餦餭餦餭亦餳也柳下惠見飴曰可以養老然則餳餔可以養老自幼故錄之也

煮白餳法用白牙散糱佳其成餅者則不中用用不

齊民要術　卷九

十一　中華書局聚

「ニガチシャ漬」(30)の作りかた（蘧菹法）

『毛詩、小雅』にいう、「薄《いささ》か言《こと》に芑《チシャ》を采《と》る」。毛は「野菜なり」と注釈している。『詩義疏』には、「蘧は苦菜に似て茎は青く、葉を摘めば白汁が出る。味は甘く柔らかいので、そのまま食べられる。またゆでることもできる。青州ではこれを芑という」とある。西河、鴈門(31)の芑がもっともおいしく、時に人はその味が忘れられず、国境を出ることができない。

「ワラビ漬」の作りかた（蕨菹法）

『爾雅』にいう、「ワラビは虌《ベツ》(32)である」。郭璞の注釈によれば、「初生の葉が無いときは食べられる」。『廣雅』には「ワラビはゼンマイなり」とあるが、これは誤りである。

『詩義疏』によれば、「ワラビは山菜である。初生はヒルに似て、茎は紫黒色である。二月中に高さ八～九寸になり、成長すると葉が出てくる。ゆでて調理すると、フユアオイのように滑らかでおいしい。今、隴西天水(33)の人は、これがもっともおいしい時に乾燥して保存しておき、秋冬にこれを食べる」。

また『詩義疏』によれば、「これを皇帝に進貢する。三月中に、先が三つの枝に分かれ、各枝には数枚の

(30) ニガチシャ――「蘧」。現在は「苣」または「萵苣」と書き、栽培植物となっている。『漢語大字典』に「菜名。苣すなわち苦蕒菜とも称し、キク科の多年生草本。葉や茎には白汁を含み、古くから救荒植物とされた」とある。日本名を仮にニガチシャとしておいたが、野生種なので学名を特定できない。

(31) 西河、鴈門――ともに郡名で、現在の山西省北部に当る。

(32) 虌――この漢字の訓読みは「スッポン」であり、一見すると植物と解しがたい。しかし『漢語大字典』には、ワラビの別名として「蕗」を挙げ、『草木疏』に「周秦は蕨、斉魯は虌」と記す。俗にその初生がスッポンの脚に似ているので、この名がある」と記載している。

(33) 隴西天水――現在の甘粛省天水県。

葉が出る。葉はカワラニンジンに似て、成長すると太く堅くなり、食べられない。周や秦の人は、これをワラビといい、斉や魯の人は、これを鼈またはワラビという」という。

『食経』にいう「ワラビの粕漬」の作りかた（食経蔵蕨法）

先にワラビを洗い、つかんで器の中に入れ、ワラビ一層ごとに塩一層をまぶし、薄い「かゆ」をこれに注ぐ。もう一つの方法は、薄い灰でこれをつける。一晩置いたら取り出し、蟹眼湯[34]でゆでる。取り出して乾かし、酒粕の中に入れる。次のワラビの季節まで保存できる。

「ワラビ漬」の作りかた（蕨菹）

ワラビを取り、しばらく熱湯の中に通し、取り出す。コニンニクも同様にする。両者を合わせてみじん切りにし、塩および酢を加える。別な方法としては、ニンニクとワラビを一緒にして、一寸の長さに切る。

（34）「蟹眼湯」——「麻沸湯」と同様に、蟹の眼ほどのきわめて小さな気泡が立ち始めたばかりの沸騰した湯を指す。

「アサザ漬」(35)の作りかた（荇菹）

『爾雅』にいう、「莕は接余《セツヨ》である。その葉は符《フ》である」。郭璞の注にいう、「莕は水中に叢生し、葉は円くて茎の端にあり、その長短は水の深浅による。江東ではこれを漬物にして食べる」。『毛詩、周南、国風』にいう、「いりまじりたるアサザ(36)、左右に流る」。毛の注にいう、「接余である」。『詩義疏』によれば、「接余は白茎で、葉は紫赤色の正円で、径は一寸余り、水上に浮いており、根は水底に在って、茎の長さは水の深浅と等しく、太さは釵股《かんざし》ほどで、上が青く下が白い。酢にこれを浸して漬物にすれば、脆くてうまく、酒の肴によい。その花は蒲黄色である」。

(35) アサザ――「荇」。「莕」とも書く。リンドウ科の多年生水草。ジュンサイと似て、よく混同される。学名は〝Kymphoides ɔeltatum〟

(36) いりまじりたるアサザ――「参差荇菜」。アサザの葉柄が水面に浮遊している様子を「参差」と表現している。

第八九章「みずあめ」および「にごりみずあめ」の作りかた

「飴《みずあめ》」は糖分濃度の薄い透明なもの、「餳《かたみずあめ》」は糖分濃度の濃いもの、「餔《にごりみずあめ》」は「餳」の濁ったものを指す。（西澤）

【餳】45251

甲、〔集韻〕〔韻會〕〔正韻〕徒郎切　音唐　陽平聲　ㄊㄤˊ　tarng
乙、〔集韻〕慈盈切　音情　庚平聲　ㄑㄧㄥˊ　chyng
丙、〔國語辭典〕音榮　ㄒㄧㄥˊ　shyng

甲、徒郎切　●飴和饊也。即以麥芽或穀芽熬煎爲液、再和以饊而成者。〔說文〕餳、飴和饊者也、从食昜聲。〔段注〕不和饊謂之飴、和饊謂之餳、故成國云、飴弱於餳也、各本篆作餳云昜聲、今正。●與饊同。亦作糖。〔集韻〕饊、或作餳。〔說文通訓定聲〕餳、字亦作饊、作糖。
乙、慈盈切。丙、音榮　●黏也。極言其親暱狎褻也。如、月娘見他二人吃餳成一塊、言頗涉邪。見明人小說。●俗謂眼色矇矓、黏滯不靈之貌。爲言眼睛發餳。

史遊の『急就編』に「おこし(1)、うすみずあめ、かたみずあめ」とある。『楚辭』に「おこし、みつしとぎ(2)、ほしあめ(3)」とある。「餦餭」もまた「かたみずあめ」である。柳下恵は飴を見て「もって老を養うべし」と述べた。そうであれば、「うすみずあめ」も「かたみずあめ」も老人を養い、幼児を育てることができる。したがって、これらの作りかたを記載することにする。

白い「かたみずあめ」の作りかた（煮白餳法）

白芽の、ばら状の「ムギもやし(4)」を用いるのがよく、餅状のものを用いることはできない。色の変わらない鉄鍋を用いる。そうしないと、「かたみずあめ」が黒くなってしまう。鍋は先に磨いて清潔にし、油気があってもいけない。鍋の上に甑《こしき》をのせて、沸騰した際に溢れ出るのを防ぐ。

乾いた「むぎもやし」の粉末五升は、コメ一石を消化することができる。コメは必ず細かくつき、数

(1) おこし――「饊または「粔籹」。第八二章訳注8を参照。
(2) みつしとぎ――「蜜餌」。「餌」は、コメの粉をこねて作った餅の意味で、熊代はこれを、「みついりしとぎ」と訓読みしている。
(3) ほしあめ――「餦餭」。これは餳（かたみずあめ）に通じるということで、熊代は「ほしあめ」と訓読みしている。
(4) ムギもやし――「糵」。和名はむぎもやしで、麦芽のこと。コムギで作る。一方、青芽を餅にしたものは黒餳法（黒のかたみずあめ）に、オオムギの芽は琥珀餳（琥珀のかたみずあめ）をつくる時に用いる。

渝釜渝則餳黑釜必磨治令白淨勿使有膩氣釜上
加甑以防沸溢乾蘗末五升殺米一石米必細師數
十徧淨淘炊爲飯攤去熱氣及暖於盆中以蘗末和
之使均調臥於酳甕中勿以手按撥平而已以被覆
盆甕令暖冬則穰茹冬須竟日夏即半日許看米消
滅離甕作魚眼沸湯以淋之令糟上水深一尺許乃
止下水令訖向一食頃便拔酳取汁取汁煑之每沸
輒益兩杓尤宜緩火火急則焦氣盆中汁盡量不復
溢便下甑一人專以杓揚之勿令住手手住則餳黑
量熟止火良久向冷然後出之用粱米者餳如水精
色
黑餳法用青牙成餅蘗末一斗殺米一石餘法同前
琥珀餳法小餅如碁石內外明徹色如琥珀用大麥
蘗末一斗殺米一石餘並同前法
煑餔法用黑餳蘗末一斗六升殺米一石臥煑如法
但以蓬子押取汁以匕匙紇紇攪之不須揚
食經作飴法取黍米一石炊作黍著盆中蘗末一斗
攪和一宿則得一斛五斗煎成飴　崔寔曰十月先
氷凍作京餳煑暴飴
食次曰白繭糖法熟炊秫稻米飯及熱于杵臼淨者
舂之爲餈須令極熟勿令有米粒幹爲餅法厚二分
許日曝小燥刀直爲長條廣二分乃斜裁之大如棗
核兩頭尖更曝令極燥膏油煑之熟出糖聚圓之一
圓不過五六枚又云手索餈麤細如箭簳日曝小曝
燥刀斜截大如棗核煑圓如上法圓大如桃核半奠
不滿之

十回繰り返す。これをきれいにとぎ、炊いて飯にする。広げて熱気を取り去り、暖かいうちに、盆の中で「むぎもやし」の粉末と混ぜ、均等になるように整える。底に穴のある甕に入れて保湿する。その際、手で押して揉んではならず、ならして平らにするだけとする。布団を盆と甕のうえに被せて暖かく保つ。冬であれば、さらにその上にワラをのせる。冬の場合はまる一日、夏の場合は半日ほど放置する。コメが糖化作用によって液化し、減少して甕から離れて(5)いるようだったら、魚眼大の泡がでるほど沸騰した湯を準備してこれに注ぐ。その量は、粕の上から一尺ほどの高さにし、上と下の水をかき混ぜる。混ぜ終わったら、一回の食事をするほどの時間をおき、甕底の穴の栓を抜いて汁を取り、これを先ほどの甑をのせた鍋で煮詰める。沸騰することに、すぐに二杓分の汁を加える。火は弱火がよく、強火だと焦げ臭くなってしまう。盆の中の糖汁がなくなり、もう溢れることがないのを見はからい、鍋の上の甑を取り除く。一人はもっぱら杓子で鍋のなかをかき揚げる。手を休めてはいけない。手を休めると、「かたみずあめ」が黒くなってしまう。十分に煮えたのを見きわめて、火を止める。長らく放置し、冷えかかっ

(5) 石声漢は「看米消滅、離甕」と読み、「甕から取り出す」と訳している。しかし、熊代および繆啓愉のように、「看米消滅離甕」と読み、「飯が糖化作用によって液化し、甕から離れる」とした方が妥当と思われる。

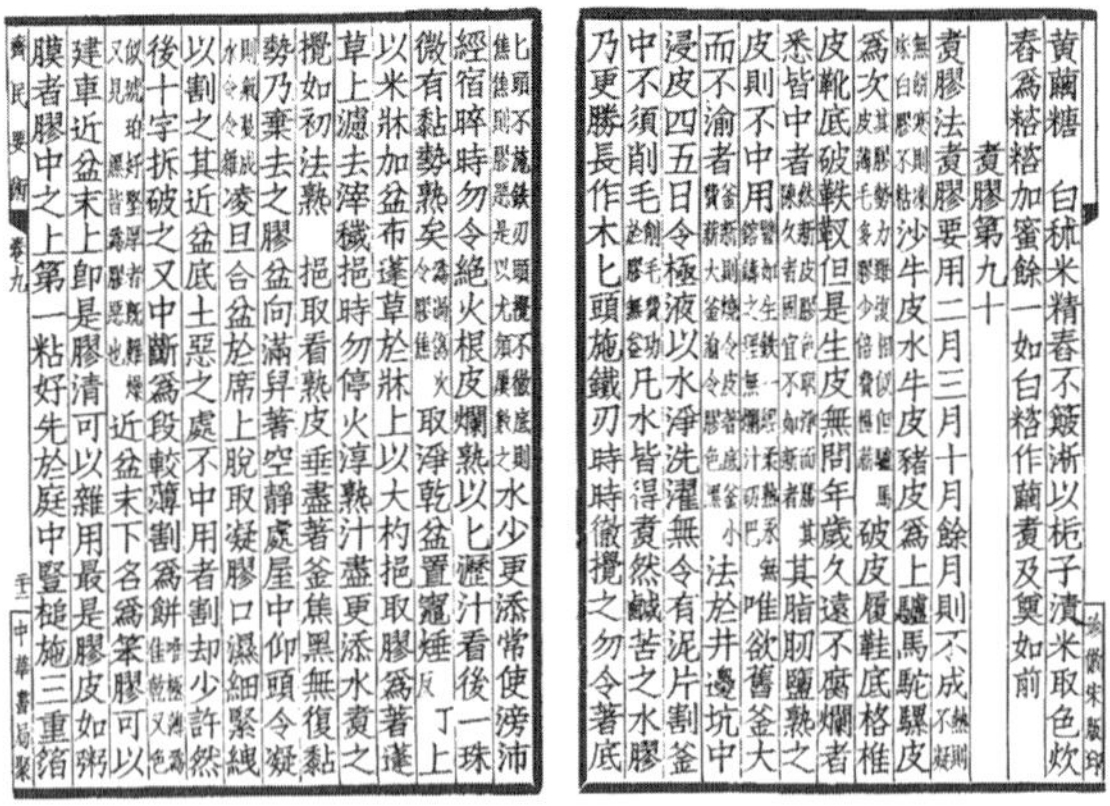
黄𪎭糖　白秫米精舂不簸淅以梔子漬米取色炊
舂爲䊋䊋加蜜餘一如白䊋作𪎭煑及奠如前
煑膠第九十
煑膠法煑膠要用二月三月十月餘月則不成
沙牛皮水牛皮豬皮爲上驢馬駝騾皮
爲次　破皮履鞋底格椎
皮靴底破鞕鞾但是生皮無問年歲久遠不腐爛者
悉皆中者　其脂肕鹽熟之
皮則不中用　唯欲舊釜大
而不渝者　法於井邊坑中
浸皮四五日令極液以水淨洗濯無令有泥片割釜
中不須削毛　凡水皆得煑然鹹苦之水膠
乃更勝長作木匕頭施鐵刃時時徹攪之勿令著底
水少更添常使滂沛
經宿晬時勿令絶火根皮爛熟以匕瀝汁看後一珠
微有黏勢熟矣　取淨乾盆置竈埵上
以米䊗加盆布蓬草於䊗上以大杓挹取膠爲著蓬
草上濾去滓穢挹時勿停火淳熟汁盡更添水煑之
攪如初法熟　挹取看熟皮垂盡著釜焦黑無復黏
勢乃棄去之膠盆向滿舁著空靜處屋中仰頭令凝
凌旦合盆於席上脫取凝膠口濕細緊緪
以割之其近盆底土惡之處不中用者割却少許然
後十字拆破之又中斷爲段較薄割爲餅
近盆末下名爲笨膠可以
建車近盆末上卽是膠清可以雜用最是膠皮如粥
膜者膠中之上第一粘好先於庭中豎槌施三重箔
齊民要術　卷九　十二　中華書局聚

たらこれを取り出す。

アワを用いると、「かたみずあめ」は水晶のような色となる。

「黒色のかたみずあめ」の作りかた（黒餳法）

青芽の餅状になった「むぎもやし」を用いる。「むぎもやし」の粉末一斗は、コメ一石を消化する。あとの作り方は前と同様である。

「琥珀色のかたみずあめ」の作りかた（琥珀餳法）

小さな「かたみずあめ」の塊は碁石に似ている。内外とも透明で、色は琥珀に似ている。「むぎもやし」の粉末一斗は、コメ一石を消化する。あとの作り方は前と同様である。

「にごりみずあめ」の作りかた（煮餔法）

「黒色のかたみずあめ」の「むぎもやし」の粉末一斗六升は、コメ一石を消化することができる。寝かせてから煮る方法は、「かたみずあめ」を作るのと同様である。ヤナギヨモギの実(6)を押して汁を取り、混ぜ合わせる。煮るときには杓子で絶え間なくかき混ぜる。かき揚げてはいけない。

（6）ヤナギヨモギの実――「蓬子」。熊代および石声漢はこれを「蓬草」と解釈しているが、繆啓愉は濾過する道具ではないかと推測している。ここでは前者に従った。

【餔】45141

甲、〔廣韻〕博孤切〔集韻〕〔韻會〕〔正韻〕奔模切　音逋　虞平聲　ㄅㄨ　bu

乙、〔廣韻〕〔正韻〕薄故切〔集韻〕〔韻會〕蒲故切　音捕　遇去聲　ㄅㄨˋ　buh

丙、〔集韻〕傅故切　音布　遇去聲　ㄅㄨˋ　buh

甲、博孤切　㊀申時食也。夕食也。〔說文〕餔、申時食也。从食甫聲。〔段注〕各本、申時上有日加二字、今依廣韻、類篇、韻會正。〔玉篇〕餔、日加申時食也。〔一切經音義九〕餔、夕食也。〔正字通〕呂氏春秋、旦至食、食至日昳、昳至餔、餔至下餔、下餔至日夕。㊁凡食皆曰餔。〔說文、餔、段注〕引伸之義、凡食皆曰餔。〔廣雅、釋詁二〕餔、食也。㊂食之也。〔楚辭、漁父〕何不餔其糟而歠其釃。㊃以食飼人也。〔漢書、高帝紀上〕呂后因餔之。〔注〕師古曰、以食食人、亦謂之餔。㊄含食也。通作哺。〔正字通〕餔、通作哺、後漢趙壹傳、弟季出遇赤眉賊、將爲所哺。〔大智論音義〕乳哺、哺、含食也、論文作餔。㊅歠也。〔集韻〕餔、一曰、歠也。㊆賜也。〔太玄經、大〕或益之餔。〔注〕餔、賜也。㊇如餳而濁而可哺者。〔釋名、釋飲食〕餔、哺也。如餳而濁可哺也。㊈夕時也。一作晡。〔說文通訓定聲〕餔、一作晡。〔後漢書、王符傳〕非朝餔不得通。〔注〕餔、今爲晡字也。㊉籀文作[illegible]。〔說文〕餔、[illegible]、籀文餔从皿浦聲。〔集韻〕餔、籀作[illegible]。

乙、薄故切　㊀餹餔、餌也。〔集韻〕餔、餹餔、餌也。㊁餳之濁者。〔正字通〕餔、餳之濁者曰餔。㊂鳥名。或作鵏。〔爾雅、釋鳥〕鴩、餔菝〔釋文〕餔字或作鵏。㊃或作輔、𥢋。〔集韻〕餔、或作輔、𥢋。

丙、傅故切　與食也〔集韻〕餔、與食也

『食経』にいう「うすみずあめ」の作りかた（食経作飴法）

キビ一石を炊いて飯にし、盆の中に入れて、一斗の「むぎもやし」粉末を加え、よくかき混ぜる。一晩放置すると、一石五斗の糖水ができる。これを煮詰めて「うすみずあめ」にする。

崔寔は『四民月令』の中で、「一〇月、凍結に先立って、「さらしあめ(7)」を作る。煮て「うすみずあめ」を晒す(8)」と述べている。

『食次』にいう「白いあられおこし(9)」の作りかた（食次曰白繭糖法）

モチゴメを蒸して飯にし、熱いうちに清潔な杵と臼でついて、餅(10)にする。餅は十分につく。粒のままのコメが中に残っていないようにする。これをまるめて餅にするが、規格に従って、その厚さは二分ほどにする。天日に晒して少し乾いてきたら、刀ですぐに切って、幅二分ほどの長方形にする。さらにこれを斜めに切って、ナツメの核ほどの大きさにし、両端を尖らせる。これをさらに晒して、十分に乾燥させる。これをラードで揚げる。十分に揚がったら取り出し、あめのなかで転がして一塊にする。一塊

（7）さらしあめ——「京餳」。熊代は「京餳としているが、石声漢および繆啓愉は「涼飴」（凍飴）の誤りであろうとしている。

（8）煮て、「うすみずあめ」をさらす——煮暴飴。熊代は「暴」を「晒す」と解釈しているが、繆啓愉は「暴飴」を「薄飴」としている。

（9）あられおこし——「繭糖」。作り方としては「おこし」に相当するが、揚げる前に日本の「あられ」状の形に切ることから、熊代はこれを「あられおこし」と訓読みしている。

（10）餅——「粘」。粘は餈に同じで、餈とはコメの粉の餅を意味する。

は五〜六個を越えないようにする。

もう一つの方法は、手で餅を縄状にする。太さは箭（やがら、矢の柄の部分）程度にする。天日に晒して少し乾いてきたら、刀で斜めに切る。大きさはナツメの核ほどにする。揚げて一塊にする方法は前と同様である。一塊の大きさはモモの核ぐらいにする。盛りつけは半分にとどめ、いっぱいに盛りつけない。

「黄色いあられおこし」の作りかた（黄繭糖）

白いモチゴメを十分につく。これを箕でふるったり洗ったりせず、クチナシの実をコメに漬けて色付けする。これを蒸し、ついて餅にする。餅のなかに蜜を入れる。あとの作り方は「白いあられおこし」の場合とまったく同様である。

【飴】45070

甲、〔廣韻〕與之切〔集韻〕〔韻會〕盈之切　音移　支平聲　｜　yi

乙、〔集韻〕祥吏切　音寺　寘去聲　ㄙ　syh

甲、與之切　㊀餳也、米蘖煎者也。即今之糖漿也。〔說文〕飴、米蘖煎者也、从食台聲。〔段注〕米部曰、蘖、芽米也、火部曰、煎、熬也、以芽米熬之爲飴、今俗用大麥。〔說文通訓定聲〕古以芽米熬之成液、今或用大麥爲之、再和之以餹則曰餳。〔廣雅、釋器〕飴、餳也。〔詩、大雅、緜〕菫荼如飴。㊁甘也。〔周禮、天官、疾醫、注〕五味、醯、酒、飴蜜、薑鹽之屬。〔疏〕飴蜜、即甘也。㊂有甘味也。〔酉陽雜俎、廣動植、木篇〕魏武有言、甘而不飴、酸而不酢。㊃美食也。〔太玄經、干〕干于丘飴。〔注〕飴、美食也。㊄贈也。與貽通。〔漢書、劉向傳〕飴我釐麰。〔注〕師古曰、飴、讀與貽同也。㊅或作餳、飤、粭。〔集韻〕飴、或作餳、飤、粭。㊆籀文作𩚇。〔說文〕飴、𩚇、籀文飴从異省。㊇與飼同。〔字彙補〕飤、同飴。

乙、祥吏切　㊀糧也、與飤同。〔集韻〕飤、說文、糧也、亦作飴。㊁以食食人也。〔晉書、王薈傳〕以私米作饘粥、以飴餓者。

第一〇巻　文献に登場する食材

『要術』全一〇巻のうち、この巻には章立てがない。他の巻は著者の体験にもとづいて書かれたものだが、この巻に記載された内容の多くは他書からの引用にとどまっている。収載された産物は二〇〇種近いが、いずれも揚子江以南または長城以北のものである。当時、これらの地域は外国とみなされていた。体験によらないだけに、誤解にもとづく記載が各所に見られ、なかには荒唐無稽と思われるような記述も少なくない。石声漢は、その著作（『中国古代農書評解』、渡部武訳、思索社刊行）の中で、これらの産物を三種に分類した。すなわち、（一）黄河流域には産出しない南方の植物で、果実などが利用でき、経済的な価値が高いもの、（二）山野に自生する植物で、採集して食べることはできるが、栽培するほどの価値がないもの、（三）不老長寿をもたらしたりする神話的、空想的な植物である。訳出に当たって、書名、産物名については、できるだけ訳注をつけたが、意味不明のものについては後日の調査を待つほかはない。この章では産物の名称についての説明が多いので、訳文のなかでは名称はできるだけ原語のまま記述し、訳注で日本語訳をつけ、対応する日本語が見当たらないものについては原語の音読み（動植物名、人名、地名はカタカナ書き）をつけることとした。この点が他章の記述方式と異なるところである。また、日本人になじみの薄い食材については、『本草綱目』（李時珍、一五七八年）に収載された図版を適宜収載し、読者の理解に資することとした。（佐藤）

穀類、果実、野菜などで、中国[1]の産物でないもの、多少なりともその名称が知られているものを、珍奇なものとしてここに記述する。山や沢に生えている食用植物で、人が植えたものではないものもすべてここに記述する。

（1）『要術』でいう中国は、北朝の後魏を基準としているから、「中国の産物でないもの」とは、揚子江から南の地域、または長城から北の地域の産物を指す。

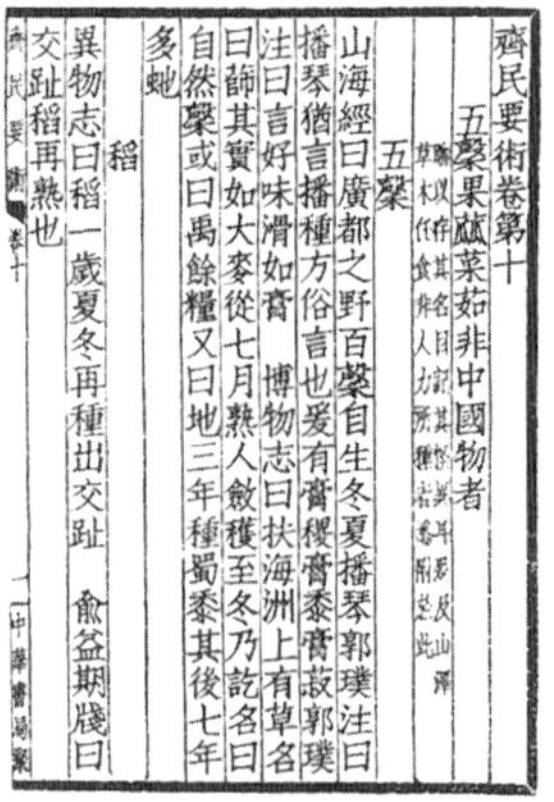
齊民要術卷第十
五槃果蓏菜茹非中國物者
聊以存其名目記其怪異耳爰及山澤草木任食非人力所種者悉附於此
五槃
山海經曰廣都之野百槃自生冬夏播琴郭璞注曰播琴猶言播種方俗言也爰有膏稷膏黍膏菽郭璞注曰言好味滑如膏　博物志曰扶海洲上有草名曰蒒其實如大麥從七月熟人斂穫至冬乃訖名曰自然槃或曰禹餘糧又曰地三年種蜀黍其後七年多蛇
稲
異物志曰稲一歲夏冬再種出交趾　兪益期牋曰交趾稲再熟也

五槃《ゴコク》(2)

『山海経』(3)にいう。西南、黒水のあたりに都広の原野がある。さまざまな穀類が自生し、冬でも夏でも「播琴」することができる。郭璞《カクハク》(4)の注にいう。「播琴」とは「播種」の方言である。この地に膏稷、膏黍、膏菽がある。郭璞の注にいう。これらは味がよく、その滑らかなことは膏に似る。

『博物志』(5)にいう。海上の島に蒒《ハマムギ》(6)と称する草がある。その果実は大麦に似て、七月には熟し、冬まで収穫できる。別名を自然槃とも禹餘糧《ウヨリョウ》(7)とも称する。三年にわたって蜀黍を植えると、その後七年間は蛇が増えるといわれる。

稲《イネ》

『異物志』(8)にいう。稲は一年のうち、夏と冬に二回種をまく。交趾《コウチ》(9)に産する。兪益期の牋にいう。交趾では、稲は年に二回熟する。

禾《カ》(10)

『広志』にいう。粱禾は蔓生で、果実は葵に似る。粉末にすると、麺に似て白い。「かたかゆ」にして食べる。牛が食べると、肉付きが良くなる。六月に

(2) 五槃——「穀」は「穀」の異体字である。五穀の内容は時代および地域によって異なるのだが、ここではイネ、アワ、ムギ、キビ、マメを指すようだ。
(3) 『山海経』——夏の禹王、またはその臣である伯益の著作といわれるが、後人の作らしい。空想によって書かれた地理書で、中国大陸の周辺部の記述には奇怪なものが多い。
(4) 郭璞（二七六〜三二四年）。西晋の人。字は景純。詩賦にすぐれていた。『楚辞注』、『山海経注』、『爾雅注』などの注釈本がある。
(5) 『博物志』——第六六章訳注29を参照。
(6) 蒒。コウボウムギともいう。多年草で、海浜砂地に生育する。学名は〝Carex macrocephala〟
(7) 禹餘糧——陳臓器の『本草拾遺』に蒒草の種実として始めて記載されている。
(8) 『異物志』——東漢の楊孚の著作。
(9) 交趾——時代によって区域は異なるが、この当時にあっては、広東、広西の大部分、およびベトナム北部を含む地域を指したようだ。
(10) 禾——特定の穀類を指すものではない。記述からみて、雑穀と解釈したい。
(11) 藋——『辞海』によれば、灰藋、すなわち藜（アカザ）である。学名は〝Che-nopodium album〟
(12) 崑崙——大陸の西にあると考えられた霊山で、西王母が

果実をまくと、九月に熟す。感禾の茎は四方に広がり、果実は大麦に似る。楊禾の果実は藋《アカザ》(11)に似て、細かい。茎は敷物を織る材料となり、炊事の燃料ともなる。中国ではこれを巴禾または木稷と称する。火禾は高さが一丈くらいで、果実は小豆《アズキ》に似る。粟特《ゾクド》の地に産する。

『山海経』にいう。崑崙《コンロン》(12)の丘の上に木禾がある。高さは五尋ほどで、太さは五抱えもある。郭璞の注にいう。木禾は穀類の一種である。

『呂氏春秋』(13)にいう。食べておいしいのは、元山の禾、不周の粟、陽山の穄《ウルチキビ》(14)である。

『魏書』(15)にいう。烏丸《ウガン》(16)の地方においては、青穄《ハダカエンバク》(17)をよしとする。

麦《ムギ》

『博物志』にいう。ムギやトチを食べると、体力がつき、すこやかになる。

『西域諸国志』にいう。インドでは、一一月六日を冬至というが、その頃に麦や禾が熟し、一二月一六日頃の年の暮れに臘麦が熟する。

『説文』(18)にいう。麰《ボウ》(19)は周の時代から受け継いだ麦麰のことである。

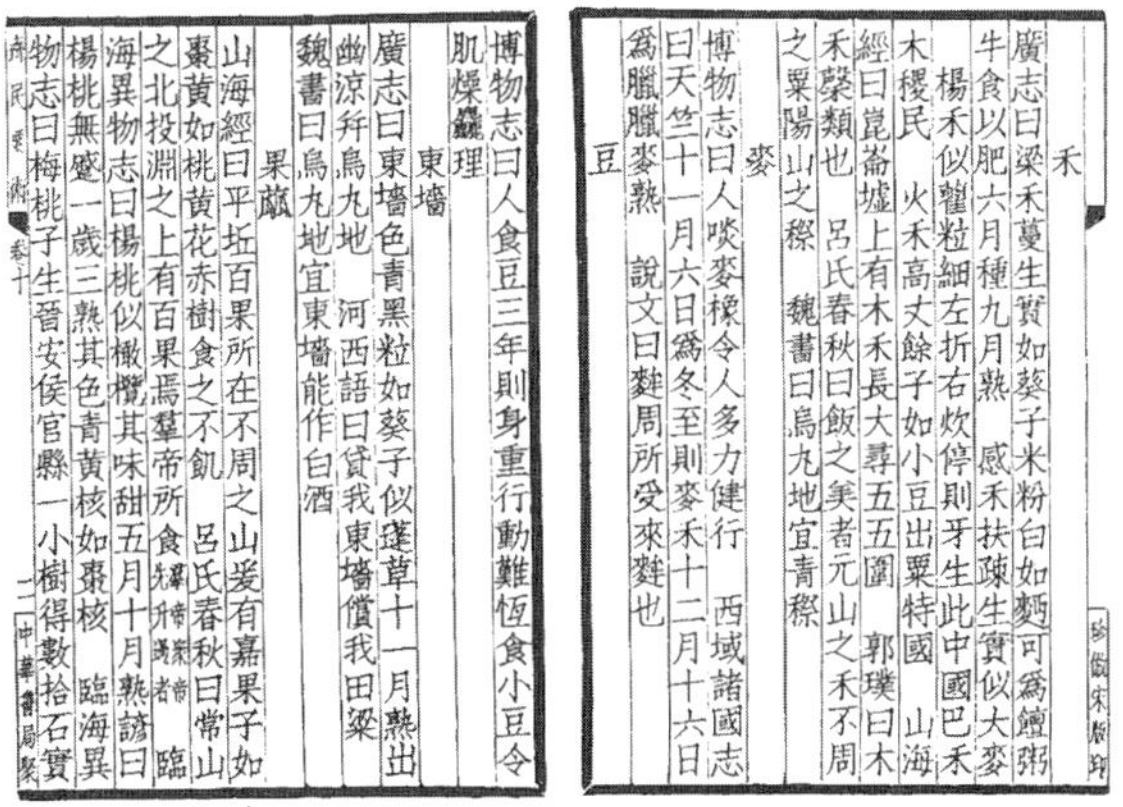
禾
廣志曰梁禾蔓生實如葵子米粉白如麪可爲饘粥牛食以肥六月種九月熟　感禾扶疎生實似大麥　楊禾似藋粒細左折右炊停則牙生此中國巴禾木稷民　火禾高丈餘子如小豆出粟特國　山海經曰崑崙墟上有木禾長大尋五五圍　郭璞曰木禾穀類也　呂氏春秋曰飯之美者元山之禾不周之粟陽山之穄　魏書曰烏丸地宜青穄
麥
博物志曰人啖麥橡令人多力健行　西域諸國志曰天竺十一月六日爲冬至則麥禾十二月十六日爲臘臘麥熟　說文曰麰周所受來麰也
豆
博物志曰人食豆三年則身重行動難恆食小豆令肌燥麤理
東墻
廣志曰東墻色青黑粒如葵子似蓬草十一月熟出幽涼并烏丸地　河西語曰貸我東墻償我田粱　魏書曰烏丸地宜東墻能作白酒
果蓏
山海經曰平坵百果所在不周之山爰有嘉果子如棗黃如桃黃花赤樹食之不飢　呂氏春秋曰常山之北投淵之上有百果焉羣帝所食（羣帝衆帝升遐者）　臨海異物志曰楊桃似橄欖其味甜五月十月熟諺曰楊桃無蹙一歲三熟其色青黃核如棗核　臨海異物志曰梅桃子生晉安侯官縣一小樹得數拾石實

住むと伝えられた。しかし、『諸蕃志』（宋代の物産誌）を解説した佐々木睦（『しにか』七巻、一二号、一三三ページ、一九九六）は、「本文中の崑崙は西の彼方にそびえたっているというあの崑崙山ではなく、ヴェトナムのメコン川南方に浮かぶコンソン島を指している。三国時代以降の文献にしばしば南海の崑崙が出没するが、その差し出す概念、範囲とも多岐にわたり、一口では説明できない」と述べている。もっとも、『要術』の崑崙がどちらを指すかについては、確たる根拠はない。

(13)『呂氏春秋』——秦の呂不韋が賓客を集めて編集させた書。道家、儒家をはじめ、諸家の説がいりまじっている。

(14) 穄——キビの変種で、「糜子」ともいう。「穄（サイ）」は粘性が高く「黍（しゅ）」は粘性が低いので、日本語では前者をモチキビ、後者をウルチキビと称する。第四章に栽培法が収載されている。

(15)『魏書』——中国正史の一つ。北斉の魏収奉の勅撰による。北魏三朝　代のことが記されている。

(16) 烏丸——「烏桓」、すなわち漢代の少数民族の名称である。現在の遼寧省遼陽以西から河北省懐来付近に主として住んでいた。

(17) 青穄——第三章では「青稞麦」と記載し、簡単な栽培法に加えて、「むぎこがし」および「うどん」を作るのに適し、はなはだ美味であると述べている。現在でも西域で主要な穀類とされる「青稞」（ハダカエンバク）である。学名は〝Avena nuda〟

(18)『説文』——漢の許真の著作。当時、古典的字体であった小篆にもとづき、漢字の字義と字形を解いたもの。

(19) 麰——オオムギをさす。漢代にはハダカムギのことであったが、三世紀から六世紀にかけてオオムギの栽培比重が増大したためにオオムギをさすようになった。

大麦

豆《マメ》

『博物志』にいう。三年の間、豆を食べていると、体が重く、動きがにぶくなる。[20] いつも小豆を食べていると、肌が乾燥して、かさかさになる。

東墻《トウショウ》[21]

『広志』にいう。東墻は色が青黒く、果実は葵《アオイ》に似て、また蓬草にも似ている。一一月に熟する。幽州[22]、涼州[23]、并州[24]、烏丸の地に産する。

『河西語』にいう。私は東墻を借りて、田粱を返した。『魏書』にいう。烏丸の地では、東墻で白酒を作る。

果蓏《カラ》[25]

『山海経』にいう。平丘は多くの果実を産する地である。また、不周山には、良い果実がある。棗に似た果実で、桃に似た葉をもち、花は黄色、幹は赤色である。この果実を食べると、空腹になることがない。

『呂氏春秋』にいう。常山の北、投淵に多くの果実がある。群帝がやってきて、それを食べる。群帝とは多くの神ということで、先に天に登った人のことである。

(20) 孟詵の『食療本草』には、人の寿命を伸ばすと記載されている。さらに、豆を食べていると、初めは体が重くなるが、一年後には軽くなると述べている。

(21) 東墻――俗名は「沙米」。東北部の砂地に産する。粥にして食べる。学名は *Nitraria schoberi*。

(22) 幽州――現在の河北省および遼寧省西部。

(23) 涼州――現在の甘粛省。

(24) 并州――現在の山西省および陝西省北部。

(25) 果蓏――草木の果実の総称。

珍倣宋版印

大三寸可蜜藏之臨海異物志曰楊桃有七脊子生樹皮中其體雖異味則無奇長四五寸色青黃味甘

臨海異物志曰冬熟如指大正赤味甘勝梅　猴闥子如指頭大其味小苦可食　關桃子其味酸　士翁子如漆子大熟時甜酸其色青黑　枸槽子如指頭大正赤其味甘　雞橘子大如指味甘永寧界中有之　猴總子如小指頭大與柿相似其味不減於柿　多南子如指大其色紫味甘與梅子相似出晉安　王壇子如棗大其味甘出侯官越王祭太一壇邊有此果無知其名因見生處遂名王壇其形小於龍眼有似木瓜　博物志曰張騫使西域還得安石榴胡桃蒲桃　劉欣期交州記曰多感子黃色圍一寸　蔗子如瓜大亦似柚　彌子圓而細其味初苦後甘食皆甘果也　杜蘭香傳曰神女降張碩常食粟飯并有非時果味亦不甘但一食可七八日不飢

棗

史記封禪書曰李少君嘗遊海上見安期生食棗大如瓜　東方朔傳曰武帝時上林獻棗上以杖擊未央殿檻呼朔曰叱叱先生來來先生知此篋裏何物朔曰上林獻棗四十九枚上曰何以知之朔曰呼朔者上也以杖擊檻兩木林也朔來來者棗也叱叱者四十九也上大笑帝賜帛十疋　神異經曰北方荒內有棗林焉其高五十丈敷張枝條數里餘子長六寸圍過其長熟赤如朱乾之不縮氣味甘潤殊於常棗食之可以安軀益氣力　神仙傳曰吳郡沈羲爲

齊民要術　卷十　三　中華書局聚

五斂子

羊〔四〕桃

『臨海異物志』にいう。楊桃《ヨウトウ》[26]と称する果実は、橄欖《カンラン》に似ていて、味は甘く、五月および一〇月に熟する。昔から楊桃は旬のとぎれることがなく、一年に三回も熟すという。果実は青黄色で、核は棗の核に似る。

『臨海異物志』にいう。楊桃の果実は晋安県や候官県に産する。小さい木でも数十石の収量があり、種実の大きさは三寸ほどで、蜜に漬ける。

『臨海異物志』にいう。楊榣《ヨウヨウ》には七本の筋があり、果実は樹皮のなかに生じる。その形は変わっているが、おかしな味ではない。長さは四～五寸、青黄色をしていて、甘い。

『臨海異物志』にいう。冬に熟し、果実の大きさは人の指ほどで、色は深紅、味は甘く、梅より優れている。猴闥子《コウタツシ》[27]は指先ほどの大きさで、味は少し苦いが、食用になる。関桃子《カントウシ》は少し酸っぱい。士翁子《トオウシ》は漆の果実の大きさで、熟すと甘酸っぱくなり、色は青黒い。枸槽子《クソウシ》は指先ほどの大きさで、色は深紅、味は甘い。鶏橘子《ケイキツシ》[28]は指ほどの大きさで、味は甘い。永寧県[29]に産する。猴総子《コウソウシ》[30]は小指の頭ほどの大きさで、柿に似る。その味は柿に劣ることはない。多南子は指ほどの大きさで、色は紫である。その味は甘く、梅の種実によく似て、晋安県[31]に産する。王壇子[32]は棗

(26) 楊桃――東南アジア原産の熱帯性常緑喬木で、樹高は八メートルに達する。果実は五ないし八センチメートルの楕円形で、表面は五稜状、切断面は星型となる。肉質は柔らかく多汁で、甘ずっぱい。主要産地は広東、広西、福建、台湾で、広東での栽培量がもっとも多く、品質もよい。日本では「五斂子」(ゴレンシ)として知られている。学名は〝Averrhoa carambola〟

(27) 猴闥子――『宦遊筆記』に次の記載がある。「臨海の深山の茅草中の上に生えるもので、仙茅果と名づける。秋に生えて冬に実り、樵人が採って食べる。粉砕してもよい。その性質は温にして、補う。しかし、都会ではこれを食べるものがいない」。『本草綱目』にある「猴闥子」の形とは異なるが、これがどのような植物であるかは不明である。

(28) 鶏橘子――「枳椇」(キキョ)の異名。訳注344を参照。

(29) 永寧県――現在の浙江省永嘉県。

(30) 猴総子――『本草綱目拾遺』には、「一名を土柿といい、毎年九～一〇月に生じ、形は紅柿と同じ」と記載されている。

(31) 晋安県――現在の福建省閩侯県。

(32) 王壇子――「黄淡子」ともいう。『游記』に、「果実のなかに黄淡子あり、大きさは小橘ほどで、褐色、味は少しすっぱくて甘い」とある。

ほどの大きさで、味は甘い。この果実は候官県(33)の越王の祭壇の周囲に産する。その名称が不明なため、産する場所にちなんで、王壇子と名付けた。形は龍眼よりも小さく、木瓜《ボケ》(34)に似る。

安石榴

『博物志』にいう。漢の張騫《チョウケン》が西域の地を旅行して帰るさい、安石榴《ザクロ》(35)、胡桃《クルミ》、蒲桃《ブドウ》を手にいれた。

劉欣期の『交州記』(36)にいう。多感子《タカンシ》(37)は黄色で、周囲は一寸ほどである。蔗子《ショシ》(38)は瓜ほどの大きさで、柚に似る。彌子《ヤシ》(39)は円く、細い。その味は、はじめは苦いが、あとで甘くなる。いずれも甘い果実である。

『杜蘭香伝』(40)にいう。天女が張碩に降りてきて、いつも粟飯と季節はずれの果実を食べていた。その味は甘くないが、一度食べると、七～八日は空腹を感じることがなかった。

棗《ナツメ》(41)

『史記・封禅書』(42)にいう。かつて李少君が海辺に行ったとき、安期生(43)が棗を食べるのを見た。それは瓜ほどの大きさであった。

『東方朔伝』(44)にいう。漢の武帝が上林の苑にいたとき、棗を薦めたところ、もっていた杖で未央殿の手すりをたたき、朔を呼んでいった。「叱叱。この

(33) 候官県——現在の福建省閩候県冶山の山麓。
(34) 木瓜——バラ科の落葉灌木。果実は楕円形で、酸味がある。生食はしない。第四二章に「切って熱灰に入れ、きれいに洗って酢と豉汁と蜜をかけ、酒食の膳に供する」とある。カリンとする説もある。
(35) 安石榴——第四一章に栽培法が収載されている。
(36) 『交州記』——東晋末期の劉欣期の著作。すでに散逸し、内容は不明。
(37) 多感子——「多咸子」と記載する書もある。『南方草木状』には「都咸」と称する木のことが記載されているが、おそらく別物であろう。
(38) 蔗子——『南越筆記』には「大きさは柚子ほどで、中に「うりわた」があり、猪脂のように白く、焼いて食べると、甘くておいしい」とある。
(39) 彌子——『広志』に記載されている「繋彌子」のことである。
(40) 『杜蘭香伝』——杜蘭香は後漢の人。南陽の人と自称する。湘江洞庭の岸で、温天が一、二歳の女子を拾い育て、十歳に至って天姿綺麗の天人となる。昇天のさい、その父に「我は仙女杜蘭香なり」と言って去り、のち、洞庭の張碩の家に降り、張碩に道を授けて去ったという。
(41) 棗——第三三章に栽培法および加工法が収載されている。
(42) 『史記・封禅書』——漢の武帝は早くから神仙への憧憬に憑かれていた。そもそものきっかけは、「天の子」として天を祭る義務と特権をもつことを自覚したことであった。いつしか彼自身が神になることに移行し、神仙道をもとめて次々と方士（修験者）のもとを遍歴した。その経緯を述べたのが、この書である。「封禅」とは、天命を受けて天下を支

棗

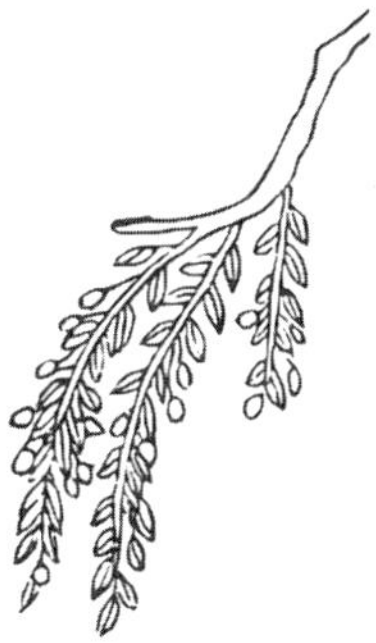

籠のなかに何が入っているか、知っているか」と。朔は答えた。「棗が四九枚入っています」。帝はいった。「どうしてそれがわかるのか」。朔は答えた。「私を呼んだかたは帝です。その方が杖で手すりをたたいて教えてくださいました。来来というのは棗のこと、叱叱というのは四九のことです」。二人は大笑した。帝は帛一〇疋を賜った。

『神異経』(45)にいう。北方の荒れ地に棗の林がある。その高さは五〇丈、枝は数里にわたって茂っている。種実の長さは六寸で、周囲はそれよりも長い。熟すと、朱のように赤くなり、乾かしても縮まない。味は甘く、しっとりして、普通の棗とは異なっている。これを食べると、体がゆったりして、気力があふれてくる。

『神仙伝』(46)にいう。呉郡の沈義(47)は仙人になって天にのぼった。そして、「私は天上で老子に会って、棗を二枚賜った。その大きさは鶏の卵ほどであった」といった。

『傅元賦』にいう。瓜のような棗があって、海辺に産する。生を保ち、気を増す。これを食べると、神仙のようになれる。

配する天子が山東省泰山の頂上で天を祭り、山麓の梁父で地を祭り、天下泰平の実現を報告して、国家の安泰を祈る儀式をいう（田中謙二、一海知義、『史記・漢武篇』、朝日新聞社）。

(43) 安期生――秦の琅邪阜県の人。薬を海辺に売り、学を河上丈人から受け、長寿を得て「千歳翁」と呼ばれた。

(44)『東方朔伝』――東方朔は漢の厭次の人で、諧謔、滑稽を善くし、ときに直言、切諌した。官名は常侍郎、太中大夫、給事中。この伝記のことは『隋書』『旧唐書・経籍志』に掲載されているが、著作名の記述はなく、現在は散逸している。

(45)『神異経』――漢の東方朔の撰とあるが、晋以後の偽作であろう。すべて荒唐無稽の内容だが、文体は流麗である。

(46)『神仙伝』――晋の葛洪の著作。神仙八四人について述べている。

(47) 沈義――もと呉の人。道を蜀中に学び、災禍を消し、疾病を治め、白姓を救済した。のちに神仙となった。

仙人所迎上天云天上見老君賜義棗二枚大如雞子　傅元賦曰有棗若瓜出自海濱全生益氣服之如神

桃

漢舊儀曰東海之內度朔山上有桃屈蟠三千里其里枝閒曰東北鬼門萬鬼所出入也上有二神人一曰荼二曰鬱櫐主領萬鬼鬼之惡害人者執以葦索以食虎黃帝法而象之因立桃梗於門戶上畫荼鬱櫐持葦索以禦凶鬼畫虎於門當食鬼也櫐音壘度朔史記注作度索山　風俗通曰今縣官以臘除夕飾桃人垂葦索畫虎於門效前事也　神農經曰玉桃服之長生不死若不得早服之臨死日服之其尸畢天地不朽　神異經曰東方有樹高五十丈葉長八尺名曰桃其子徑三尺二寸和核羹食之令人益壽　漢武內傳曰西王母以七月七日降令侍女更索桃須臾以玉盤盛仙桃七顆大如鴨子形圓色青以呈王母王母以四顆與帝三枚自食　漢武故事曰東郡獻短人帝呼東方朔朔至短人因指朔謂上曰西王母種桃三千年一著子此兒不良已三過偷之矣　廣州記曰盧山有山桃大如檳榔形色黑而味甘酢人時登採拾只得于上飽噉不得持下迷不得返　元中記曰木子大者積石山之桃石焉大如十斛籠　甄異傳曰譙郡夏侯規亡後見形還家經庭前桃樹邊過曰此桃我所種子乃美好其婦曰人言亡者畏桃君不畏耶答曰桃東南枝長二尺八寸向日者憎之或亦不畏也　神仙傳曰樊夫人與夫劉綱俱學道術

桃《モモ》(48)

『漢旧儀』にいう。東海のうち、度朔山の上に桃がある。三〇〇〇里にもわたって枝がまっすぐに伸び、からまりあっている。その低い枝の間を東北の鬼門といい、多くの死者の魂が出入する所である。そこに二人の神人がいる。一人を神荼《シント》、他の一人を鬱櫐《ウツルイ》といい、多くの鬼をつかさどっている。人に危害をおよぼす鬼を葦索でとらえ、虎の餌とする。黄帝の法はこれにならったものである。桃の木で作った人形を門に立て、神荼と鬱櫐が葦を束ねた縄を持った絵を描くのは、悪鬼を防ぐためである。門に虎を描くのは、悪鬼を食べさせるためである。

『風俗通』(49)にいう。現在、朝廷では年の暮れに桃の木の人形を飾り、葦の縄を垂らし、門に虎を描くが、それは前例にならったものである。

『神農経』(50)にいう。玉桃を食べると、長生きをして死ななくなる。もしも若いときに食べることができなかったならば、臨終のときに食べることで、その死骸は天地がなくなっても朽ちることがない。

『神異経』にいう。東方に樹木がある。その高さは五〇丈で、葉の長さは八尺である。この樹を桃という。その果実は直径が三尺二寸で、核とともに羹《アツモノ》に

(48) 桃――第三四章に栽培法が収載されている。古くから桃には特別の生命力があるとされ、その呪術性を示す多くの伝説がある。

(49) 『風俗通』――後漢の応劭の著作。古代の制度を説き、世俗の誤りをただした書。『風俗通義』の略。

(50) 『神農経』――神農は上古の帝。はじめて民に鋤を作ることを教え、農業を興したので、神農氏という。日に百草を嘗め、製薬の法をはじめたという。

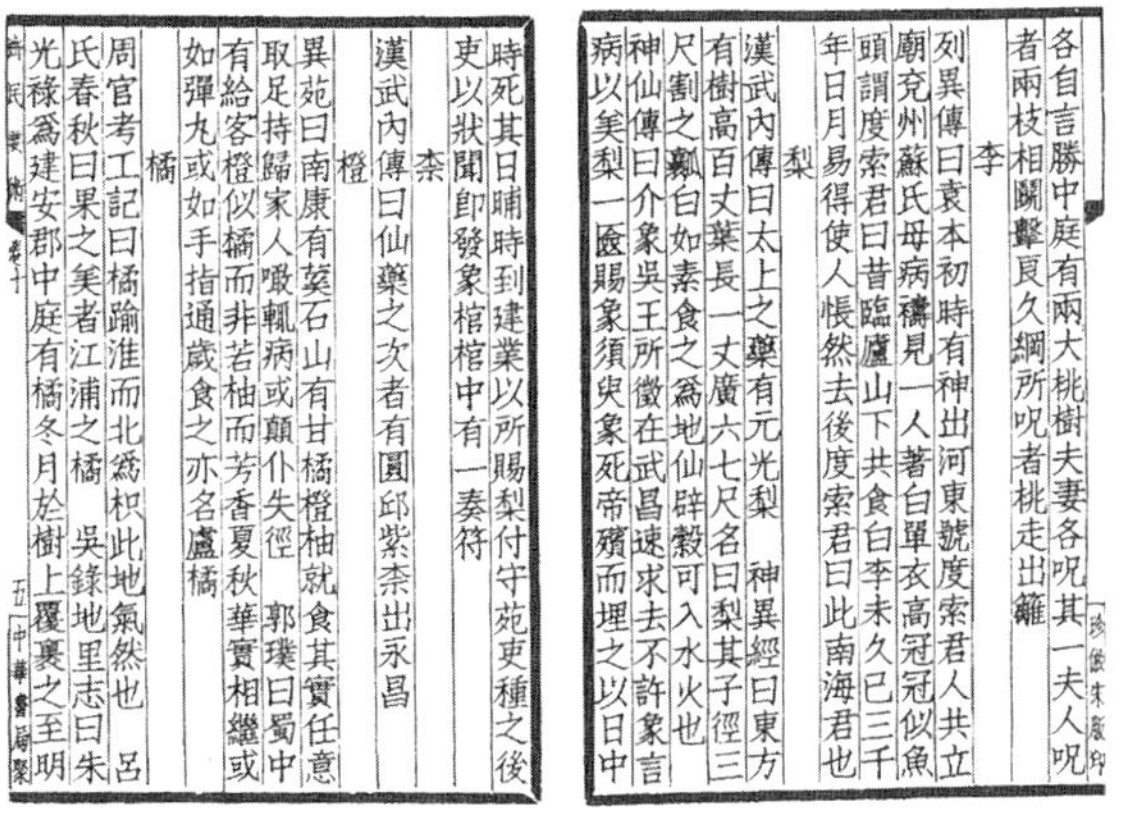
各自言勝中庭有兩大桃樹夫妻各呪其一夫人呪
者兩枝相鬬擊良久綱所呪者桃走出籬
李
列異傳曰袁本初時有神出河東號度索君人共立
廟兗州蘇氏母病禱見一人著白單衣高冠冠似魚
頭謂度索君曰昔臨廬山下共食白李未久已三千
年日月易得使人悵然去後度索君曰此南海君也
梨
漢武內傳曰太上之藥有元光梨　神異經曰東方
有樹高百丈葉長一丈廣六七尺名曰梨其子徑三
尺割之瓤白如素食之爲地仙辟穀可入水火也
神仙傳曰介象吳王所徵在武昌速求去不許象言
病以美梨一匳賜象須臾象死帝殯而埋之以日中
珍倣宋版印
時死其日晡時到建業以所賜梨付守苑吏種之後
吏以狀聞即發象棺棺中有一奏符
柰
漢武內傳曰仙藥之次者有圓邱紫柰出永昌
橙
異苑曰南康有奚石山有甘橘橙柚就食其實任意
取足持歸家人噉輒病或顛仆失徑　郭璞曰蜀中
有給客橙似橘而非若柚而芳香夏秋華實相繼或
如彈丸或如手指通歲食之亦名盧橘
橘
周官考工記曰橘踰淮而北爲枳此地氣然也　呂
氏春秋曰果之美者江浦之橘　吳錄地里志曰朱
光祿爲建安郡中庭有橘冬月於樹上覆裹之至明
齊民要術　卷十　五　中華書局聚

して食べると、寿命を長くする。

『漢武内伝』(51)にいう。西王母(52)は七月七日に侍女に命じて桃を探させた。しばらくして、侍女は玉で作った器に仙桃七個を入れて持ってきた。大きさは鴨の卵ほどで、形は円く、色は青い。それを西王母に献上すると、西王母は四個を帝にわたし、自分は三個を食べた。

『漢武故事』(53)にいう。東郡の人が矮人を献上した。帝が東方朔を招じいれると、矮人は朔を指していった。「西王母が植えた桃には三〇〇〇年に一つの果実がなる。この子は不良で、三度もそこを通ってこれを盗んだ。

『広州記』(54)にいう。盧山に山桃がある。大きさは檳榔に似て、色は黒く、味は甘酸っぱい。人が登ってこれを採ると、腹いっぱい食べることができても、それを持って下におりることはできない。

『玄中記』にいう。果実で大きいものは積石山で採れる桃の実である。その大きさは一〇石入りの籠ほどもある。

『甄異伝《ケンイデン》』(55)にいう。譙郡《コウグン》の夏侯規が亡くなったのち、人間の姿をして家に戻った。庭前の桃の木のあたりを通りながら、「この桃は私が植えたもので、その

(51)『漢武内伝』――後漢の班固の著作といわれるが、おそらく魏の晋間の人の偽作であろう。浮誕（磊落でおおげさなこと）な内容が多い。漢の武帝は景帝の中子。

(52)西王母――神話上の女性の仙人。別名は婉衿。崑崙の山に住む。周の穆王は西征して王母を瑤池の上で供応し、漢の武帝は王母から仙桃（モモの一種で、仙人桃、仙果ともいう。モモは西王母の故事などで仙人と縁が深い）三個を受けたという。

(53)『漢武故事』――漢の武帝の秘事を記載。『漢武内伝』と同じ後漢の班固の著作といわれるが、後人の偽作であろう。

(54)『広州記』――裴淵の著作と顧微の著作とがあるが、どちらも散逸した。ここでの引用は裴淵の著作である。

(55)『甄異伝』――晋の載祚の著作。『甄異記』とも称し、異聞を収録。

李

果実はとてもおいしい」と言った。夫人が「死者は桃を恐れるといわれていますが、あなたは平気なのですか」とたずねたのに対して、「東南に枝が二尺八寸伸び、太陽に向かっているものは嫌うが、そうでないものは平気だ」と答えたという。

『神仙伝』にいう。樊夫人と夫の劉綱は、ともに道術を学び、いずれも自分のほうが優れていると自慢していた。中庭に二本の大きな桃の木があったので、夫妻はそれぞれの木に呪文をとなえた。すると、二つの枝が激しく撃ちあい、しばらくして、劉綱が呪文をかけたほうが旗色が悪くなり、垣根を越えて走りだしたという。

李《スモモ》(56)

『列異伝』にいう。袁本のはじめの頃、河東に度索君《ドサククン》と称する仙人がいた。人々は彼の祠を立てた。兗州《エンシュウ》の蘇氏の母親が老いて病気になったとき、その回復を祈ったところ、白い単衣を着て、魚の頭の形をした立派な冠をつけた人があらわれ、度索君に言った。「むかし、廬山のふもとで、一緒に白い李を食べた。たいした時間ではないが、それから三〇〇〇年が過ぎた。月日は何と変わりやすいのだ

(56) 木の名――桃に似た果樹。早春、白い花を開く。また、その実。第三五章に栽培法が収載されている。

梨

ろう」と。彼が去ったのちに、度索君は言った。「あれは南海の鬼神だ」と。

梨《ナシ》(57)

『漢武内伝』にいう。最上の薬として、玄光梨がある。『神異伝』にいう。東方に樹木がある。その高さは一〇〇丈で、葉の長さは六～七尺である。この樹木を梨と称する。果実の直径は三尺で、これを割ると、果肉は白い。これを食べると、地上に住む仙人となって、水や火のなかに入ることができるようになる。『神仙伝』にいう。介象《カイショウ》は呉王が治めていた武昌《ブショウ》(58)にいた。彼は五経に通じ、広く百家の書に目を通し、文章に堪能であったため、他所に行きたいと申し出たが、許されなかった。介象が病気になったというと、帝は立派な梨を一箱賜った。介象はこれを食べ、まもなく亡くなったので、帝は遺体を棺におさめて、埋葬した。死去は日中で、その日のうちに建業《ケンギョウ》(59)に到り、帝から賜った梨を御苑を管理する役人に植えさせた。のちに役人がこのことを帝に奏上したので、帝はただちに棺を開けさせたところ、棺のなかには一枚の護符が残っているだけであった。

(57) 梨――第三七章に栽培法が収載されている。

(58) 武昌――現在の湖北省鄂城県。

(59) 建業――三国時代の呉の都城。『三国志・呉詐・陶凱伝』に「寧飲建業水、不食武昌魚。寧還建業死、不止武昌居」という童謡がある。

柰林檎

柰《カラナシ》[60]

『漢武内伝』にいう。仙薬の二番目は、円丘にある紫色の柰である。これは永昌に産する。

橙《ダイダイ》

『異苑』[61]にいう。南康に奚石山《ケイセキザン》があり、甘（ミカン類）、橘《タチバナ》、橙、柚《ユズ》が採れる。これらは好きなだけ食べてよいが持ち帰って家人が食べると、たちまち病気になる。または、転倒してその路を忘れてしまう。郭璞の注にいう。蜀の国に給客橙《ケイキャクトウ》がある。外見は橘に似て、芳香は柚に似る。夏から秋にかけて花が咲き、果実ができる。形は弾丸に似て、大きさは手の指に似る。一年中、食用となる。別名を盧橘《ロキツ》[62]と称する。

橘《タチバナ》[63]

『周官・考工記』[64]にいう。橘は淮水《イスイ》[65]を越え、北の地方では枳《キ》となる。これは気候や風土が異なるからである。

『呂氏春秋』にいう。果実でおいしいものは、江浦に産する橘である。

『呉録・地理志』[66]にいう。朱光は建安郡[67]の緑を受けた。その中庭に橘があり、冬にはその木を覆い包

（60）柰――第三九章に栽培法および加工法が収載されている。西山武一による訳文の一部を以下に示す。柰には白、青、赤の三種がある。張掖には白柰がある。酒泉には赤柰がある。西方にはどこにも柰が多く、数十百石の乾柰を作って貯えること、棗、栗を貯えるごとくである。魏の明帝のとき、諸王が入朝したるに、夜、冬生りの柰一籠を賜うた。陳思王が謝していうに、「柰は夏に熟するもの、いまこの柰は冬に生るものは季節はずれをもって珍となし、恩は絶口をもって厚しとなす」と。詔していう、「この柰は涼州から来れるなり」と。晋の宮閣簿にいう、「秋に白柰あり」。『西京雑記』にいう、「紫柰、緑柰、別に素柰、朱柰もあり」。『広志』にいう、「琴を理するには赤柰を用いる」。

（61）『異苑』――宋の劉敬叔の著作。神怪を記載。異苑とは奇異な談苑という意味である。

（62）盧橘――キンカンの異名とされるが、篠田はキンカンではなく、ナツミカンに近いものと類推している（『中国食物史の研究』、一四二～一四四ページ）。「説文」、「文選」などに記述があり。学名は〝Fortunella margarito〟

（63）橘――日本では田道間守（たじまもり）の伝説にみられるように、果実の王者とされた。特定の種名ではなく、柑橘類の総称であろう。

（64）「周官・考工記」――『周礼』の第六編で、冬官にあてられ、種々の技術を記載。

（65）淮水。河南省桐泊山を水源とし、安徽、江蘇の両省を経て、海に注ぐ。中国大陸第三の大河。

（66）『呉碌・地理志』――晋の張勃の著作。『隋書』、『旧唐書・経籍志』に収載されているが、すでに散逸してしまった。

橙

橘

む。翌年の春から夏になると、色が青黒く変わって、味は最高になる。

『上林賦《ショウリンフ》』[68]にいう。盧橘は夏に熟す。橘に近いものであろう。

裴淵の『広州記』にいう。羅浮山《ラフザン》[69]に橘がある。夏に熟し、果実の大きさは李ほどである。皮をむき、酢をつけて食べると非常に甘い。また、壷橘《コキツ》[70]と称する果実がある。形も色も柑に似るが、皮が厚くて匂いが強い。しかし、味は劣らない。

『異物志』にいう。橘の木には白い花が咲き、赤い果実がつく。皮は良い香りがあり、味も良い。江南の地に産し、他の土地には生えない。

『南中八郡志』にいう。交趾では、特に良い橘を産する。大きくて甘いので、多くは食べられない。食べ過ぎると下痢をおこす。

『広州記』にいう。盧橘の皮は厚く、香り、色、大きさは柑に似て、酸味が多い。九月から正月にかけて色づき、二月になってしだいに青くなり、夏に熟する。味は冬のときと変わらない。土地の人はこれを壷橘と称する。その仲間は七～八種あるが、呉郡や会稽郡のものとは別である。

(67) 建安郡――現在の福建省甌県。
(68) 『上林賦』――漢の司馬相如の著作。『子虚賦』に続くもので、『子虚賦』が諸侯の遊猟を記載したのに対して、天子が上林苑で遊猟する模様を記載している。
(69) 広東省増城県から博羅県に連なる山脈。
(70) 壷橘――柑橘類で、ダイダイの一種。

年春夏色變青黑味尤絶美上林賦曰盧橘夏熟蓋近於是也　裴淵廣州記曰羅浮山有橘夏熟實大如李剝皮啖則酢合食極甘又有壺橘形色都是甘但皮厚氣臭味亦不劣　異物志曰橘樹白花而赤實皮馨香又有善味江南有之不生他所　南中八郡志曰交趾特出好橘大且甘而不可多噉令人下痢　廣州記曰盧橘皮厚氣色大如甘酢多九月正月色至二月漸變爲青至夏熟味亦不異冬時土人呼爲壺橘其類有七八種不如吳會橘

甘

廣志曰甘有二十一種有成都平蔕甘大如升色蒼黃犍爲南安縣出好黃甘　荆州記曰枝江有名宜都舊都江北有甘園名宜都甘　湘州記曰州故大城內有陶侃廟地是賈誼故宅誼時種甘猶有存者　風土記曰甘橘之屬滋味甜美特異者也有黃者有頳者謂之壺甘

柚

說文曰柚條也似橙實酢　呂氏春秋曰果之美者雲夢之柚　列子曰吳楚之國有大木焉其名爲櫾碧樹而冬青生實丹而味酸食皮汁已憤厥之疾齊州珍之渡淮而北化爲枳焉　裴淵記曰廣州別有柚號曰雷柚實如升大　風土記曰柚大橘也色黃而味酢

椵

爾雅曰櫠椵郭璞注曰柚屬也子大如盂皮厚二三寸中似枳供食之少味

柚

栾

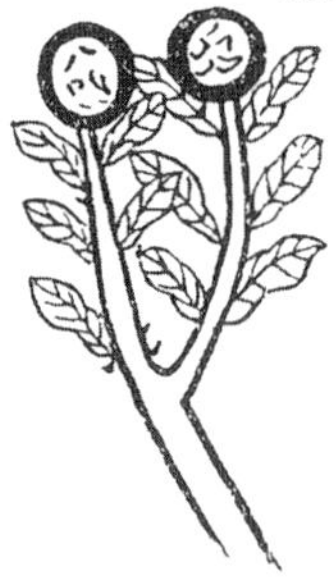

甘(71)（ミカン類）

『広志』にいう。甘には二一の種類がある。成都の平帯に甘がある。その大きさは枡ほどもあり、青黄色をしている。犍為、南宋県(72)で美しい黄色の甘を産する。『荊州記(73)』にいう。枝江《シコウ》(74)には、評判の甘がある。宜都郡(75)の旧江の北に甘園があり、ここで採れるものを宜都甘と称する。『湘州記』にいう。湘州の故大城(76)の中に陶侃《トウカン》の廟がある。ここには昔、賈誼《カギ》の古い家があったが、賈誼が植えた甘の樹がまだ残っている。『風土記(77)』にいう。甘は橘の一種で、特別に味がよく、甘味がある。黄色や赤みをもつものを壷甘《コカン》(78)と称する。

柚《ユズ》

『説文』にいう。柚は枝が橙に似て、果実は酸っぱい。

『呂氏春秋』にいう。果実がおいしいのは、雲夢《ウンボウ》(79)で採れる柚である。

『列子(80)』にいう。呉や楚の国には、大きな樹木があり、櫾《ユウ》と称する。常緑樹で、冬も青々としている。なまの果実は赤く、味は酸っぱい。皮をしぼった汁を飲むと、憤厥《フンケツ》(81)が解消する。斉州では、これを珍重している。淮水を渡って北のほうに行くと、枳《カラタチ》と

(71) 甘――ミカン類。「柑」の異体字。種類が多いので、ミカン類とする。

(72) 南宋県――現在の四川省夾江県。

(73) 『荊州記』――何種類もあるが、すべて散逸してしまった。

(74) 枝江――現在の湖北省江陵県の西部。

(75) 宜都郡――現在の湖北省宜都県の西北部。

(76) 故大城――繆啓愉によれば、湘州の州城（現在の長沙）をいう。湘州は東晋の成和三年（三二八）に荊州に併合されたが、義熙八年（四一二）に復活し、その後も変転を繰り返した。故大城は復活後の州城らしい。

(77) 『風土記』――晋の周処の著作。

(78) 壷甘――崔豹の『古今注』には、「甘くて果実の形が石榴のようなものを壷甘と称する」とある。

(79) 現在の洞庭湖およびその北側の地域。

(80) 『列子』――戦国時代の列禦寇の著作とされているが、魏・晋代の偽作らしい。道家思想を説き、寓話が多い。

(81) 憤厥――憤懣（いきどおり）と厥逆（のぼせ）。

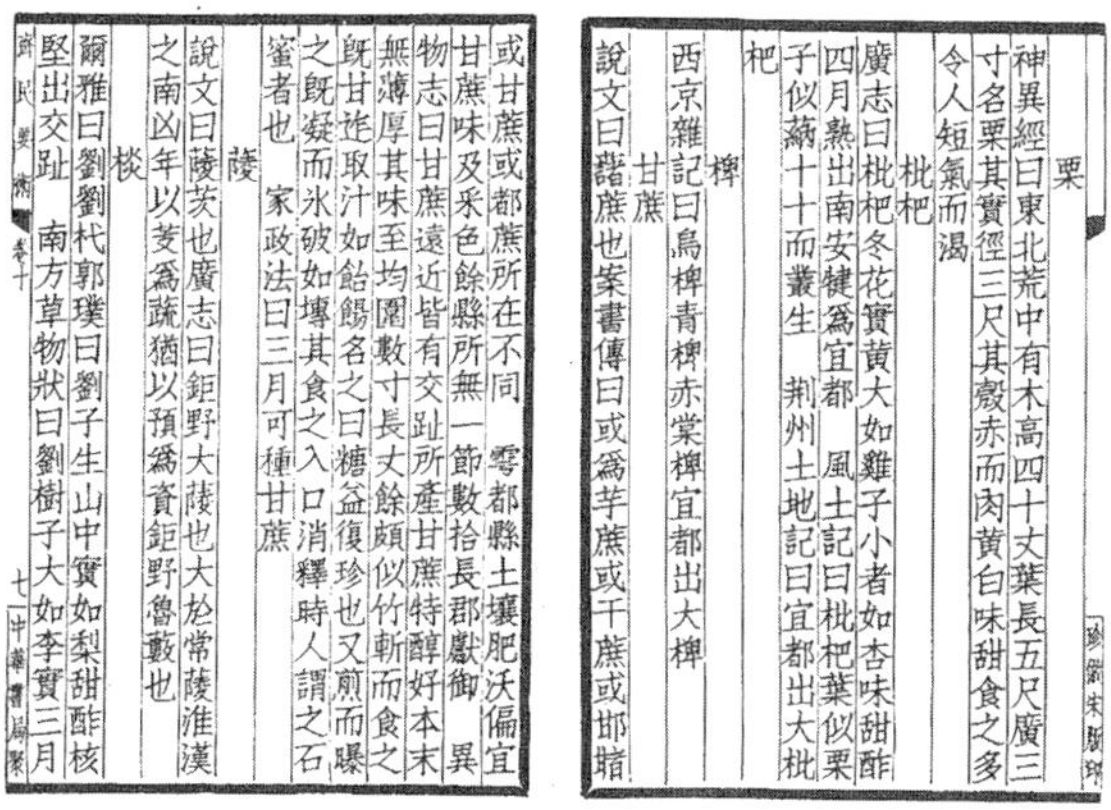
珍倣宋版印

栗
神異經曰東北荒中有木高四十丈葉長五尺廣三寸名栗其實徑三尺其殼赤而肉黃白味甜食之多令人短氣而渴
枇杷
廣志曰枇杷冬花實黃大如雞子小者如杏味甜酢四月熟出南安犍爲宜都　風土記曰枇杷葉似栗子似蒳十十而叢生　荊州土地記曰宜都出大枇杷
椑
西京雜記曰烏椑青椑赤棠椑宜都出大椑
甘蔗
說文曰藷蔗也案書傳曰或爲芋蔗或干蔗或邯睹或甘蔗或都蔗所在不同　雩都縣土壤肥沃偏宜甘蔗味及采色餘縣所無一節數拾長郡獻御　異物志曰甘蔗遠近皆有交趾所產甘蔗特醇好本末無薄厚其味至均圍數寸長丈餘頗似竹斬而食之既甘迮取汁如飴餳名之曰糖益復珍也又煎而曝之既凝而氷破如塼其食之入口消釋時人謂之石蜜者也　家政法曰三月可種甘蔗
蔆
說文曰蔆芰也廣志曰鉅野大蔆也大於常蔆淮漢之南凶年以芰爲蔬猶以預爲資鉅野魯藪也
棪
爾雅曰劉劉杙郭璞曰劉子生山中實如梨甜酢核堅出交趾　南方草物狀曰劉樹子大如李實三月

齊民要術　卷十　七　中華書局聚

いう名称に変わる。

裴淵の『広州記』にいう。広州には別種があり、雷柚と称する。その果実は枡ほどの大きさである。『風土記』にいう。柚は大橘のことで、黄色く、味は酸っぱい。

椵《カ》(82)

『爾雅』(83)にいう。椃《ハイ》と称する果実は椵のことである。郭璞の注にいう。これは柚の一種である。果実は椃ほどの大きさで、皮の厚さは二～三寸、中は枳に似るが味は劣る。

栗《クリ》(84)

『神異経』にいう。東北の荒れ地に木がある。その高さは四〇丈、葉の長さは五尺、広さは三寸、これを栗と称する。その果実は直径三尺、殻は赤く、果肉は黄白色で甘い。多量に食べると、人の気を減退させ、渇きをおこす。

枇杷《ビワ》(85)

『広志』にいう。枇杷の花は冬に咲く。その果実は黄色く、大きさは鶏卵ほどである。小さなものは杏に似て、味は甘酸っぱい。四月に熟す。南安、犍為、

(82) 椵――柚の一種で、葉は桐に似て、非常に大きい。
(83) 『爾雅』――周公の著作といわれ、もっとも古い字典とされる。
(84) 栗――第三八章に栽培法が収載されている。北村はアマグリをあてている（『中国栽培植物の起源』）。
(85) 枇杷――その葉が琵琶（びわ）（楽器の一種）に似ていることから命名された。学名は"Eriobotrya japonica"

椑柿

甘蔗

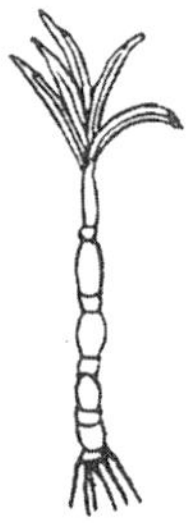

宜都に産する。『風土記』にいう。枇杷の葉は栗に似て、果実は山檳榔に似る。小さな木がむらがって生える。

『荊州土地記』にいう。宜都に大きな枇杷を産する。

椑《シブガキ》(86)

『西京雑記』(87)にいう。烏椑、青椑、赤棠椑《セキトウヒ》(88)のことである。宜都に大椑を産する。

甘蔗《サトウキビ》(89)

『説文』にいう。藷蔗のことである。古人の書を見ると、芋蔗、干蔗、邯蔗、都蔗などとなっていて、産地は同じではない。雩都県(90)は土地が肥沃で甘蔗を産するのにきわめて適している。その味や色つやは、他の及ぶところではない。一節の長さは数寸である。郡の役所では、これを献上品としている。

『異物志』にいう。甘蔗はいずれの土地にも産するが、交趾に産する甘蔗は特に味がよく、甘味の濃淡がなくて平均している。周囲は数寸で、長さは一丈あまり、竹によく似る。切って食べると、そのままで甘味がある。汁をしぼって、「かためあ」にしたものを糖と称し、さらに珍味なものである。また、煮つめて日に曝すと、氷のように固くなり、砕くと

(86) 椑——実は柿に似て青い。柿渋の原料とする。アブラガキともいう。学名は"Diospyos oleifera"

(87) 『西京雑記』——漢の劉歆（りゅうきん）が執筆し、後に晋の葛洪が編集したものといわれる。主として漢の武帝前後の逸話を収載。

(88) 赤棠椑——椑柿（ヒシ）の異名。小さく、熟しても青黒いシブガキ。

(89) 甘蔗——畦に種えるもので、叢生する。茎は竹に似て内が実し、大きなものは周囲が数寸、長さが六～七尺あり、根下は節が密だが、上にいくほど疎になって葉が抽き出で、その葉は蘆葉のようで大きく、長さ三～四尺あり、四方に垂れている。学名は"Saccharum officinarum"

(90) 雩都県。現在の江西省干都県。

芰

菱

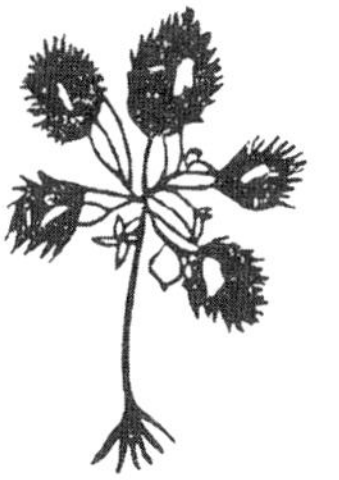

花色仍連著實七八月熟其色黄其味酢煑蜜藏之仍甘好

鬱

豳詩義疏曰其樹高五六尺實大如李正赤色食之甜　廣雅曰一名雀李又名車下李又名郁李亦名棣亦名薁李毛詩七月食鬱及薁

芡

說文曰芡雞頭也方言曰北燕謂之葰(音役)青徐淮泗謂之芡南楚江浙之閒謂之雞頭鴈頭　本草經曰雞頭一名鴈喙

諸

南方草物狀曰甘藷二月種至十月乃成卵大如鵝卵小者如鴨卵掘食蒸食其味甘甜經久得風乃淡泊(出交趾武平九真與古也)　異物志曰甘藷似芋亦有巨魁剝去皮肌肉正白如脂肪南人專食以當米穀(蒸炙皆香美賓客酒食亦施設有如果實也)

薁

說文曰薁櫻也廣雅曰燕薁櫻薁也詩義疏曰櫻薁實大如龍眼黑色今車鞅藤實是豳詩曰十月食薁

楊梅

臨海異物志曰其子大如彈子正赤五月熟似梅味甜酸　食經藏楊梅法擇佳完者一石以鹽一斗淹之鹽入肉中仍出曝令乾熇取杬皮二斤煑取汁漬之不加蜜漬梅色如初美好可堪數歲

沙棠

山海經曰崑崙之山有木焉狀如棠黄華赤實味如

瓦のようになる。これを口に入れると、溶けてしまう。そのため、人はこれを石蜜《セキミツ》と称する。

『家政法』にいう。甘蔗は三月に植えるのがよい。

蔆《ヒシ》(91)

『説文』にいう。蔆は芡のことである。

『広志』にいう。鉅野《キョヤ》の大蔆は常蔆のものよりも大きい。淮漢の南の地では凶作の年に蔆を野菜とし、また預《ヤマノイモ》を食料とした。鉅野は魯の湿地である。

棪《エン》(92)

『爾雅』にいう。棪は梀其《イバラ》のことである。郭璞の注にいう。棪の果実は柰《カラナシ》に似て赤く、食用になる。

劉《リュウ》(93)

『爾雅』にいう。劉は劉武《リュウヨク》のことである。郭璞の注にいう。劉子は山中に生え、果実は梨に似て甘酸っぱく、核は固い。交趾に産する。

『南方草物状』(94)にいう。劉の果実の大きさは李の果実ほどである。三月に花が咲き、続いて果実をつける。七〜八月に黄色く熟し、味は酸っぱい。蜜で煮て保存しておくと、甘くておいしい。

(91) 蔆——芡は芰の誤記であろう。角が二個あるものを蔆、角が三、四個あるものを芰という。現在は菱と書く。水草の一種。池や沼に自生し、葉は三角形で四方にひろがり、水面に浮かぶ。夏に白い花を開き、秋に角のある種実を結ぶ。食用にする。学名は "Trapa bicornis"。

(92) 棪——ナツメに似た種実がつく。カットに使用した版には棪の名称だけが記されていて、この部分の記載がない。

(93) 劉——「榴」とも書く。安石榴（ザクロ）ではなく、実体は不明。

(94) 徐衷の著作。晋の稽含が著した『南方草木状』とは異なる。

郁李

芡

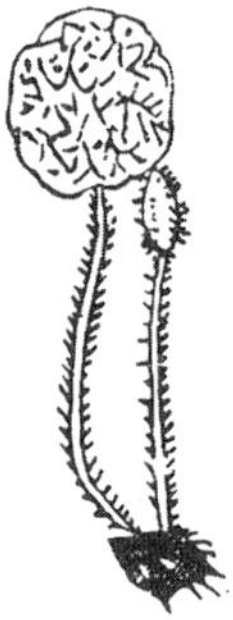

鬱《ニワウメ》(95)

『豳詩義疏《ヒンシギショ》』(96)にいう。その木の高さは五~六尺、果実の大きさは李ほどで、色は赤く、食べると甘い。

『広雅』(97)にいう。別名を雀李、車下李、郁李、棣、薁李《イクリ》などと称する。

『毛詩・豳歌』(98)七月篇にいう。鬱や薁を食べる。

芡《オニバス》(99)

『説文』にいう。芡は鶏頭のことである。

『方言』(100)にいう。北燕では、これを葰《エキ》と称し、青、徐、淮、泗の地では芡と称する。南楚の江や浙では、鶏頭、雁頭などと称する。

『本草経』にいう。鶏頭は別名を雁喙《ガンカイ》などと称する。

藷《イモ》(101)

『南方草物状』にいう。甘藷は二月に植え、一〇月になると丸くなる。大きなものは、鵞鳥《ガチョウ》の卵ほどあり、小さなものは鴨《カモ》の卵ほどである。掘り出して食べたり、蒸して食べたりする。味は甘い。しばらく風にあてておくと味は淡泊になる。

『異物志』にいう。甘藷は芋《サトイモ》に似て、大きな親いもがある。皮をむくと、中は真白で、脂肪に似る。南方

(95) 現在は「郁李」と書く。バラ科に属す。学名は〝Prunus japonica〟

(96) 『豳詩』――『詩経・豳風』。七月の詩をいう。

(97) 魏の張揖が編集した字典。『爾雅』をもとに諸書をとりいれて増補した。隋の曹憲がこの音釈を作成したときに、『博雅』と改名した。

(98) 『詩経』の別名。『詩経』の伝授に諸系統があり、漢の初期に毛亨(大毛公)が伝えたものを『毛詩』という。毛亨が『詁訓伝』を作り、門人の毛(小毛公)に伝えて、世に知られるようになった。現在の『詩経』がこれである。

(99) 水草の一種。第六一章に栽培法が簡単に記載されている。学名は〝Euryale ferox〟

(100) 漢の揚雄の著作。各地の方言を集録。

(101) 文面からすれば現在のサツマイモのようだが、サツマイモの原産地は南アメリカで、中国大陸への伝来は一六世紀末とされている。『説文』には「藷は藷蔗なり」とあり、多くの注解書は現在の甘藷に比定している。しかし、文面では甘藷であるとは思えない。『中国栽培植物発展史』(一九八四)には、次の記載がある。「不完全な調査ではあるが、雲南地方に野甘薯(Ipomoea yunnanensis)とよばれるブタの飼料がある。四川省には山紅(Ipomoea hungaiensis)の一種がある。広く分布し、山蘿匐とも称され、塊根肉は白色で、繊維はかなり多い。広東省(海南省を含む)から雲南省にわたってサツマイモ科に属する野番薯(Merremiaumbel-lata)があり、ブタの飼料としている。ベトナムには野甘薯(Ipomoea mammosa)と称するものがあり、塊根はナシ形、肉は淡黄色、多くの変種があり、根を食用にする。これらのことから

楊梅

蘡薁

沙棠果

の人は、もっぱらこれを食べて、穀類の代わりにする。

薁《オウ》(102)

『説文』にいう。薁桜《ユスラウメ》のことである。

『広雅』にいう。燕薁は桜薁のことである。

『詩義疏』(103)にいう。桜薁の果実の大きさは竜眼ほどで、色は黒い。現在の車鞅藤《シャヨウトウ》の果実のことである。

『豳詩』にいう。一〇月に薁を食べる。

楊梅《ヤマモモ》(104)

『臨海異物志』にいう。その果実の大きさは弾丸ほどで、色は真っ赤、五月に熟す。梅に似て、甘酸っぱい。

『食経』にいう。楊梅を保存する方法は、良い果実を一石選び、塩を一斗入れて浸す。塩がしみこんだところで取り出し、日に曝して乾かす。杬皮《ゲンピ》(105)二斤を煮て汁を取り、これに漬ける。その時は、蜜を加えない。楊梅はそのまま美しい色を残し、数年間は保存できる。

沙棠《サトウ》(106)

『山海経』にいう。崑崙山に樹木がある。形は巣のようで、黄色い花が咲き、赤い果実がなる。その味は李に似て、核はない。これを沙棠と称する。こ

推察すると、中国大陸の西南部高原にはサツマイモの原種ともいうべきものが広く分布し、気候が寒冷化する以前に世界各地に伝播したようで、甘藷の原産地は一個所にはとどまらない。」『要術』の藷に特定の日本語をあてることは不可能で、単にイモとした。

(102) 薁――ノブドウ、ヤマブドウをさす。郁李（ユスラウメ）をさすこともある。学名は〝Vitis thunbergii〟

(103) 『詩経』は五経の一つで、中国で最初の詩集。各地の歌謡三千余編から、孔子が三〇五編を選定したという。国風（諸国の民謡）、小雅・大雅（宴会儀式の楽歌）、頌（祭典の舞歌）からなる。義疏は経典の文章の意味を解きあかした書物をいう。

(104) 楊梅――イチゴに似た実を結ぶ果樹。学名は〝Myrica rubra〟

(105) 杬皮――日本語は丹柄（タンガラ）。第八八章訳注11を参照。

(106) 沙棠――棠に似た果樹で、黄色い花をつけ、赤い実がなる。その味は李に似ているが、核がない。幹材は船を作るのに用いる。

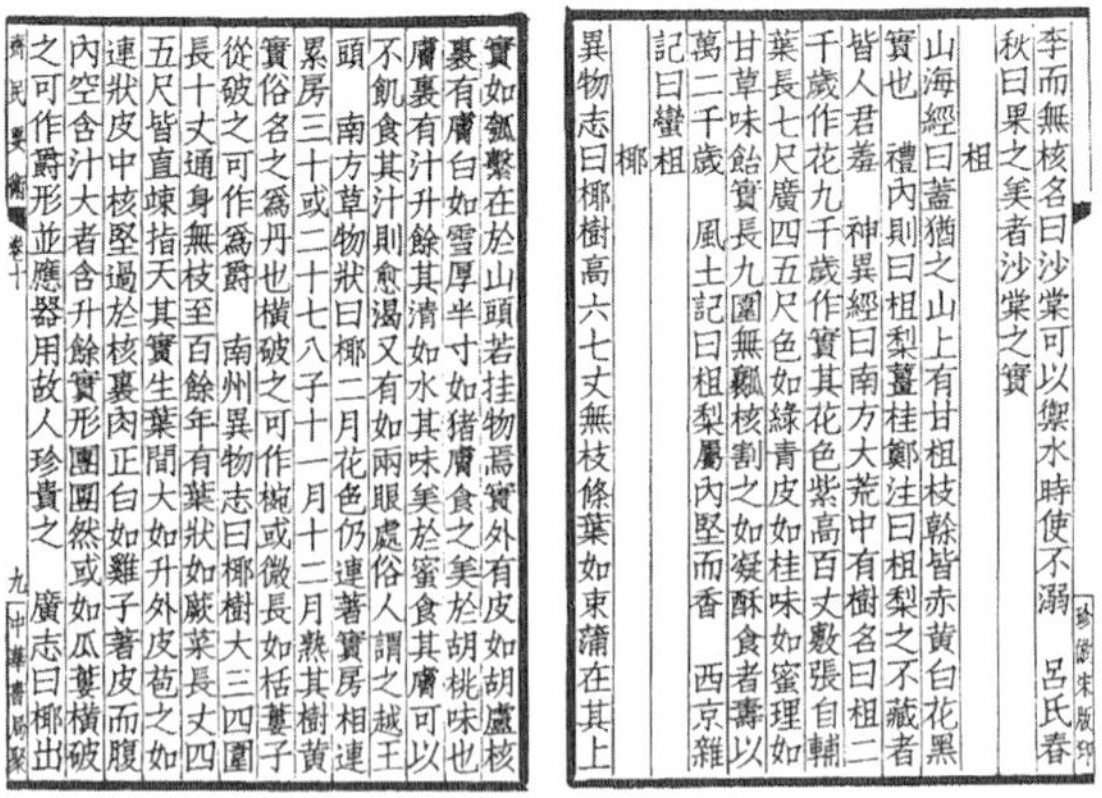
珍倣宋版印
李而無核名曰沙棠可以禦水時使不溺　呂氏春
秋曰果之美者沙棠之實
柤
山海經曰蓋猶之山上有甘柤枝榦皆赤黃白花黑
實也　禮內則曰柤梨薑桂鄭注曰柤梨之不藏者
皆人君羞　神異經曰南方大荒中有樹名曰柤二
千歲作花九千歲作實其花色紫高百丈敷張自輔
葉長七尺廣四五尺色如綠青皮如桂味如蜜理如
甘草味飴實長九圍無瓤核割之如凝酥食者壽以
萬二千歲　風土記曰柤梨屬內堅而香　西京雜
記曰蠻柤
椰
異物志曰椰樹高六七丈無枝條葉如束蒲在其上
實如瓠繫在於山頭若挂物焉實外有皮如胡盧核
裏有膚白如雪厚半寸如猪膚食之美於胡桃味也
膚裏有汁升餘其清如水其味美於蜜食其膚可以
不飢食其汁則愈渴又有如兩眼處俗人謂之越王
頭　南方草物狀曰椰二月花色仍連著實房相連
累房三十或二十七八子十一月十二月熟其樹黃
實俗名之爲丹也橫破之可作椀或微長如栝蔞子
從破之可作爲爵　南州異物志曰椰樹大三四圍
長十丈通身無枝至百餘年有葉狀如蕨菜長丈四
五尺皆直竦指天其實生葉間大如升外皮苞之如
連狀皮中核堅過於核裏肉正白如雞子著皮而腹
內空含汁大者含升餘實形團圓然或如瓜蔞橫破
之可作爵形並應器用故人珍貴之　廣志曰椰出
齊民要術　卷十　九　中華書局聚

れは水を防ぐまじないとされ、食べるとおぼれない。

『呂氏春秋』にいう。果実の中でおいしいものは、沙棠の果実である。

柤《サンザシ》(107)

『山海経』にいう。蓋猶《ガイユウ》の山の上に甘柤がある。枝も幹もすべて赤く、葉は黄色で、花は白く、赤い果実がなる。

『礼・内則』(108)にいう。柤、梨、薑、桂など。

郭璞の注にいう。柤および梨で保存しないものは、すべて君主の食べものである。

『神異経』にいう。南方の大きな荒地に樹木があり、柤と称する。二〇〇〇年で花が咲き、九〇〇〇年で果実を結ぶ。花の色は紫で、樹の高さは一〇〇丈もあり、枝が広がって、互いに支えあっている。葉の長さは七尺、広さは四~五尺、緑青色をしている。葉の皮は桂のようで、味は蜜に似る。果実の表面は甘草に似て、おいしい。果実の長さは九囲(109)ほどで、うりわたや核はなく、これを割ると、固まった麻に似る。これを食べた人は、寿命が一二〇〇〇歳になる。

『風土記』にいう。柤は梨《ナシ》の一種で、果肉は堅く、香りがよい。

『西京雑記』にいう。蛮柤《バンサ》(110)のことである。

(107) 柤――樝（楂）と同じ。ナシに似ているが、酸味が強く、渋い。現在の山楂（サンザシ）よりは野生的であろう。現在のサンザシは生食するほか、果汁、ジャム、ゼリー菓子、果実酒など、さまざまに加工されている。学名は〝Crataegus pinnatifida〟

(108) 『礼』――五経の一つ。漢の載聖の編。周末から秦漢にかけての儒者の礼に関する説を集録。『内則』はその編名で、家庭生活の礼儀を記載している。

(109) 囲（まわり）――ひとまわり三寸といい、五寸といい、八尺といい、あるいはひとかかえといい、また直径一尺のものの周囲であるともいう。

(110) 蛮柤――『本草拾遺』には、「榠樝のことを別名蛮柤という」とある。俗に木梨のこととされる。

椰子

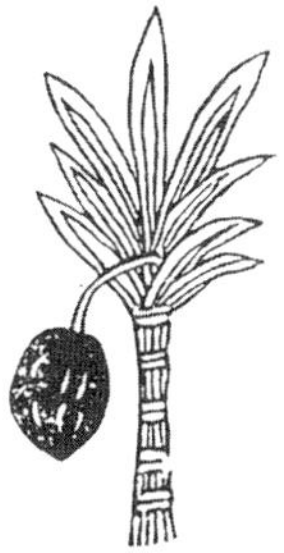

椰《ヤシ》(111)

『異物志』にいう。椰の高さは六～七丈で、枝はない。葉は束ねた蒲《ガマ》に似て、上の方に出ている。果実は瓠《ユウガオ》に似て、木の頂上にものがかかっているようについている。果実の外側には皮があり、胡盧《ユウガオ》に似る。核の内側には、薄皮があり、雪のように白い。厚さは半寸ほどで、猪《ブタ》の皮膚に似る。これを食べると、胡桃《クルミ》よりもおいしい。薄皮の内側には一升ほどの汁があり、水のように澄み、蜜よりも甘い。その薄皮を食べると空腹になることなく、その汁を飲むと渇きがいやされる。また、果皮には人の両眼のようにくぼんだところがあり、俗に「越王の頭」(112)と称される。

『南方草物状』にいう。椰は二月に花が咲き、続いて果実をつける。房が連なっていて、三〇または二七～八ある。一一月から一二月に熟す。果実は黄色で、俗に丹と称する。横に切って椀を作る。

栝蔞《モカラスウリ》(113)より多少長い。縦に切って杯を作る。

『南州異物志』にいう。椰は大きさが三～四囲、長さが一〇丈で、枝はない。寿命は一〇〇年あまりである。葉の形は蕨に似て、長さは一丈四～五尺、すべてまっすぐ上を向く。果実は葉と葉の間につき、大きさは枡ほどもある。外側を皮が包み、蓮に似る。

(111) 椰――熱帯地方に産するヤシ科の常緑高木。果実は食用にし、またヤシ油の原料とする。ヤシの果実についの文献は多いが、『図経本草』のものがもっとも詳しく正確である。学名は“Cocos nucifera”

(112) 越王の頭――『南方草木状』に「昔、林邑王と越王とで怨みごとがあり、林邑王は刺客を放って越王の首をえた。これを木にかけると、にわかに椰子（ヤシ）に化した。林邑王はこれを憤り、命じてこれを飲器に作りかえた。南人は今でもこれを用いる。刺された当時、越王はおおいに酔っていたので、器にいれた水はなお酒のごとし」とある。

(113) 栝樓――蔓草の名、キカラスウリ。塊根から澱粉を採り、天花粉と称して薬用に供する。学名は“Trichosanthes kirilowii”

皮の中の核は堅く、その内側の果肉は真白で、鶏卵に似る。皮をかぶり、空洞で、汁がある。

大きいもので一升余りである。果実の形は丸く、または瓜蔞《カラスウリ》(114)に似ている。横に切って杯にしてもよく、また器として用いてもよい。昔の人はこれを珍重した。

『広志』にいう。椰は交趾に産する。どの家でもこれを植えている。

『交州記』にいう。椰子には漿がある。花をつける柄を切り、そこから出る汁を竹筒に集めて酒(115)を作って飲むと、酔って気分がよくなる。

『神異記』にいう。東方の荒地に椰の木がある。高さは二～三丈で、周囲は一丈あまり。枝は伸びていない。樹齢は二〇〇年で、葉がすべて落ちて花が咲く。花は甘瓜《カンカ》(116)に似る。花がすべて落ちると、蕚が出る。薄の下に果実がなり、三年で熟す。熟してからは、ほとんど変化しない。形は寒瓜《カンカ》(117)に似て、長さは七～八寸、直径は四～五寸、蕚がその先を覆っている。果実をとらないでおくと、古ぼけたようになる。取る場合には、叩きおとす。落ちた果実から、また新しい芽が生えてくる。果実の形は甘瓜に似て、うりわたは蜜のように甘くおいしい。これを食べると、顔につやが出てくるが、三升を過ぎてはいけな

(114) 瓜蔞――蔓草の一。

(115) 『梁書・諸夷伝』に「頓遜国には酒樹があって、安石榴（ザクロ）に似る。その果汁を採り、甕に数日間いれて酒を作る」とある。

(116) 甘瓜――瓜の一種。マクワウリである。

(117) 寒瓜――西瓜の異名。冬まで保存しておけるので名づけられた。

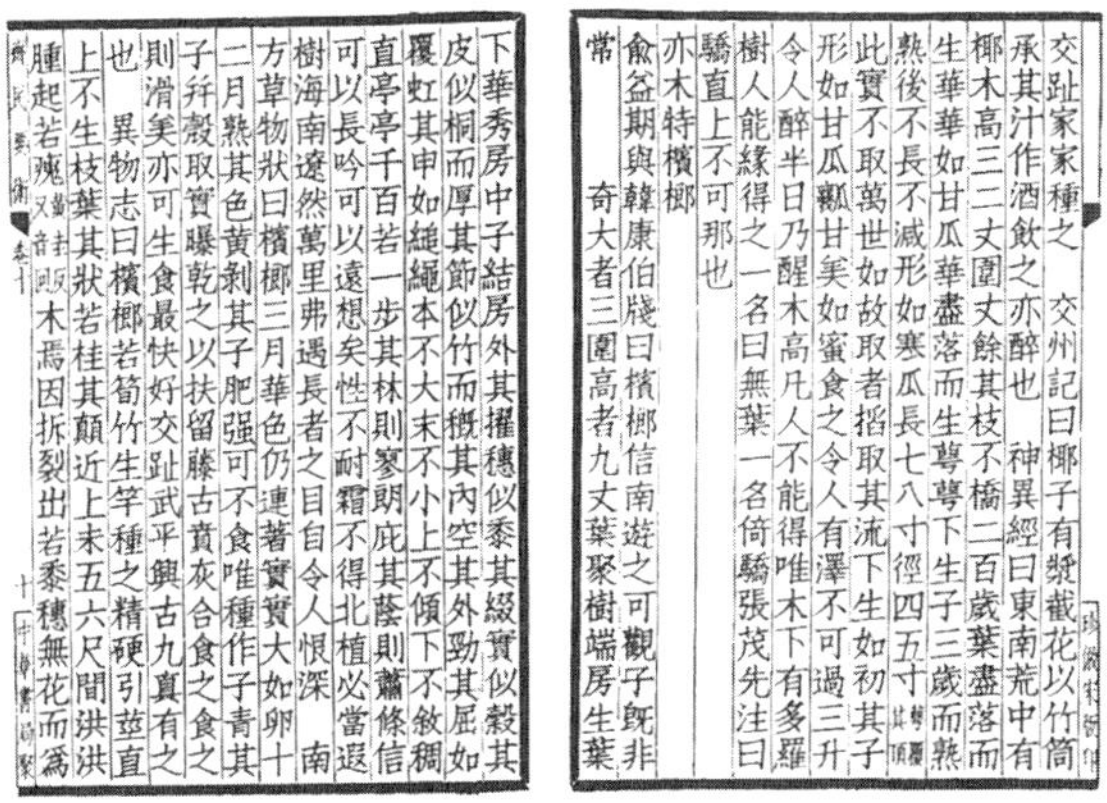
交趾家家種之　交州記曰椰子有漿截花以竹筒承其汁作酒飲之亦醉也　神異經曰東南荒中有椰木高三二丈圍丈餘其枝不橋二百歲葉盡落而生華華如甘瓜華盡落而生萼萼下生子三歲而熟熟後不長不減形如寒瓜長七八寸徑四五寸萼覆其頂此實不取萬世如故取者掐取其流下生如初其子形如甘瓜瓤甘美如蜜食之令人有澤不可過三升令人醉半日乃醒木高凡人不能得唯木下有多羅樹人能緣得之一名曰無葉一名倚驕張茂先注曰驕直上不可那也
亦木特檳榔
兪益期與韓康伯牋曰檳榔信南遊之可觀子既非常　奇大者三圍高者九丈葉聚樹端房生葉下華秀房中子結房外其擢穗似黍其綴實似穀其皮似桐而厚其節似竹而穊其內空其外勁其屈如覆虹其申如縋繩本不大末不小上不傾下不斂稠直亭亭千百若一步其林則寥朗庇其蔭則蕭條信可以長吟可以遠想矣性不耐霜不得北植必當遐樹海南遼然萬里弗遇長者之目自令人恨深　南方草物狀曰檳榔三月華色仍連著實實大如卵十二月熟其色黃剝其子肥強可不食唯種作子青其子幷殼取實曝乾之以扶留藤古賁灰合食之食之則滑美亦可生食最快好交趾武平興古九真有之也　異物志曰檳榔若筍竹生竿種之精硬引莖直上不生枝葉其狀若桂其顛近上末五六尺間洪洪腫起若瘣都罪反又音回木焉因拆裂出若黍穗無花而爲
齊民要術　卷十　十　中華書局聚

い。人を酔わせ、半日はさめない。木が高いので、これを採ることはできないが、木の下には多羅《タラ》(118)の木があるので、そこから採ることができる。別名を無葉といい、倚驕という。張茂先の注にいう、まっすぐに伸びた驕は良くない。

檳榔《ビンロウ》(119)

愈益期が韓康伯に与えた『牋』にいう。檳榔は、たしかに南遊で見ることができる。果実は通常のものと異なり、木は特に変わっている。大きなものは三囲もあり、高さは九丈、葉は木の端に集まってその下に房があり、花は房の中に咲く。果実は房の外になる。その穂を抜いてみると、黍に似て、果実がついた様子は穀に似る。その皮は桐に似て厚く、節は竹に似て、それよりも多い。内側は空洞で、外側は堅い。その曲がった様子は虹の橋のようで、その伸びた様子は綿をかけたようである。木の根元は大きくもなく、上のほうは小さくもない。上のほうは傾いているのでもなく、下のほうは斜めでもない。まっすぐに高くそびえ、多くの木がまとまって一本の木のようにみえる。その林を歩くと、静かでひっそりとしている。そのかげに隠れると、非常に静か

(118) 多羅——岸樹、高竦樹ともいう。その果実を多羅果と称するが、ザクロに似る。

(119) 檳榔——熱帯に産する常緑喬木。高さ一〇mほど。枝はなく、葉はバショウに似て、幹の先につき、葉のあいだに房状に実をつける。食用とし、また、健胃、利尿、強歯などの効果があるという。

檳榔

で、長く声をひいて詩を吟じたり、遠くに思いをはせたりすることができる。霜に耐えられないので、北方には植えられない。遠い南方の木である。はるかに遠く離れていて、長者の目にふれないので、人をして恨みを深くする。

『南方草物状』にいう。檳榔は三月に花が咲き、続いて果実ができる。果実の大きさは卵ほどである。一二月に熟し、黄色くなる。皮のはげたものはぼろぼろして、食べるのに適さない。ただ植えておくだけで果実ができる。青い果実を日に曝して乾かし、扶留藤《フルトウ》(120)と古賁灰《コフンバイ》(121)と混ぜて食べると、滑らかでおいしい。また、なまでも食べられ、これがもっともおいしい。交趾、武平、興古、九真の地方に産する。

『異物志』にいう。檳榔は筍竹に似て竿になる。茎は堅く、まっすぐに上に伸び、枝や葉は出ない。その形は、ちょうど柱のようである。木の先のほう、五～六尺の間に、大きなこぶのようなかたまりができる。それが裂けて、黍のような穂が出て、花が咲かないのに果実ができる。その大きさは桃李のようである。また、棘針が生え、その下に重なって果実を護っている。上の皮をはいで、中までよく火を通して煮ると、乾かした棗にように堅くなる。扶留や

(120) 扶留藤――扶留と同じ。後出。
(121) 古賁灰――カキ灰のことである。

實大如桃李又棘針重累其下所以衞其實也剖其上皮煑其膚熟而貫之硬如乾棗以扶留古賁灰幷食下氣及宿食白蟲消穀飲啖設爲口實　林邑國記曰檳榔樹高丈餘皮似青桐節如桂竹下森秀無柯頂端有葉葉下繫數房房綴數十子家有數百樹

南州八郡志曰檳榔大如棗色青似蓮子彼人以爲貴異婚族好客輒先逞此物若邂逅不設用相嫌恨　廣州記曰嶺外檳榔小於交阯者而大於蒳子土人亦呼爲檳榔

廉薑

廣雅曰蔟葰（相維反）廉薑也吳錄曰始安多廉薑食經曰藏薑法蜜煑烏梅去滓以漬廉薑再三宿色黃赤如琥珀多年不壞

枸櫞

裴淵廣州記曰枸櫞樹似橘實如柚大而倍長味奇酢皮以蜜煑爲糝　異物志曰枸櫞似橘大如飯筥皮不香味不美可以浣治葛苧若酸漿

鬼目

廣志曰鬼目似梅南人以飲酒　南方草物狀曰鬼目樹大者如李小者如鴨子二月花色仍連著實七八月熟其色黃味酸以蜜煑之滋味柔嘉交阯武平興古九真有之也　裴淵廣州記曰鬼目益知直爾不可噉可爲漿也　吳志曰孫皓時有鬼目菜生工人黃耇家依緣棗樹長丈餘葉廣四寸厚三分　顧微廣州記曰鬼目樹似棠梨葉如楮皮白樹高大如木瓜而小邪傾不周正味酢九月熟又有草昧子

古賁灰とともに食べると、滞った気を下し、滞った食物や寄生虫を下し、穀物の消化を助ける。食事の際に食べることが多い。

『林邑国記』にいう。檳榔の木は高さが一丈あまりで、樹皮は青桐に似る。節は桂竹(122)に似て、下のほうは枝がなく、木の先端に葉がある。葉の下には、いくつかの房がさがっていて、そこには数十個の果実がつく。それぞれの家には数百本の木がある。

『南州八郡志』にいう。檳榔は大きさが棗ほどで、色は青く、蓮の実に似る。土地の人はこれを珍重し、結婚した親族にもっぱらこれを出してもてなす。それをしないと、恨まれる。

『広州記』にいう。嶺外の檳榔は、交趾のものより小さく、蒳子《ヤマビンロウ》より大きい。土地の人はこれを檳榔と称する。

廉薑《バンウコン》(123)

『広雅』にいう。蔟葰は廉薑のことである。

『呉録』にいう。始安(124)は廉薑を多く産する。

『食経』にいう。廉薑を保存する方法は、蜜で烏梅を煮て、滓を取り除き、廉薑を漬ける。二～三昼夜たつと、黄赤色になって琥珀のようになり、何年たっても駄目にならない。

(122) 桂竹――桂陽県に産する竹。筀竹。その竹には毒があって、人を傷つけると必ず死ぬという。

(123) 廉薑――第八八章訳注29を参照。

(124) 始安――現在の広西壮族自治区桂林市をいう。

廉姜

枸櫞

香櫞長大近尺

枸櫞《クエン》(125)

裴淵の『広州記』にいう。枸櫞の木は橘に似る。果実は柚に似るが、大きさは倍ほどもある。味はきわめて酸っぱい。皮は蜜で煮て、「こながき」にする。

『異物志』にいう。枸櫞は橘に似て、果実の大きさは飯箱(126)ほどである。皮には香りがなく、味は良くない。これに葛や苧を浸すと、酢漿のようになる。

鬼目《キモク》(127)

『広志』にいう。鬼目は梅に似て、南方の人はこれで酒を飲む。

『南方草物状』にいう。鬼目の果実は、大きいものは李ほど、小さいものは鴨の卵ほどである。二月に花が咲き、続いて果実をつける。七〜八月に熟す。黄色で、味は酸っぱい。蜜で煮ると、柔らかくておいしい。交趾、武平、興古、九真などの地に産する。

裴淵の『広州記』にいう。鬼目は益知のことである。そのままでは食用にならない。飲料にするとよい。

『呉志』にいう。孫皓の時代に鬼目菜というものがあった。年老いた職人の家に生え、棗の木に寄生する。長さは一丈あまり、葉の広さは四寸、厚さは三分である。

顧微の『広州記』にいう。鬼目は、樹木は棠梨《カラナシ》に

(125) 枸櫞——日本では枸櫞酸でしかなじみがない。この一変種が仏手柑（ブッシュカン）である。学名は〝Citrus medica〟

(126) 飯箱——竹製の長円形小容器。容量は漢代には約一升、現在は約二合という。

(127) 鬼目——実体はよくわからない。現在は石南〝Pholinia serulata〟、臭椿〝Ailanthus altissima〟、羊蹄、白英〝Solanum lyratum〟などのいずれからしい。

橄欖

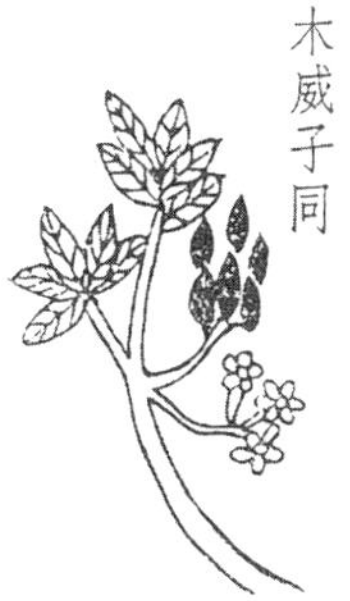

似る。葉は楮に似る。皮は白く、背は高い。果実の大きさは木瓜《ボケ》ほどで、いびつな形をしている。味は酸っぱく、九月に熟する。また、草味子と称するものがあり、鬼目に似る。糝《こながき》にして用いるのがよい。

橄欖《カンラン》(128)

『広志』にいう。橄欖は鶏卵ほどの大きさである。交州ではこれで酒を飲む。

『南方草物状』にいう。橄欖の果実は、大きさが棗ほどであり、鶏卵ほどでもある。二月に花が咲き、続いて果実をつける。八～九月に熟す。なまで食べると酸っぱく、蜜に漬けると甘くなる。

『臨海異物志』にいう。余甘子は梭《シュン》の木に似る。口にいれたときは渋いが、水を飲むと甘味が増す。梅の核より大きく、両端がとがっている。東岳で余甘、柯欖《カラン》と称しているものと同じである。

『南越志』にいう。博羅県(129)に合成樹がある。周囲は一〇囲で、高さ二〇丈のところで三方に枝が分かれている。東向きの枝は木威で、葉は楝《オウチ》(130)に似る。果実は橄欖に似るが、堅い。南方の人は皮を削りとって糝《こながき》にする。南向きの枝が橄欖である。西向きの枝は三丈という。三丈の木は嶺北での別名であろう。

亦如之亦可爲糝用其草似鬼目

橄欖

廣志曰橄欖大如雞子交州以飲酒　南方草物狀曰橄欖子大如棗大如雞子二月華色仍連著實八月九月熟生食味酢蜜藏仍甜　臨海異物志曰餘甘子如梭（且全反）形初入口苦澀後飲水更甘大如梅實核兩頭銳東岳呼餘甘柯欖同一果耳　南越志曰博羅縣有合成樹十圍去地二丈分爲三衢東向一衢木威葉似楝子如橄欖而硬子去皮南人以爲糝南向一衢橄欖西向一衢三丈樹嶺北之候也

龍眼

廣雅曰益智龍眼也　廣志曰龍眼樹葉似荔枝蔓延緣木生子如酸棗色黑純甜無酸七月熟　吳氏

珍倣宋版印

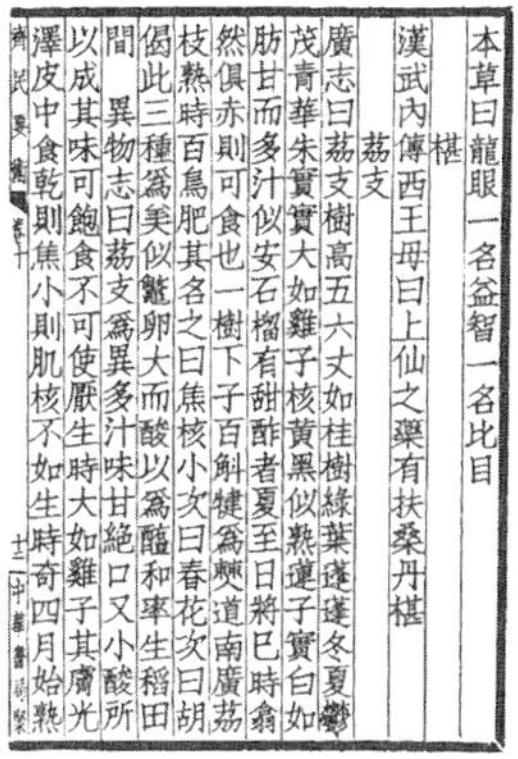
本草曰龍眼一名益智一名比目

椹

漢武內傳西王母曰上仙之藥有扶桑丹椹

荔支

廣志曰荔支樹高五六丈如桂樹綠葉蓬蓬冬夏鬱茂青華朱實實大如雞子核黃黑似熟蓮子實白如肪甘而多汁似安石榴有甜酢者夏至日將巳時翕然俱赤則可食也一樹下子百斛犍爲僰道南廣荔枝熟時百鳥肥其名之曰焦核小次曰春花次曰胡偈此三種爲美似鼈卵大而酸以爲醢和率生稻田間　異物志曰荔支爲異多汁味甘絕口又小酸所以成其味可飽食不可使厭生時大如雞子其膚光澤皮中食乾則焦小則肌核不如生時奇四月始熟

齊民要術　卷十　十二　中華書局聚

(128) 橄欖——熱帯産の喬木。高さは四〇メートルに達する。実は食用とするほか、油をとる。樹皮は薬用となる。学名は"Canarium album"

(129) 博羅県——現在の広東省博羅県をいう。

(130) 楝——喬木の名。梅檀。幹は高さ十数m。葉はナンテンに似て鋸歯があり、互生する。花は淡紫色。五弁で夏開く。実は円くして垂れ結び、熟すと黄色くなる。学名は"Melia azedarach"

楝

龙眼

扶桑

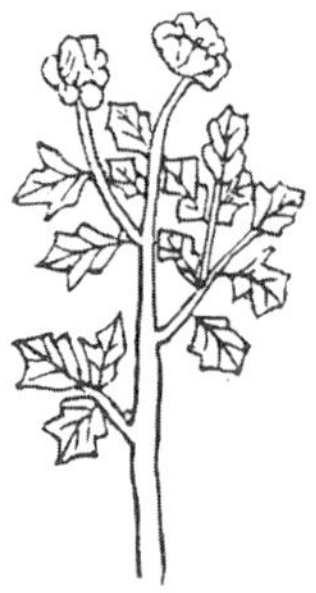

竜眼《リュウガン》

『広推』にいう。益智《エキチ》は竜眼のことである。

『広志』にいう。竜眼の木は、葉が茘枝《レイシ》に似て、蔓性で木に巻きつく。その果実は酸棗に似て、色は黒い。甘味が強く、酸味はない。七月に熟す。

『呉氏本草』にいう。竜眼は益智または比目のことである。

椹《クワノミ》(131)

『漢武内伝』にいう。西王母がいう。仙人になる薬として、扶桑《フソウ》(132)に丹椹というものがある。

茘支《レイシ》

『広志』にいう。茘支は木の高さが五～六丈で、桂に似る。緑の葉がおいしげり、冬も夏もうっそうとしている。花は青く、果実は朱色で、大きさは鶏卵ほどである。核は黄黒色をしており、熟した蓮の実に似る。果実は白く、あぶらのようで、甘くて汁が多い。また、安石榴《ザクロ》に似て、甘酸っぱいものがある。夏至の日が暮れようとするとき、真赤になった果実を食べるとよい。一本の木に果実が一〇〇石もなる。犍為《ケンイ》、僰道《ボクドウ》(133)、南広では、茘支が熟するときに多くの

(131) 第四五章に栽培法が収載されている。桑(クワ)の果実で、桑椹子ともいう。学名は〝*Morus bombycis*〟

(132) 『梁書』に「斉の永元元年(四九九)に慧深と称する僧侶が荊州に来訪し、次のように説いた。大漢国の東二万余里のところに扶桑と称する国がある。その地に扶桑が多く生えているので、この名がある。扶桑の葉は桐の葉に似ている。その芽は笋(タケノコ)に似て、食用になる。その果実は梨(ナシ)のようで、赤い」とある。扶桑は現在のメキシコに当たるようだ。学名は〝*Hibiscus rosa-sinensis*〟

(133) 僰道――現在の四川省宜賓県の西南部、および宜賓県南の珙県。

荔枝

益智子

蘘荷

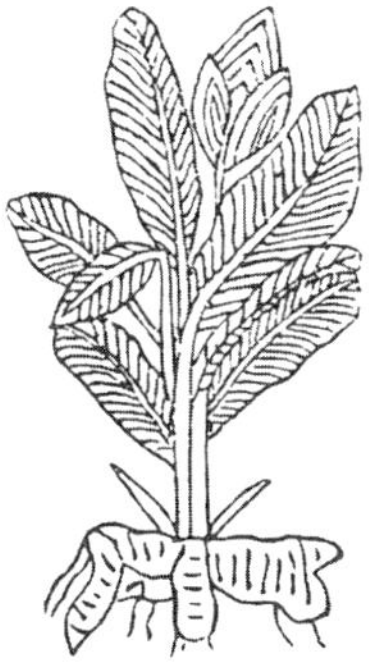

鳥が肥える。そのため、これを焦核、春花、胡偈と称する。この三種はおいしい。亀の卵に似て大きく、酸っぱいので、麹などに漬けて、味をまろやかにする。多くは稲田の間に生える。

『異物志』にいう。茘支は果実である。汁が多く、甘味があって、口あたりがよい。多少の酸味があるので、味が引き立つ。数多く食べても、なんら問題はない。なまのときは、大きさが鶏卵ほどで、光沢がある。皮をむいて乾かすと小さくなり、なまのものとはかなり異なる。四月のはじめに熟す。

益智《エキチ》(134)

『広志』にいう。益智は葉が蘘荷《ミョウガ》(135)に似て、長さは一〇丈ほどである。根の上に小さい枝があり、高さは八～九寸で、花萼はない。これに果実がむらがってつき、大きさは棗ほどで、房は黒く、皮は白い。核の小さいものを益智と称し、これを口に入れると、唾が多く出る。万寿(136)や交趾に産する。

『南方草物状』にいう。益智の果実は筆の先の毛のようで、長さは七～八分である。二月に花が咲き、続いて果実がつく。五～六月に熟す。味は辛く、五種類の味が混じっていて、良い香りがする。塩に浸

(134) 益智――ミョウガ科の草。種子を薬用とする。学名は〝Anorr um amarum〟または〝Alpinia oxyphylla〟

(135) 日本では「茗荷」と書く。学名は〝Zingiber mioga〟

(136) 万寿――現在の貴州省福泉県。

也
益智
廣志曰益智葉似蘘荷長丈餘其根上有小枝高八
九寸無華蕚其子叢生著之大如棗肉瓣黑皮白核
小者曰益智含之隔涎濊出萬壽亦生交趾　南方
草物狀曰益智子如筆毫長七八分二月華色仍連
著實五六月熟味辛雜五味中芬芳亦可鹽曝　異
物志曰益智類薏苡實長寸許如枳椇子味辛辣飲
酒食之佳　廣州記曰益智葉如蘘荷莖如竹箭子
從心中出一枚有十字子內白滑四破去之取外皮
蜜煑爲糝味辛
桶
廣志曰桶子似木瓜生樹木　南方草物狀曰桶子
大如雞卵三月花色仍連著實八九月熟採取鹽酸
漚之其味酸醋以蜜藏滋味甜美出交趾　劉欣期
交州記曰桶子如桃
蒳子
竺法真登羅浮山疏曰山檳榔一名蒳子幹似蔗葉
類柞一叢千餘榦榦生十房房底數百子四月採
豆蔻
南方草物狀曰豆蔻樹大如李二月華色仍連著實
子相連累其核根芬芳成㲉七月八月熟曝乾剝食
核味辛香五味出興古　劉欣期交州記曰豆蔻似
杬樹　環氏吳記曰黃初二年魏求豆蔻
榠
廣志曰榠查子甚酢出西方
齊民要術　卷十　十三　中華書局聚

して日に曝すとよい。

『異物志』にいう。益智は薏苡《ハトムギ》(137)の一種で、果実の長さは一寸ほど、枳椇《ケンポナシ》(138)の果実に似る。味はいがらっぽく、酒を飲むときに食べるとよい。

『広州記』にいう。益智は葉が蘘荷に似て、茎は竹箭に似る。果実は中心に生じ、一枚に一〇個みのる。果肉は白く滑らかで、周囲の皮を破りさって、蜜で煮て糝《こながき》にする。味は辛い。

桶《カク》(139)

『広志』にいう。桶は木瓜《ボケ》に似て、樹木になる。『南方草物状』にいう。桶の果実は鶏卵ほどの大きさで、三月に花が咲き、続いて果実をつける。八～九月に熟す。これを採って塩漬けすると、味は酸っぱく、蜜に漬けておくと甘味があっておいしい。交趾に産する。

劉欣期の『交州記』にいう。桶の果実は桃に似る。

蒳子《ヤマビンロウ》(140)

竺法真の『登羅浮山疏』にいう。山檳榔は別名を蒳子と称する。幹は蔗に似て、葉は柞に似る。一〇本ほどの幹が生え、それぞれに一〇房ほど、房の底に数百の果実がつく。四月に果実を採る。

(137) 薏苡——穀類の一種であり、益智の記述とは一致しない。

(138) 枳椇——夏に小白花を開き、実は黄色で肥大、鶏爪のように甘い。俗に鶏爪子。また木蜜ともいう。学名は〝Hove-nia dulcis〟

(139) 「桷」の誤記らしい。学名は〝Broussonetia papyrifera〟

(140) 蒳子——『図経本草』に「檳榔に三～四種あり、小さくて甘いものを山檳榔、大きくて渋味があり、核の大きいものを猪檳榔、もっとも小さいものを蒳子という」とある。

草豆蔻

白豆蔻

肉豆蔻

豆蔻《ズク》(141)

『南方草物状』にいう。豆蔻の木は、大きさが李に似る。二月に花が咲き、続いて果実をつける。果実はつながっている。その核や根、さらには殻によい香りがある。七～八月に熟す。日に曝して乾かし、削って食べると、核は辛く、五味の香りがする。興古に産する。

劉欣期の『交州記』にいう。豆蔻は杭樹に似る。

環氏の『呉記』(142)にいう。黄初二年に魏人がやってきて、豆蔻を求めた。

榠《カリン》(143)

『広志』にいう。榠査の果実はきわめて酸っぱい。西方に産する。

餘甘《アンモ》(144)

『異物志』にいう。餘甘は大きさが弾丸ほどで、表面に定陶瓜《テイトウカ》(145)のような模様がある。口に入れたときは渋いが、のみこむと、口の中に甘みが広がる。塩を振りかけて蒸したものは、もっともおいしい。たくさん食べてもよい。

(141) 豆蔻――草豆蔻（クサズク）〝Amomum costatum〟、白豆蔻（シロズク）〝Amomum cardamomum〟、肉豆蔻（ニクズク）〝Myristica fragrans〟がある。

(142) 『呉記』――晋の環済の著作。すでに散逸した。

(143) 榠――カラボケともいう。落葉亜喬木で、葉、花、果実ともにボケに似る。果実は生食できないが、焼酎にいれて果実酒を作る。学名は〝Chaenomeles sinensis〟

(144) 餘甘――梵語の〝amalaka〟からきた「菴摩勒」の異名。口に入れると、はじめは渋く、あとで甘くなることから、「餘甘」と称した。学名は〝Phyllanthum emblica〟

(145) 定陶瓜――山東省定陶県特産の餘甘をいう。

餘甘
異物志曰餘甘大小如彈丸視之理如定陶瓜初入口苦澀咽之口中乃更甜美足味鹽蒸尤美可多食
蒟子
廣志曰蒟子蔓生依樹子似桑椹長數寸色黑辛如薑以鹽醃之下氣消穀生南安
芭蕉
廣志曰芭蕉一曰芭菹或曰甘蕉莖如荷芋重皮相裹大如盂升葉廣二尺長一丈子有角子長六七寸有蔕三四寸角著蔕生爲行列兩兩共對若相抱形剝其上皮色黄白味似葡萄甜而脆亦飽人其根大如芋魁大一石青色其莖解散如絲織以爲葛謂之蕉葛雖脆而好色黄白不如葛色出交阯建安　南方異物志曰甘蕉草類望之如樹株大者一圍餘葉長一丈或七八尺廣尺餘華大如酒盃形色如芙蓉莖末百餘子大名爲房根似芋魁大者如車轂實在華每華一闔各有六子先後相次子不俱生華不俱落此蕉有三種一種子大如拇指長而銳有似羊角名羊角蕉味最甘好一種大如雞卵有似羊乳味微減羊角蕉一種蕉大如藕長六七寸形正方名方蕉少甘味最弱其莖如芋取濩而煮之則如絲可紡績也
異物志曰芭蕉葉大如筵席其莖如芽取蕉而煮之則如絲可紡績女工以爲絺綌則今交阯葛也其內心如蒜鵠頭生大如今柈因爲實房著其心齊一房有數拾枚其實皮赤如火剖之中黑剝其皮食其肉如飴蜜甚美食之四五枚可飽而餘滋味猶在齒

榠

樝

楂子同

蒟子《フウトウカズラ》(146)

『広志』にいう。蒟子は蔓生で、木にまきつく。果実は桑に似て、長さは数寸、色は黒く、薑のように辛い。塩漬けにしたものは気を下し、穀物の消化を助ける。南安(147)に産する。

芭蕉《バナナ》(148)

『広志』にいう。芭蕉は、別名を芭苴とも、甘蕉とも称する。茎は荷や芋に似て、皮は二重になって、大きさは一升椀に似る。葉の幅は二尺、長さは一丈である。果実には角があり、長さは六〜七寸、三〜四寸の帯がついている。角は帯について生じ、列をなし、両方が向きあい、抱きあっているようである。上の皮をはぐと、黄白色で、味は葡萄に似る。甘く柔らかく、人を十分に満足させる。その根の大きさは、芋に似て一石ほどもあり、青色をしている。茎は糸のようにほどき、織って葛とする。これを蕉葛と称する。もろくて弱いが美しく、黄白色で、葛の色のようには見えない。交趾や建安に産する。

『南方異物志』にいう。甘蕉は草の仲間であるが、樹のようになる。株の大きなものは、一抱えほどもある。葉の長さは一丈、あるいは七〜八尺で、幅は

(146) 蒟子——コショウ科の灌木。四川、雲南に産する。醤を作り、調味料として使用する。これを「蒟醤」（雲南では「きんま」）という。

(147) 南安——現在の甘粛省隴西県をいうが異論もある。

(148) 芭蕉——俗に香蕉と称する。学名は"*Musa paradisiaca*"。

庵罗勒

蒟醤

甘蕉

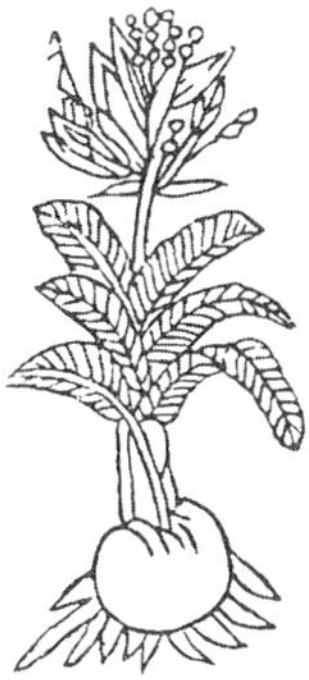

一尺あまり、花の大きさは酒杯ほどで、形や色は芙蓉に似る。茎の先に百あまりの果実がなり、房のようである。根は芋魁《ウカイ》(149)に似て、大きなものは車轂《シャコク》(150)ほどである。果実は花ごとに一個つき、それぞれ六個ある。花は順番に次次と咲き、果実は一度にはみのらない。また、花も一度には落ちない。蕉には三種類がある。第一は果実の大きさが親指ほどで、長くとがっている。その形が羊の角に似ているので、羊角蕉と称する。味はもっとも甘く、おいしい。第二は、果実が鶏卵ほどで、味は羊乳に似るが、羊角蕉よりやや劣る。第三は、藕《レンコン》に似た大きさで、長さは六〜七寸、正方形をしているので方蕉と称する。甘味は少なく、味はもっとも薄い。その茎は芋に似て、それをよく煮つめると糸のようになるので、糸につむいだり、布に織ったりするとよい。

『異物志』にいう。芭蕉は葉の大きさが莚席に似る。茎は芋に似て、これを採ってよく煮つめると糸のようになるので、糸をつむいだり、布に織ったりする。女工はこれで絺綌《チゲキ》(151)を作る。これが今の交趾葛である。内側の中心に蒜鵠頭《サンコクトウ》(152)を生ずる。大きさは合柈(153)ほどである。その果実は房のようにつながっている。一房は数十枚である。果実は火のように真赤で、中は黒

(149) 芋魁——芋の大きいもの、すなわち親芋をいう。

(150) 車轂——梨の一種。

(151) 絺綌——絺は細かい葛布。綌はあらい葛布。「かたびら」の類。

(152) 蒜鵠頭——鵠（ハクチョウ）の頭部にこぶがあり、これを鵠頭という。蒜（ニンニク）の球茎がこれに似ているところから、この名がある。

(153) 合柈——中心部が外側にふくらんだ円形の容器をいう。

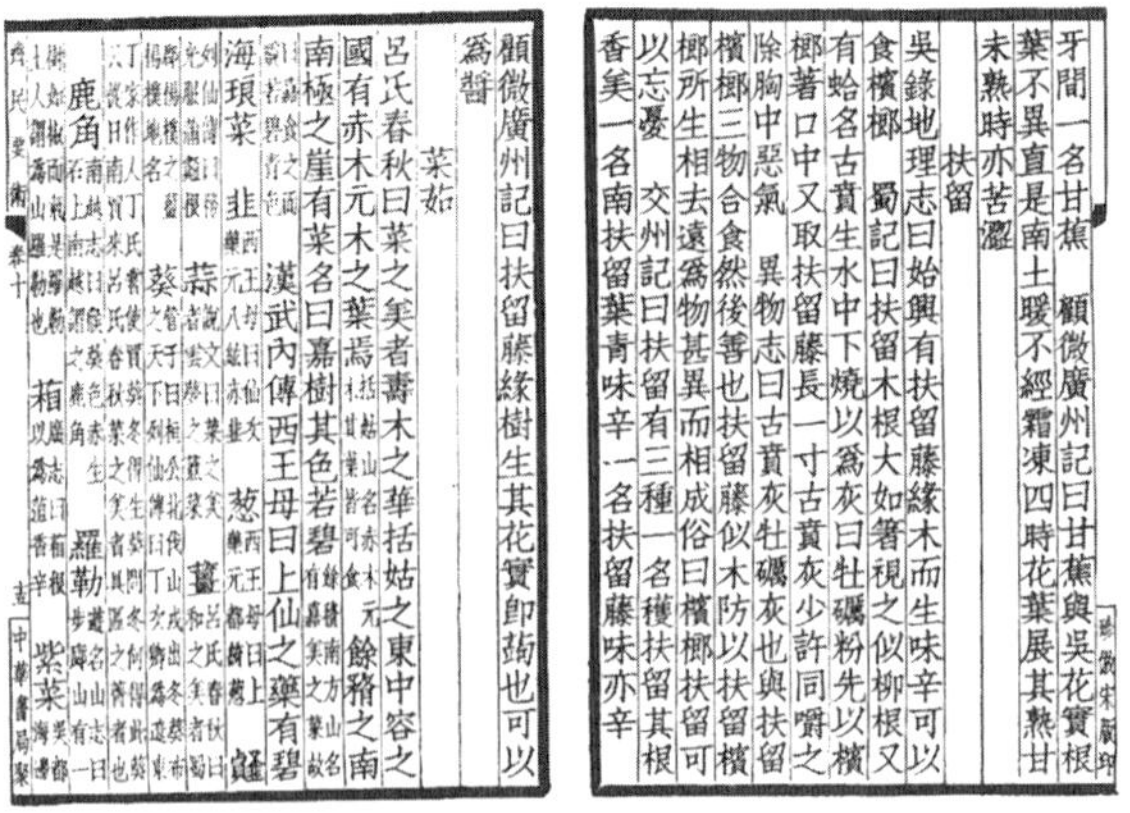
牙間一名甘蕉　顧微廣州記曰甘蕉與吳花實根葉不異直是南土暖不經霜凍四時花葉展其熟甘未熟時亦苦澀

扶留

吳錄地理志曰始興有扶留藤緣木而生味辛可以食檳榔　蜀記曰扶留木根大如箸視之似柳根又有蛤名古賁生水中下燒以爲灰曰牡蠣粉先以檳榔著口中又取扶留藤長一寸古賁灰少許同嚼之除胸中惡氣　異物志曰古賁灰牡蠣灰也與扶留檳榔三物合食然後善也扶留藤似木防以扶留檳榔所生相去遠爲物甚異而相成俗曰檳榔扶留可以忘憂　交州記曰扶留有三種一名穫扶留其根香美一名南扶留葉青味辛一名扶留藤味亦辛

顧微廣州記曰扶留藤緣樹生其花實即蒟也可以爲醬

菜茹

呂氏春秋曰菜之美者壽木之華括姑之東中容之國有赤木元木之葉焉　餘瞀之南南極之崖有菜名曰嘉樹其色若碧

漢武內傳西王母曰上仙之藥有碧海瑱菜

韭　葱　蒜　葵　鹿角　羅勒　葙　紫菜

い。皮をはいで果肉を食べると、蜜のように甘く、とてもおいしい。四～五枚食べれば十分で、おいしさはしばらく口の中に残る。別名を甘蕉と称する。

顧微の『広州記』にいう。甘蕉は呉と比べて、花、果実、根、葉のいずれとも異なる点はない。南方の暖かい地では、霜のおりることがないので、一年中花が咲き、葉がのびる。熟したものは甘く、未熟なものは苦くて渋い。

扶留《フル》(154)

『呉録・地理志』にいう。始興に扶留藤がある。木に巻きついて生える。檳榔とともに食べるとよい。

『蜀記』にいう。扶留の樹木は、根の大きさが箸ほどで、柳の根に似る。別に蛤があり、古賁と称する。水中に生じ、これを採って焼き、灰にしたものを牡蛎粉と称する。先に檳榔を口の中に入れ(155)、扶留藤を一寸ほど取り、古賁灰少量と一緒に口に入れると、胸の中の悪気《あっき》(156)が除かれる。

『異物志』にいう。古賁灰は牡蛎灰のことである。これを扶留と檳榔と一緒に食べると、気分が良くなる。扶留藤は木防己《ツヅラフジ》(157)に似る。扶留と檳榔とは生えるところが遠く離れていて、まったく異なるものだが、

(154) 扶留。学名は〝Piper oetle〟

(155) 檳榔と扶留とをカキ灰とともに食べるという記述は多くの文献に紀載されている。

(156) 人を害する悪い毒気。

(157) ウマノメ、アオツヅラともいう。原野に自生する草。葉は互生で、卵形。花は淡青色で、果実は黒色。学名は〝Cocculus trilobus〟

韭

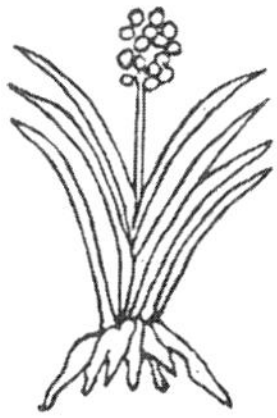

生姜

干姜

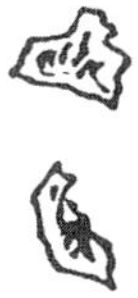

互いに作用しあう。俗に檳榔と扶留とは憂いを忘れるためによいといわれる。

『交州記』にいう。扶留に三種類がある。第一は穫扶留と称し、その根は香りがあって、おいしい。第二は南扶留と称し、葉は青く、辛味がある。第三は扶留藤と称し、これも味は辛い。

顧微の『広州記』にいう。扶留藤は木に巻きついて生える。その果実は蒟に近いから、醤にするのがよい。

菜茹《サイジョ》(158)

『呂氏春秋』にいう。野菜でおいしいものは、寿木《ジュボク》(159)の華である。括姑山の東方、中容《チュウヨウ》(160)の国に、赤木《セキボク》、玄木の葉があり、いずれも食用になる。余穃山の南端の崖に嘉樹と称する野菜があり、碧色をしている。

『漢武内伝』にいう。西王母がいうには、仙人になるための薬は碧海の琅菜である。

韮《ニラ》——西王母がいう。韮は仙人薬である。八紘に赤韮がある。

葱《ネギ》——西王母がいう。上薬で、玄都(161)に綺葱がある。

䪥《ラッキョウ》——『列仙伝』(162)にいう。務光は蒲䪥の根を服用した。

蒜《オオニンニク》(163)——『説文』にいう。野菜で美味なものは、雲夢の葷菜《クンサイ》である。

(158) 野菜の総称。

(159) 寿木——崑崙山に産し、この実を食べるものは死なないという。

(160) 中容——古の国の名。

(161) 玄都——神仙の居所である。

(162) 『列仙伝』——漢の劉向の著作とされているが、後人が偽作または加筆したと思われる。不老長生が誤りなき事実であることを実証するため、上古から三代秦漢にいたるまでの神仙を集め、その事績を記載。

(163) 蒜——張騫が漢の武帝の命令で西域から持ち帰った二ンニク。現在のニンニクである。学名は〝Allium sativum〟

冬葵

鹿角菜

薑《ショウガ》——『呂氏春秋』にいう。薬味として美味なものは、蜀郡の楊樸の薑である。

葵《フユアオイ》[164]——『管子』[165]にいう。桓公が北方の山戎を征服し、冬葵を国中に広めた。

『列仙伝』にいう。丁次卿が遼東の丁家の作人になった。丁氏が以前に葵を求めさせたところ、冬の季節にもかかわらず、みずみずしい葵を手に入れてきた。そこで、「今は冬なのに、どうしてこのような葵が手に入るのか」とたずねたところ、「日南というところから買いもとめてきました」と答えた。

『呂氏春秋』にいう。野菜の美味なものは、太湖産の蕪菁である。

鹿角《フノリ》[166]——『南越志』にいう。猴葵は色が赤く、石の上に生える。南越地方では、これを鹿角と称する。

羅勒《メボウキ》[167]——『遊名山志』[168]にいう。歩廊山[169]に一本の樹木がある。椒《サンショウ》のようであるが、匂いや味が羅勒に似ているので、土地の人は山羅勒と称している。

葙《ノゲイトウ》[170]——『広志』にいう。葙の根を漬物にすると、辛味があって、香りがよい。

紫菜《ノリ》——呉都の海中の山々には、どこにも紫菜が生える。

『呉都賦』にいう。綸組《カンソ》は紫菜のことである。

『爾雅』にいう。現在の論は、有秩嗇夫《ユウチツショウフ》[171]

(164) 葵——ここではフユアオイを指す。第一七章に栽培法が収載されている。学名は〝Malva verticillata〟

(165) 『管子』——管仲の著作とされるが、後代の仮託増補が多い。法家に属する。春秋時代、斉の桓公（春秋五覇の一人）に仕えた宰相管仲とその系列下の学者の言行を記載。

(166) 鹿角——現在は鹿角菜と書く。食川にするほか、糊料としても使川する。学名は〝Chondnus acellatus〟

(167) 羅勒——第二五章に栽培法が収載されている。三種あり。一は紫蘇に似、一は葉大で香気二〇歩外に満ち、一は生菜となして用い、これを食すれば健康を益すという。学名は〝Ocimum basilicum〟

(168) 『遊名山志』——謝雲運の著作。現在は散逸した。

(169) 歩廊山——浙江省温州にある。

(170) 葙——現在は青葙子と書く。学名は〝Celosia argentea〟

(171) 有秩嗇夫——地方の下層官吏で、訴訟および収税を所管する。秦にはじまり、南宋以後廃止された。

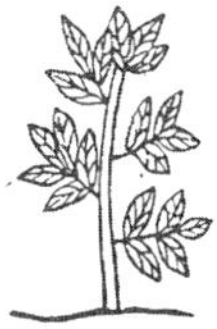

罗勒

兰香

青葙

紫菜

が腰につけている黄色や青色の帯紐のことで、組は官職をあらわす紐のことである。美しい色沢や形をもつ海藻を、帯紐にちなんで名づけたのである。

芹《セリ》——『呂氏春秋』にいう。野菜で美味なものは、雲夢山の芹である。

優殿《ユウデン》(172)——『南方草物状』にいう。合浦(173)に優殿という野菜がある。豆を煮て作った醤でゆでて食べると、香りがよくて、おいしい。

蕹《ヨウサイ》(174)——『広州記』にいう。蕹菜は水中に生える。漬物にするのがよい。

冬風《シロヤマギク》(175)——『広州記』にいう。冬風菜は陸に生える。肉を入れて「あつもの」にするのがよい。

蔛《ヒヨドリジョウゴ》(176)——『字林』にいう。蔛菜は水中に生える。

蔊菜《ナガミノイヌカラシ》(177)——味は辛い。

荳《トウ》(178)——『呂氏春秋』にいう。野菜の美味なものは、雲夢山の荳である。

莚《セリ》(179)——蒜に似て水中に生える。

莚《セ》菜《リ》——蒿《ヨモギ》に似る。

菹菜《ドクダミ》(180)——紫色で、蔓性である。

蘽菜《ルイサイ》——葉は竹に似て、水辺に生える。

閲菜《エッサイ》——葉は竹に似て、水辺に生える。

(172) 優殿——『本草拾遺』に「味は辛く、温である。悪気を去り、食物を消化する。安南に生え、人はそれを野菜として植える」とある。どのような植物かは不明である。

(173) 合浦——現在の広東省合浦県。

(174) 蕹——現在は空心菜（クウシンサイ）と書く。ヒルガオ科の蔓性植物で、南方の市場で見かける。とくに夏場に多い。学名は〝Ipomoca aquatica〟

(175) 冬風——現在は東風菜と書く。学名は〝Aster scaber〟

(176) 蔛——蔛の音は「解」である。薢草は水辺に生え、葉は円形、葉は青白く、食用になる。蔛と薢とは同音だが、同一の植物かどうかは不明である。

(177) 蔊菜——葉も茎も辛いが、ともに食用になる。学名は〝Rori-ppa montana〟

(178) 荳——「広州植物志』では、ミズワラビ、『辞海』では「豆」の異体字とし、特定できない。学名は〝Ceratopteris thalictroides〟

(179) 莚——辞典には「芹」とあり、芹との相違は不明。

(180) 菹菜——現在は蕺菜と書く。強い臭気で嫌われるが、若葉と地下茎を食用にする。『唐本草』によれば、「葉は蕎麦に似て、肥沃な土地ではよくつるになり、葉は赤紫色をしている」。学名は〝Houttuynia cordala〟

菜　蘿

荷藕蓮

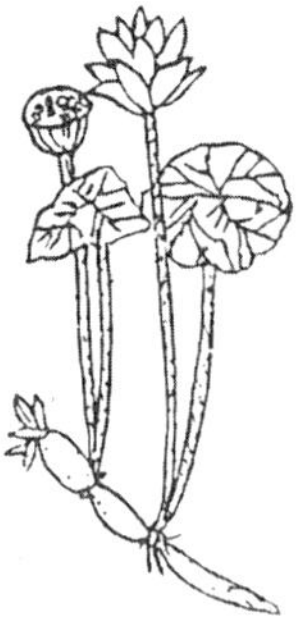

藄菜《キサイ》―蕨に似る。

藒菜―蕨に似て、水中に生える。

蕨菜《ワラビ》―鼈《ベツ》のことである。『詩疏』にいう。秦の国では蕨、斉および魯の国では鼈と称する。

葟菜《テッサイ》―蒜に似て、水辺に生える。

䕭菜《ゼンサイ》(181)―䓋茎菜に似て、別名を染草と称する。

蓶菜―鳥韮に似て、黄色い。

䓋菜―水中に生え、葉が大きい。

藷菜《ヤマイモ》(182)―根は芋に似て、食用になる。別名を署預と称する。

荷《ハス》(183)―『爾雅』にいう。荷とは芙渠のことである。その果実を蓮《ハスノミ》と称し、その根を藕《ハスノネ》と称する。

竹《タケ》

『山海経』にいう。嶓冢山《ハチョウザン》には桃枝《トウシ》(184)や鉤端竹が多い。雲山には桂竹があるが、これは猛毒があり、人を傷つけて、かならず死に至らしめる。亀山には挟竹が多い。『漢書』(185)にいう。竹の大きなものは、一節(186)が一石を受け、小さなものは、一節が数斗になる。

邛都《キョウト》(187)の高節竹は杖になる。いわゆる邛竹である。

『尚書』(188)にいう。楊州の貢物は篠、簜であり、荊州の貢物は箘、簵である。

(181) 䕭菜―蕁麻（ジンマ）で知られる。若葉と茎を食用にする。学名は〝Urtica thunbergiana〟

(182) 藷菜―日本語では薯蕷（ショヨ）でも通用し、薯蕷饅頭という菓子がある。学名は〝Dioscorea batatas〟

(183) 荷―ひつじぐさ科の多年生草本。ぬま地にはえ、柄が長く、その実と根茎を食用とする。

(184) 桃枝―竹の名。皮が赤く、編んで席を作る。桃枝竹。

(185) 『漢書』―前漢の歴史を記載。中国の正史の一つ。後漢の班彪の志をついで、子の班固が作り、班固の妹の班昭が補完した。『史記』にならって、紀伝体で記載されている。『前漢書』とも称し、『史記』および『後漢書』とあわせて三史という。

(186) 『竹譜詳録』によれば、「節ごとに三本の枝が生え、刺がある。小さいものは植えて垣根にするので、笆竹ともいう」とある。

(187) 邛都―現在の四川省西昌県。

(188) 『尚書』―五経の一つ。尚は上の意味で、上代の堯舜

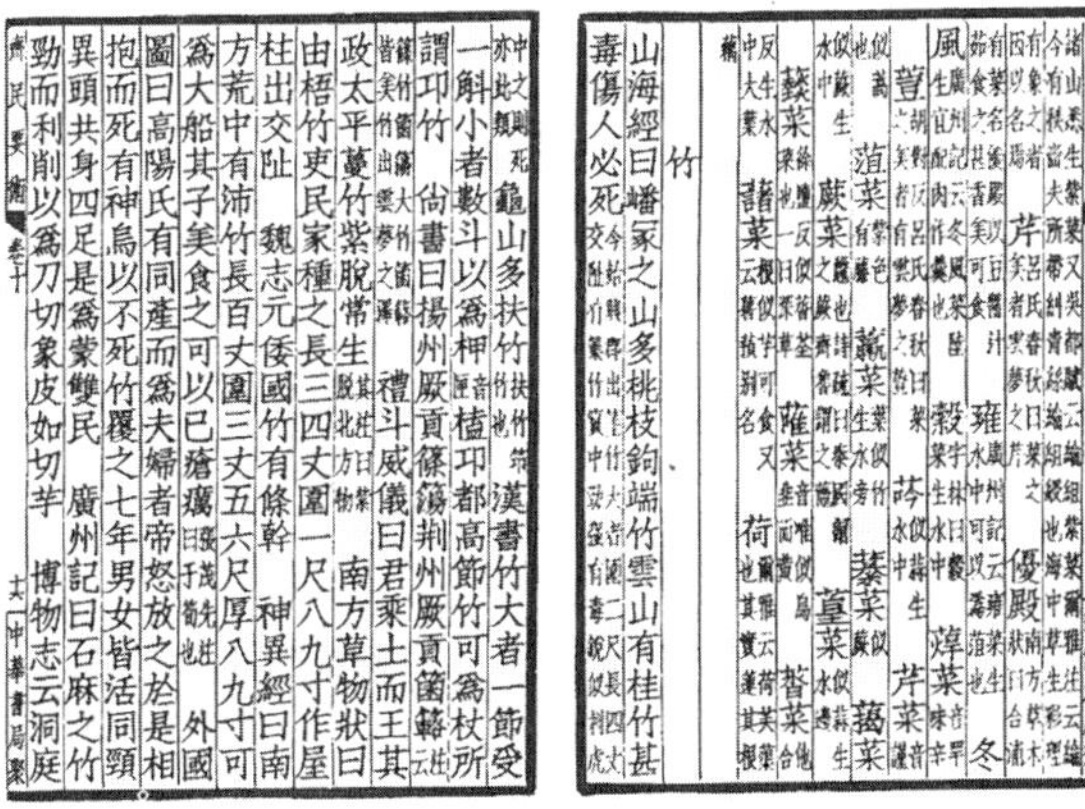
山海經曰嶓冢之山多桃枝鉤端竹雲山有桂竹甚毒傷人必死

竹

龜山多扶竹 漢書竹大者一節受一斛小者數斗以爲柙榼邛都高節竹可爲杖所謂邛竹 尚書曰揚州厥貢篠簜荊州厥貢箘簵 禮斗威儀曰君乘土而王其政太平蔓竹紫脫常生 南方草物狀曰由梧竹吏民家種之長三四丈圍一尺八九寸作屋柱出交阯 魏志元倭國竹有篠幹 神異經曰南方荒中有沛竹長百丈圍三丈五六尺厚八九寸可爲大船其子美食之可以已瘡癘 外國圖曰高陽氏有同產而爲夫婦者帝怒放之於是相抱而死有神鳥以不死竹覆之七年男女皆活同頸異頭共身四足是爲蒙雙民 廣州記曰石麻之竹勁而利削以爲刀切象皮如切芋 博物志云洞庭

齊民要術 卷十　中華書局聚

『礼斗威儀』にいう。君が地をおさめて王となれば、その政治は安定して、蔓竹や紫脱という端草がいつも生える。

『南方草物状』にいう。由梧竹(189)はどこの家でも植える。長さは三～四丈で、周囲は一尺八～九寸である。家の柱にする。交趾に産する。

『魏志』にいう。倭の国には、篠竹《シノダケ》(190)がある。

『神異経』にいう。南方の洛陽には、沛竹(191)がある。長さは百丈、周囲は三丈五～六尺、厚さは八～九寸あり、これで大きな船を作る。その果実は美味で、これを食べると、瘡癘《カサ》(192)を治す。

『外国図』にいう。高陽氏には、兄弟で夫婦になった者がいた。帝は怒り、追放したところ、二人は抱きあって命を絶った。神鳥が不死竹でこれを覆ったところ、七年経って男女はよみがえった。頭が二つ、足が四本あり、これを蒙雙民と称する。

『広州記』にいう。石麻の竹は強くて鋭いから、削って刀にする。これで象の皮を切ると、芋を切るようによく切れる。

『博物志』にいう。洞庭山で、堯帝の二女はいつも泣いていた。その涙が竹の上にぽたぽたとこぼれて、竹はみなまだらになった。

から夏殷周の三代にわたる伝承的な歴史を記載。『書経』ともいう。ただし、本来の書は散逸し、現在のものには晋代の偽作の部分がある。

(189) 由梧竹――山梧竹。竹の一種。

(190) 篠竹――細くて数多く生える竹の名称。

(191) 沛竹――竹の一種。南方に産し、長さ百丈、周三丈五六尺、厚九寸。大船を造るのに適している。

(192) 瘡癘――ふきでもの。

『華陽国志』(193)にいう。竹王というものがいた。豚水で生まれた。一人の女性が水辺で洗いものをしていると、三節の大竹が流れてきて、足の間に入った。それを押したが、流れてゆかない。子供の声がきこえたので、持ち帰って竹を割ると、中から男の子が出てきた。成長するにつれて、武術の才能を発揮し、やがて夷狄を追い払い、竹を姓とした。竹を裂き、野原を林にした。現在の王祠の竹林がそれである。

『風土記』にいう。陽羨県(194)に袁君《エンクン》の墓があり、その祭壇の辺りに数本の大竹がある。高さは二～三丈で、枝はすべて下を向き、壇上を掃っているので、いつも清潔である。

盛弘之の『荊州記』にいう。臨賀郡謝沐県(195)の東の山に大竹がある。大きさは数十囲、長さは数丈、かたわらに小竹が生え、周囲は四～五尺である。その下に大石がある。直径は四～五尺で、非常に高い。方形をしていて、青く滑らかで、棋盤に似る。二本の竹が垂れさがって、その上を掃い、塵や汚れがない。数十里内で風がこの竹を吹くのを聞くと、簫管の音を聞くようである。

『異物志』にいう。篔竹という竹がある。その大きさは数抱えもあり、節の間で切って小さくし、中

(193)『華陽国志』——晋の常璩の著作。巴蜀（四川省）の事象を開闢から永和三年まで記載。

(194)陽羨県——現在の江蘇省宜興県。

(195)謝沐県——現在の湖南省江永県の西南部。

(196)篔竹——『竹譜』に、「肉厚で空間が小さく、中がつまっている大竹のことで、土地の人はこれを梁や柱にする」とある。

之山堯帝之二女常泣以其涕揮竹竹盡成斑下雋有
竹皮不時落謝土皮乃見　華陽國志云有竹王者興於豚水有
一女浣於水濱有三節大竹流入女足間推之不去
聞有兒聲持歸破竹得男長養有武才遂雄夷狄氏
竹爲姓所破竹於野成林今王祠竹林是也　風土
記曰陽羨縣有袁君家壇邊有數林大竹並高二三
丈枝皆兩披下掃壇上常潔淨也　盛宏之荊州記
曰臨賀謝休縣東山有大竹數十圍長數丈有小竹
生旁皆四五尺圍下有盤石徑四五丈極高方正青
滑如彈棊局兩竹屈垂拂掃其上初無塵穢未至數
十里聞風吹楚竹如簫管之音　異物志曰有竹曰
䈽其大數圍節間相去局促中實滿堅强以爲柱榱
　南方異物志曰棘竹有刺長七八丈大如甕　曹

毗湘中賦曰竹則篔簹白烏實中紺族濱榮幽渚繁
宗隈曲萋蒨陵邱薆逮重谷　王彪之閩中賦曰竹
則苞甜赤若縹箭斑弓度世推節征合實中篔簹函
人桃枝育蟲緗箬素筍彤竿綠筒篔簹竹節中有物長數寸正似世人
形俗說相傳云竹人時有得者育蟲竹實竹中皆有耳因說桃枝可得寄言　神仙傳曰
壺公欲與費長房俱去長房畏家人覺公乃書一青
竹戒曰卿可歸家稱病以此竹置卿臥處默然便來
還房如言家人見此竹是房屍哭泣行喪　南越志
云羅浮山生竹皆七八寸圍節長一二丈謂之龍鍾
竹　孝經河圖曰少室之山有爨器竹堪爲釜甑安
思縣多苦竹竹之醜有四有青苦者白苦者紫苦者
黃苦者　竺法真登羅浮山疏曰又有筋竹色如黃
金　晉起居注曰惠帝二年巴西郡竹生紫色花結

につめものをして堅くし、垂木にする。

『南方異物志』にいう。棘竹《キョクチク》(197)には刺がある。長さ七〜八丈、大きさは甕に似る。

曹毗の『湘中賦』にいう。竹といえば、篔簹《ウントウ》(198)である。白竹と烏竹とがあって、中がつまっており、紺色もある。水辺に生え、おいしげっている。また、丘や谷にもうっそうと茂っている。

王彪之の『閩中賦』にいう。冬の筍は甘く、赤い。薄い藍色の篠竹は、斑弓にする。世渡りには竹のような節が必要であり、戦いには幹の充実している竹を用いる。篔簹竹で甲冑を作り、桃枝という竹で虫を育てる。浅黄色の筍の皮、白い筍、赤い竹芋、緑の竹筒がある。

『神仙伝』にいう。壷公は費長房とともに出かけようとしたが、長房は家人に見つかることを心配した。そこで、公は一本の青竹を描き、戒めていった。君は病気だといって家に帰り、この竹を寝ているところに置き、黙って戻ってきなさいと。費長房がその通りにすると、家人はこの竹を見て費長房が死んだと泣き叫び、葬式をした。

『南越志』にいう。羅浮山に竹が生えている。その太さは七〜八寸、節の長さは一〜二丈である。これを竜鐘竹という。

(197) 棘竹——『竹譜』に、「交州の諸郡に生える。群生し、大きなものは周囲が二尺もある。肉はいたって厚く、中はつまっている。夷人はこれで弓を作る。枝や節に棘があり、城に周囲に植えておくと攻めることができない」とある。

(198) 篔簹——『異物志』に、「篔簹は水辺に生え、長さは数丈、周囲は一尺五〜六寸、節の長さは六〜七尺から一丈、廬陵のはずれに生える」とある。

『孝経河図』[199]にいう。少室山[200]に爨器竹がある。釜や甑として使用することができる。安思県[201]には苦竹《マダケ》が多い。これには四種類がある。青くて苦いもの、白くて苦いもの、紫で苦いもの、黄色で苦いものである。竺法真の『登羅浮山疏』にいう。筋竹《ジョチク》[202]というものがある。黄金に似た色をしている。

晋起居の注にいう。恵帝二年に、巴西郡[203]に竹が生えた。紫色の花が咲き、麦のような果実がなり、皮は青く、中は米のように白く、甘い。

『呉録』にいう。日南に簞竹[204]という竹がある。中空ではなく、強く鋭いので、削って矛を作る。

『臨海異物志』にいう。狗竹《クチク》[205]は節の間に毛が生えている。

『字林』にいう。茸竹[206]は頭部に花のような模様がある。蕪竹[207]は皮が黒く、模様が浮きでている。籯竹《カンチク》[208]は毛が生えている。箹竹《リンチク》は中空ではない。

筍《タケノコ》

『呂氏春秋』にいう。あえものにしておいしいのは、越簵[209]に産する筍である。高誘の注にいう。箘は筍のことである。

『呉録』にいう。鄱陽県[210]の筍は冬に生える。

『筍譜』[211]にいう。鶏脛竹は肉厚でおいしい。

(199)『孝経河図』――『孝経』の緯書の一つ。『孝経』は孔子が曾子に説いた孝道を、曾子の門流が著作。一三経の一つ。緯書というのは、経書をまねて作り、吉凶禍福や未来のことを予言した書物。漢代に流行した。

(200) 少室山――現在の河南省嵩山の西峰。

(201) 安思県――安次県、安始県、安昌県のいずれかであろうが、不明。

(202) 筋竹――金竹のことである。『竹譜詳録』に、「金竹は江浙の間に生じ、淡竹に似る。高さは一～二丈に過ぎず、その枝や竿がきれいな黄色をしているさまが真金のようなので、この名がある」とある。

(203) 巴西郡――現在の四川省閬中県。

(204) 簞竹――『異物志』に「簞竹は戟の柄ほどの大きさで、中がつまっていて強いため、交趾の人は先を削って矛にする」とある。

(205) 狗竹――『竹譜詳録』に「狗竹は臨海郡に生じ、周囲は三寸、節の間に毛がある。三月に筍が食べられる」とある。

(206) 茸竹――『竹譜詳録』に「茸竹の頭部に父文がある。篢文とは花模様のことである」とある。

(207) 蕪竹――『竹譜詳録』に「節ごとに三本の枝が生じ、枝葉が美しいので、人々に珍重される。大きいものは柱とし、小さいものはいろいろに用いられる」とある。

(208) 籯竹――竹の名。あるいは篢・簀に作る。

(209) 越簵――現在の貴州省西南部一帯。

(210) 鄱陽県――現在の江西省波陽県。

(211)『筍譜』――宋の釈賛寧の著作。

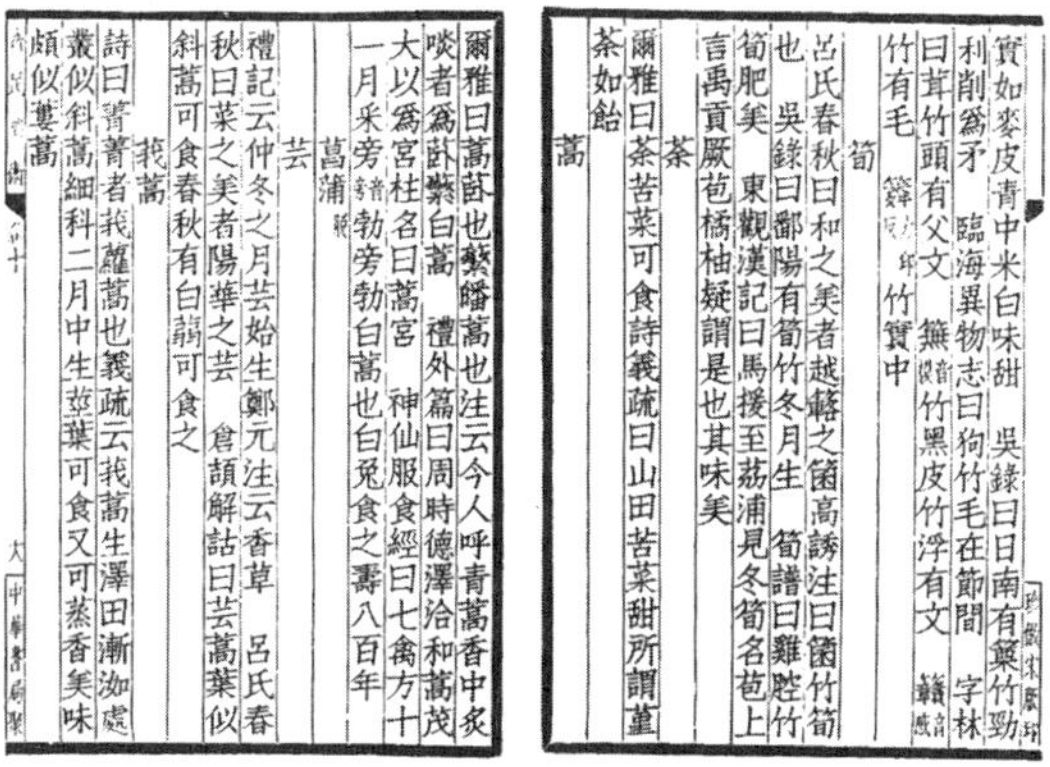
實如麥皮青中米白味甜　吳錄曰日南有㮇竹勁利削爲矛　臨海異物志曰狗竹毛在節間　字林曰茸竹頭有父文　𥱋竹黑皮竹浮有文　𥳘竹有毛　𥳽竹實中

筍

呂氏春秋曰和之美者越簬之箘高誘注曰箘竹筍也　吳錄曰鄱陽有筍竹冬月生　筍譜曰雞脛竹筍肥美　東觀漢記曰馬援至荔浦見冬筍名苞上言禹貢厥苞橘柚疑謂是也其味美

茶

爾雅曰茶苦菜可食詩義疏曰山田苦菜甜所謂菫茶如飴

蒿

爾雅曰蒿菣也蘩皤蒿也注云今人呼青蒿香中炙啖者爲菣蘩白蒿　禮外篇曰周時德澤洽和蒿茂大以爲宮柱名曰蒿宮　神仙服食經曰七禽方十一月采旁勃旁勃白蒿也白兎食之壽八百年

菖蒲

芸

禮記云仲冬之月芸始生鄭元注云香草　呂氏春秋曰菜之美者陽華之芸　倉頡解詁曰芸蒿葉似斜蒿可食春秋有白蒻可食之

莪蒿

詩曰菁菁者莪蘿蒿也義疏云莪蒿生澤田漸洳處叢似斜蒿細科二月中生莖葉可食又可蒸香美味頗似蔞蒿

『東観漢記[212]』にいう。馬援が茘浦に至り、苞と称する冬筍を見つけた。『萬貢』にいう「その苞は橘と柚とである」がこれであろう。美味である。

茶《ノゲシ》[213]

『爾雅』にいう。茶は苦菜のことで、食用になる。

『詩義疏』にいう。山間の田で採れる苦菜は甘い。世にいう菫茶《タガラシ》[214]は飴に似る。

蒿《カワラニンジン》[215]

『爾雅』にいう。蒿は菣のことである。蘩は白蒿《シロヨモギ》である。注にいう。現在の人は青蒿香と称し、火であぶって食べるものが菣である。蘩は白蒿のことである。

『礼外篇』にいう。周の時代には、王の恩恵が広く行きわたり、蒿が大きく成長したので、それを宮殿の柱とした。その宮殿を蒿宮と称する。

『神仙服食経』にいう。七禽方は一一月に旁勃を採る。旁勃は白い蒿のことで、白兎がこれを食べると、寿命が八〇〇年になる。

菖蒲[216]

『春秋伝[217]』にいう。僖公三〇年に、公は周公閲を魯に

(212)『東観漢記』——後漢の明帝が作りはじめ、霊帝の熹平年間に完成した。明帝以後の雑記を東観（漢代、宮中における著述蔵書の場）において編集した。

(213) 茶——茎に赤および白の二色があり、中空で脆い。花は黄色である。学名は〝Sonchus lactuca〟。

(214) 菫——『説文』に「菫、茶如飴」とある。周の祖先である古公亶父が左遷されて周原に到ったとき、野生のタガラシを食べて、これは甘いノゲシだと評したという。

(215) 蒿——古くは広く食用にされ、『詩経』、『神農本草経』、『図経本草』『大戴礼記』、『爾雅』などに記載されている。菣の学名は〝Artemisia apiacea〟蘩の学名は〝Artemisia stelleriana〟。

(216) 菖蒲——根を食用にする。学名は〝Acorus calamus〟。

苦荬

石菖蒲

つかわした。そのときの饗宴に菖蒲があった。杜預がいう。菖蒲の根を四寸に切って浸したものである。

『神仙伝』にいう。王興は陽城県(218)の人である。漢の武帝が嵩山に登り、突然に仙人に出会った。身長は二丈ほどで、耳が頭の上に出て、下は肩まで垂れていた。武帝は礼をもって質問した。仙人はいった。私は九疑山に住むものである。嵩山に石上菖蒲《セキジョウショウブ》(219)が生えていると聞いて、これを採りにきたのである。その菖蒲は長さ一寸で九節があり、それを食べると長生きができる。そう言い終えると、仙人はたちまち姿を消した。武帝は従者にいった。彼は菖蒲を食べようとしたのではなく、私に教えようとしたのである。そこで、菖蒲を採って服用したところ、もだえ苦しんだので、服用を止めた。ところが王興は服用を止めず、ついに長生きすることができた。

薇《カラスノエンドウ》(220)

『召南詩』にいう。彼の南山に登り、ここにその薇を採る。

『詩義疏』にいう。薇は山菜のことである。茎も葉もすべて小豆《アズキ》に似る。若葉は「あつもの」にしてもよく、なまのまま食べてもよい。現在は役所の畑

(217)『春秋伝』——経書の一つで、魯の隠公元年から哀公一四年までの歴史を記載。孔子が編集したといわれる。その本文を解説したものが『春釈伝』で、『左氏伝』、『公羊伝』、『穀梁伝』という三種があり、『春秋三伝』という。

(218) 陽城県——現在の河南省登封県。

(219) 石上菖蒲——サトイモ科の石菖（セキショウ）のことである。本草書によれば、薬用にするには長さが一寸で節が九個あるものがよいとされる。学名は"Acorus gramimus"

(220) 薇——山野に自生するマメ科の草で、つる状で、先端に巻きひげがある。現在は大巣菜と称する。日本では雑草とされるが、食用になる。学名は"Vicia sativa"

に植えて祖先を祀るときに供える。

萍《コウホネ》(221)

『爾雅』にいう。萍は草のことである。いずれも浮草である。その大きなものを蘋《ヒン》と称する。

『呂氏春秋』にいう。萍の美味なものは崑崙山の蘋である。

石菭《セキタイ》(222)

『爾雅』にいう。藫《タン》は石衣《ミズゴケ》のことである。郭璞の注にいう。水藫である。別名を石髪(223)という。長江下流の南岸地方では、これを食用にする。ある人がいう。藫は葉が韰《ラッキョウ》に似て大きく、水底に生える。これも食用になる。

胡菱《オナモミ》(224)

『爾雅』にいう。菤耳《オナモミ》(225)、苓耳のことである。

『広雅』にいう。枲耳《シジ》のことであり、別名を胡枲という。郭璞の注にいう。胡菱のことである。揚子江下流の南岸では、常枲と称する。

『周南』にいう。巻耳を採る。毛亨がいう。苓耳のことである。注にいう。胡菱のことである。

(221) 萍——苹と書くこともある。池や沼に生える。学名は〝Lemna minor〟または〝Lemna polyrhiza〟

(222) 石菭——石苔と同音である。現在は四葉菜または田字菜という。学名は〝Marsilia quadrifolia〟

(223) 石髪——『風土記』に「石髪は水苔のことで、青緑色をし、すべて石に生える」とある。

(224) 胡菱——菱と荽とは同音であるところから、胡荽（コリアンダ）とみることもあるが、ここではキク科のオナモミを指す。防虫効果があり、『要術』では酒を作る過程で用いている。第六四章訳注19を参照。

(225) 菤耳——ミミナグサを指すこともある。

『詩義疏』にいう。苓は胡荽に似て、白い花が咲き、茎は細く、蔓生である。ゆでて食用にする。滑らかで、味は薄い。四月に果実がみのり、女性の耳飾りに似ているので耳瑠草とも称する。幽州の人はこれを爵耳《シャクジ》と称する。

『博物志』にいう。洛陽に羊を追う人がいて、蜀に入った。胡葸子が羊の毛を身につけていたので、蜀の人はそれにちなんで羊負来と称する。

承露《ショウロ》(226)

『爾雅』にいう。蔠葵《シュウキ》(227)、蘩露のことである。郭璞の注にいう。承露は、大きな茎に小さな葉がつき、花は、紫黄色である。果実は食用になる。

鳧茈《オオクログワイ》(228)

樊光の注にいう。水辺に生える草である。食用になる。

菫《タガラシ》(229)

『爾雅』にいう。齧は苦菫のことである。郭璞の注にいう。現在の菫葵《キンキ》のことである。葉は柳に似て、果実は米に似る。煮て食べると滑らかである。

(226) 承露――現在は落葵、または膩脂菜という。この種実から臙脂を作る。

(227) 蔠葵――草の名。葵の一種。蔓生にして茎は大きく、葉は円く、紫黄色の花を開く。

(228) 鳧茈――現在は「荸薺」（ビイチイ）といい、「烏芋」、「水芋」などの地方名もある。日本に輸出される水煮缶詰には「馬蹄」が使われる。学名は〝Eleo-charis tuberosa〟

(229) 菫――鄭玄の注に、「荁は菫の一種で、冬は菫を用い、夏は荁を用いる」とある。また、『経典釈文』に、「荁は菫に似て葉が大きい」とある。

『広志』にいう。ゆでて「あつもの」にする。夏の昔《カン》、秋の薑は、粉のように滑らかである。

藝《フキノトウ》[230]

『礼記』にいう。仲冬の月に、藝が初めて生える。劉玄の注にいう。香草の一種である。

『呂氏春秋』にいう。美味な野菜は陽華[231]の藝である。

『倉頡解詁』にいう。藝蒿《ゲイコウ》[232]の葉は斜蒿に似て、食用になる。春秋には白蒻がある。これも食用になる。

莪蒿《キツネアザミ》[233]

『詩』にいう。菁菁を莪と称する。莪は蘿蒿《ヒメアザミ》[234]のことである。

『義疏』にいう。莪蒿は水の多い田のぬかるみに生える。葉は斜蒿に似て、細い筋がある。二月に生える。その茎や葉は食用になる。また、蒸してもよく、香りがあって、おいしい。味は蔞蒿《シロヨモギ》[235]によく似る。

葍《ヒルガオ》[236]

『爾雅』にいう。葍は葍茅のことである。郭璞の注にいう。葍の葉は大きく、白い花が咲き、根は指のようで真白く、食用になる。葍には花の赤いものがあって葍という。葍は葍の一種である。また、陵苕

(230) 藝——学名は〝Ruta gra-veolens〟

(231) 陽華——現在の陝西省、渭河の流域。

(232) 藝蒿——『名医別録』に「茈胡は別名を藝蒿と称し、辛く、香りがあり、食用になる」とある。

(233) 莪蒿——蓍いものを莪、長大なものを蒿という。学名は〝Sisymbrium sophia〟

(234) 蘿蒿——学名は〝Artemisia vulgaris〟

(235) 蔞蒿——訳注291を参照。

(236) 葍——日本では夏にアサガオに似たかわいい花が咲くことで知られるが、根を食用とする習慣はない。学名は〝Calyste-gia japonica〟

のように花が黄色や白いものがある。

『詩』にいう。ここにその蕒を採る。毛亨がいう。悪菜のことである。

『義疏』にいう。河東や関内では葍と称し、幽州や兗州では燕葍と称する。別名を爵弁とも、蕒とも称する。根は真白く、熱い灰に埋めて、温めて食べる。穀物が実らないときには、蒸して飢えに備える。漢の武帝が建立した甘泉宮(237)での祭礼のときには、これを使用する。その花には二種類がある。一つは、茎も葉も細く香りがあり、他の一つは茎が赤く、臭い匂いがある。

『風土記』にいう。葍は蔓生で、樹木に巻きついて上る。紫黄色をしている。果実の大きさは牛の角ほどで、形は蟦《スクモムシ》(238)に似る。二〜三個が一緒につき、長さは七〜八寸、味は甘く、蜜に似る。大きいものを抹《バツ》という。

『夏統別伝(239)』の注にいう。穫は葍のことである。別名を甘穫と称する。丸くて赤く、大きくて橘に似る。

苹《ヤバネホウコ》(240)

『爾雅』にいう。苹は藾蕭のことである。郭璞の注にいう。苹は藾蒿のことである。生えたばかりのものは、食用になる。

『詩』にいう。野生の苹は食用になる。

(237) 甘泉宮――現在の陝西省淳化県の西北、甘泉山の上にある。

(238) 蟦――郭璞によれば、「黄土の中にいる虫」である。

(239) 『夏統別伝』――夏統は晋の人。『晋書』にその伝記がある。この書はすでに散逸した。

(240) 苹――この字をもつ植物は数種類存在するが、文中に「藾蕭」とあるので、キク科のヤバネホウコをあてたい。学名は〝AnaPhalis sinica〟

『詩疏』にいう。藾蕭は青白色で、茎は箸に似て軽く柔らかい。生えたばかりのものは、なまで食用になる。また、蒸してもよい。

土瓜《ダイコン》(241)

『爾雅』にいう。菲は芴のことである。郭璞の注にいう。菲は土瓜のことである。

『本草』にいう。王瓜は、別名を土瓜と称する。

『衛詩』にいう。葑《カブ》や菲《ダイコン》(242)は根だけを食べるのではなく、葉も捨てない。毛亨の注にいう。これは菲芴のことである。

『義疏』にいう。菲は葍《ヒルガオ》に似て、茎はざらざらしている。葉は厚くて長く、毛がある。三月に蒸してゆでものにする。滑らかで、おいしい。また、「あつもの」にしてもよい。

『爾雅』にいう。葍菜のことである。郭璞の注にいう。菲草は低く湿った土地に生え、蕪菁に似て、花は紫赤色で、食用になる。現在の河南では、これを宿菜と称する。

(241) 土瓜――土瓜と俗称される植物は多く、ここでは特定できない。しかし、あとの説明から蘿蔔（ダイコン）のように思われる。学名は〝Raphanus sativus〟。

(242) 菲――ここではダイコンという訓を付したが、ヒルガオに似た葍菜（ソクサイ）だとする解釈もある。『漢語大字典』には、この字について「アブラナ科の一年草で、初夏に淡紫色の花をつける。華北、華中に産し、観賞用とするが、若い茎や葉を野菜とし、種子は搾油して食用に供する」と説明しているので、ハナダイコンに似たものらしい。

藚
爾雅云藚蔓茅郭璞曰藚大葉白華根如指正白可
啖藚華有赤者爲蔓蔓藚一種耳亦如陵苕華黄白
異名　詩曰言采其藚毛云惡菜也義疏曰河東關
內謂之藚幽兗謂之燕藚一名爵弁一名蔓根正白
著熱灰中温噉之飢荒可蒸以禦飢漢祭甘泉或用
之其華有兩種一種莖葉細而香一種莖赤有臭氣
風土記曰藚蔓生被樹而升紫黄色子大如牛角
形如蟦二三同蔕長七八寸味甘如蜜其大者名抹
夏統別傳注獲藚也一名甘獲正圓赤麤似口
苹
爾雅云苹藾蕭注曰藾蒿也初生亦可食　詩曰食
野之苹詩疏云藾蕭青白色莖似箸而輕脆始生可
食又可蒸也
土瓜
爾雅云菲芴注曰卽土瓜也　本草云王瓜一名土
瓜衞詩曰采葑采菲無以下體毛云菲芴也義疏云
菲似蔔莖麤葉厚而長有毛三月中蒸爲茹滑美亦
可作羹爾雅謂之蒠菜郭璞注云菲草生下濕地似
蕪菁華紫赤色可食今河內謂之宿菜
苕
爾雅云苕陵苕黄華蔈白華茇孫炎云苕華色異名
者　廣志云苕草色青黄紫華十二月稻下種之蔓
延殷盛可以美田葉可食　陳詩曰卭有旨苕詩義
疏云苕饒也幽州謂之翹饒蔓生莖如營豆而
細葉似蒺藜而青其莖葉綠色可生啖味如小豆藿
齊民要術　卷十　中華書局聚

苕《ノウゼンカヅラ》(243)

『爾雅』にいう。苕は陵苕のことである。黄色い花のものを蔈と称し、白い花のものを茇と称する。孫炎がいう。苕は花の色が異なる種類である。

『広志』にいう。苕草《ジョウソウ》(244)は青黄色で、花は紫色である。一二月に稲の根元に植えると、のびひろがって、田が美しくなる。葉は食用になる。

『陳詩』にいう。卭には旨苕がある。

『詩義疏』にいう。苕饒のことである。幽州では、これを翹饒と称する。蔓生で、茎は登豆《ヤブマメ》(245)に似て細い。葉は蒺蔾《ハマビシ》(246)に似て、青い。茎や葉は緑色で、なまで食べる。味は小豆の藿《カク》(247)に似る。

薺《ナズナ》(248)

『爾雅』にいう。菥蓂(249)は大薺のことである。犍為の舎人の注にいう。薺には小さいものがあるので、大薺と称する。郭璞の注にいう。薺に似て葉の小さいものを俗に老薺と称する。

藻《ミズクサ》(250)

『詩』にいう。ここで藻を採る。郭璞の注にいう。聚藻のことである。

(243) 苕——烏瓜（カラスウリ）の異名。学名は〝Campsis gradiflora〟

(244) 苕草——学名は〝Vicia sa-tiva〟

(245) 登豆——学名は〝Amphicar-paea brateata〟

(246) 蒺蔾——学名は〝Tribulus terrestris〟

(247) 藿——マメの若葉の部分。食用とする。

(248) 薺——日本では春の七草の一つとして一月七日に供される七草粥の材料の一つとして使われる程度で、一般には雑草としての扱いしか受けていない。学名は〝Cap-sella bursa-pastoris〟

(249) 菥蓂——李時珍の『本草綱目』に、「小さいものを薺、大きいものを蓂」とある。

(250) 藻——水中に生える植物の総称である。ここでは二種類しか挙げていない。

『詩義疏』にいう。藻は水草で、水底に生える。二種類あり、一種は葉が雞蘇《ヤマハッカ》(251)のようで、茎が箸に似て、長さは四〜五尺ほどである。他の一種は茎の大きさが股のようで、葉が蓬に似て、これを聚藻と称する。これらの藻は、いずれも食用になる。よく煮つめて臭みを取り去り、米粉、麦粉などと混ぜて蒸し、ゆでものとする。味はよい。荊陽(252)の人は、穀物がみのらないときに、これを穀物の代わりに食べる。

蒋《マコモ》(253)

『広雅』にいう。蒋は菰のことである。その果実を彫胡と称する。

『広志』にいう。菰は食用になる。これで蓆《むしろ》(254)を作るには、蒲を温める。南方に生える。

『食経』にいう。菰を保存する方法は、良いものを選んで沸騰した湯で煮て、塩を薄く振りかけ、乾いた器の中に抑えつけておく。蜜を塗って、少しずつ用いる。

羊蹄《ギシギシ》(255)

『詩』にいう。ここで蓫を採る。毛亨がいう。悪菜である。

菔菜

(251) 雞蘇——池中に生ずる紫蘇。一名、水蘇。学名は〝Stachys aspera〟。

(252) 荊陽——楊州の別名であろう。

(253) 蒋——その種実を彫胡米、菰米などと称し、古くは六穀または九穀の一つとした。現在は種実を食する習慣はすたれ、若芽に菌が寄生してふくれあがったものを「茭白」（マコモダケ）と称して南方で広く食されている。北アメリカの先住民は古くからこの実を食用とした。イネの種実に似ているところから、欧米人はこれをボイルしたものをワイルド・ライス（wild rice）という名称で肉料理の付け合わせにした。中国大陸におけるマコモの利用については、篠田が詳しく紹介している（『中国食物史の研究』、八二〜九〇ページ）。学名は〝Zizania latifolia〟。

(254) 蓆——しきもの。

(255) 羊蹄——タデ科の大型多年草。日本では雑草として扱われる。茎や葉は酸味が強いが、それを抜けば、食用となる。その根をシノネと称し、大黄（だいおう）の代用品として緩下剤とする。学名は〝Rumex japonicus〟。

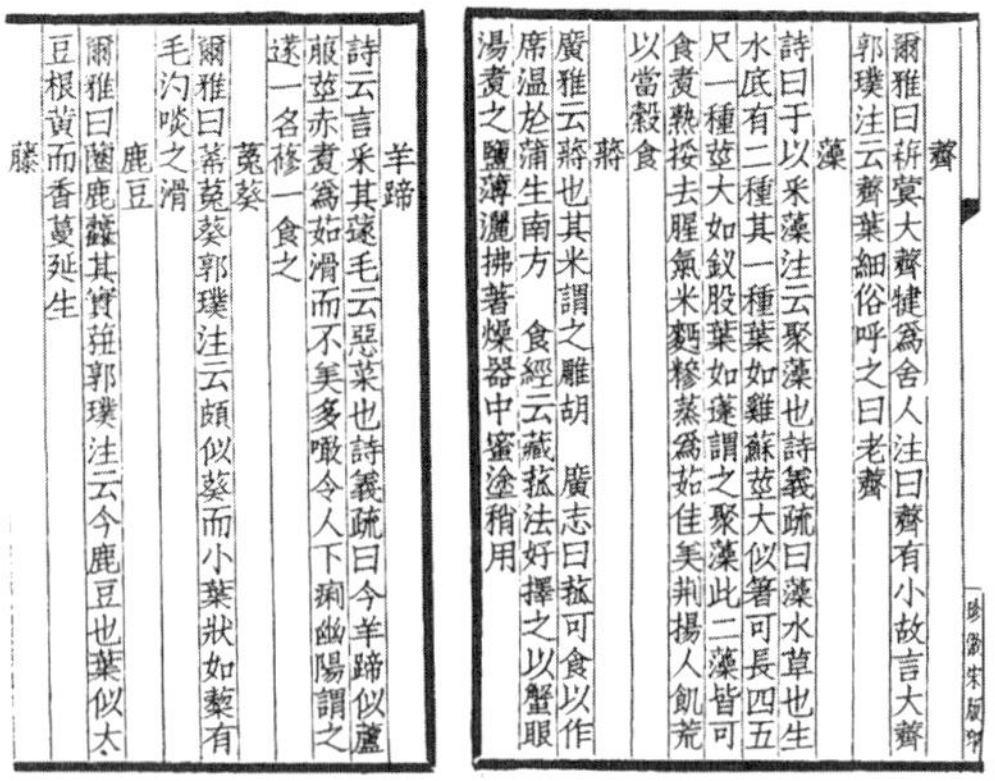
薺
爾雅曰菥蓂大薺犍爲舍人注曰薺有小故言大薺
郭璞注云薺葉細俗呼之曰老薺
藻
詩曰于以采藻注云聚藻也詩義疏曰藻水草也生
水底有二種其一種葉如雞蘇莖大似箸可長四五
尺一種莖大如釵股葉如蓬謂之聚藻此二藻皆可
食煑熟挼去腥氣米麪糝蒸爲茹佳美荆揚人飢荒
以當穀食
蔣
廣雅云蔣也其米謂之雕胡　廣志曰菰可食以作
席温於蒲生南方　食經云藏菰法好擇之以蟹眼
湯煑之鹽薄灑拂著燥器中蜜塗稍用
羊蹄
詩云言采其蓫毛云惡菜也詩義疏曰今羊蹄似蘆
菔莖赤煑爲茹滑而不美多噉令人下痢幽陽謂之
蓫一名蓨亦食之
菟葵
爾雅曰莃菟葵郭璞注云頗似葵而小葉狀如藜有
毛汋啖之滑
鹿豆
爾雅曰蔨鹿蘿其實莥郭璞注云今鹿豆也葉似大
豆根黃而香蔓延生
藤

『詩義疏』にいう。現在の羊蹄のことである。盧菔《ダイコン》に似るが、茎は赤い。煮てゆでものにすると滑らかになるが、おいしくない。多く食べると、下痢をおこす。幽州や楊州では、これを蓫または蓨と称し、食用にする。

菟葵《イエニレ》(256)

『爾雅』にいう。莃は菟葵のことである。郭璞の注にいう。葵に非常によく似るが、葉は小さく、形は藜に似て、毛がある。煮て食べると、滑らかである。

鹿豆《タンキリマメ》(257)

『爾雅』にいう。蔨は鹿蘿のことである。その果実を莥と称する。郭璞の注にいう。現在の鹿豆のことで、葉は大豆に似る。根は黄色で、香りがあり、はびこって生える。

藤《フジ》(258)

『爾雅』にいう。諸慮は山櫐のことである。郭璞の注にいう。現在、揚子江下流の南岸では、櫐を藤と称する。葛に似るが、大きい。欇は虎櫐、現在の虎豆のことである。蔓が林の立木にまとわりついて

(256) 菟葵――学名は〝Semiaqui-legia adoxoides〟

(257) 鹿豆――学名は〝Rhyn-chosia volubilis〟

(258) 藤――つる状にのびる植物の総称。

蹄羊

伸びる。莢には棘がある。揚子江下流の南岸では、これを棁榏と称する。

『詩義疏』にいう。櫐は苣荒《アマカズラ》のことである。燕薁《エンオウ》(259)に似るが、長い蔓がのびる。葉は白く、果実は赤く、食用となるが、酸っぱくて、美味ではない。幽州では、これを椎櫐と称する。

『山海経』にいう。畢山(260)の上には、櫐が多い。郭璞の注にいう。現在の虎豆《コトウ》(261)や狸豆《タヌキマメ》(262)の類である。

『南方草物状』にいう。沈藤はなまの果実の大きさが斉甌ほどである。正月に花が色づき、続いて果実がみのる。一〇〜一二月に熟し、色は赤い。なまで食べると、甘酸っぱい。交趾に産する。毦藤(263)は山の中に生え、大きさは苹蒿ほどで、蔓がのびる。これを採って皮をはぎ、毛飾りを作る。量は多くない。合浦や興古に産する。蘭子藤《ランシトウ》(264)は、樹木にからまって生える。一〜二月に花が咲き、四〜五月に果実が熟す。果実は梨に似た形で、雄鶏の冠のように赤い。核は魚の鱗に似る。それを採ってなまで食べると、淡泊な味で、甘みも苦みもない。交趾や合浦に産する。野聚藤は樹木にからまって伸びる。三月に花が咲き、続いて果実がみのる。五〜六月に熟す。果実の大きさは、「あつもの」の甌ほどである。村人は

(259) 燕薁——エビヅル、クサブドウをいう。

(260) 畢山——「卑山」の誤記である。

(261) 虎豆——黎豆の異名。豆莢に虎の紋があるからいう。

(262) 狸豆——貍文のような斑点がある豆。学名は〝Crotalaria sessiliflora〟

(263) 毦藤——『説文』に「羽毛飾のことである。種子の細い絨毛を利用して飾りものを作る」とある。

(264) 蘭子藤——『南越筆記』に嶺南に生える各種の藤についての記載があり、その中に「蘭子藤あり。種実は梨に似て色は赤く、鶏冠に似る。生で食べると甘酸っぱい」とある。

有毛刺江東呼爲欇攝音涉　詩義疏曰櫐苣苽也似
燕薁連蔓生葉白色子赤可食酢而不美幽州謂之
推櫐　山海經曰畢山其上多櫐郭璞注曰今虎豆
狸豆之屬　南方草物狀曰沈藤生子如齊甌正月
華色仍連著實十月臘月熟色赤生食之甜酢生
交趾　毦藤生山中大小如苹蒿蔓衍生人採取剝
之以作毦然不多出合浦興古　簡子藤生緣樹木
正月二月華色四月五月熟實如梨赤如雄雞冠核
如魚鱗取生食之淡泊甘苦出交趾合浦　野聚藤
緣樹木三月華色仍連著實五六月熟子大如羹甌
里民煑食其味甜酢出蒼梧椒藤生金封山烏滸人
往往賣之其色赤又云似草芝出興古　異物志曰
葭蒲藤類蔓延他樹以自長養子如蓮菆側九反著枝
珍倣宋版印

葛間一日作扶相連實外有殼裏又無核剝而食之
煑而曝之甜美食之不飢　交州記曰含水藤破之
得水行者資以止渴　臨海異物志曰鍾藤附樹作
根輭弱須緣樹而作上下條此藤纏裏樹樹死且有
惡汁尤令速朽也藤咸樹成若木自然大者或至十
五圍　異物志曰萪藤圍數寸重於竹可以杖篾以
縛船及以爲席勝竹也　顧微廣州記曰萪如栟櫚
葉疏外皮青多棘刺高五六丈者如五六寸竹小者
如筆管竹破其外青皮得白心卽萪藤類有十許種
續斷草藤也一曰諾藤一曰水藤山行渴則斷取汁
飲之治人體有損絶沐則長髮去地一丈斷之輒便
生根至地永不死　刀陳嶺有賨藤津汁軟滑無物
能比　柔萪藤有子子極酢爲菜滑無物能比
齊民要術　卷十　壬　中華書局聚

煮て食べる。味は甘酸っぱい。蒼梧[265]に産する。椒藤は金封山に生えている。烏滸[266]の人は、しばしばこれを売っている。その色は赤い。草を染めるのに使う。興古に産する。

『異物志』にいう。葭浦は藤の類である。蔓が他の樹に伸び、長くなる。果実は蓮菆に似て、突きでた枝につく。一日で組み紐のようにつながる。果実の外側に殻があり、核はない。皮をむいて食べる。煮て乾かすと、甘くておいしい。これを食べると、飢えることがない。

『交州記』にいう。含水藤《ガンスイトウ》[267]は、これを割いて水をうる。山中で修行する人は、これで渇きをとめる。

『臨海異物志』にいう。鐘藤は樹木に付着して根を出し、樹木を弱らせる。樹木に巻きついて、上下に枝を出す。この藤は樹木にまといつき、樹木を枯らす。さらに、悪汁をだし、たちまち枯らしてしまう。この藤を自然のままに伸ばしておくと、大きなもので一五抱えにもなる。

『異物志』にいう。萪藤は太さが数寸だが、竹よりも重い。しばりづるを作り、船をつなぐために使用する。むしろにすると、竹よりも勝る。

顧微の『広州記』にいう。萪は栟櫚《シュロ》[268]に似て、葉は

(265) 蒼梧──現在の広西省蒼梧県。

(266) 烏滸──『南州異物志』に「烏滸は地名で、広州の南、交州の北にある」とある。

(267) 含水藤──この記載は非常に多い。葛に似て、葉は枸杞（クコ）に似て、水分を多く含み、飲むとおいしい。水の乏しい場所に行く人がこの藤に含まれた水分で渇きをいやしたことから、この名がついた。

(268) 栟櫚──学名は〝Trachycarpus excelsa〟

まばらで、外側の皮は青く、棘が多い。高さが五～六丈のものは、太さ五～六寸の竹に似る。小さいものは、筆の軸にする竹に似る。外側の青い皮を破ると、白い芯がある。これが葪藤である。

藤には十数種ある。続断草というのは藤のことであり、諾藤と称し、水藤とも称する。出中で渇いたとき、これを切り取って汁を飲む。身体の傷ついた部分を治し、髪を洗うと髪が長くなる。地上から一丈のあたりで切ると、たちまち根が生えていつまでも枯れない。刀陳嶺には膏藤がある。しみだした汁は軟らかく滑らかで、くらべるものがないほどである。柔葪藤には果実がなる。果実は非常に酸っぱい。調理すると、滑らかで、比べるものがないほどである。

藜《アカザ》(269)

『詩』にいう。北山に藜がある。

『義疏』にいう。莱は藜のことである。茎や葉は菉《コブナグサ》(270)や王芻《オウスウ》(271)に似る。現在、兗州の人はこれを蒸してゆでものとし、莱蒸と称する。譙(272)や沛(273)の人は雞蘇を莱と称している。『三倉』(274)にいう。莱と茱莱とは、別の草だが、名称は同じである。

(269) 藜――草の名。若葉は食用となり、茎は杖とし、また、燃やして灯火とした。学名は〝Chenopodium album〟

(270) 菉――茎葉を黄色の染料とする。

(271) 王芻――草の名。藎草の異名。葉は竹に似て細薄。茎は円小。花は深碧色。その汁は染色に用いられる。

(272) 譙郡――現在の安徽省亳県。

(273) 沛郡――現在の安徽省宿県の西北。

(274) 『三倉』――漢代に作られた辞典。

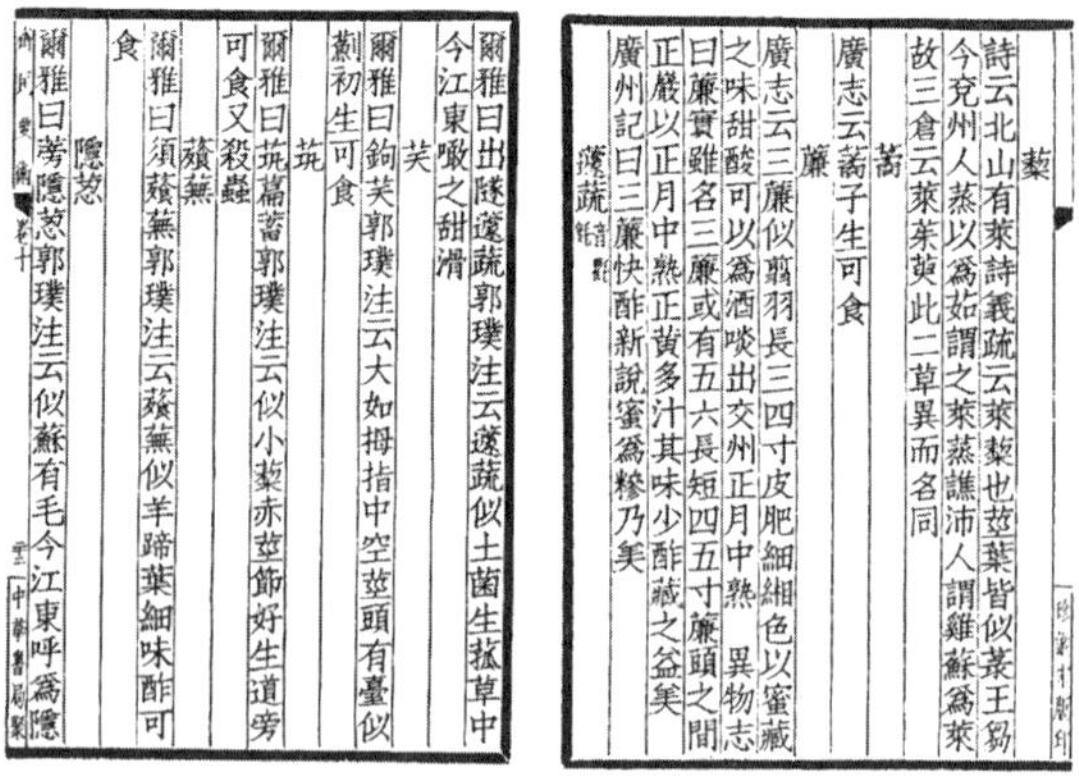
萊
詩云北山有萊詩義疏云萊藜也莖葉皆似菉王芻
今兗州人蒸以爲茹謂之萊蒸譙沛人謂雞蘇爲萊
故三倉云萊茱萸此二草異而名同
蕎
廣志云蕎子生可食
藨
廣志云三藨似翦羽長三四寸皮肥細緗色以蜜藏
之味甜酸可以爲酒啖出交州正月中熟　異物志
曰藨實雖名三藨或有五六長短四五寸藨頭之間
正巖以正月中熟正黃多汁其味少酢藏之益美
廣州記曰三藨快酢新說蜜爲糝乃美
蘧蔬
爾雅曰出隧蘧蔬郭璞注云蘧蔬似土菌生菰草中
今江東啖之甜滑
芙
爾雅曰鉤芙郭璞注云大如拇指中空莖頭有臺似
薊初生可食
茿
爾雅曰茿萹蓄郭璞注云似小藜赤莖節好生道旁
可食又殺蟲
蕵蕪
爾雅曰須蕵蕪郭璞注云蕵蕪似羊蹄葉細味酢可
食
隱荵
爾雅曰蒡隱荵郭璞注云似蘇有毛今江東呼爲隱

蕎《キツ》[275]

『広志』にいう。蕎の果実はなまで食用になる。

藨《イタチグサ》[276]

『広志』にいう。三藨は翦羽に似て、長さは三～四寸である。皮は厚くて細く、浅黄色をしている。蜜に漬けておくと、甘酸っぱい味となり、酒のつまみとなる。交州に産する。正月に熟す。

『異物志』にいう。藨の果実を三藨と称する。五～六個のこともあり、長さは四～五寸である。藨の頭部は高くなっている。正月に熟し、黄色で、汁が多い。味は少し酸っぱいが、保存しておくとおいしさが増す。

『広州記』にいう。三藨は酢にするのがよく、蜜につけて「こながき」にすると、おいしい。

蘧蔬《マコモダケ》[277]

『爾雅』にいう。出隧は蘧蔬のことである。郭璞の注にいう。蘧蔬は土菌に似て、菰草の中に生える。現在、揚子江下流の南岸地方ではこれを食用にする。甘く、滑らかである。

(275) 蕎——香菜の種。

(276) 藨——草の名。ヨシの一種。

(277) 蘧蔬——現在は茭白と称する。マコモの若芽に菌が繁殖してふくれた部分のことで、中国南部で広く栽培され、食用に供されている。

芙《オウ》(278)

『爾雅』にいう。鉤は芙のことである。郭璞の注にいう。大きさは親指ほどで、中空になっていて、茎の先に薹が立つ。薊に似る。生えたばかりのものは、食用になる。

茿《ニワヤナギ》(279)

『爾雅』にいう。　は篇蓄のことである。郭璞の注にいう。小さい藜に似て、茎は赤く、節があり、好んで道端に生える。食用になる。また、体内の虫(280)を駆除する。

蕵蕪《スイバ》(281)

『爾雅』にいう。須は蕵蕪のことである。郭璞の注にいう。蕵蕪は羊蹄に似て、葉は細く、味は酸っぱい。食用になる。

隠葱《スイカズラ》(282)

『爾雅』にいう。蒡は隠葱のことである。郭璞の注にいう。蘇に似て、毛がある。現在、揚子江下流の東岸では隠葱と称する。保存する場合は酢漬けにするが、ゆでても食用になる。

(278) 芙――アザミの一種。学名は〝Cirsium nipponicum〟

(279) 茿――ウシグサ。学名は〝Polygonum aviculare〟

(280) 『神農本芦経』に「殺三虫」とある。陶弘景の注に、「煮汁を子どもに飲ませると回虫の駆除に有効」とある。

(281) 蕵蕪――現在は酸模という。学名は〝Rumex acetosa〟

(282) 隠葱――『神農本草経』の陶弘景注に、「桔梗の葉を隠忍と称する。一～三月に生じ、煮て食用とする」とある。『爾雅』もこの説を採用しているが、桔梗の株は滑らかで無毛なことからおそらく誤りであろう。

葱藏以爲菹亦可瀹食
守氣　闕
地楡
神仙服食經云地楡一名玉札北方難得故尹公度曰寧得一斤地楡不用明月珠其實黑如豉北方呼豉爲札當言玉豉與五茄煑服之可神仙是以西域眞人曰何以支長久食石畜金鹽何以得長壽食石用玉豉此草霧而不濡大陽氣盛也鑠玉爛石炙其根作飲如茗氣其汁釀酒治風痺補腦　廣志曰地楡可生食
人莧
爾雅曰赤莧郭璞云今人莧赤莖者
葥
爾雅曰葥山莓郭璞注云今之木莓也實藨莓而大亦可食
鹿葱
風土記曰宜男草也高六尺花如蓮懷姙人帶佩必生男　陳思王宜男花頌云世人有女求男取此草食之尤良　嵇含宜男花賦序云宜男花者荊楚之俗號曰鹿葱可以薦宗廟稱名則義過馬舃也
蔞蒿
爾雅曰購蔏蔞郭璞注曰蔏蔞蔞蒿也生下田初出可啖江東用羹魚
藨
爾雅曰藨麃郭璞注曰麃即莓也江東呼麃莓子似覆盆而大赤酢甜可啖

守気《ミノゴメ》(283)

『爾雅』にいう。皇は守田のことである。郭璞の注にいう。燕麦に似る。果実は彫胡米に似て、食用になる。荒れはてた田に生える。別名を守気と称する。

地楡《ワレモコウ》(284)

『神仙服食経』にいう。地楡は別名を玉札という。北方では手に入れにくい。そのため、尹公度がいう。どうして一斤に地楡を得て、明月の珠を用いないのであろうか。その果実は豉のように黒い。北方では豉を札と称するから、まさに玉豉と称するのがよい。五茄《ウコギ》(285)と煮て服用すると、仙人になれる。そこで、西域の仙人がいう。どうして永遠の寿命を保てるのか。石薬を食べ、五茄を貯える。どのようにして、長寿を保てるのか。石薬を食べ、玉豉を用いる。この草は霧が出ても濡れず、太陽に当たると、活力が盛んになる。鑠玉や爛石は、その根を焼いて飲料にする。茶のごときものである。その汁を酒に醸すと、中風を治し、つやをよくする。

『広志』にいう。地楡は、なまで食べてもよい。

(283) 守気——イネ科の二年草。秋頃、水田に大量に発生し、水面に葉を浮かべる。飼料とするが、その種実をコジキマメと称して、食用とする。学名は〝Beckmannia cruciformis〟

(284) 地楡——草の名。学名は〝Sanguisorba officinalis〟

(285) 五茄——第六六章訳注27を参照。

地楡

人莧《アカヒユ》(286)

『爾雅』にいう。蕢は赤莧のことである。郭璞の注にいう。現在の人莧は赤い茎のものである。

葥《キイチゴ》(287)

『爾雅』にいう。葥は山苺のことである。郭璞の注にいう。現在の木苺のことで、果実は藨苺《ヒヨウバイ》(288)に似て、大きい。食用になる。

鹿葱《シナカンゾウ》(289)

『風土記』にいう。宜男は草で、高さは六尺、花は蓮に似る。妊娠した人が帯につけておくと、かならず男子が生まれる。

陳思王の『宜男花頌』にいう。世の中で男子を欲しがる女性がおり、この草を採って食べると、効果がある。

嵇含の『宜男花賦序』にいう。宜男花は荊楚の風習で、鹿葱のことである。祖先の霊屋に供えるとよい。その名称は馬舃《オオバコ》(290)の意味を取り違えて称したのである。

蔞蒿《シロヨモギ》(291)

『爾雅』にいう。購は蔏蔞のことである。郭璞の注にいう。茜蔓は蔞蒿のことである。地味の悪い田

(286) 人莧——現在は莧菜という。ヒユ科の一年草で、その葉をゆでて食用とする。小山鉄夫による解説（「食の科学」一三六号、一〇六～一一一、一九九一）あり。学名は〝Amaranthus mangostannus〟

(287) 葥——現在は懸鉤子という。第八八章訳注28を参照。学名は〝Rubus palmatus〟

(288) 藨苺——草の名。子は覆盆に似て大きく、味は酢甜。食用にする。

(289) 鹿葱——これを賞味すれば、よく憂いを忘れるというので、「忘憂草」ともいう。一説によれば、その幼苗を食べると昏然として酔った気分になるという。学名は〝Hemerocallis fulva〟

(290) 馬舃——学名は〝Plantago asiatica〟

(291) 蔞蒿——キク科の多年草。学名は〝Artemisia vulgaris var. vulgatissima〟

苋

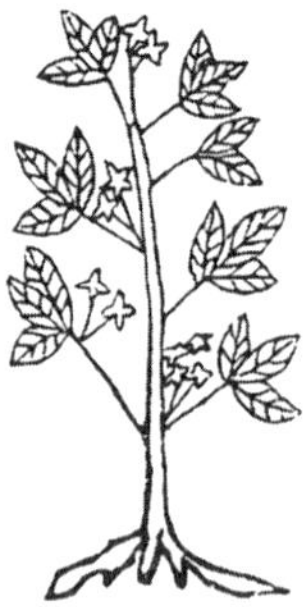
悬钩子

に生える。新芽を食用にする。揚子江下流の南岸では、魚を入れた「あつもの」に使う。

藨《オオイチゴ》(292)

『爾雅』にいう。藨は麃のことである。郭璞の注にいう。藨は苺のことである。揚子江下流の南岸では、藨苺と称している。果実は覆蔂《トックリイチゴ》に似て、大きく、赤い。甘酸っぱく、食用になる。

綦《キ》(293)

『爾雅』にいう。綦は月爾《ゲツジ》(294)のことである。郭璞の注にいう。これは紫綦のことである。蕨に似て、食用になる。

『詩疏』にいう。綦菜のことである。葉は狭く、長さは二尺で、食べると少し苦味がある。現在の英菜のことである。

『詩』にいう。あの川のほとりで英を採る。

覆葐《トックリイチゴ》(295)

『爾雅』にいう。茥は 蒛葐のことである。郭璞の注にいう。覆葐のことである。果実は苺に似て小さく、食用になる。

(292) 藨——学名は〝Rubus par-Vifolius〟

(293) 綦——ワラビに似た紫色の野菜。学名は〝Pteridium aquilinum〟

(294) 月爾——草の名。ワラビの一種。

(295) 覆葐——現在は覆盆子という。その種実の形が覆盆に似ているところからその名がある。学名は〝Rubus tok-kura〟

藈

爾雅曰藈月爾郭璞注云即紫藈也似蕨可食詩曰彼汾沮洳言采其英（一本作莫）
藈菜也葉狹長二尺食之微苦即今英菜也詩曰彼汾沮洳言采其英

藈菜也葉狹長二尺食之微苦即今英菜也

覆葐

爾雅曰茥葐葐郭璞注云覆葐也皮似莓而小亦可食

翹搖

爾雅曰柱夫搖車郭璞注云蔓生細葉紫華可食俗呼翹搖車

烏蓲（䒢音）

爾雅曰菼亂郭璞注云似葦而小實中江東呼爲烏蓲　詩曰葭菼揭揭毛曰葭蘆菼亂義疏云亂或謂之荻至秋堅成即刈謂之萑三月生初生其心挺出其下本大如箸上銳而細有黃黑勃著之汙人手把取正白噉之甜脆一名蓫薚揚州謂之馬尾故爾雅云蓫薚馬尾也幽州謂之旨苹

茶

爾雅曰檟苦茶郭璞注云樹小似梔子冬生葉可煮作羹飲今呼早采者爲茶晚取者爲茗一名荈蜀人名之苦茶　博物志曰飲真茶令人少眠　荆州地記曰浮陵茶最好

荆葵

爾雅曰荍蚍衃郭璞注云似葵紫色詩義疏曰一名芘芣華紫綠色可食似蕪菁微苦陳詩曰視爾如荍

竊衣

珍倣宋版印　齊民要術　卷十　五　中華書局聚

翹揺《ノエンドウ》(296)

『爾雅』にいう。柱夫は揺車のことである。郭璞の注にいう。蔓生で、葉は細く、花は紫色である。食用になる。俗に翹揺車と称する。

烏蓲《オギ》(297)

『爾雅』にいう。菼は薍のことである。郭璞の注にいう。葦に似て、小さい。果実は中くらいである。江東ではこれを烏蓲と称する。

『詩』にいう。葭と菼が高く茂っている。毛亨の注がいう。葭は蘆のことで、菼は薍のことである。

『義疏』にいう。薍は荻のことである。秋になって草が堅くなったら、刈り取る。これを萑と称する。三月に生える。芽が出たときは、一本がすっと抜き出て、根もとに近い部分は箸のようである。上部は尖って細く、黄黒色の勃があり、手でさわると、汚れる。真白の部分をちぎりとって食べると、甘く柔らかい。別名を蓫薚と称する。楊州では、これを馬尾と称する。

『爾雅』にいう。蓫薚は馬尾(298)のことである。幽州では、これを旨苹と称する。

(296) 翹揺――野生のつる草。宋の巣元修がこれを嗜んだことから、元修菜ともいう。学名は"Astragalus sinicus"

(297) 烏蓲――「荻」の異体字。学名は"Miscanthus sacchariflorus"

(298) 馬尾――草の名。やまごぼう。商陸の異名。

覆盆子

翹揺

小巣菜

茶《チャ》(299)

『爾雅』にいう。檟《カ》は苦茶のことである。郭璞の注にいう。樹木は小さく、梔子《クチナシ》に似る。冬に葉を生じるので、煮て「あつもの」にして飲むとよい。現在、早くに採ったものを茶と称し、遅くに採ったものを茗と称する。別名を荈《サン》という。蜀の人は、これを苦茶と称した。

『博物志』にいう。まじり気のない茶を飲むと、眠気が少なくなる。

『荊州地誌』にいう。浮陽《フヨウ》(300)に産する茶はもっともおいしい。

荊葵《ゼニアオイ》(301)

『爾雅』にいう。荍は蚍衃のことである。郭璞の注にいう。葵に似て紫色である。

『詩義疏』にいう。別名を茈芣という。花は紫緑色で、食用になる。蕪菁に似て、わずかに苦味がある。

『陳詩』にいう。これは荍に似る。

竊衣《ヤブニンジン》(302)

『爾雅』にいう。蘮蒘は竊衣のことである。孫炎がいう。芹に似る。揚子江と黄河との間の地で、食用にされている。果実は麦に似て、二つずつ合わさ

(299) 茶――陸羽の『茶経』には、「茶といい、檟といい、蔎といい、荈という」とあり、いずれも同義語である。学名は"Thea sinensis"

(300) 浮陽――県名。河北省滄県の東南。

(301) 荊葵――現在は錦葵という。学名は"Malva sylvestris var. mauritiana"

(302) 竊衣――学名は"Osmo-rhiza aristata"

爾雅曰蘬𦮼竊衣孫炎云似芹江河間食之實如麥兩兩相合有毛著人衣其華著人衣故曰竊衣

東風

廣州記云東風華葉似落娠婦莖紫宜肥肉作羹味如酪香氣似馬蘭

菫（丑六反）

字林云草似冬藍蒸食之酢

萸（而兗反）

木耳也案木耳煑而細切之和以薑橘可爲菹滑美

莓（亡代反）

莓草實亦可食

苷（音丸）

苷乾菫也

薪

字林曰草生水中其花可食

木

莊子曰楚之南有冥泠（一作）者以五百歲爲春五百歲爲秋　司馬彪曰木生江南千歲爲一年　皇覽冢記曰孔子冢塋中樹數百皆異種魯人世世無能名者人傳言孔子弟子異國人持其國樹來種之故有柞枌雒離女貞五味毚檀之樹　齊地記曰東方有不灰木

棫

爾雅云棫白桵郭璞注云桵小木叢生有刺實如耳璫紫赤可食

櫟

り、毛があって、衣服に付く。そのため、竊衣という。

東風《シロヤマギク》(303)

『広州記』にいう。東風の花や葉は落娠婦(304)に似て、葉は紫色である。肥えた肉と一緒に「あつもの」にすると、味は酪に、香りは馬蘭《ネジアヤメ》(305)に似る。

菫《シブクサ》(306)

『字林』にいう。草は冬藍に似る。蒸して食べると酸っぱい。

萸《キクラゲ》(307)

木耳のことである。木耳を採み、煮て細く切る。薑や橘とあえて漬物にすると、滑らかでおいしい。

莓《クサイチゴ》(308)

莓は草の果実で、食用になる。

苷《カン》(309)

苷は乾した菫のことである。

(303) 東風——学名は〝Aster scaber〟。

(304) 落娠婦——『名医別録』に升麻があり、陶弘景の注に「建平の間にあり、形は大きく、味は薄く、食用に堪えない。人はこれを落新婦の根と称する」とある。このことかもしれない。

(305) 馬蘭——俗に馬蘭頭と称する。

(306) 菫——現在の訓はスミレだが、判然としない。酸模〝Rumex acetosa〟羊蹄〝Rumex japonicus〟かもしれない。

(307) 萸——学名は〝Auricularia polytricha〟。

(308) 莓——苺に同じ。現在のイチゴは一〇〇年ほど前に西欧から渡米したとされるので（『中国食物事典』一三八ページ）、ここではクサイチゴとした。

(309) 苷——シブグサの一種。学名は〝Viola vagimta〟。

蕲《ミズワラビ》(310)

『字林』にいう。水中に生える草で、その花は食用になる。

木《ボク》(311)

『荘子』(312)にいう。楚の南に冥伶と称する木がある。五百年を春とし、五百年を秋としている。司馬彪がいう。木は江南に生え、千歳を一年としている。

『皇覧・冢記』(313)にいう。孔子の墓から数百本の木が生えた。すべて異なる種類で、魯の人は代々その名称がわからなかった。言い伝えによると、孔子の弟子は異国の人でそれぞれの国の木を持ち寄って植えたという。そのため、柞、枌、雒離、女貞、五味子、毚檀《ザンダン》(314)などがある。

『斉地記』にいう。東方に不灰木(315)と称する木がある。

棫《タラ》(316)

『爾雅』にいう。棫は白桜のことである。郭璞の注にいう。桜は小さい樹木でむらがって生える。刺がある。果実は耳瑺《オナモミ》に似て、紫赤色で、食用になる。

(310) 蕲――現在は蒒草という。学名は"Ceratopteris thalictroides"

(311) 木――ここではオオツバキのことをいう。

(312) 『荘子』老荘思想の原典。なにものにもとらわれない自由な生き方を説いた思想書。内篇七篇、外篇十五篇、雑篇十一篇からなるが、内篇だけがやや確かなものとされるが、他は後人の作ともいわれる。『南華真経』ともいう。

(313) 『皇覧』――繆卜等の著作。詔を受けて丘経・群書を集め、類に分けて作る。類書のはじめ。

(314) 毚檀――檀木の一種。

(315) 不灰木――石綿の別名であるが、ここでは石綿を指すかどうか不明である。

(316) 棫――日本では山菜の一種として知られている。学名は"Prinsepia unflom"

木耳

桂

櫟《クヌギ》(317)

『爾雅』にいう。櫟の果実は梂である。郭璞の注にいう。針のようないがを付けている。孫炎がいう。櫟の果実は橡のことである。

周処の『風土記』にいう。『史記』によれば、虞舜が歴山を耕した。始寧、邵郯の国境が虞舜の耕すところで、山の下にあって柞樹《サクジュ》が多い。呉と越の間では、柞を櫟と称しているので、歴山と称するのである。

桂《カツラ》(318)

『広志』にいう。桂は合浦に産する。この樹木はかならず高い山の嶺に生え、冬でも夏でも青々としている。この木は自然と林になり、その間に雑木は混じらない。『呉氏本草』にいう。桂は別名を止唾と称する。『淮南万畢術』にいう。桂を結んで、葱を用いる。

木綿《パンヤ》(319)

『呉録・地理志』にいう。交趾の安定県に木綿の木がある。高さは一丈、果実は酒杯に似て中に綿がある。蚕から採った木綿に似る。これで布を作る。白緤と称し、別名を毛布と称する。

(317) 櫟――学名は"Ouercus acutos-Sima."

(318) 桂――肉桂（ニクケイ）のことで、香辛料として使用する。学名は"Cin-namomum cassia."

(319) 木綿――学名は"Gossypium herbaceum."

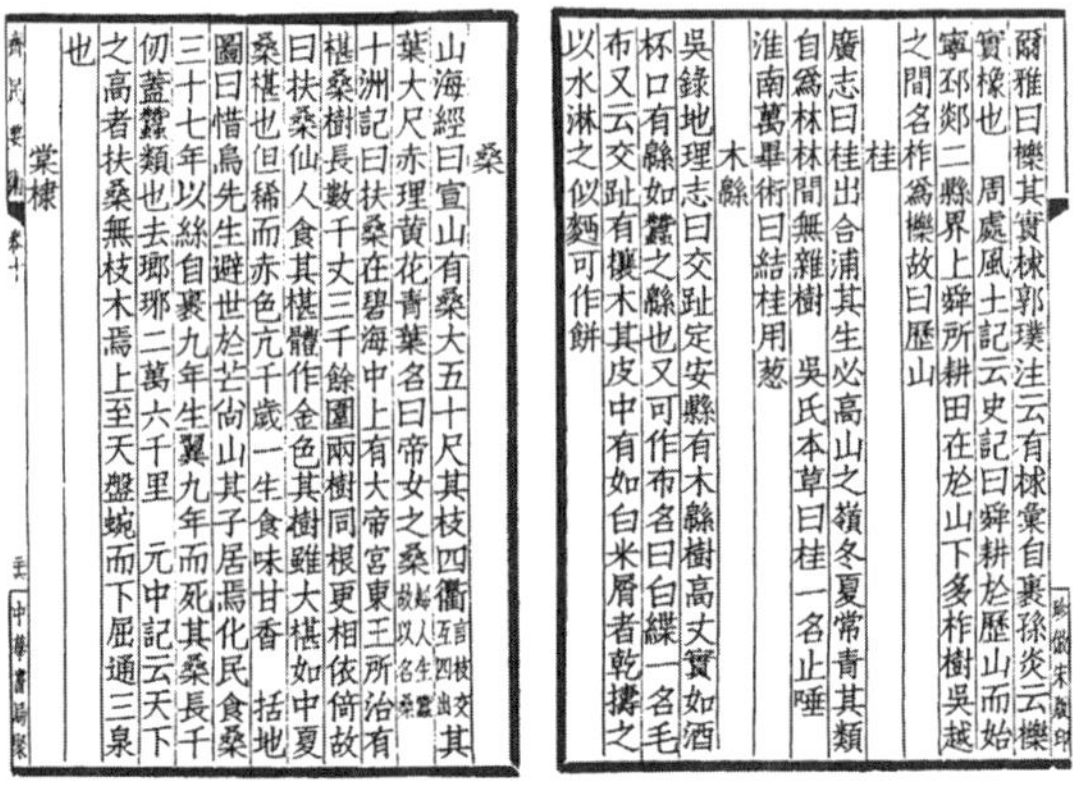
珍倣宋版印

爾雅曰櫟其實梂郭璞注云有梂彙自裹孫炎云櫟實橡也　周處風土記云史記曰舜耕於歷山而始寧邳鄉二縣界上舜所耕田在於山下多柞樹吳越之間名柞爲櫟故曰歷山

桂

廣志曰桂出合浦其生必高山之嶺冬夏常青其類自爲林林間無雜樹　吳氏本草曰桂一名止唾

淮南萬畢術曰結桂用葱

木緜

吳錄地理志曰交趾定安縣有木緜樹高丈實如酒杯口有緜如蠶之緜也又可作布名曰白緤一名毛布又云交趾有樸木其皮中有如白米屑者乾擣之以水淋之似麪可作餅

桑

山海經曰宣山有桑大五十尺其枝四衢言枝交互四出其葉大尺赤理黃花青葉名曰帝女之桑婦人生蠶故以名桑

十洲記曰扶桑在碧海中上有大帝宮東王所治有椹桑樹長數千丈三千餘圍兩樹同根更相依倚故曰扶桑仙人食其椹體作金色其樹雖大椹如中夏桑椹也但稀而赤色九千歲一生食味甘香　括地圖曰惜烏先生避世於芒尙山其子居焉化民食桑三十七年以絲自裹九年生翼九年而死其桑長千仞蓋蠶類也去瑯琊二萬六千里　元中記云天下之高者扶桑無枝木焉上至天盤蜿而下屈通三泉也

棠棣

齊民要術　卷十　中華書局聚

桑《クワ》(320)

『山海経』にいう。宣山にクワの木がある。その大きさは五〇尺で、枝が交互に四方に伸びている。その葉の大きさは一尺ほどで、赤い筋があり、花は黄色、葉は青色である。帝女の桑と称している。

『十洲記』にいう。扶桑は青海原の中にある。その上には大帝の宮殿があり、東王が治めているところである。そこに椹と桑の木がある。高さは数千丈で、周囲は三千余抱えもある。二本の木の根は同一で、互いにもたれあっている。それゆえに、扶桑と称する。仙人がその果実を食べると、身体が黄色になる。その木は大木だといっても、その果実は夏桑の実ほどである。ただ、まれに赤色のものがある。九〇〇〇年に一度、果実がなり、味は甘く、香りがある。

『括地図』にいう。惜烏先生は芒尚山に世を避け、その子供と住んでいた。人々を善に導き、桑を食べること三七年におよんだ。糸を紡ぎ、みずから着ていた。九年たつと、翼が生え、その後、九年で亡くなった。桑の長さは千傍である。蚕の類である。そこは琅邪(321)から二万六〇〇〇里も離れている。

『玄中記』にいう。もっとも高い木は東海中にある神木で、枝がない。上のほうは天にとどき、折れ

(320) 桑——第四五章に栽培法が収載されている。その果実を椹（クワノミ）と称する。本巻の訳注131を参照。

(321) 琅邪——現在の山東省諸城県東南の海辺。

まがって下に屈し、深い泉に通じている。

棠棣《ユスラウメ》(322)

『詩』にいう。棠棣の花は萼が美しく、華やかである。

『詩義疏』にいう。承花は日萼のことである。その果実は桜桃《シナミザクラ》(323)や薁に似る。麦の頃に熟し、食べるとおいしい。北方では相思と称する。

『説文』にいう。棠棣は李に似て小さく、その果実は桜桃に似る。

櫰木《サトウヤシ》(324)

『呉録・地理志』にいう。交趾に櫰木がある。その皮の中に、白い米屑のようなものがある。乾かして搗き、水に浸すとコムギ粉のようになり、これから餅を作る。

仙樹《センジュ》(325)

『西河旧事』にいう。祁連山に仙樹がある。人がその山中に入って、渇きをいやそうとするときは、たやすく得られる。渇きがうるおったあとで、これを持って行こうとしても持って行けない。ふだんは見ようと思っても、見えない。

(322) 棠棣——学名は〝Prunus tomentosa〟

(323) 桜桃——学名は〝Prunus pseudocemsus〟

(324) 櫰木——『北戸録』に「桄榔、その木は莎樹皮に似て、櫰木の皮は麺を生じ、食用にする」とある。莎木麪の異名。花序の液汁から砂糖を製するのでサトウヤシと称する。学名は〝Arenga pinnata〟

(325) 仙樹——「四味木」ともいう。この種実を裂くとき、裂く道具によって味が異なるという。

綿木

莎木面

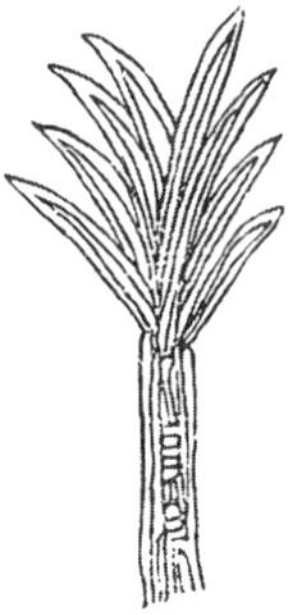

莎木《サゴヤシ》(326)

『広志』にいう。莎樹には枝葉が多い。葉の両辺が一列に並んでいて、鳥の翼のようである。その木から白い麺粉（コムギ粉）が採れる。一本の木から採れる麺粉は一斛までである。

『蜀志記』にいう。莎樹は麺を出す。一本から採れる麺は、一石である。麺の色は真白で、味は桄榔《クロツグ》(327)に似る。興古に産する。

槃多《バンタ》(328)

裴淵の『広州記』にいう。槃多の木は花が咲かずに果実を結ぶ。果実は皮の中から出てくる。根のところから果実をつけ、梢にまで達する。橘ほどの大きさである。これを食用にする。熟しすぎると、裏側に蜜ができる。一本の木には数十個の果実がつく。

『嵩山記』にいう。嵩寺の境内に、にわかに思惟樹があらわれた。貝多《バイタ》(329)である。ある人が貝多樹の下に座って思唯したので、この名称がつけられた。その果実を外国から持ってきた漢の道士がそれを山西の地に植えた。それが非常に大きな木になり、現在は四本あって、一年に三回、花が咲く。

(326) 莎木――マレーシアの淡水湿地に生育する。開花直前の幹から澱粉を採取する。学名は〝Metroxylon rumphii〟

(327) 桄榔――タガヤサンともいう。シュロ属。熱帯産の常緑喬木で、幹のなかに赤紫色の粉があり、食用となる。学名は〝Arenga saccharifera〟

(328) 槃多――クワ科のイチジクかもしれないが、確かなことはわからない。

(329) 貝多――インド、ミャンマーなどで栽培される高さ六～七丈の樹木。パルミラヤシともいう。その葉を水に漚し、紙の代用にして経を写したという。バイタは梵語で葉のことである。学名は〝Borassus flavellifer〟

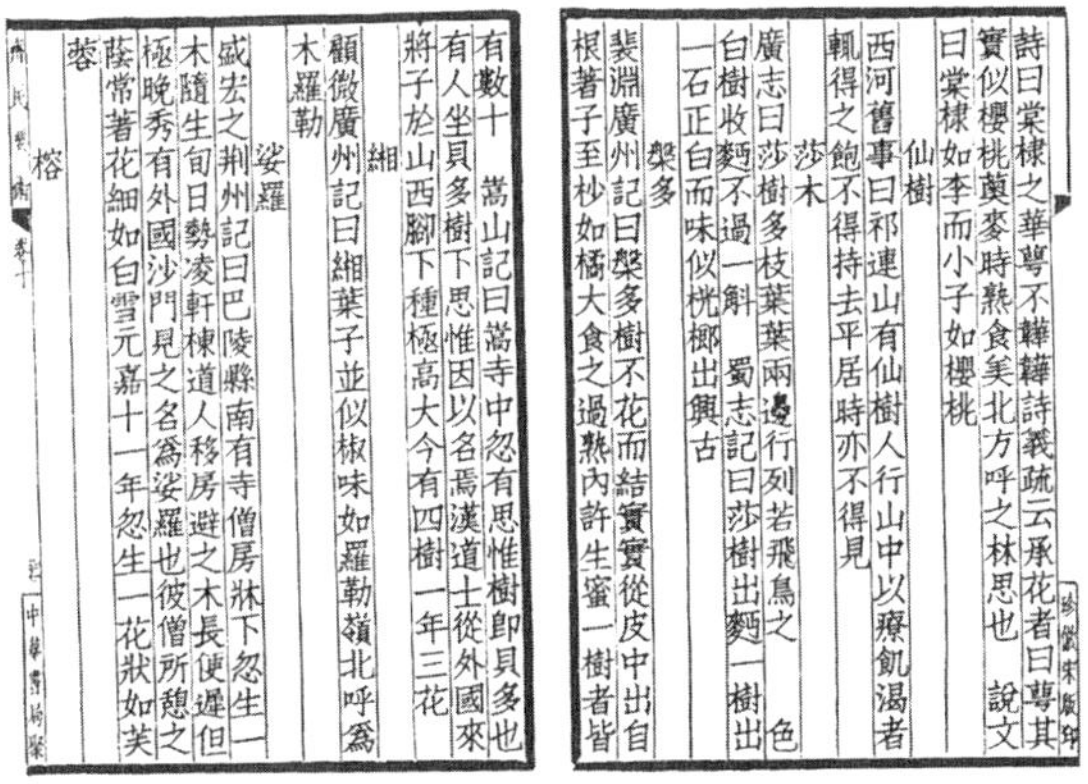
詩曰棠棣之華萼不韡韡詩義疏云承花者曰萼其
實似櫻桃薁麥時熟食美北方呼之林思也　說文
曰棠棣如李而小子如櫻桃
仙樹
西河舊事曰祁連山有仙樹人行山中以療飢渴者
輒得之飽不得持去平居時亦不得見
莎木
廣志曰莎樹多枝葉葉兩邊行列若飛鳥之　色
白樹收麪不過一斛　蜀志記曰莎樹出麪一樹出
一石正白而味似桄榔出興古
槃多
裴淵廣州記曰槃多樹不花而結實實從皮中出自
根著子至杪如橘大食之過熟內許生蜜一樹者皆
珍倣宋版印

有數十　嵩山記曰嵩寺中忽有思惟樹卽貝多也
有人坐貝多樹下思惟因以名焉漢道士從外國來
將子於山西腳下種極高大今有四樹一年三花
緗
顧微廣州記曰緗葉子並似椒味如羅勒嶺北呼爲
木羅勒
娑羅
盛宏之荊州記曰巴陵縣南有寺僧房牀下忽生一
木隨生旬日勢凌軒棟道人移房避之木長便遲但
極晚秀有外國沙門見之名爲娑羅也彼僧所憩之
蔭常著花細如白雪元嘉十一年忽生一花狀如芙
蓉
榕
齊民要術　卷十　中華書局聚

緗《アサギ》(330)

顧微の『広州記』にいう。緗は、葉も果実も椒のようで、味は羅勒《メボウキ》(331)に似る。嶺北では、これを木羅勒と称する。

娑羅《サラ》(332)

盛弘之の『荊州記』にいう。巴陵県(333)の南に寺がある。僧が寝起きする建物の床下からにわかに一本の木が生え、一〇日ほどで軒や棟よりも高くなった。修行僧は別の建物に移って、これを避けた。木の生長はしだいに遅くなり、季節はずれに花が咲いた。外国の修行僧がこれを見て、娑羅と名づけた。彼が憩うところに蔭をつくり、いつも花をつけていた。細かい白い花で雪のようである。元嘉一一年に、突然に一つの花が咲いた。その形は芙蓉のようであった。

榕《アコウ》(334)

『南州異物志』にいう。榕の木は、生えはじめの頃は他の木に巻きつく。外側は扶芳藤のような形で、みずから立つことができない。そのため、他の木の巻きついて、周辺の木とつながって羅網のように互いにからみあい、その後、皮と筋とがつながりあう。うっそうと生い茂り、枝は四方に広がり、高さ六〜七丈となる。

(330) 緗——実体は不明。

(331) 羅勒——本章訳注167を参照。

(332) 娑羅——釈迦がこの木の下で入滅したということでよく知られている。学名は“*Shorea robusta*”

(333) 巴陵県——現在の湖南省岳陽県。

(334) 榕——熱帯産の常緑樹。その果実はイチジクに似る。学名は“Ficus wigh-tiana”

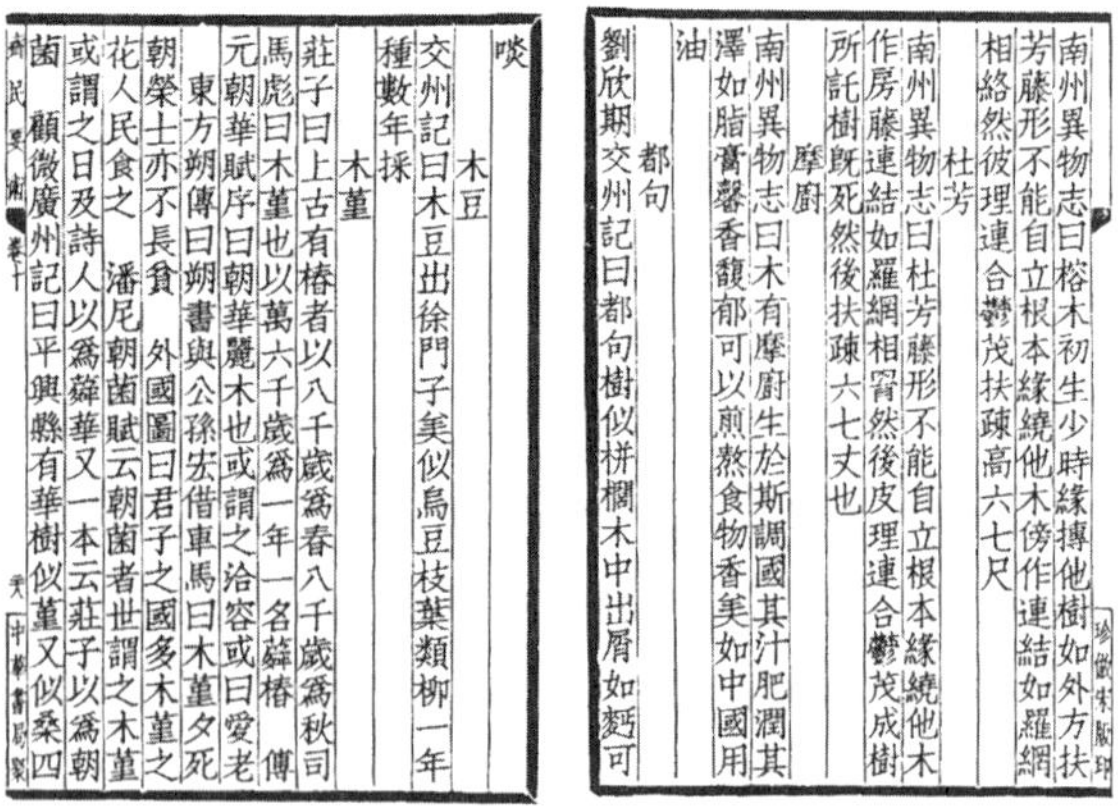

南州異物志曰榕木初生少時緣摶他樹如外方扶芳藤形不能自立根本緣繞他木傍作連結如羅網相絡然彼理連合鬱茂扶疎高六七尺

杜芳

南州異物志曰杜芳藤形不能自立根本緣繞他木作房藤連結如羅網相冒然後皮理連合鬱茂成樹所託樹旣死然後扶踈六七丈也

摩廚

南州異物志曰木有摩廚生於斯調國其汁肥潤其澤如脂膏馨香馥郁可以煎熬食物香美如中國用油

都句

劉欣期交州記曰都句樹似栟櫚木中出屑如麪可噉

木豆

交州記曰木豆出徐門子美似烏豆枝葉類柳一年種數年採

木菫

莊子曰上古有椿者以八千歲爲春八千歲爲秋司馬彪曰木菫也以萬六千歲爲一年一名蕣椿　傅元朝華賦序曰朝華麗木也或謂之洽容或曰愛老

東方朔傳曰朔書與公孫宏借車馬曰木菫夕死朝榮士亦不長貧　外國圖曰君子之國多木菫之花人民食之　潘尼朝菌賦云朝菌者世謂之木菫或謂之日及詩人以爲蕣華又一本云莊子以爲朝菌　顧微廣州記曰平興縣有華樹似菫又似桑四

齊民要術　卷十　天　中華書局聚

杜芳《トホウ》(335)

『南州異物志』にいう。杜芳は藤の形をして、みずから立つことができない。他の木にからまりついて房のようになり、藤がつながるごとく、羅網のようにからまりあって、うっそうと生い茂る。蔓をからませた木が枯れたのち、枝が四方に広がり、高さ六〜七丈となる。

摩廚《マチユウ》(336)

『南州異物伝』にいう。摩廚という名の木があり、斯調《シチョウ》国に生えている。その汁はねっとりとして、油膏のように光っている。食物を煮るときに使うと、中国で油を用いたときのように良い香りがする。

都句《トク》(337)

劉欣期の『交州記』にいう。都句の木は栟櫚に似る。幹の中に麵粉（コムギ粉）に似た粉があり、食用になる。

木豆《キマメ》(338)

『交州記』にいう。木豆は徐聞《ジョブン》(339)県に産する。果実は美しく、烏豆《ウトウ》(340)に似る。枝や葉は柳に似る。一度、種子をまくと、数年間は採れる。

(335) 杜芳——学名は〝Evonymus fortunei〟

(336) 摩厨——学名は〝Styrax ja-ponicum〟

(337) 都句——樹木の名。都勾のことか。

(338) 木豆——直立した小灌木で、広東省などに産する。葉は柳に似て、飼料にする。莢果も種子も食用とし、種子からは油をとる。学名は〝Cajanus cajan〟

(339) 徐聞——県名。漢、置く。広東省海康県の南。

(340) 烏豆——大豆の黒色をしたものをいう。くろまめ。

槿木

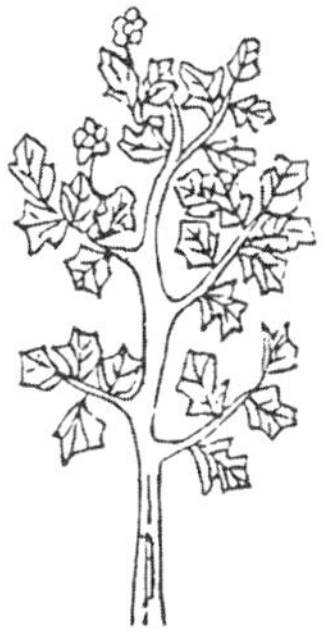

木菫《ムクゲ》(341)

『荘子』にいう。大昔、椿という樹木があり、八〇〇〇年を春とし、八〇〇〇年を秋としていた。司馬彪がいう。これは木菫のことである。一万六〇〇〇年を一年としていた。別名を蕣椿と称する。

傅玄の『朝華賦序』にいう。朝華は麗木のことである。洽容とも、愛老とも称する。

『東方朔伝』にいう。東方朔が公孫弘のために車馬を借りて言った。木菫は夕方になるとしぼみ、朝になると咲く。私はいつまでも貧しいままではない。

『外国図』にいう。君子の国には木菫の花が多数あり、人々はそれを食用にしている。

潘尼の『朝菌賦』にいう。朝菌は、いわゆる木菫のことで、日及とも称し、詩人は蕣華と称している。

『荘子』では、朝菌となっている。

顧微の『広州記』にいう。平興県(342)に花樹があり、菫に似て、また桑に似る。一年中、いつでも花が咲き、食用になる。甘く、滑らかである。果実はつかない。これを蕣木と称する。

『詩』にいう。顔は蕣華に似る。

『義疏』にいう。別名を木菫とも、王蒸とも称する。

(341) 木菫——木槿に同じ。学名は"Hibiscus syriacus"。

(342) 平興県——現在の広東省肇慶市の東南。

時常有花可食甜滑無子此蕣木也　詩曰顏如蕣
華義疏曰一名木菫一名王蒸
木蜜
廣志曰木蜜樹號千歲根甚大伐之四五歲乃斷取
不腐者爲香生南方枳木蜜枝可食　本草曰木蜜
一名木香
枳柜
廣志曰枳柜葉似蒲柳子似珊瑚其味如蜜十月熟
樹乾者美出南方邳郯枳柜大如指　詩曰南山有
枸毛云柜也義疏曰樹高大似白楊在山中有子著
枝端大如指長數寸噉之甘美如飴八九月熟江南
者特美今官園種之謂之木蜜本從江南來其木令
酒薄若以爲屋柱則一屋酒皆薄
杭
廣州記曰猷似栗赤色子大如栗散有棘刺破其外
皮内白如脂肪著核不離味甜酢核似荔支
君遷
魏王花木志曰君遷樹細似甘蕉子如馬乳
古度
交州記曰古度樹不花而實實從皮中出大如安石
榴色赤可食其實中如有蒲藜者取之數日不煮皆
化成蟲如蟻有翼穿皮飛出著屋正黑　顧微廣州
記曰古度樹葉如栗而大於枇杷無花枝柯皮中生
子子似杏而味酢取煮以爲粽取之數日不煮化作
飛蟻　熙安縣有孤古度樹生其號曰古度俗人無
子於祠炙其乳則生男以金帛報之

木蜜《ケンポナシ》(343)

『広志』にいう。木蜜の樹齢は一〇〇〇年といわれ、その根は非常に大きい。これを伐採して四～五年置き、腐っていないところを採って香料にする。南方に生える。枳は木蜜のことで、食用になる。

『本草』にいう。木蜜は別名を木香と称する。

枳柜《キキョ》(344)

『広志』にいう。枳柜の葉は蒲柳に似て、果実は珊瑚に似る。その味は蜜に似る。一〇月に熟し、乾燥したものはおいしい。南方に産する。邳県(345)や郯県で採れる枳柜は、大きさが指ほどである。

『詩』にいう。南山に枸がある。毛亨の注にいう。これは柜のことである。

『義疏』にいう。その樹木は白楊に似て高く大きく、山の中に生える。果実は枝の先端につき、大きさは指ほどである。長さは数寸で、食べると甘くておいしく、飴に似る。八～九月に熟す。江南のものが特においしい。現在、役所の庭に植えてあり、木蜜と称する。もとは江南から持ってきたものである。この木は酒を薄めてしまうので、もしもこの木を家の柱にすると、家中の酒(346)がすべて薄くなってしまう。

(343) 木蜜——三種あり、そのいずれかは不明。学名は、①"Aquilaria agallocha, Aquilaria sinensis"、②、③"Saussurea lappa, Rosa banksiae"

(344) 枳柜——学名は"Hovenia dulcis"

(345) 邳県——現在の江蘇省邳県。

(346) 孟詵の『食療本草』に「昔、南方の人がこの木を用いて家の修理をしたところ、その切れ端が酒の甕の中に落ちた。すると、酒が水のようになってしまった。」とある。

枳椇

山楂

扶栘

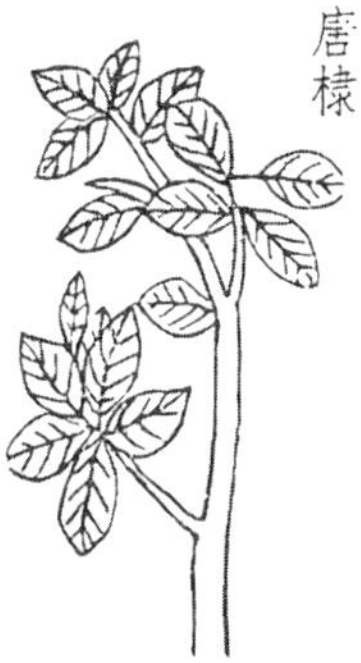

朹《サンザシ》(347)

『爾雅』にいう。朹は槧梅のことである。郭璞の注にいう。朹の木の形は梅に似る。果実は指先ほどで、小柰に似る。食用になる。

『山海経』にいう。単孤の山には杭の木が多い。郭璞の注にいう。これは楡に似て、焼いて田の肥料にするとよい。蜀の地に産する。

『広志』にいう。機木は生長が早い。屋敷にこれを植えて薪とし、また田の肥料にする。

夫栘《フイ》(348)

『爾雅』にいう。唐棣は栘のことである。郭璞の注にいう。白栘のことである。白楊に似て、江東では夫栘と称する。

『詩』にいう。あれなるよく咲く花は唐棣の花である。毛亨の注にいう。唐棣は栘のことである。

『疏』にいう。果実の大きさは、小李ほどで、真赤色である。甘味と酸味がある。渋味のあるものが多いが、おいしいものが少しはある。

(347) 朹——多くの辞典に「山楂」の古名とあるが、「柤」との区別は不明。訳注107を参照。学名は〝Crataegus cuneata〟または〝Crataegus pinnatifida〟カットに使用した版では見出しが「杭」となっているが、「朹」の誤りらしい。

(348) 夫栘——江南の山谷に生える樹木。学名は〝Ame anchier asiatica var. sinica〟

草《イチイガシ》(349)

『山海経』にいう。前山には草の木が多い。郭璞の注にいう。この木は柞に似て、果実は食用になる。冬も夏も葉が青く、家の柱にすると、腐りにくい。

木威《セイラン》(350)

『広州記』にいう。木威は高く、大きい。その果実は橄欖に似て堅い。皮を削りとって、「こながき」にする。

榞木《ゲンボク》(351)

『呉録・地理志』にいう。廬陵南部の雩都県(352)に源樹がある。その果実は甘焦に似て、核の味も同様である。

韶《トゲレイシ》(353)

『広州記』にいう。韶は栗に似て、赤い。果実の大きさは栗ほどで、刺がまばらに生えている。その外側の皮を破ると、中は脂肪のように白く、核から離れない。味は甘酸っぱく、核は茘支に似る。

君遷《シナノガキ》(354)

『魏王花木志』にいう。君遷の木は細く、甘焦に似る。その果実は馬乳に似る。

(349) 草——学名は〝Quercus glauca〟
(350) 木威——学名は〝Canarium pimela〟
(351) 榞木——木の名。バナナに似た実がなる。
(352) 雩都県——現在の江西省干都県。
(353) 韶——学名は〝Nephelium lappaceum〟
(354) 君遷——学名は〝Diospyros lotus〟

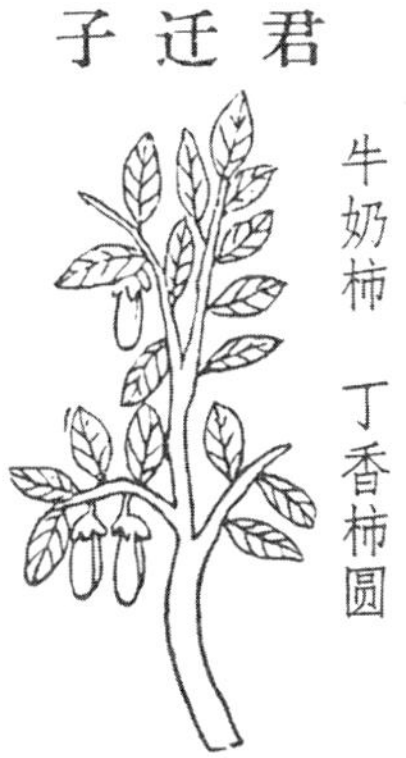

古度《コト》(355)

『交州記』にいう。古度の木は、花が咲かずに果実ができる。果実は皮の中から出ている。大きさは安石榴ほどで、赤い。食用になる。果実の中に蒲梨と称するものがある。これを取り出して数日置くと、すべて虫になる。蟻に似て翼があり、皮を破って飛び出してゆく。

顧微の『広州記』にいう。古度の木は、葉が栗に似て、枇杷よりも大きい。花は咲かずに枝の皮の中に果実ができる。果実は杏に似て、酸っぱい。それを採り、煮て「こながき」にする。これを数日置くと、羽蟻が発生する。熙安県(356)の孤古度の木が生えた。子供が生まれない人が祠でその乳をあぶると、男子が生まれた。そこで、黄金や絹を供えた。

繫彌《ケイビ》(357)

『広志』にいう。繫彌の木は、果実が赤く、楔棗《マメガキ》(358)に似る。食用となる。

都咸《トカン》(359)

『南方草物状』にいう。都咸の木は、野に生える。その果実は手指ほどの大きさで、長さは三寸、色は真黒である。三月に花が咲き、続いて果実ができる。

(355) 古度――イチジクの一変種。学名は〝Ficus carica〟

(356) 熙安県――現在の広東省番禺県。

(357) 繫彌――樹木の名。幹が細くて葉が檀に似た一種の木。

(358) 楔棗――現在は黒棗。果実がナツメに似ているが、カキの一種である。学名は〝Diospyros lotus〟

(359) 都咸――都威子。果実の名。

繁彌
廣志曰繁彌樹子赤如㮕棗可食
都咸
南方草物狀曰都咸樹野生如手指大長三寸其色正黑三月生花色仍連著實七八月熟里民噉子及柯皮乾飲芳香出日南
都桷
南方草物狀曰都桷樹野生二月花色仍連著實八九月熟一如雞卵里民取食
夫編
南方草物狀曰夫編樹野生三月花色仍連著實五六月成子及握煑投下魚雞鴨羹中好亦中鹽藏出交趾武平

一樹
南方記曰一樹生山中取葉擣之訖和繻葉汁煑之再沸止味辛曝乾投魚肉羹中出武平與古
州樹
南方記曰州樹野生二月花色仍連著實五六月及握煑如李子五月熟剝核滋味甜出武平
前樹
南方記曰前樹野生二月花色連著實如手指長三寸五六月熟以湯滴之削去核食以糟鹽藏之味辛可食出交趾
石南
南方記曰石南樹野生二月花色仍連著實實如鷰卵七八月熟人採之取核乾其皮中作肥魚羹和之

七〜八月に熟す。村人はその果実を食べ、枝の皮を乾かして飲物にする。芳香がある。日南(360)に産する。

都桷《トカク》(361)

『南方草物状』にいう。都桷の木は、野に生える。二月に花が咲き、果実をつけ、七〜八月に熟す。鶏卵に似て、村人はそれを食用にする。

夫編《フヘン》(362)

『南方草物状』にいう。夫編の木は野に生える。三月に花が咲き、果実をつけ、五〜六月に熟す。それを、魚、鶏、鴨の「あつもの」の中に入れるとよい。また、塩漬けにして保存する。交趾や武平に産する。

乙樹《オツジュ》(363)

『南方記』にいう。乙樹は山の中に生える。その葉を採って臼で搗き、もちごめと混ぜて煮る。二度沸騰したら、火を止める。味は辛い。それを日に曝して乾かし、魚肉の「あつもの」の中に入れる。武平や興古に産する。

(360) 日南——郡名。もと秦の象郡の地。

(361) 都桷——『南方草物状』にある都桷と『太平御覧』にある都昆とは、その記述がまったく同一であり、都桷は都昆であろうと思われる。

(362) 夫編——樹木の名。『太平御覧』にある夫漏樹、『本草拾遺』にある無漏子と同一の植物と思われる。

(363) 乙樹——どのような植物か不明。

州樹《シュウジュ》(364)

『南方記』にいう。州樹は野に生える。三月に花が咲き、続いて果実をつける。煮た果実は李子に似る。五月に熟す。核を割ると、味がよく、甘い。武平に産する。

前樹《ゼンジュ》(365)

『南方記』にいう。前樹は野に生える。二月に花が咲き、続いて果実をつける。果実は手指ほどで、長さは三寸、五~六月に熟す。湯に通して核を削りとって、食べる。糟と塩とで漬けて保存する。味は辛く、食用となる。交趾に産する。

石南《シャクナン》(366)

『南方記』にいう。石南の樹木は野に生える。二月に花が咲き、続いて果実をつける。果実は燕の卵に似て、七~八月に熟す。これを採って核を取り去り、皮を乾かす。肥えた魚の「あつもの」を作るときに入れると、もっともおいしい。九真に産する。

(364) 州樹——どのような植物か不明。

(365) 前樹——どのような植物か不明。

(366) 石南——オオカナメモチ〝*Photinia serrulata*〟、シャクナゲ〝*Rhododen-dron mettenichii*〟など、判然としないので、ここではシャクナンとした。

石南

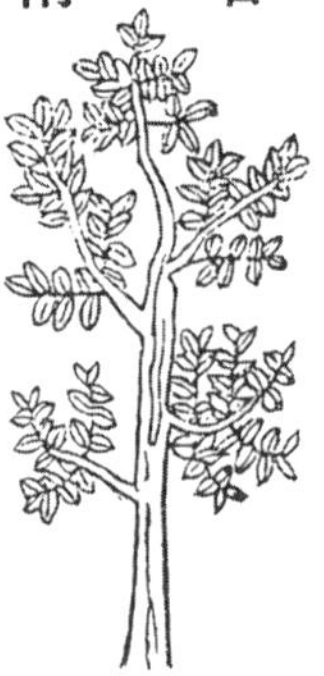

楮

国樹《コクジュ》(367)

『南方記』にいう。国樹の果実は雁の卵に似て、野に生える。三月に花が咲き、続いて果実をつける。九月に熟す。日に曝して乾かし、殻を割って取り出し、食べる。味は栗に似る。交趾に産する。

楮《コウゾ》(368)

『南方記』にいう。楮の果実は桃に似る。二月に花が咲き、続いて果実をつける。七～八月に熟す。これを塩漬けにする。味は辛い。交趾に産する。

⿰木産《サン》(369)

『南方記』にいう。⿰木産の果実は桃に似て、長さは一寸ほどである。二月に花が咲き、続いて果実をつける。五月に熟す。色は黄色い。塩漬けにすると、味は酸っぱく、白梅に似る。九真に産する。

梓棪《シエン》

『異物志』にいう。梓棪の大きさは十抱えほどで、木材にすると強く狂わない。鋭利な堅い刃物でないと、切ることができない。船を作る材料に適している。その果実は棗に似て、枝や葉は果実の重みでた

(367) 国樹――どのような植物か不明。

(368) 楮――第四八章に栽培法が収載されている。クワ科の落葉喬木。学名は *Broussonetia papyrifera*

(369) ⿰木産――木の名。どのような植物か不明。

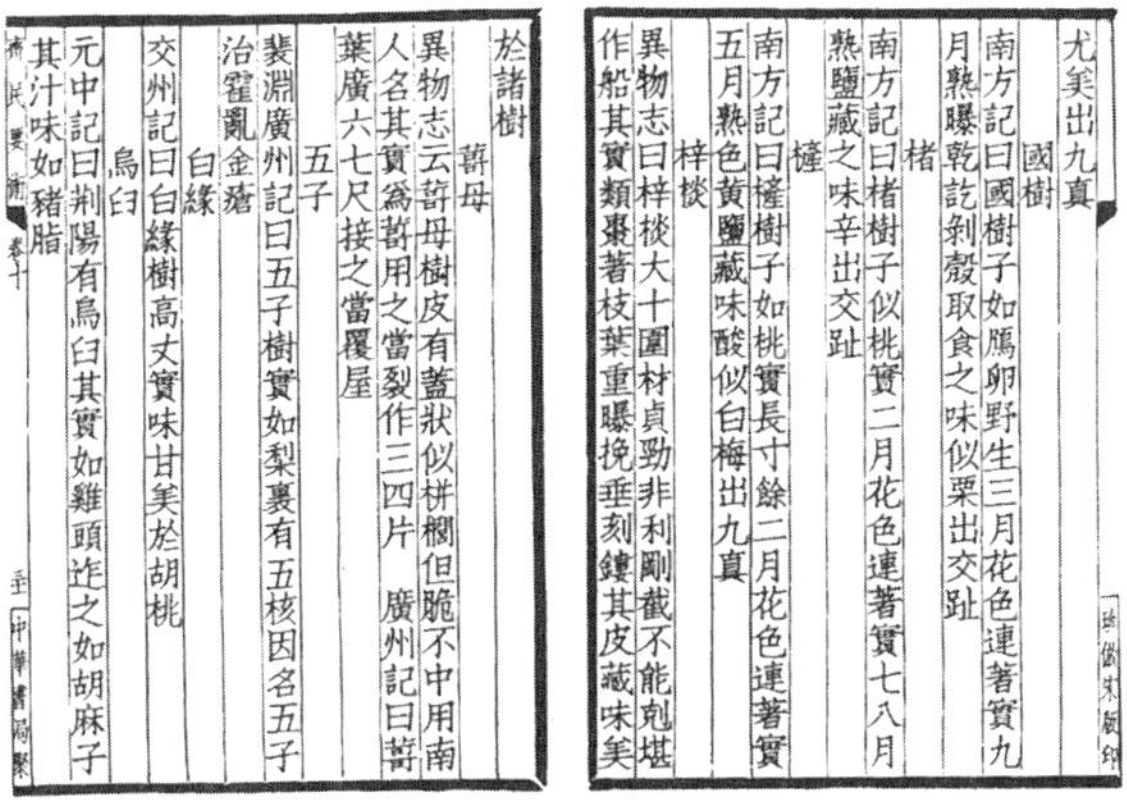
尤美出九眞
國樹
南方記曰國樹子如鴈卵野生三月花色連著實九月熟曝乾訖剝殼取食之味似栗出交趾
槠
南方記曰槠樹子似桃實二月花色連著實七八月熟鹽藏之味辛出交趾
𣗬
南方記曰𣗬樹子如桃實長寸餘二月花色連著實五月熟色黃鹽藏味酸似白梅出九眞
梓棪
異物志曰梓棪大十圍材貞勁非利剛截不能剋堪作船其實類棗著枝葉重曝挠垂刻鏤其皮藏味美
珍倣宋版印

於諸樹
蒟母
異物志云蒟母樹皮有蓋狀似栟櫚但脆不中用南人名其實爲蒟用之當裂作三四片　廣州記曰蒟葉廣六七尺接之當覆屋
五子
裴淵廣州記曰五子樹實如梨裏有五核因名五子治霍亂金瘡
白緣
交州記曰白緣樹高丈實味甘美於胡桃
烏臼
元中記曰荊陽有烏臼其實如雞頭迮之如胡麻子其汁味如豬脂
齊民要術　卷十　五十　中華書局聚

わみ、垂れさがる。その皮を切り刻み、蜜に漬ける。味は他の果実よりもおいしい。

蒟母《カボ》(370)

『異物志』にいう。蒟母の木は皮に蓋があり、形は栟櫚に似る。ただ、もろいので、木材に用いるには適さない。南方の人は、その果実を蒟と称する。使用するさいには、三〜四片に割るとよい。

『交州記』にいう。蒟の葉は、広さが六〜七尺で、これをつなぎあわせて屋根を覆う。

五子《ゴシ》(371)

裴淵の『広州記』にいう。五子の果実は梨に似る。中に五個の核があるので、五子と称する。霍乱《カクラン》(372)や金瘡《キンソウ》(373)を治す。

白縁《ハクエン》(374)

『交州記』にいう。白縁の木は高さが一丈ほどである。果実は甘く、胡桃よりもおいしい。

(370) 蒟母——木の名。嶺南に産する。

(371) 五子——樹の名。潮州に産するというが、どのような植物かは不明である。

(372) 霍乱——暑気にあてられて急に下痢したりする病気。

(373) 金瘡——刀きず。

(374) 白縁——果実の名。白縁子をいう。交趾に産するというが、どのような植物かは不明である。

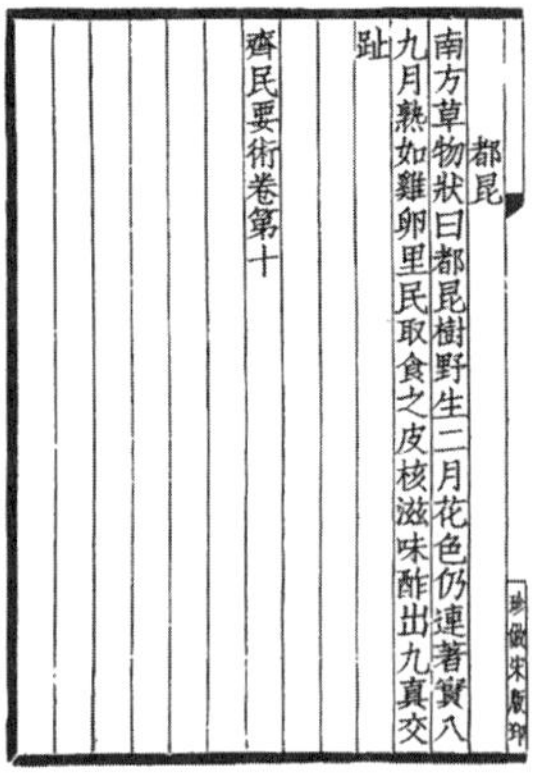

都昆
南方草物狀曰都昆樹野生二月花色仍連著實八九月熟如雞卵里民取食之皮核滋味酢出九真交趾

齊民要術卷第十

烏臼《ナンキンハゼ》(375)

『玄中記』にいう。荊や楊の地に烏臼がある。その果実は鶏頭に似る。これをしぼると、胡麻の種実に似て、その汁は豚脂のような味がする。

都昆《トコン》

『南方草物状』にいう。都昆の木は野に生える。二月に花が咲き、続いて果実をつける。八～九月に熟し、鶏卵に似る。村人はこれを採って食べる。皮や核はおいしく、味は酸っぱい。九真や交趾に産する。

(375) 烏臼——トウダイグサ科の落葉喬木。リュウキュウハゼ。烏桕。学名は〝Sapium sebiferum〟

参考文献

※20世紀に入って単行本として出版された『斉民要術』の影印・翻刻・翻訳本をあげた。

書名	訳者、編者、解説者	出版社（同所在地）、刊行年	刊行の形態・構成
斉民要術／吉石庵叢書	羅振玉（編）	一九一四年	影印本（高山寺本）
斉民要術／龍溪精舎叢書		一九一七年	翻刻本
斉民要術／四部叢刊		商務印書館、一九二二年	影印本（群碧楼蔵明抄本）
斉民要術／四部備要		中華書局、一九二四年	翻刻本
斉民要術／万有文庫		商務印書館、一九三〇年	翻刻本（四部叢刊本）
食		大谷光瑞	翻刻本／飲食部分のみ収載。
斉民要術／国学基本叢書一四七		商務印書館、一九三六年	影印本（万有文庫本）
斉民要術／叢書集成		商務印書館、一九三九年	影印本（漸西本）
金沢文庫本「斉民要術」		農業総合研究所、一九四八年	影印本（金沢文庫本）
「斉民要術」今釈	石声漢（注）	科学出版社、一九五七〜五八年	4冊。各章ごとに校記、註解、釈文を収載。
校訂訳注「斉民要術」第一巻	西山武一（訳）	東大出版会、東京、一九五七年	収載章は第1〜61章。各章ごとに訳文、訳註、校註を収載。巻末に解説を収載。
校訂訳註「斉民要術」第二巻	熊代幸雄（訳）	東大出版会、東京、一九五九年	収載章は第62〜91章，各章ごとに訳文、訳注、校注を収載。巻末に「斉民要術論攷／東アジア犂耕文化の形成／斉民要術の加工・調理部門とその展開基礎」と題する解説論文を収載。
斉民要術選読本	石声漢（選釈）	農業出版社、北京、一九六一年	収載章は第1〜91章。各章ごとに原文および現代中文を収載。
校訂訳註「斉民要術」二版	西山武一・熊代幸雄（訳）	アジア経済出版会、東京、一九六九年	初版を合冊とし、補筆。巻末に「生産物利用例索引」および関連論文4編を収載。
斉民要術		台湾中華書局、一九七〇年	影印本。（四部備要本）
中国食経叢書／下巻／一―一一七	篠田統・田中静一（編）	書籍文物流通会、一九七二年	影印本。第七〜九巻（金沢文庫本）および第一〇巻（光緒本）のみ収載。
校訂訳註「斉民要術」三版	西山武一・熊代幸雄（訳）	アジア経済出版会、東京、一九七六年	付録部分の改訂のほかは、第二版と同一内容。
「斉民要術」選注	広西農学院法家著作注釈組（注釈）	広西人民出版社、一九七七年	収載章は第1〜3、8、9、11、17、32、56〜58、70章のみ。各章ごとに説明、原文、脚注、および現代中文を収載。
「斉民要術」校釈／中国農書叢刊	繆啓愉（校釈）、繆桂龍（参校）	農業出版社、北京、一九八二年	全文について、各章ごとに原文および脚注を収載。
後魏賈思勰「斉民要術」研究	天野元之助	京都大学人文科学研究所、一九七八年	
斉民要術／中国烹飪古籍叢刊	石声漢（今釈）	中国商業出版社、北京、一九八四年	収載章は飲食部分（第64〜89章）のみ。各章ごとに原文、脚注、および現代中文を収載。
「斉民要術」導読／中華文化要籍導読叢書	繆啓愉	巴蜀出版社、成都、一九八八年	収載章は第1〜4、6、8、10、11、13、14、17〜19、21〜22、24、32、33、37、39、43、45、51、52、56、57、59、64、65章のみ。各章ごとに設題、原文、訳注、および評説を収載。別に「要術」の成立、学術的価値、思想体系などの論文を収載。
斉民要術	崔祝、郭慶、蒙長倫、邱慧、質蔓、楊雲、孫英姿、章健雄（訳編）	瀋陽出版社、一九九五年	原文および現代中文を収載。

執筆者（訳者）略歴

※平成九年刊行当時
※並びは、本書掲載順

小島麗逸（こじまれえいつ）

一九三四年、長野県生まれ。一橋大学経済学部卒業。現在、大東文化大学教授。
著書：『中国の経済と技術』（勁草書房）、『新山村事情』（日本評論社）、Urbanization and Urban Problems in China（The Institute of Developing Economics.）、『巷談日本経済入門』（朝日新聞社）、『中国の経済改革』（勁草書房）など。

中村璋八（なかむらしょうはち）

一九二六年、神奈川県生まれ。一九五一年、東京文理科大学文学科卒業。駒澤大学教授を経て、現在、駒澤大学名誉教授、文学博士。
著書：『五行大義の基礎的研究』（明徳出版社）、『五行大義校註』（汲古書院）、『緯書の基礎的研究、資料編』（国書刊行会）、『重修緯書集成』六巻、八冊（明徳出版社）、『日本陰陽道書の研究』（汲古書院）、『緯学研究論叢』（平河出版社）、『五行大義』（明徳出版社）など。

鴇田文三郎（ときたふみさぶろう）

一九二〇年、宮城県生まれ。一九五一年、東北大学農学部卒業。東北大、信州大、Munchen 工大、東京農大を経て、現在、信州大学名誉教授、農学博士。
著書：『チーズのきた道』（河出書房新社）、『畜産食品』（共著、文永堂）、『ミルク博士の本』（地球社）、『乳清の秘密』（講談社）、『世界のたべもの』（編著、朝日新聞社）、『味公爵』（編著、講談社）など。

田中静一（たなかせいいち）

一九一三年、広島県生まれ。日本力行会海外学校で農業と語学を学ぶ。中国に渡り、終戦まで満州で栄養指導と中国食品研究に携わる。戦後、東京都生協連事務局長などを経て、現在、中国研究所所員。
著書：『中国食経叢書』（篠田統共編）、『中国食物事典』（柴田書店）、『一衣帯水』（柴田書店）など。

小崎道雄（こざきみちお）

一九二二年、熊本県生まれ。東京農業大学農学部農芸化学専攻卒。農学博士。東京農業大学名誉教授。現在、昭和女子大学大学院生活機構研究科教授。

著書:『発酵と食の文化』（編著、ドメス出版）、『醸造の事典』（共著、朝倉書店）、『応用微生物学／（編著、朝倉書店）、『乳酸発酵の文化譜』（中央法規出版）、『酵母からのチャレンジ』（共著、技報堂出版）など。

石毛直道（いしげなおみち）

一九三七年、千葉県生まれ。一九六三年京都大学文学部卒業、京都大学人文科学研究所、甲南大学を経て、現在、国立民族学博物館館長。農学博士。民族学専攻。

著書:『住居空間の人類学』（鹿島出版会）、『リビア砂漠探検記』（講談社文庫）、『魚醤とナレズシの研究』（共著岩波書店）、『文化麺類学ことはじめ』（講談社文庫）など。

太田泰弘（おおたやすひろ）

一九三〇年、東京都生まれ。一九五二年、東京理科大学理学部卒業。一九五三—九〇年、味の素株式会社に勤務。

一九七九年にスタートした『食の文化事業』に当初から参画したことが縁となり、一九九二年から文教大学国際学部教授、『比較食文化論』を担当。

西澤治彦（にしざわはるひこ）

一九五四年、広島県生まれ。一九八八年、筑波大学大学院博士課程修了。現在、武蔵大学人文学部教授。専攻・研究領域は文化人類学、中国研究。

著書:『アジア読本』（共編著、河出書房新社）、『東南中国の宗族組織』（共訳、弘文堂）、『中国食物事典』（共編著、柴田書店）など。

佐藤達全（さとうたつぜん）

一九四八年、群馬県生まれ。一九七六年、駒澤大学大学院博士課程修了。明和女子短期大学専任講師を経て、現在、育英短期大学教授。

著書:『典座教訓』（教育社）、『お台所で見つけた人の道』（曹洞宗宗務庁）、『食経』（共著、明徳出版社）、『食物本草』（共著、明徳出版社）、『食品食物学・食医学』（共著、同朋舎）、『中国食文化事典』（共著、角川書店）、『食の名言辞典』（共著、東京書籍）など。

2017年 3 月24日　初版発行　《検印省略》

斉民要術《せいみんようじゅつ》—現存《げんぞん》する最古《さいこ》の料理書《りょうりしょ》—〔新装版《しんそうばん》〕

編　訳　田中静一
小島麗逸
太田泰弘
発行者　宮田哲男
発行所　株式会社 雄山閣
〒 102-0071　東京都千代田区富士見 2-6-9
TEL　03-3262-3231 / FAX　03-3262-6938
URL　http: //www.yuzankaku.co.jp
e-mail　info@yuzankaku.co.jp
振　替：00130-5-1685
印刷／製本　株式会社ティーケー出版印刷

Printed in Japan　ISBN978-4-639-02470-5 C3022
N.D.C.596　360p　22cm